집단상담 프로그램의 실제

THE PRACTICE OF GROUP COUNSELING PROGRAMS

천성문 · 박은아 · 조양순 · 김명희 · 손혜선 · 김애리 · 정희영 · 김준성 · 양도연 · 이은영 공저

학지사

머리말

우리는 COVID-19로 인해 일상에 상상도 못할 만큼 많은 변화를 경험하였다. 불과 1, 2년 전까지만 해도 엘리베이터를 타려 할 때 뒤따라오는 사람이 마스크를 하고 있으면 왠지 모를 불안감을 느꼈다. 하지만 지금은 마스크를 하지 않고 있으면 나도 모르게 살짝 피하고 싶은, 그러면서 비난하고 싶은 마음을 먼저 느낀다. 바이러스를 퍼뜨렸다는 각양각색의 루머로 서로를 의심하고 혐오하는 반면, 방역의 제일선에서 지쳐 가는 의료진의 노고에 공감하며 격려하고 위로하기 위한 훈훈한 소식도 많았다.

혼돈의 시간이다. 혼돈은 새로운 질서를 만들기도 하지만, 기존의 질서를 무너뜨릴 수도 있기 때문에 희망과 불안이 함께 존재한다. 위기에 조금씩 익숙해지자 사람들은 서서히 '이러한 위기와 기회에 어떻게 살아야 할까?'라는 근본적인 물음에 대한 답을 찾기 시작했다. 혼자 하던 고민에 대한 답을 찾기 위해 검색창을 두드리고 다양한 SNS를 통해 정보를 나누고자 한다. 하지만 이러한 나눔에는 한계가 있다. 사회적 동물인 인간은 점점 자신의 고민을 들어 주고 미래에 대해 함께 고민해 줄 사람들과의 소통이 간절해지기 시작했다.

> 나는 내가 처한 상황과 상대가 주는 느낌에 풍랑을 만난 바다 위의 작은 배처럼 심하게 흔들릴 때가 있다. 내가 맞닥뜨린 상황과 상대가 이해되지 않아 원망스럽다가, 그들을 이해하지 못하는 내가 너무 작고 한심해 보여서 슬프기도 하다. 이유 모를 무력감이 올 때는 어떻게 해야 할까? 사람들에게 편하게 다가가지 못하는 관계의 불편함, 손도 까딱하기 싫은 무력감……. 지나간 시간 속 어딘가에서 만난 사람들과의 관계가 지금 나의 삶과 관계를 만들어 가고 있을 터인데, 과거는 돌릴 수 없으니 그럼 지금 나의 불편함은 어떻게 해결할 수 있을까?

나는 다른 사람과의 대화나 소통에 어색함을 가지고 있다. 그래서 살짝 가리고 살면서 내 안의 고독감과 허전함을 일로 채워 가며 열심히 살았다. 하지만 행복감이 옆에 착 붙어 있다는 안정감은 없는 것 같다. 때때로 밀려오는 허전함이 나를 보챈다. 내가 누구인지, 어떻게 살고 싶은지에 대한 나의 이정표를 찾고 싶은데 어떻게 해야 할지 모르겠다. 어릴 때는 힘들거나 고민이 있으면 부모님, 선생님, 친구들과 함께 나누고 문제를 해결하기도 했다. 하지만 성인이 되고 보니 선뜻 나의 고민을 다른 사람에게 이야기하기가 쉽지 않다. 누군가에게 손을 내밀고 싶다. 아니, 먼저 손을 내밀어 주었으면 좋겠다!

어쩌다 기회가 되어 다른 사람들과 이야기하는데, 본의 아니게 대화 속에서 상대를 평가하고 판단하는 나를 발견한다. 때로는 반대로 상대가 하는 평가나 판단으로 내가 방어적인 태도를 취하며 화를 참기도 한다. 그럴 때 마침 나의 눈에 띈 사람은 여지없이 나의 먹이가 된다. 대체로 그들은 가족이거나 좀 만만한 친구거나 아랫사람이다. 결국 가장 가깝게 지내야 하는 사람들에게 상처를 주게 된다. 그런 상황들이 두려워 어느 순간 마음에 벽을 치고 감정 없는 무미건조하고 형식적인 말만 하고 있는 나를 보며 깜짝 놀란다. 아! 나는 관계를 잘하고 싶은데 어떻게 하면 좋을까?

우리는 이런 고민을 일상에서 자주 접한다. 관계를 적절하게 맺을 수 있는 방법을 알고, 의사소통을 원활하게 하고, 자신의 부족한 점을 이해하고 개선할 수 있는 방법에 대해서 나눌 수 있다면 서로에게 상처를 주지 않고 긍정적인 성장을 할 수 있을 것이다. 관계에서 경험하는 스트레스를 이해하고 효율적으로 관리할 수 있다면 정서적으로 안정감을 유지하며 건강한 삶을 살아갈 수 있을 것이다. 급속도로 변화하는 사회와 어느새 눈앞으로 다가온 노령화 사회를 긍정적으로 바라볼 수 있는 힘을 기른다면 부부가 행복하게 노년을 준비할 수 있는 방법을 의논할 수 있을 것이다. 사회에 첫발을 내딛는 청년, 이직을 준비하는 구직자, 경력이 단절된 여성, 은퇴 후 노령화 사회를 위해 새로운 직업을 희망하는 은퇴자는 진로를 고민한다. 전 생애에 걸쳐 고민해야 하는 진로에 대해 적절한 도움을 받을 수 있다면 창의적이고 유능한 사회인으로 성장할 수 있을 것이다. 단순한 일들을 로봇이 하게 되면 우리는 선물받은 시간을 우리 자신을 위해 쓸 수 있을 것이다. 하지만 우리는 이제까지 살아남기 위해 달리느라 여가를 즐기거나 자신을 돌보는 시간을 가져 본 적이 없다. 그래서 지금부터라도 열심히 바쁘게 살아온 나를 위로해 주고 긴 노년의 시간을 어떻게 의미 있게 보낼지 준비하고 싶다.

이처럼 성인들이 일상에서 경험하는 고민과 미래에 대한 준비에 도움을 줄 수 있는 방법이 집단상담이라 생각한다. 집단상담의 가장 중요한 점은 타인과의 관계를 통해 집단원이 문제 해결과 어려움을 완화해서 자기성장의 길을 가도록 돕는 것이다. 그래서 인지치료나 아동·청소년과 같은 특정 영역의 집단상담 프로그램은 많이 활성화되어 있다. 하지만 자신의 삶을 설계해야 하는 성인을 위한 집단상담 프로그램은 부족하다. 저자들은 상담 현장에서 이러한 어려움을 느끼며 성인의 다양한 문제를 나눌 수 있는 집단상담 프로그램이 필요하다는 의견을 모으게 되었다. 시작은 의욕적이었지만 주제별로 어떤 특성을 담을 것인가에 대한 고민은 쉽게 해결되지 않았다. 열심히 준비했으나 서로 반복되는 주제를 담기도 했고 대상의 범위가 광범위하다 보니 어디에 주목해야 할지에 대한 의견도 분분하였다. 캠퍼스 카페 노르웨이 숲, 집단상담실, 연구실에서, 그리고 줌과 단톡 등 의견을 나눌 수 있는 모든 방법을 동원했다. 저자들은 끊임없이 만나고 의견을 나누는 가운데 서로의 생각에 좀 더 관심을 가지게 되었고, 흐름이 막힌 활동에 단비 같은 아이디어들을 서로 내 주어 숨통을 틔워 주었다. 책을 쓰며 저자들은 어느새 집단상담을 경험하여 서로를 신뢰할 수 있는 힘이 생겼고, 끝까지 포기하지 않는 끈기와 용기를 발견하는 놀라운 경험을 하였다.

아마 이 책을 접하는 상담 관련 업무 종사자나 학생, 자신의 삶을 새롭게 준비하고 싶은 일반인도 저자들과 같은 경험을 할 수 있으리라 생각한다. 가슴 벅찬 일이다. 배움이 배움에 머무르지 않고, 학문이 학문으로 끝나지 않으며, 사람들 속에서 살아 숨 쉬는 모습을 상상하며 저자들은 서로에게 감사를 전한다.

기나긴 준비 기간이었다. 언제나처럼 한결같은 믿음으로 저자들을 응원하며 기다려 주신 학지사 김진환 대표님, 김은석 이사님, 빠르고 깔끔한 편집을 담당해 주신 차형근 선생님과 학지사 관계자 여러분께 감사의 마음을 전한다.

마지막으로, 우리의 노력에 숨결을 불어넣어 줄 독자 여러분께 깊은 감사를 전한다.

끝나지 않는 코로나 위기를 기회로 만들어 낸 2022년

저자 일동

차례

제2장 의사소통 훈련 프로그램 –슬기로운 의사소통 생활

제3장 스트레스 관리 집단상담 프로그램 –나만의 스트레스 관리 처방전

제4장 부부관계증진 집단상담 프로그램 –우리 부부, 속 터놓고 재미있게 살아요!

제5장 생애설계 집단상담 프로그램 –내가 그리는 나의 삶

제6장 여가 집단상담 프로그램 –여가 로그인

제7장 토닥토닥 자기돌봄 프로그램 –Love Yourself

제8장 자기성장 집단상담 프로그램 –따로 또 같이 가는 여정 자기성장

제1장

인간관계증진 집단상담 프로그램

– 나, 너, 우리로 연결되기! –

세상은 거울과 같다.
사람들과의 관계에서 겪는 문제의 대부분은
스스로와의 관계에서 겪고 있는 문제를 거울처럼 보여 주고 있다.
밖으로 나가서 남들을 바꿔 놓을 필요는 없다.
우리 자신의 생각들을 조금씩 바꿔 나가다 보면
주위 사람들과의 관계는 자연히 개선된다.
–앤드류 매튜스

1. 프로그램 필요성과 목표

사람은 공동체 생활을 하는 사회적 동물이다. 따라서 타인과 관계를 형성하면서 생활한다. 타인과의 관계가 원만한 조화를 이루면 긍정적인 환경이 조성되지만 조화와 화합이 깨어지면 갈등관계가 조성된다. 갈등관계는 직장, 학교, 단체 등 모든 공동체에서 나타난다. 관계 문제가 해결되지 않으면 소속 구성원들이 공동체를 이탈하고 심한 경우는 공동체 전체가 와해되는 경우도 발생한다.

2019년 베리타스에서 발표한 직장 내 관계 문제에 대한 조사에 따르면 인간관계에 대한 스트레스가 71.8%로 가장 높게 나타났다. 이 중 54%는 이직한 경험이 있는 것으로 조사되었다. 인간관계에 따른 갈등문제는 개인의 문제가 아니라 집단 전체의 문제이며, 나아가 사회문제로 인식되어야 한다.

집단 내에서 인간관계에 따른 갈등 문제는 상담을 원하는 가장 큰 원인 중 하나다. 대부분의 내담자들은 자신을 둘러싸고 있는 문제를 정확하게 파악하고 있지 못한다. 자신의 문제를 객관적으로 인식하는 것은 타인과의 관계 문제를 인식하는 데 매우 중요하다. 관계 갈등으로 상담한 많은 내담자들은 다음과 같은 문제점이 있다.

첫째, 자신에 대한 이해가 부족하다. 대부분의 내담자는 타인에 대한 문제 중심으로 생각하고 있다. 자신에 대한 이해, 자신을 둘러싸고 있는 문제들, 성격, 태도, 가치관, 습관 등 자신에 대한 객관적 인식에서 관계 문제를 바라보는 것이 필요하다.

둘째, 인간관계 문제해결에 대한 노력과 이해가 부족하다. 이러한 문제점을 해결하기 위해 훈련이 필요하다. 사람들은 자신이 부족한 다른 문제에 대해서는 공부를 하거나 기술을 익히기 위해 노력하는데, 인간관계 문제에 대해서는 그렇지 않다. 상담으로 해결할 문제도 있겠지만 훈련이 필요한 경우도 있다.

셋째, 자신이 스스로 관계를 해결해 보려는 실행 의지가 부족하다. 이를 해결하려면 직접 해보는 경험이 필요하다. 훈련받은 대로 해 보고 잘되는 점은 활용하고 부족한 부분은 보완해야 한다. 이러한 피드백 과정이 있어야 더욱 강화된 훈련이 이루어질 수 있다.

이러한 인간관계의 갈등 문제를 해결하기 위한 방법의 하나로 인간관계증진 집단상담 프로그램을 기획하였다. 이 프로그램은 집단 내 인간관계 갈등의 원인을 파악하는 것에서 출발한다. 객관적으로 인간관계를 인식하면 해결 방법을 찾을 수 있기 때문이다. 이 프로그램은 세 가지 목표를 가지고 있다.

첫째, 자신에 대한 이해이다. 인간관계의 갈등 문제를 인식하는 주체로 자신에 대한 올바른 이해가 필요하기 때문에 프로그램 초반에 필요한 목표이다.

둘째, 관계를 증진하기 위한 다양한 노력이다. 관계증진을 위해 어떤 훈련이 필요한지 제시하고 유형별, 집단별로 훈련 프로그램을 통해 관계증진 프로그램을 익히는 것이 중반의 목표이다.

셋째, 삶에서 겪는 갈등에 대한 인식 변화가 관계를 회복하고 우리로 연결되는 시작점이다. 집단 프로그램의 활동을 통해 너와 내가 우리로 연결되어 관계증진으로 이어지는 것이 마지막 목표이다.

공동체에는 갈등이 생길 수밖에 없다. 갈등은 옳고 그름으로 풀어 가는 것보다 서로 생각과 존재 자체가 다름으로 생기는 것이라는 인식의 변화가 있어야 한다. 이러한 갈등에 대한 인식의 변화는 갈등을 해결하고 '나'와 '너'를 연결하는 고리의 역할로 '우리' 사이를 친밀하고 깊이 있게 만들어 갈 것이다.

2. 프로그램 구성 내용

이 프로그램은 인간관계증진을 목표로 자기이해, 관계증진 훈련, 관계회복의 3단계로 구성되었으며 구체적 내용은 다음과 같다.

■ 제1단계: 자기이해 단계(1~3회기)

제1단계에서는 집단 프로그램에 참여한 집단원과의 첫 만남은 관계 시작의 의미를 알게 한다. 집단원은 어색하고 낯선 것을 받아들이고, 놀이로 집단원 간의 흥미와 친밀감을 형성한다. 또한 자기소개로 자신을 알리는 것과 동시에 자기를 아는 1회기, 내 마음의 관계도 그리기를 통하여 자신의 인간관계를 점검해 보는 2회기, '나와 관계하는 너는?'이라는 주제로 활동하는 3회기로서 자기를 비롯한 자기와 관계하는 타인을 이해하며 자기이해의 폭을 넓히는 단계이다.

■ 제2단계: 관계증진 훈련 단계(4~6회기)

제1단계에서 자기이해의 폭이 넓어졌으니 제2단계에서는 관계를 잘하기 위해 습득해야 할 관계증진 훈련이 다루어진다. 먼저, 나의 관계 스타일 척도로 알아본다. 자신의 관계 스타일 장점과 단점이 무엇인지 알아보는 4회기, 잘 말하고 잘 듣기 위한 공감과 경청을 배우는 5회기, 서로를 연결하는 말하기로 나 전달법 표현하기 훈련하는 6회기로 구성되었다.

■ 제3단계: 관계회복 단계(7~8회기)

제3단계에서는 삶에서 겪는 관계 갈등에 대해 갈등의 유형을 인식하고, 갈등해결전략 유형을 알아본다. 갈등이 옳고 그름의 관점이 아닌 갈등 안에 내포된 다름을 알아보고, 더불어 갈등이 인생의 선물임을 알아 가는 7회기, 자기와 타인이 연결되어 친구, 가족, 공동체 속에 좋은 관계가 형성되고 행복하게 살아간다는 것을 알게 되는 8회기로 구성되어 있다.

이 인간관계증진 집단상담 프로그램의 내용은 자기이해, 관계증진 훈련 습득이며 관계회복을 목표로 한다. 프로그램 모형은 [그림 1-1]과 같다.

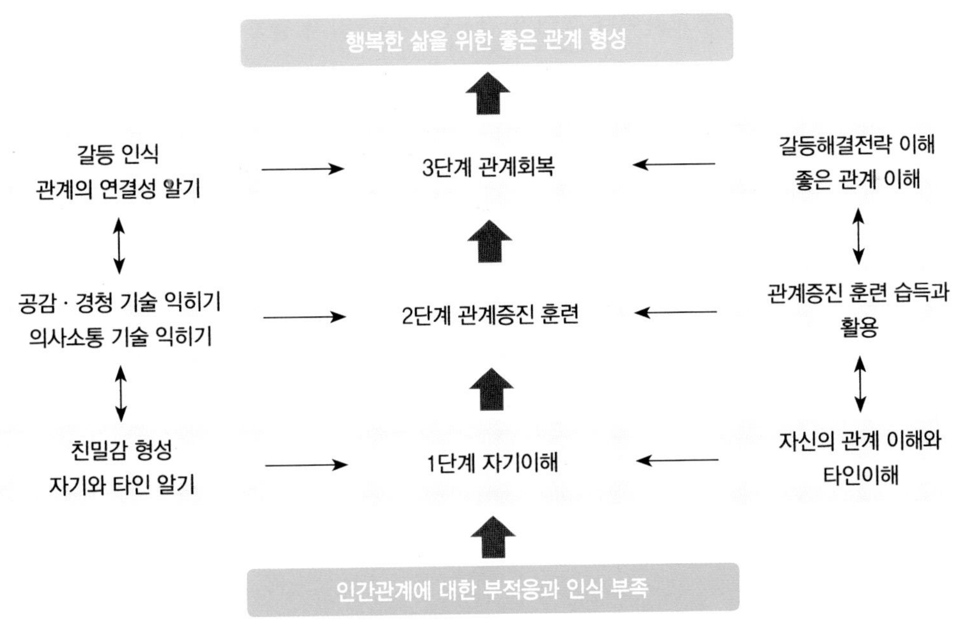

[그림 1-1] 인간관계증진 집단상담 프로그램 모형

3. 프로그램 운영지침

프로그램의 운영지침은 다음과 같다.

첫째, 이 프로그램은 비교적 건강한 성인을 대상으로 하며 상호 이해를 증진하고 협력을 도모하기 위해서 참여하는 것으로 한다.

둘째, 전체 8회기 프로그램으로 회기당 90분 정도 진행되며 일주일에 1회기씩 또는 토요일, 일요일 2일을 연속해서 운영할 수 있다.

셋째, 매 회기 도입 활동은 먼저 지금-여기의 감정 나눔으로 시작해서 회기 주제와 관련된 신체활동을 하고, 회기 목표 달성을 위한 전개 활동, 회기 소감 나누기 등의 마무리 활동으로 구성하였다. 그리고 프로그램이 주 단위로 실시될 경우 참여자들이 활동을 통해 얻은 경험을 생활 속에서 실천할 수 있도록 과제를 제시하여 공유하고 피드백한다.

넷째, 전개 활동은 소그룹 활동, 전체 집단 활동으로 운영되며, 짝 활동이나 소그룹 활동을 하고 전체 집단에서 활동 소감 등을 공유하여 집단 전체 역동이 일어나도록 한다.

다섯째, 인간관계에 대한 교육이나 강의가 필요한 경우, 읽기 활동을 구성하여 지도자가 일방적으로 설명하기보다는 집단원이 자료를 읽고 느낌과 생각을 나눌 수 있도록 한다.

여섯째, 인간관계를 다루고 있으므로 매 회기 집단원 간의 관계가 좋아지기도 하지만, 때로는 상대에 대한 실망 등의 감정을 나타내기도 한다. 지도자는 서로의 감정을 존중하고 수용할 수 있는 분위기를 마련한다.

4. 프로그램 계획

프로그램의 회기별 목표와 구체적인 내용은 다음과 같다.

단계	회기	주제	목표	활동
	1	만남은 관계의 시작!	• 프로그램의 목적을 이해하고, 집단원 간 친밀한 관계를 형성한다.	• **도입 활동** –프로그램 안내 –우리의 약속 • **전개 활동** –자기소개하기 –나는 이런 사람이야! • **마무리 활동** –소감 나누기
자기 이해	2	나의 관계는?	• 자신의 인간관계를 살펴본다.	• **도입 활동** –지금–여기 느낌 –지난 회기 요약 및 이번 회기 안내 –손님 모셔오기 • **전개 활동** –당신의 진짜 친구는 몇 명입니까? –내 마음의 관계도 그리기 • **마무리 활동** –소감 나누기
	3	나와 관계하는 너는?	• 자신과 관계하는 타인을 탐색하고 이해한다.	• **도입 활동** –지금–여기 느낌 –지난 회기 요약 및 이번 회기 안내 –리더를 찾아라 • **전개 활동** –다르게 보이는 그림 –지금 알고 있는 걸 그때도 알았더라면 –어떻게 할 것인가 • **마무리 활동** –소감 나누기
관계 증진 훈련	4	나의 관계 스타일	• 자신의 관계 스타일 진단과 조하리 마음의 창을 살펴본다.	• **도입 활동** –지금–여기 느낌 –지난 회기 요약 및 이번 회기 안내 –나도 나만 빙고 • **전개 활동** –나의 관계 스타일 진단 • **마무리 활동** –소감 나누기

단계	회기	주제	목표	활동
	5	마음으로 들어 보기	• 공감과 경청으로 관계가 좋아지는 것을 안다.	• 도입 활동 –지금–여기 느낌 –지난 회기 요약 및 이번 회기 안내 – 경청 놀이 • 전개 활동 –상대방의 마음을 얻는 듣기의 기술. 잘 듣는법. 경청.〈말그릇〉 –잘 말하고 잘 듣기 • 마무리 활동 –소감 나누기
	6	서로를 연결하는 말하기	• 서로를 연결하는 말하기나 전달법 표현을 익혀 관계에서 활용한다.	• 도입 활동 –지금–여기 느낌 –지난 회기 요약 및 이번 회기 안내 –감정단어 빙고게임 • 전개 활동 –서로를 연결하는 말하기(나 전달법) • 마무리 활동 –소감 나누기
관계 회복	7	내 마음, 네 마음 알아주기	• 갈등해결전략에 대해 알아본다. • 갈등 경험에서 얻은 배움과 성장이 갈등에 대한 인식을 바꾼다.	• 도입 활동 –지금–여기 느낌 –지난 회기 요약 및 이번 회기 안내 –세탁기 놀이 • 전개 활동 –갈등 인식하기 –갈등해결전략 척도 검사 –갈등으로 인생을 배우기 • 마무리 활동 –소감 나누기
	8	우리로 연결되기	• 행복한 삶을 위한 인간관계를 알아본다. • 프로그램 참여를 통한 배움과 성장을 알아본다.	• 도입 활동 –지금–여기 느낌 –지난 회기 요약 및 이번 회기 안내 –혼자 왔습니다 • 전개 활동 –너와 나의 연결고리 –행복한 삶을 위한 인간관계 • 마무리 활동 –소감 나누기

5. 프로그램 회기별 내용

1회기 만남은 관계의 시작!

활동 목표

• 프로그램의 목적을 이해하고, 집단원 간 친밀한 관계를 형성한다.

준비물

[활동지 1-1], 2절지, 이름표, 네임펜

진행 절차

1. 도입 활동(20분)

▶ 프로그램 안내

안녕하십니까? 둥글게 서로 얼굴이 잘 보이도록 앉아 봅시다. 저는 본 프로그램의 지도자인 ○○○입니다. 본 프로그램은 인간관계증진을 위한 집단상담 프로그램입니다. 관계가 우리의 삶에 미치는 영향이 얼마나 될까요? 오늘 여기에 오신 분들 중 지금 내가 겪고 있는 관계의 어려움을 개선하고 더 편안하고 건강한 관계를 맺기 위해 오신 분들이 있을 겁니다. 혼자서 해결할 수 없는 관계의 불편함을 오늘부터 시작되는 인간관계증진 집단상담 프로그램 안에서 함께 해결의 실마리를 찾아가 보도록 합시다.

이 프로그램은 크게 세 부분으로 구성되어 있습니다. 첫째, 인간관계 안에서의 나는 어떻게 관계를 하고 자신과 타인을 이해하는지, 둘째, 인간관계를 잘하기 위해 어떤 훈련을 필요로 하는지, 셋째, 갈등을 어떻게 이해하고 받아들일지로 구성되어 있습니다. 총 8회기로 구성되어 있으며 매 회기 90분 정도 활동할 것입니다. 오늘은 첫 회기로 첫 만남이라 어색하고 낯설 텐데요. 전체 프로그램 진행에서, 우리 모두와 각자 개인을 위한 우리의 약속을 함께 먼저 정하고, 그다음 친밀감을 형성하는 활동으로 서로를 알아 가는 시간을 가져 보겠습니다. 그 외 궁금한 점이 있으면 질문해 주십시오.

▶ 우리의 약속

우리 모두와 나 자신을 위한 약속에는 어떤 것이 있을까요?(2절지에 지도자가 매직으로 쓴다.)

예 우리의 약속

1. 호기심을 갖고 끝까지 잘 듣겠습니다.
2. 개방 가능한 이야기를 내어놓겠습니다.
3. 약속한 시간에 시작과 끝맺음을 함께합니다.
4. 여기서 나눈 이야기는 비밀을 지킵니다.
5. 자신의 복지는 스스로 챙깁니다.
6.
7.

Tip

• 집단원 모두 상호 존중과 배려로 지킬 수 있는 약속을 생각해 보도록 시간을 준 후 작은 것이라도 나눌 수 있는 시간이 되도록 한다.

2. 전개 활동(50분)

▶ 자기소개하기

먼저, 자기소개를 위한 별칭을 작성해 보겠습니다. 자신의 인간관계가 증진됨을 상징하는 별칭과 그 별칭을 더 빛나게 하는 수식어를 앞에 써 주세요.

예 별칭

어울림을 좋아하는 **웃자**, 가슴이 따뜻한 **뚝배기**, 모두를 품는 **세상** 등

상대가 잘 볼 수 있게 이름표 목걸이 길이를 조정하여 걸고 자리에 앉아 주세요. 자기소개의 순서를 알려드리겠습니다. 먼저, 지금의 기분상태를 10점 척도 중 몇 점에 해당하는지 말하고, 별칭으로 자신을 소개합니다. 그런 다음 프로그램 참여 동기와 프로그램에 대한 기대를 말하고 마지막으로, 들으면 힘이 되는 말을 해 주세요. 다음 순서의 사람은 자기소개에 앞서 앞의 사람의 별칭에 '~님 감사합니다.'라는 말로 먼저 시작한 후 자신의 소개를 앞의 사람과 같이 하면 됩니다. 자기소개가 끝나면 다 같이 합창으로 '힘이 되는 말'을 하겠습니다. 그럼 제가 먼저 자기소개를 해 보겠습니다.

예 **자기소개**
어울림을 좋아하는 **웃자**님! 감사합니다. 저는 아름다운 사람 **사랑이**입니다. 지금의 기분은 모르는 사람들 앞에서 이야기를 하려니 긴장되어 6점입니다. 저는 김민기 씨 노래 '아름다운 사람'이라는 노래를 무척 좋아하고 아름다운 사람이 되어 사람들과 함께하고 싶다고 생각을 많이 하다 보니 '아름다운 사람 사랑이'라고 했습니다. 프로그램에 참여한 동기는 관계의 피곤함이 깊어지고 힘들어 참여를 했고, 이 프로그램의 기대만큼 내가 좀 더 편안한 관계를 했으면 합니다. 저는 "네가 있어 참 좋다."라는 말이 힘이 됩니다.

그럼 다 같이 사랑아! 네가 있어 참 좋다! 제창 시작! (집단원 자기소개 진행 후) 이런 자기소개가 어땠어요? 처음하는 분은 낯설기도 하셨죠. 좀 더 집단원 간의 친밀감을 높이기 위해 다음 활동을 해 보겠습니다.

▶ 나는 이런 사람이야! 활동지 1-1

활동 내용
① [활동지 1-1]을 들고 서로 한 문항에 대해 이야기하고 난 후 사인을 한다.
② 타인의 활동지에 한 사람이 두 문항에 사인을 할 수 있고, 한 문항당 하나의 사인만 가능하다.
③ 가장 먼저 끝낸 집단원은 지도자에게 확인을 받고 자리에 돌아가 앉는다.
④ 지도자는 작은 선물을 준비하여 먼저 끝낸 집단원에게 선물을 준다.
⑤ 전체 둥글게 앉아 활동 소감을 나눈다.

Tip
- 활동지는 인원에 맞도록 문항과 사인 횟수를 조절하여 사용한다.
- 10분 정도의 신나는 노래를 배경음악으로 깔고 음악이 끝나면 활동을 끝낸다.

활동과정에 웃음꽃이 피어나고 분위기가 경쾌해지는 걸 느꼈습니다. 집단원 간의 어색한 분위기가 좀 풀렸나요? (대답을 듣고) 감사합니다. 다음은 오늘 첫 회기에 대한 소감을 나눠 보겠습니다.

3. 마무리 활동(20분)

▶ 소감 나누기

오늘은 프로그램의 전체 진행 방향을 알아보고, 서로를 알아 가는 시간을 가졌습니다. 이번 시간에 참여하면서 새롭게 알게 된 점이나 느낀 점이 있다면 함께 나누어 보겠습니다. 누구든 먼저 시작해 주시고 돌아가면서 말씀해 주십시오. (이야기를 나눈 후) 첫 회기에서 얻은 배움으로 한 주를 잘 보내시기 바랍니다. 이름표와 교재는 모아서, 다음 회기에 사용하겠습니다. 서로에게 감사의 마음을 박수로 표현할까요? (박수) 수고하셨습니다. 다음 주에 만납시다.

4. 유의점

- 첫 회기는 신뢰감과 친밀감이 형성되는 매우 중요한 회기이다. 편안한 분위기에서 솔직하게 자신을 드러낼 수 있는 허용적이고 신뢰할 수 있는 분위기를 조성한다.

활동지 1-1

나는 이런 사람이야!

별칭 ___________________

* 다니면서 각 문항에 맞는 사람을 찾아 이야기하고 사인(별칭)을 받습니다.
 한 사람이 활동지에 두 번까지만 사인을 할 수 있습니다(문항당 하나의 사인만 받을 수 있음).

문항	사인
1. 이름 속에 자기 이름과 같은 초성이 1개라도 들어 있는 사람	
2. 생일에 나와 같은 월(달)이 있는 사람	
3. 혈액형이 나와 같은 사람	
4. 오징어게임을 해 본 사람	
5. 좋아하는 노래 2곡의 제목을 말해 줄 수 있는 사람	
6. 누군가 힘들어하거나 슬퍼할 때 따뜻한 위로를 해 준 적이 있는 사람	
7. 바다를 건너 여행을 가 본 적이 있는 사람(어디를 다녀왔는지)	
8. 배가 아플 만큼 웃어 본 사람	
9. 드라마나 영화를 보고 눈물을 흘려 본 사람	
10. 한 가지 이상의 음식을 만들 수 있는 사람 (가장 자신 있게 만드는 음식이 무엇인지)	
11. 혼자만이 아는 민망한 일을 겪은 사람	
12. 나무 그늘 아래에 누워서 잎 사이로 반짝거리는 햇빛을 받아 본 사람	
13. 하늘 자전거를 타 본 사람	
14. 일 년에 책 한 권은 꼭 읽는 사람	
15. 신발 사이즈가 나와 같은 사람	
16. 콘서트나 연극, 뮤지컬 등 공연을 본 사람	
17. 친구와 밤을 새워 본 사람	
18. 반려동물과 함께 사는 사람	
19. 겨울에도 아이스 아메리카노를 마시는 사람	
20. 한여름 밤에 치맥을 즐겨본 사람	

2회기 나의 관계는?

활동 목표

• 자신의 인간관계를 살펴본다.

준비물

[활동지 2-1], A4 종이, 칼라펜

진행 절차

1. 도입 활동(20분)

▶ 지금-여기 느낌

반갑습니다. 먼저, 지금 자신의 느낌을 색깔로 나타내고 이유를 간략하게 이야기하는 것으로 프로그램을 시작하겠습니다.

▶ 지난 회기 요약 및 이번 회기 안내

지난 한 주 어떻게 보내셨나요? 지난주에 우리가 한 활동 기억나시나요? 무엇이 기억나는지요? 지난 회기 경험으로 나에게 어떤 변화가 있었다면 작은 것이라도 괜찮으니 이야기를 나눠 볼까요? (집단원이 답할 시간을 기다리고 피드백을 해 줌) 오늘은 자신의 인간관계를 살펴보는 시간을 가져 보고자 합니다. 인간관계증진을 위해서는 우선 자신의 인간관계를 잘 알 필요가 있겠습니다. 긴장을 풀기 위해 간단한 신체활동을 해 보겠습니다.

▶ 손님 모셔 오기

활동 내용

① 빈자리를 하나 만든다.

② 빈자리 양쪽에 앉은 두 사람이 함께 손을 잡고 빈자리에 앉힐 손님 앞에 가서 인사를 하고 모셔 올 손님의 양쪽에서 손을 잡고 정중하게 빈자리에 모셔 오고 앉는다.

③ 또 빈자리가 생기면 반복적으로 빈자리에 손님을 모셔 와 앉히면 된다.

Tip
- 빠르고 경쾌한 음악을 틀고 음악이 끝나면 활동을 끝낸다.

손님 입장과 모셔 오는 사람의 입장이 어떻게 다를까요? (대답을 기다리고 들은 후) 음악이 끝나는 시점에 손님을 정중하게 모셔 오기보다는 놀이에 걸리지 않기 위해 손님을 끌고 와서 앉히는 모습이 보이기도 하네요. 실제로 손님을 그렇게 모셔 오면 큰일나겠죠. 다음은 자신의 인간관계를 돌아보는 시간을 가져 보겠습니다. (동영상 시청은 환경과 시간이 허락되면 진행한다.)

2. 전개 활동(50분)

▶ 당신의 진짜 친구는 몇 명입니까?(https://youtu.be/nogUweaF0LM)

던바의 수 150명은 영국의 인류학자 로빈 던바 교수의 이름을 딴 법칙을 말합니다. 1명이 맺을 수 있는 인간관계는 최대 몇 명에 이를까요? 이와 관련된 연구를 바로 로빈 던바 교수가 실시하였습니다. 그는 한 사람이 맺을 수 있는 사회적 관계 인원은 최대 150명이라고 주장하였습니다. SNS를 통해 맺을 수 있는 친구의 숫자 역시 150명 남짓이고, 이 중 진정한 친구는 3~5명에 불과하다고 합니다. 슬픔을 함께하는 공감 집단은 12명이라고 합니다. 사람과 사람의 관계는 양적인 크기보다 질적 깊이가 더 중요합니다. 여러분의 진짜 친구는 몇 명인지 잠깐 생각을 해 보셨나요? 그럼 2인 1조로 이야기를 나눠 보겠습니다.

활동 내용

① 둥글게 2개의 동심원 만들어 2인 1조로 마주 앉는다.
② 이야기를 할 화자(말하는 사람)를 정하고 남은 사람은 듣는 청자(듣는 사람)가 된다.
③ 청자는 화자에게 "당신의 진짜 친구는 몇 명입니까? 그리고 그들은 당신과 어떻게 관계를 합니까?"와 같이 질문하고 화자의 이야기를 듣는다.
④ 화자의 이야기를 듣고 잠시 침묵으로 장을 정리하는 시간을 가진다.
⑤ 화자와 청자를 바꾸고 ③, ④를 반복한다.
⑥ 활동을 통해 변화된 생각과 느낌을 나눈다.

앞의 활동에 이어 '내 마음의 관계도 그리기'로 자신의 인간관계를 탐색해 보겠습니다.

▶ 내 마음의 관계도 그리기 활동지 2-1

현재 자신이 느끼는 마음의 관계도를 그려 보겠습니다.

활동 내용

① 활동지 중심에 자신의 위치를 그린다.
② 마음의 관계가 가장 가까운 사람부터 위치를 잡아 그리기 시작한다.
③ 여성은 동그라미, 남성은 세모, 단체나 집단은 네모 등으로 그린다.
④ 심리적인 거리는 나를 중심으로 가까울수록 가깝게, 멀수록 멀게 배치한다. 심리적 거리가 멀수록 나에게서 멀기 때문에 선의 길이는 길어진다(심리적 거리는 싫고 좋고가 아니고 내 마음에 자리 잡고 있는 정도임).
⑤ 내 마음의 관계도를 그린 후 생각과 느낌을 나눈다.

Tip

- 동질집단에서 프로그램 진행 시 관계도에서 집단원의 이름이 표명되는 불편한 점이 있다면 이니셜로 쓰도록 한다. 전체 나눔보다는 소그룹으로 나눔을 하도록 지도하며 사생활 보호를 위한 비밀 보장을 지도한다
- 시점은 과거의 특정 시기를 정하거나 1년 후나 5년 후 등 미래의 시간을 투사하는 시점을 정해 관계도를 그릴 수도 있다.

내 마음의 관계도를 다 그린 후 심리적으로 가까운 사람과 먼 사람의 차이는 어디에서 온 것인지 생각해 보고 조절해 보고 싶은 관계가 있다면 어떻게 하고 싶은지 이야기를 해 볼까요?(지도자는 자유롭게 이야기할 수 있도록 자유로운 분위기를 유지한다.)

3. 마무리 활동(20분)

▶ 소감 나누기

오늘 활동 중에 다 하지 못한 이야기가 남아 있다면 더 이야기해 주세요. (화자의 이야기를 잘 듣고 감사를 표한다.) 자신의 진짜 친구 몇 명이고 누구인지 탐색을 해 보셨나요? 직접 탐색을 해 보니 어떠했나요? 자신의 진짜 친구들의 공통점에는 어떤 것들이 있었을까요? 이번 회기를 하면서 새롭게 느낀 점이나 생각이 있으면 나누어 보겠습니다. (이야기를 나눈 후) 다음 한 주 동안 자신의 인간관계를 탐색하는 시간으로 보내 주세요. 오늘 회기는 여기까지입니다. 감사합니다. (박수) 수고하셨습니다. 다음 주에 만납시다.

4. 유의점

- 내 마음의 관계도를 개방하기 힘들어하는 집단원에게는 지도자가 할 수 있는 만큼만 해도 괜찮다고 지지해 준다.

활동지 2-1

내 마음의 관계도 그리기

※ 각자 활동지에 내 마음의 관계도 표기 방법 도표를 보고 내 마음의 관계도를 그려 봅시다.

내 마음의 관계도 표기 방법 도표		
○ 여성 △ 남성 □ 단체, 직업 등 집단 ● 돌아가신 여성 (할머니, 어머니 등) ▲ 돌아가신 남성 (할아버지, 아버지 등) ◇ 반려동물	심리적 친밀감(낮음)	-------------------
	심리적 친밀감(보통)	———————
	심리적 친밀감(높음)	━━━━━━━
	심리적 갈등	∧∧∧∧∧∧∧
	심리적 단절	——┤ ├——

3회기 나와 관계하는 너는?

활동 목표

• 자신과 관계하는 타인을 탐색하고 이해한다.

준비물

[활동지 3-1], [활동지 3-2], (색깔이 있는) 마스킹 테이프

진행 절차

1. 도입 활동(20분)

▶ 지금-여기 느낌

반갑습니다. 먼저, 지금 자신의 느낌을 떠오르는 풍경으로 나타내고 이유를 간략하게 이야기하는 것으로 프로그램을 시작하겠습니다.

▶ 지난 회기 요약 및 이번 회기 안내

지난 회기에는 내 마음의 관계도를 통해 자신의 인간관계를 알아보는 시간을 가졌습니다. 한 주간 동안 각자의 인간관계를 탐색하면서 보내셨나요? 자신에게 일어난 변화가 있었다면 이야기를 나누어 주시길 바랍니다. (이야기를 듣고 피드백을 해 준 후) 나눔에 감사합니다. 오늘은 자신과 관계하는 타인에 대해 알아보고 이해하는 시간을 가져 보겠습니다. 시작하면서 간단한 게임을 해 볼까요?

▶ 리더를 찾아라

활동 내용

① 자발적 술래를 뽑는다. 그리고 잠깐 다른 공간에 있도록 한다.
② 술래가 없는 동안 집단원 중에서 자발적 리더를 뽑는다.
③ 집단원은 둥글게 원으로 선다.
④ 술래를 오게 하고 원 안에 서면 다른 집단원들은 음악에 맞춰 리더의 춤을 따라서 춘다. 이때 술래가 리더를 알지 못하게 집단원은 눈치껏 리더의 춤을 따라 춘다.

⑤ 술래는 숨은 리더를 찾는다.
⑥ 리더를 찾은 술래 혹은 찾지 못한 술래에게 술래 역할을 해 본 느낌을 물어본다. 리더에게도 역할을 해 본 느낌을 물어본다.
⑦ 리더를 따라서 춤을 춘 집단원들에게도 역할을 해 본 느낌을 물어본다.

2. 전개 활동(50분)

앞에서 한 활동을 통해 술래는 숨은 리더를 알아내기 어려울 수도 있고요. 금방 알아낼 수도 있을 거예요. 잘 보면 보일 테니까요. 그럼 과연 우리는 주변을 얼마나 잘 보고 있는지 다음 활동을 통해 알아봅시다.

▶ 다르게 보이는 그림 활동지 3-1

활동 내용

① 전체 활동으로 활동지를 같이 보면서 집단원들에게 다음과 같이 물어본다.
 –[그림 1–1]을 보고 먼저 보이는 것은 무엇인가?
 –[그림 1–2]를 보면 무엇이 보이는가?
 –[그림 1–3]에서 찾을 수 있는 사람은 몇 명인가?
 –[그림 1–4]에서 먼저 보이는 사람은 누구인가?
② [그림 1–2]를 다시 본다. 다른 그림과 좀 다른 그림이다. 카메라에 잡힌 것만 보면 사실과 완전 다른 해석을 하게 되는데, 이렇게 전체를 보지 못하고 일부만 본 것으로 오해를 했거나 오해를 받은 경험이 있다면 그 경험을 나누고 그때 기분이 어땠는지 함께 이야기한다.

이 활동을 통해 우리는 착시에 의한 것이든 내가 보고 싶은 것만 보고 듣고 싶은 것만 듣는다는 한계를 알게 되었습니다. 관계에서도 듣고 싶은 것만 듣기도, 보고 싶은 것만 보기도 하죠. 이렇게 있는 그대로를 본다고 해도 다르게 볼 수 있다는 것을 알았으면 합니다. 자신과 다르게 인식하는 타인을 이해하는 데 도움이 되는 활동이었으면 합니다.

Tip

- 그림에 대해 자유롭게 이야기하도록 돕고, 동일한 그림이어도 시각에 따라 다르게 보일 수도 있으며 같은 상황이라도 사람에 따라 다르게 생각할 수 있다는 것을 회기의 활동 목표와 연결해 설명한다.

▶ 지금 알고 있는 걸 그때도 알았더라면 활동지 3-2

활동하기에 앞서 자리를 옮길 거예요. 2인 1조로 마주 보며 앉겠습니다.

활동 내용

① 시를 운율에 따라 번갈아 읽는다.
② 시에 대한 감상을 한 후 마음에 와닿는 부분에 대해서 이야기를 나눈다.
③ 나의 어떤 일(관계, 사건)에 관해 지금 안 것을 그때 알았으면 무엇이 어떻게 달라졌을지 생각을 나눈다.

이 활동을 통해 시에 대한 각자의 느낌이 어떻게 다른지 알아보았습니다. 과거의 관계에서 지금 알게 된 것으로 관계를 돌아보면 안타깝고 아쉬운 것이 있기 마련입니다. 그때는 몰랐지만 지금이라도 알게 된 것을 또 다른 관계에서 지혜롭게 잘 활용했으면 합니다. 다음 활동은 아주 간단합니다. 활동을 한 후 소감을 나누면서 무엇을 알아 가는 활동인지 보겠습니다.

▶ 어떻게 할 것인가

활동 내용

① 바닥에 색깔 있는 테이프를 집단원 모두가 서 있을 수 있는 길이만큼 붙인다.
② 바닥 붙인 테이프(경계선)를 가운데 두고, 두 사람이 2인 1조로 마주 선다.
③ 2인 1조로 마주 선 두 사람이 말을 하지 않고 상대가 자기 쪽으로 선을 넘어 건너오게 하면 끝나는 활동이다.

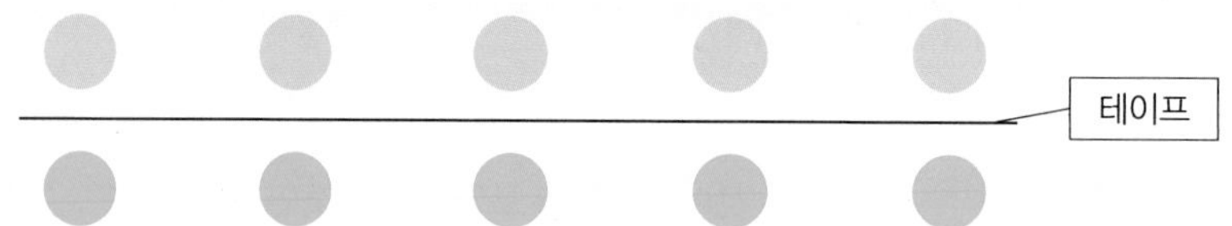

④ 활동이 모두 끝난 후 하나의 원으로 둘러앉아 활동에 대한 생각과 느낌을 나눈다("어떻게 상대를 넘어오게 하였고, 또 나는 어떤 생각과 마음으로 넘어가게 되었는지 알아보겠습니다").

이 활동을 통해 게임으로 생각하고 이기고 싶은 마음이 본능처럼 생겼나고 봅니다. 반드시 이겨야만 된다고 하지 않았는데도 말입니다. 관계에서도 이런 모습을 보이지 않는지 살펴봤으면 합니다. 관계에서 이기려고만 하면 그 관계는 어떻게 될까요? 활동을 통해 사람들에게 다양한 생각이 있다는 것을 발견할 수 있습니다. 활동의 결과에 대한 답은 없습니다. 타인의 다양한 생각을 잘 살펴 받아 주는 시간이 되었으면 합니다.

3. 마무리 활동(20분)

▶ 소감 나누기

오늘 세 가지 활동으로 힘들었을 것 같습니다. 오늘 활동으로 자신과 관계하는 타인에 대해 알고 이해하게 된 것을 이야기해 보겠습니다. 또한 자신의 인간관계와 연결 지어 새롭게 알게 된 것에 대한 느낌도 나누어 주세요. (이야기를 나눈 후) 지금까지 인간관계를 하는 자신과 타인에 대해 알아보는 회기를 진행했습니다. 다음 한 주 동안은 타인을 어떻게 이해하고 수용하는지 살펴보세요. 다음 주에 어떤 변화가 있었는지 함께 이야기를 나누도록 하겠습니다. 그리고 다음 회기부터는 인간관계증진을 위해 무엇을 어떻게 해야 하는지 알아보는 활동으로 인간관계증진 훈련 활동을 하도록 하겠습니다. 이름표와 교재는 모아서, 다음 회기에 사용하겠습니다. 감사합니다. (박수) 수고하셨습니다. 다음 주에 만납시다.

4. 유의점

- 타인에 대한 깊이 있는 탐색이 일어날 수 있도록 자기개방과 적극적 소통이 중요함을 안내한다.

활동지 3-1

다르게 보이는 그림

1. 그림을 보고 서로 보이는 것에 대해 이야기를 나눠 봅시다.

[그림 1-1]	[그림 1-2]
[그림 1-3]	[그림 1-4]

2. [그림 1-2]처럼 내가 본 것(보이는 것)이 다가 아니었던 사례에 대해 이야기를 나눠 봅시다.

활동지 3-2

지금 알고 있는 걸 그때도 알았더라면

지금 알고 있는 걸 그때도 알았더라면
내 가슴이 말하는 것에 더 자주 귀 기울였으리라.
더 즐겁게 살고, 덜 고민했으리라.
금방 학교를 졸업하고 머지않아 직업을 가져야 한다는 걸 깨달았으리라.
아니, 그런 것들은 잊어버렸으리라.
다른 사람들이 나에 대해 말하는 것에는 신경 쓰지 않았으리라.
그 대신 내가 가진 생명력과 단단한 피부를 더 가치 있게 여겼으리라.

더 많이 놀고, 덜 초조해 했으리라.
진정한 아름다움은 자신의 인생을 사랑하는 데 있음을 기억했으리라.
부모가 날 얼마나 사랑하는가를 알고
또한 그들이 내게 최선을 다하고 있음을
믿었으리라.

사랑에 더 열중하고
그 결말에 대해선 덜 걱정했으리라.
설령 그것이 실패로 끝난다 해도
더 좋은 어떤 것이 기다리고 있음을 믿었으리라.

〈일부 발췌〉

킴벌리 커버거

출처: 류시화(2012).

4회기 나의 관계 스타일

활동 목표

• 자신의 관계 스타일 진단과 조하리 마음의 창을 살펴본다.

준비물

[활동지 4-1], [강의자료 4-1], [활동지 4-2], [활동지 4-3], 필기구

진행 절차

1. 도입 활동(20분)

▶ 지금-여기 느낌

안녕하세요? 오늘은 지금 자신의 기분을 신호등의 색으로 나타내고 이유를 간략하게 이야기해 보겠습니다.

▶ 지난 회기 요약 및 이번 회기 안내

지난 한 주 어떻게 보냈나요? 지난주에 우리가 한 활동을 기억하시나요? 자신과 관계하는 타인에 대해 알아보고 이해하는 시간이었습니다. 지난 한 주를 보내면서 나에게 일어난 변화가 있다면 함께 나누어 주세요. (이야기를 나눈 후) 오늘은 관계가 좋아지기 위해 자신의 인간관계 스타일을 알아보겠습니다. 먼저, 간단한 빙고게임을 하겠습니다.

▶ 나도 나만 빙고 활동지 4-1

활동 내용

① 내가 지난 6개월 동안 사람들과 한 여러 활동을 생각한다.
② 4×4 빙고판에 그 활동 장소를 적고 돌아가면서 자신이 한 활동 내용과 장소를 말한다.
③ 가로, 세로, 대각선 등에서 세 줄이 나오면 이기는 게임이다.

이 게임을 해 보니 어땠어요? 나의 활동을 개방해 보니 타인들도 하는 활동이거나 생각과 다르게 나만 하는 활동이 있지 않나요? 다음 활동은 이렇게 자기개방과 타인의 피드백 듣기를 통해 자신의 인간관계 스타일을 알아보는 활동을 할 거예요.

2. 전개 활동(50분)

▶ 나의 관계 스타일 진단 강의자료 4-1, 활동지 4-2, 활동지 4-3

나의 관계 스타일은 어떠한가요? 나는 다른 사람에게 자신을 잘 드러내는가요? 또 다른 사람은 나에 대해서 어떻게 알고 있을까요? 인간관계에서 자신을 남에게 내보이는 일은 매우 중요합니다. 이를 자기개방이라고 하며 인간관계를 증진시키는 중요한 요인입니다. 자신을 남에게 내보이는 정도는 사람마다 차이가 있습니다. 또 인간관계에서 남들이 나에 대해 어떻게 알고 느끼고 있는지를 아는 것이 역시 중요합니다. 타인은 나의 사회적 거울로, 나를 보게 해 줍니다. 타인의 반응 속에서 나를 비춰 보고 나를 알아 가는 것이죠. 이렇게 자기개방과 타인이 보내주는 피드백이라는 두 가지 개념을 기초로 하여 심리학자인 조셉(Joseph Luft)과 하리(Harry Ingham)에 의해서 '조하리 마음의 창(Johari's Window)'이 개발되었고 합니다. 그럼 지금부터 자신의 인간관계 스타일을 조하리 마음의 창으로 알아보겠습니다. 강의자료를 봐 주시기 바랍니다. (강의자료로 설명한다.) [활동지 4-2]에 제시된 조하리의 자기개방 척도로 현재 자신의 자기개방의 정도와 타인의 피드백에 대해 받아들이는 정도를 진단하고 자신의 조하리 마음의 창을 그려 보며 자신의 관계 스타일을 살펴보겠습니다.

활동 내용

① 각자 [활동지 4-2]에 응답한다. '전혀 그렇지 않다'의 0점에서 '매우 그렇다'의 10점 사이의 점수를 응답 칸에 적는다.
② 채점을 하고 [활동지 4-3] 조하리 마음의 창 그래프를 그린다.
③ 유형별로 네 모둠을 만들고 자신의 마음의 창에 대해 이야기를 나눈다. 이야기를 나눌 때 장점과 단점을 함께 나눈다.

확인해 보셨나요? 여러분은 어떤 유형인가요? 조하리 마음의 창을 통해서 자신의 평소 인간관계의 모습을 비교하며 자신의 느낀 점을 함께 나누는 시간을 가져 자신에 대한 이해의 정도가 좀 더 깊어졌을 것이라 생각됩니다.

3. 마무리 활동(20분)

▶ 소감 나누기

오늘 조하리 마음의 창이 어떤 영역에서 넓게 나타나고, 어떻게 하면 인간관계를 증진시킬 수 있는지 알아보는 활동을 해 보았습니다. 활동을 통해 느낀 것이나 새롭게 알게 된 것에 대해 이야기를 나누겠습니다. (이야기를 나눈 후) 실천과제가 있습니다. 일주일 동안 자신의 인간관계 스타일을 개선하기 위한 작은 실천이라도 해 보고 다음 주에 이야기를 나누어 보겠습니다. 또한 다음 회기는 의사소통 훈련으로 공감과 경청에 대한 활동이 있겠습니다. 오늘 활동은 여기까지입니다. 감사합니다. (박수) 수고하셨습니다. 다음 주에 만납시다.

4. 유의점

- 자신의 인간관계 스타일에 좋고 나쁜 스타일 없이 장점을 살리고 단점은 개선하면 인간관계증진을 할 수 있음을 안내한다.

활동지 4-1

나도 나만 빙고

※ 지난 몇 달 동안 자신이 사람들과 함께한 활동의 장소를 적어 봅시다.

예) 영화를 봤으면 '영화관'이라고 쓴다. 피자를 먹었으면 '피자집'이라고 쓴다.

예) 발표: "나는 친구와 영화를 보았다. '영화관'"이라고 말한다.

"나는 동생과 피자를 먹었다. '피자집'"이라고 말한다.

발표자와 장소가 같은 집단원도 같이 일어나 "나도"라고 말하고 앉는다.

발표자와 장소가 같은 집단원이 없을 때 발표자 혼자 "나만"이라고 말하고 앉는다.

강의자료 4-1

조하리 마음의 창

나의 관계 스타일은 어떠한가? 나는 타인에게 나 자신을 잘 드러내는가? 또 다른 사람은 나에 대해서 어떻게 알고 있는가? 인간관계에서 자신을 남에게 내보이는 일은 매우 중요하다. 이를 자기개방이라고 하며 인간관계를 증진시키는 중요한 요인이다. 자신을 남에게 내보이는 정도는 사람마다 차이가 있다. 또 인간관계에서 남들이 나에 대해 어떻게 알고 느끼고 있는지를 아는 것이 역시 중요하다. 타인은 나의 사회적 거울로, 나를 보게 해 준다. 타인의 반응 속에서 자신을 비춰 보고 자신을 알아 가는 것이다. 이렇게 자기개방과 타인이 보내 주는 피드백이라는 두 가지 개념을 기초로 하여 '조하리 마음의 창(Johari's Window)'을 심리학자인 조셉(Joseph Luft)과 하리(Harry Ingham)가 개발하였다.

조하리 마음의 창은 다음과 같이 네 부분으로 구성된다.

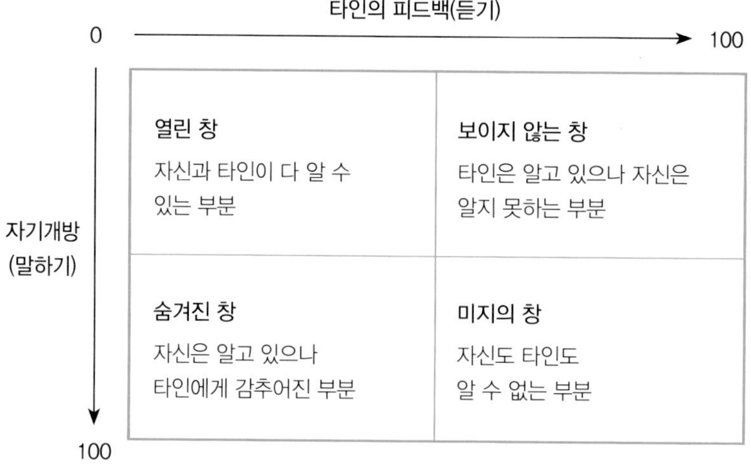

① 열린 창(개방형)

- 타인과 자신 모두 아는 영역이다.
- 개방적이어서 자신이나 타인이 모두 알고 있는 마음의 부분이다.
- "맞아, 너는 정말 그래."와 같은 즉각적인 피드백이 이루어진다.
- 자신의 느낌, 생각, 행동 등이 자신이나 타인 모두에게 잘 알려진 영역이다.

- 이 영역이 넓은 사람은 서로가 충분히 이해되는 관계이므로 원만한 인간관계를 형성한다.
- 효과적인 인간관계를 유지하기 위해서는 열린 창 영역을 넓혀야 하나, 타인에게 자신을 알리기 위한 지나친 노출은 상대에게 불편감을 줄 수 있으므로 상대의 특성을 살피며 서서히 관계를 넓혀 나가는 조율 능력도 갖출 필요가 있다.

② 보이지 않는 창(자기주장형)

- 타인은 알지만 나는 모르는 영역이다.
- 자신의 재능이나 단점 등에 대해 타인은 알고 있으나 자신은 어떠한 이유로 은폐하고 싶은 부분이다.
- 자신의 행동에 대해 타인으로부터 "아냐, 너는 이래. 너는 정말 너 자신을 잘 모르는구나."와 같은 강력한 피드백을 받는다.
- 이 영역이 넓은 사람들은 눈치가 없고 둔해서 타인이 보기에는 개선할 점이 많아 보이지만 정작 자신은 깨닫지 못하는 경우가 많다.
- 이 영역의 사람들은 자기주장이 강하고 자기도취적인 사람이거나 이와는 반대로 자존감이 낮아 자신의 좋은 점을 인식하지 못하는 사람이다. 그러므로 자신이 모르는 영역을 알아 가기 위해서는 타인으로부터 얼마나 적절한 피드백을 잘 받느냐가 관건이다.
- 관계를 넓혀 나가기 위해서는 타인이 모르는 부분을 이해할 수 있도록 친절하게 피드백해 주는 표현능력과 타인의 피드백을 감사하게 받아들이는 수용력을 함께 배워야 한다.

③ 숨겨진 창(신중형)

- 자신은 알지만 타인은 모르는 영역이다.
- 자신은 알고 있으나 노출하지 않아 타인이 모르는 마음의 부분이다.
- 이 부분은 억압이 약화되는 편안한 상황일 때 드러나기 때문에 주로 집에서 표출되어 때때로 "집 안과 밖에서 제 성격이 좀 다른 것 같아요."라고 하는 사람들이 이 부분에 속하는 사람이다. 밖에서는 조용한 반면, 집에서는 쾌활하거나 말이 많은 경우 혹은 반대로 표출되는 경우도 있다.
- 이 영역이 넓은 사람은 신중하다고 볼 수 있으나 자기표현을 할 수 없어 타인은 그가 어떤 생각, 느낌을 갖고 있는지에 대해 이해할 수 없기 때문에 쉽게 접근하지 못한다.

- 자기개방에 대한 두려움과 긴장감의 원인을 찾아 자신이 왜 그렇게 했는지 이해할 수 있도록 도움을 받아야 한다.

④ 미지의 창(고립형)

- 자신과 타인 모두 모르는 영역이다.
- 무의식에 해당하는 부분이다.
- 조하리 마음의 창 이론에 의하면, 인간관계에서 원만하지 못하고 갈등이 발생하는 것은 자신이 모르는 자신과 타인이 모르는 자신이 많다는 이유에서이다. 그래서 나와 타인이 모르기 때문에 서로 이해하기 어려운 부분이 많고 오해가 생겨 난다고 본다.
- 이 창의 영역으로 인해 관계에서 문제가 생기면 "나는 그 친구가 왜 화가 났는지 도무지 이해가 안 돼. 어떻게 하지?"와 같은 반응을 보일 수 있다.
- 자신과 타인도 이해하기 힘든 방식이 나타나서 관계를 회복하기 어렵게 만든다.
- 이 창의 문제를 해결하기 위해서는 전문 상담가와 함께 자신에 대해 지속적으로 관심을 갖고 통찰하는 시간을 가질 필요가 있다.
- 적절한 자기개방과 피드백을 통해 열린 영역을 넓힘으로써 향상된 대인관계 능력으로 갈등을 줄일 수 있도록 노력해야 한다.

활동지 4-2

자기개방 진단하기

※ 다음에 제시된 조하리 자기개방 척도는 자신의 현재 자기개방의 정도를 측정하고 이를 통해 자신을 이해하기 위한 도구로 활용해 볼 수 있습니다. ('전혀 그렇지 않다'의 0점에서 '매우 그렇다'의 10점 사이의 점수를 응답 칸에 적어 넣습니다.)

예)

전혀 그렇지 않다   보통이다   매우 그렇다

0 1 2 3 4 5 6 7 8 9 10

번호	문항	응답
1	나의 일에 대해 다른 사람(선생님, 가족, 친구, 선후배)으로부터 이런저런 잔소리를 들으면 기분이 나쁘다.	7

※ 다음 문항을 자세히 읽고 자신의 현재 상태에 비추어 점수를 응답 칸에 적어 봅시다.

번호	문항	응답
1	나의 일에 대해 다른 사람(선생님, 가족, 친구, 선후배)으로부터 이런저런 잔소리를 들으면 기분이 나쁘다.	
2	자기 일을 다른 사람에게 이것저것 말하는 것은 생각이 깊지 못하다고 생각한다.	
3	남의 말을 듣고 있는 중에 지루해지면 "이런 말이지?"라고 말허리를 자르는 일이 많다.	
4	'신비적이다'라고 언급될 만큼 자신의 정체를 보이지 않는 것이 좋다.	
5	다른 사람(상사, 동료, 부하)이 뭐라고 말하건 신경 쓸 필요가 없다.	
6	하고 싶은 말이 있어도 꾹 참고 속으로 혼자 처리하는 경우가 많다.	
7	다른 사람(상사, 동료, 부하)으로부터 여러 가지 상담을 제안받는 일이 거의 없다.	
8	타인의 일이나 의견에 대하여 의논하지 않고 자신의 생각을 말해 주지 않는다.	
9	타인으로부터 주의를 받거나 비판을 받으면 무의식적으로 반론하고 싶어진다.	
10	자신의 기분이나 생각을 정직하게 이야기하기보다는 애매모호하게 흐리는 경우가 있다.	

※ 채점판에 문항별 점수를 기록한 후 다음과 같이 점수를 계산한다.

① 각각의 점수에서 홀수 번호의 답을 더하고 홀수 번호의 총 점수에 나누기 5를 하고 10에서 빼면 X축의 값이 된다.

② 짝수 번호의 총 점수에 나누기 5를 하고 10에서 빼면 Y축의 값이 된다.

■ 채점

번호	1	3	5	7	9	피드백 듣기(X축): 10−(홀수 번호 답의 합계÷5)
점수						
번호	2	4	6	8	10	자기개방 말하기(Y축): 10−(짝수 번호 답의 합계÷5)
점수						

활동지 4-3 조하리 마음의 창 그리기

1. [활동지 4-2] 척도를 통해 채점된 점수로 자신의 개방 정도를 나타내는 '조하리 마음의 창'을 그려 봅니다. 점수를 계산하여 X축과 Y축의 점수에 의해 진단하며 구분된 영역에서 가장 큰 면적이 자신의 자기개방 형태입니다. 예를 들어, X축=8점, Y축=8점이면 [그림 1-5]와 같은 영역이 구분되어 열린 창(개방형)이 된다.

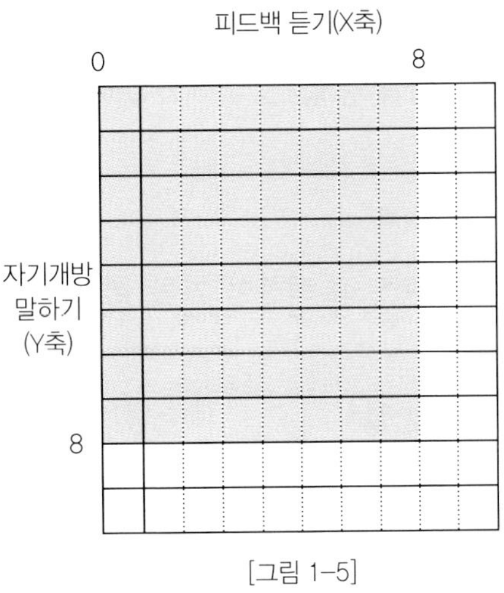

[그림 1-5]

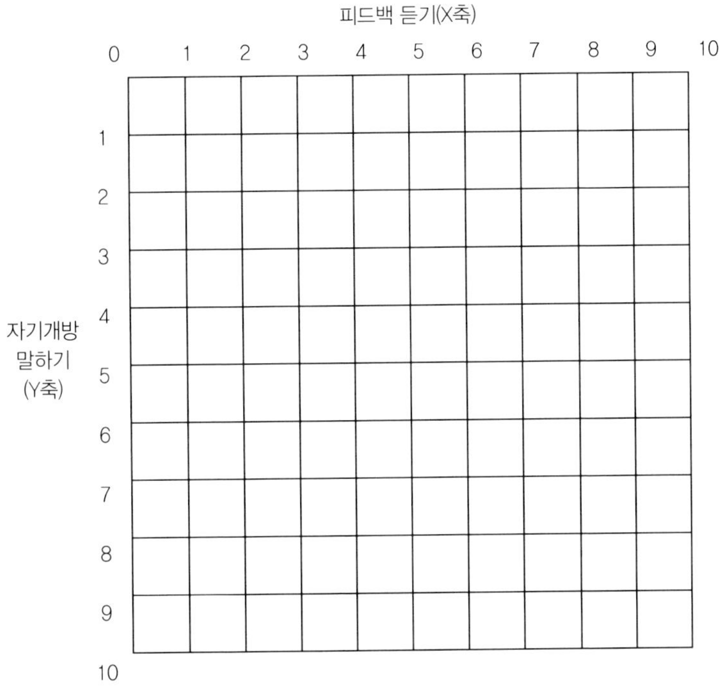

2. 자신의 관계 스타일을 조하리 마음의 창으로 확인하고 자신의 평소 인간관계에서의 모습과 비교하여 소감을 나누어 봅시다.

5회기 마음으로 들어 보기

활동 목표

• 공감과 경청으로 관계가 좋아지는 것을 안다.

준비물

[활동지 5-1], 색종이, 가위, 필기구

진행 절차

1. 도입 활동(30분)

▶ 지금-여기 느낌

안녕하세요? 오늘 지금 자신의 느낌을 날씨로 나타내고 이유를 간략하게 이야기해 보겠습니다.

▶ 지난 회기 요약 및 이번 회기 안내

지난 한 주 어떻게 보냈나요? 지난주에 우리가 한 활동 기억을 하나요? 자신의 인간관계 스타일에 대해 알아보고 이해하는 시간이었습니다. 지난 한 주를 보내면서 자기개방과 타인의 피드백을 잘 받아서 자신의 마음의 창에 영역 변화가 일어났다면 소감을 나누어 보겠습니다. (이야기를 나눈 후) 인간관계증진 훈련으로 오늘은 공감과 경청에 대한 활동을 하겠습니다. 시작하면서 간단한 활동을 하겠습니다.

▶ 경청놀이

활동 내용

① 둥글게 2개의 동심원을 만들어 2인 1조(A, B)로 마주 앉는다.
② 짝지어진 두 사람은 인사를 하고 자신의 별칭을 말한다.
③ 주변에 방해가 되지 않도록 옆자리와 거리를 두고 서로 등을 맞대고 앉는다.
④ 색종이 2장, 가위를 A와 B에게 각각 준다.
⑤ A가 색종이를 접고 가위로 오려 낸 것을 B에게 설명하면 B는 들은 대로 색종이를 접고 가위로 오려 낸다(일방적 대화).

⑥ A가 다른 색종이를 접고 가위로 오려 낸 것을 B에게 설명하면 B는 질문을 할 수 있고 A는 '예' '아니요'로 대답을 하면서 설명한다. B는 A와 소통한 대로 색종이를 접고 가위로 오려 낸다(소통하는 대화).
⑦ 서로 역할을 바꾸어 진행한다.
⑧ 두 사람의 결과물을 보고 활동을 통해 알게 된 것과 느낌을 나눈다.

경청놀이를 통해 무엇을 알게 되었나요? (대답을 들은 후) 네, 잘 듣고 잘 말하기입니다. 다음의 활동을 통해 잘 듣기와 잘 말하기를 실습해 보겠습니다. 먼저, 동영상을 보고 시작하겠습니다.

2. 전개 활동(40분)

▶ 상대방의 마음을 얻는 듣기의 기술. 잘 듣는 법. 경청.<말그릇>

https://youtu.be/VPQbi2S2Yx4

동영상에서 잘 듣는 것이 청자의 태도만을 이야기하는 것일까요? (대답을 들은 후) 잘 듣는 것은 화자가 자신의 이야기를 정리하고 청자에게 잘 전달되고 있다는 확신을 얻게 만듭니다. 화자와 청자 모두 마음으로 말하고 듣는 것이 우선이라는 점을 보여 줍니다. 우리도 실습할 때 이 부분을 신경 쓰면 활동의 목적을 이룰 수 있을 것입니다.

▶ 잘 말하고 잘 듣기 활동지 5-1

활동 내용
① 둥글게 2개의 동심원을 만들어 2인 1조(A, B)로 마주 앉는다.
② 활동지를 나누어 주고 첫 번째 주제로 이야기를 나눈다.
- A, B 중 화자와 청자를 정한다.
- 주제를 잠시 생각을 한 후 생각을 나눈다.
- 나눔을 한 후 청자는 화자로부터 들은 이야기를 확인해 본다.
- 잠시 침묵과 더불어 상대방의 말에 연결로 머문 후 화자를 바꾸고 같은 활동을 한다.
③ 안쪽에 앉은 사람이 오른쪽으로 두 칸 옮긴다.
④ 두 번째 주제로 이야기를 나눈다. 활동순서는 첫 번째 주제와 같다.
⑤ 바깥쪽 사람이 오른쪽으로 두 칸 옮긴다.
⑥ 세 번째 주제로 이야기를 나눈다. 활동순서는 첫 번째 주제와 같다.
⑦ 하나의 원으로 앉는다.
⑧ 잘 듣기 위해서, 잘 말하기 위해서 자신과 자신의 파트너는 어떻게 했는지 이야기를 나눈다.

여러분의 말처럼 청자는 잘 듣기 위해 눈 마주침, 몸을 더 가까이 하기, 고개를 더 많이 끄떡이는 등 온 세포가 잘 듣기 위해 활동하는 모습을 보여 준 것 같습니다. 화자는 자신의 이야기를 하면서 자신의 새로운 생각이 말로 나오고 그 과정에서 스스로를 정리해 나가는 시간으로 경험한 것도 있었군요. 이것이 인간관계증진을 위한 훈련으로 잘 말하고 잘 듣기입니다.

3. 마무리 활동(20분)

▶ 소감 나누기

오늘 활동으로 새롭게 알게 된 것이나 느낀 것이 있다면 함께 나누어 보겠습니다. (이야기를 듣고 피드백한다.) 한 주간 지내면서 실생활에서 잘 말하고 잘 듣기 위한 실천을 해 보는 과제를 수행해 주시기 바랍니다. 오늘 활동은 여기까지입니다. 감사합니다. (박수) 수고하셨습니다. 다음 주에 만납시다.

4. 유의점

- 이야기를 나눔으로써 깊은 소통이 일어나도록 신뢰할 수 있고 안전한 분위기를 형성한다.

활동지 5-1

잘 말하고 잘 듣기

※ 화자와 청자를 정하고 주제별로 2분씩 이야기를 나눕니다.

• 주제 1: 어릴 때 즐겁고 행복한 기억은 무엇인가요?

• 주제 2: 내 삶에 변화가 일어나도록 영향을 준 사람(혹은 사건, 생각)은 누구인가요?

• 주제 3: 오늘 누군가를 식사에 초대하기 위해 하루를 비웠다면 누구를 초대하고 싶나요?
(생사를 초월해서 초대 가능)

6회기 서로를 연결하는 말하기

활동 목표

• 서로를 연결하는 말하기인 나 전달법 표현을 익혀 관계에서 활용한다.

준비물

[활동지 6-1], [활동지 6-2], [활동지 6-3], 필기구

진행 절차

1. 도입 활동(20분)

▶ 지금-여기 느낌

안녕하세요? 오늘 지금 자신의 느낌을 세심하게 살펴보고 감정단어로 나타내 보겠습니다. 이유도 간략하게 이야기해 보겠습니다.

▶ 지난 회기 요약 및 이번 회기 안내

지난 한 주 어떻게 보냈나요? 지난주에 우리가 한 활동 기억을 하나요? 잘 말하고 잘 듣기에 대해 알아보고 이해하는 시간이었습니다. 지난 한 주 동안 과제를 실천하면서 자신에게 일어난 변화가 있다면 함께 이야기를 나누어 주세요. (이야기를 나눈 후) 나누어 준 것에 감사합니다. 오늘은 관계가 좋아지기 위한 서로를 연결하는 말하기에 대한 활동을 하겠습니다. 우리가 서로 잘 연결되어 있는지는 어떻게 알 수 있나요? (잠시 대답을 듣고) 공감이겠죠. 공감을 잘하기 위해 먼저 내가 느끼는 감정에 대해서 잘 알고 이해하면 타인의 감정에도 공감할 수 있습니다. 그렇다면 감정에는 어떤 것이 있을까요? (잠시 대답을 듣고) 화, 짜증, 슬픔, 기쁨 등 다양하죠. 감정단어와 더 친해지기 위한 감정단어 빙고게임을 촉진 활동으로 해 보겠습니다.

▶ 감정단어 빙고게임 활동지 6-1

활동 내용

① 활동지 빙고판에 평소 자신이 많이 느끼는 감정이나 아는 감정을 적는다.

② 활동지에 나와 있는 감정 목록을 보고 써도 된다.
③ 순서대로 돌아가면서 감정단어를 말한다.
④ 가로, 세로, 대각선 등에서 세 줄이 나오면 이기는 게임이다.

감정단어로 빙고를 해 보니 어땠어요? 빙고를 외치기가 쉽지 않죠! 집단원들에게 다양한 감정이 있음을 알게 된 시간이었네요. 또 자신이 평소 어떤 감정을 주로 많이 느끼고 표현하는지 아는 시간이기도 했습니다. 이런 감정단어로 자신의 감정을 잘 표현하고 있나요? (대답을 들은 뒤) 어떤 상황에서든 우리의 감정은 솔직합니다. 우리의 감정을 잘 표현할 수 있을 때 우리는 서로를 연결하는 말하기를 시작할 수 있습니다. 그럼 서로를 연결하는 말하기를 알아보겠습니다.

2. 전개 활동(50분)

▶ 서로를 연결하는 말하기 활동지 6-2 활동지 6-3

먼저, 활동지에 제시된 너 전달법과 나 전달법 표현의 예를 보고 너 전달법으로 말해 보고, 나 전달법으로 말해 보겠습니다.

활동 내용
① [활동지 6-2], 너 전달법 & 나 전달법 표현의 예를 말해 본다.
② 3인 1조(청자, 너 전달법 화자, 나 전달법 화자)로 배역을 돌아가며 한다.

청자로서 너 전달법으로 들을 때와 나 전달법으로 들을 때 어떻게 다른지 이야기해 주실까요? (대답을 들은 후) 너 전달법은 상대방의 대한 불만족스러운 상황에서 부정적 표현으로 상대는 말을 들어 주기보다는 두려움과 수치심으로 주기 때문에 분노와 저항의 반응을 보이며 서로가 멀어지는 말하기가 됩니다. 하지만 나 전달법은 상대에게 인격적인 침해를 하지 않고도 상대방의 불만족스러운 상황에서 소통을 위한 공감으로 서로를 연결하는 말하기를 합니다.

[활동지 6-2]에 있는 나 전달법 표현 공식을 같이 보겠습니다. 이렇게 나 전달법으로 표현하면 상대도 잘 들어서 서로를 연결하는 말하기가 될 것 같습니다. 다음은 나 전달법 표현을 연습해 보겠습니다. 처음 해 보는 나 전달법 표현이 어려울 수 있으니 모둠별로 서로 협력해서 해 보도록 하세요.

활동 내용

① [활동지 6-3] 연습을 위한 시나리오1, 2, 3에서 A입장으로 나 전달법 표현 공식에 맞게 써 본다.
② 3인 1조 모둠별로 대표적인 나 전달법 표현을 전지에 적어 발표하고 게시한 후 스티커 투표를 한다(1인당 스티커 3개).
③ 선정된 모둠원에게 상품을 준다.
④ 활동 후 나 전달법으로 표현하는 것에 대해 이야기한다.

연습해 보니까 우리가 일상적으로 사용했던 표현 방법이 아니라 어색하고 어렵죠. 배운 대로 생활에서 실천하면 서로를 연결하는 말하기로 관계가 좋아지는 것을 경험할 수 있을 것입니다. 표현은 '나는'으로 시작하고, 상황을 있는 그대로 표현하고, 감정은 솔직하게, 내가 원하는 바를 정확하게 표현하고 정중하게 요청하면 됩니다.

3. 마무리 활동(20분)

▶ 소감 나누기

오늘 서로를 연결하는 말하기로 나 전달법 표현을 알아보았습니다. 활동을 통해 새롭게 알게 된 것이나 느낀 점이 있다면 함께 나누어 보겠습니다. (이야기를 나눈 후 피드백을 함) 한 주간 실천과제는 나 전달법으로 표현하기입니다. 다음 회기에 점검해 보겠습니다. 오늘도 감사합니다. (박수) 수고하셨습니다. 다음 주에 만납시다.

4. 유의점

• 나 전달법이 일상에서 활용될 수 있도록 편안하고 쉽게 접근한다.

활동지 6-1

감정단어 빙고게임

※ 평소 자신이 많이 느끼는 감정과 아는 감정을 빙고판에 적어 봅시다. 감정단어가 잘 떠오르지 않으면 감정 목록에서 찾아 적어 주세요.

감정 목록	
기쁜, 열정적인, 환상적인, 즐거운, 행복한, 만족한, 침착한, 감사한, 고마운, 느긋한, 담담한, 명랑한, 든든한, 통쾌한, 반가운, 애틋한, 상쾌한, 신나는, 포근한, 벅찬, 감격스러운, 대담한, 보람찬, 부러운, 다정한 뿌듯한, 유능한, 자유로운, 흐뭇한, 후련한, 재미있는, 편안한, 황홀한, 시원한, 홍겨운, 흥미로운, 희망적인, 멋있는, 인정받는, 설레는, 짜릿한, 차분한, 평온한, 당당한	외로운, 불안한, 침울한, 절망스런, 지루한, 낙담한, 지친, 주저하는, 우유부단한, 난감한, 걱정스러운, 충격받은, 공포스러운, 더러운, 불편한, 공허한, 절망한, 모호한, 초조한, 어색한, 괴로운, 혼란한, 부끄러운, 화난, 짜증나는, 무서운, 가엾은, 고독한, 곤란한, 귀찮은, 당황스러운, 긴장되는, 비참한, 슬픈, 불만스러운, 불쾌한, 서운한, 섭섭한, 불쌍한, 원망스러운, 허무한, 후회스러운, 미안한,

활동지 6-2

너 전달법 & 나 전달법

너 전달법 & 나 전달법 표현 예

	너 전달법	나 전달법
예	1. 너, 그만 좀 먹어라!	1. 나는 네가 많이 먹어서 지난번처럼 배탈이 날까 봐 걱정이 돼, 다 같이 먹는 음식이니까 함께 먹을 수 있게 양 조절을 해 줄래?
	2. 넌 시간 약속을 좀 지켜라! 벌써 몇 번째야?	2. 나는 네가 30분 늦게 약속 장소에 오니까 기다리다가 지쳤어. 나는 약속을 중요하게 생각하고 나의 시간도 존중받고 싶어. 다음에는 약속을 지켜 줄래?
	3. 넌 왜 내 말을 무시해?	3. 나는 네 이름을 세 번 불렀을 때 네가 돌아보고도 나에게 반응해 주지 않아 부끄러웠어. 나는 존중 받고 싶어. 나에게 반응 좀 해 줄래?

너 전달법 & 나 전달법 비교

종류	너 전달법	나 전달법
표현	• 상대방과의 불만족스러운 상황에서 부정적 감정을 느낄 때 고통, 위협, 강제, 지시, 명령, 충고, 평가, 비난, 비교 등으로 상대의 행동이나 인격을 부정하는 표현을 한다. • 상대는 말 들어 주기보다는 두려움, 수치심, 분노로 저항하는 반응을 보인다.	• 상대에게 인격적 침해를 끼치지 않으면서 상대방과의 불만족스러운 상황에서 소통을 위한 공감과 서로를 연결하는 표현을 한다. • '상황/행동+감정+기대/욕구+요청'으로 표현을 한다.
개념	'너'를 주어로 하는 진술	'나'를 주어로 하는 진술

나 전달법 표현 공식

상황(행동) + 감정 + 기대(욕구) + 요청

1) 상황(행동): 나에게 영향을 준 상황(행동)을 있는 그대로 표현
   "나는 네가 30분 늦게 약속 장소에 오니까"
2) 감정: 상황(행동)에 대한 느낌(기분)을 표현
   "기다리다가 지쳤어."
3) 기대(욕구): 상황(행동)에 대해 내가 바라는 바를 표현
   "나는 약속을 중요하게 생각하고 나의 시간도 존중받고 싶어."
4) 요청: 상대방에게 부탁하는 표현
   "다음에는 약속을 지켜 줄래?"

활동지 6-3

나 전달법 실습

※ 시나리오별로 A 입장에서 나 전달법으로 말해 봅시다.

<table>
<tr>
<td>연습</td>
<td>
시나리오 1 두 사람이 함께 일을 하고 근무 시간 안에 끝내야 하는 일이다. A는 열심히 일을 하는데 B는 전화 통화가 길고 커피를 마신다고 왔다갔다 한다.
상황:
감정:
기대:
요청:

시나리오 2 엄마가 핸드폰 요금이 많이 나왔다며 화를 내신다. A는 실시간 화상수업과 이동시간이 겹쳐서 실시간 화상수업을 핸드폰으로 해야 했던 상황이 많았다. 데이터를 많이 썼고 요금이 많이 나왔다.
상황:
감정:
기대:
요청:

시나리오 3 A는 최근 인터넷 쇼핑으로 겨울 외투를 구입하고 날이 추우면 입으려고 옷장에 걸어 두었는데 오후에 입으려고 하니 옷장에 옷이 없었다. 언니에게 전화를 하니 언니가 입고 나갔다며 “다음에 내가 옷을 사면 네가 먼저 입어.”라고 한다.
상황:
감정:
기대:
요청:
</td>
</tr>
</table>

7회기 내 마음, 네 마음 알아주기

활동 목표

- 갈등해결전략에 대해 알아본다.
- 갈등 경험에서 얻은 변화로 갈등에 대한 인식을 바꾼다.

준비물

[활동지 7-1], [강의자료 7-1], [활동지 7-2], 필기구, 마스킹 테이프

진행 절차

1. 도입 활동(20분)

▶ 지금-여기 느낌

안녕하세요? 오늘 지금 자신의 느낌이 5점 척도 중 어디에 해당하는지 말하고 그 이유도 같이 이야기해 주십시오.

▶ 지난 회기 요약 및 이번 회기 안내

지난 한 주 어떻게 보냈나요? 지난주에 우리가 한 활동 기억을 하나요? 서로를 연결하는 말하기 나 전달법 표현에 대해 알아보고 일상에서 활용을 해 보기로 한 시간이었습니다. 지난 한 주를 나 전달법으로 자기표현을 해 보면서 자신에게 일어난 변화가 있다면 함께 이야기를 나누어 주세요. (이야기를 나눈 후) 나누어 준 것에 감사합니다. 오늘은 '내 마음, 네 마음 알아주기'로 인간관계를 힘들게 하는 갈등해결에 대한 활동을 하겠습니다. 관계가 꼬이면 그것을 풀고 싶으시죠? 어디서부터 풀어야 할지 막막하기도 합니다. 마치 세탁기 속 빨래처럼 세탁기가 돌아가면서 세탁 통 안에 있는 빨래가 서로 뭉치고 꼬여 있어 나중에 널 때 참 힘들죠. 그럼 세탁기 놀이로 꼬인 관계를 연상하면서 풀어 볼까요?

▶ 세탁기 놀이

활동 내용

① 둥글게 선다. 오른손 손바닥은 위로, 왼손 손바닥은 아래로 한 후 왼팔이 오른팔 위로 가도록 크로스하여 옆 사람과 손을 잡는다.
② 세탁기 속 빨래가 되어 빨래를 하나씩 말한다(예: 청바지, 체육복 바지, 면티 등).
③ 세탁기가 돌아간다고 하면 잡았던 손을 놓고 음악에 맞춰 움직인다. 세탁기 속의 빨레처럼 빙빙돌다가 '빨래 끝' 신호에 옆에 사람을 ①의 손모양으로 손을 잡는다(자신의 오른손은 타인의 왼손을, 자신의 왼손은 타인의 오른손을 잡는다. 꼭 옆 사람의 손이 아니라도 된다. 몇 사람 건너에 있는 사람의 손을 잡아도 된다).
④ 전체가 손을 다 잡았으면 꼬인 팔을 푼다.
⑤ 다 푼 후의 느낌을 나눈다.

2. 전개 활동(50분)

나눔을 통해 꼬인 인간관계처럼 풀기 쉽지 않았다고 하는데 어떻게 풀게 되었을까요? (대답을 들은 후) 모두 협동하고 의사소통으로 천천히 풀 수 있게 되었군요. 어쩌면 관계 갈등도 여러분이 게임에서 보여 준 방식처럼 하면 해결할 수 있을 것 같아요. 먼저, 갈등이 무엇을 뜻하는지 살펴보겠습니다.

▶ 갈등 인식하기

갈등은 한자어로 칡(葛: 갈)과 등나무(藤: 등)가 서로 얽히는 것을 뜻합니다. 칡나무는 왼쪽으로 감아 올라가고 등나무는 오른쪽으로 감아 올라갑니다. 그래서 갈등은 '서로 나아가는 방향이 달라서' 얽힌 두 나무와 같습니다. 우리의 일상에서도 칡과 등나무처럼 나아가는 방향이 달라서 생긴 갈등의 경험은 누구나 있을 겁니다. 우리의 삶에서 갈등이 없었던 적은 없었을 겁니다. 갈등은 우리들의 삶의 일부이기도 합니다.

다음에 할 활동은 외나무다리를 건너야 할 상황입니다. 다리 한가운데에서 갈등관계인 두 사람이 맞닥뜨려 가지도, 되돌아오지도 못하는 심정을 담아 해 보는 것입니다. 활동으로 어떤 경험을 하고 서로 경험을 통해 무엇을 배우고 느꼈는지 이야기를 해 보도록 하겠습니다.

활동 내용

① 2인 1조를 만든다.
② 마스킹 테이프(전기 테이프도 가능)를 바닥에 조별로 2미터가 되게 일직선으로 붙인다.
③ 테이프 양 끝에 마주보고 선다(선 밖으로 두 발이 모두 나가면 안 된다).
④ 각자가 반대편 끝까지 가면 끝나는 활동이다(시간제한은 없음).
⑤ 어떻게 활동을 끝낼 수 있었는지와 그 과정에서 무엇을 배우고 느꼈는지 이야기를 나눈다(전체 나눔활동).

외나무다리에서 갈등 당사자들이 만났다면 어떻게 해야 할까요? 서로 가는 방향이 달라서 중간에 맞닥뜨리면 어떻게 자신들이 가고자 하는 길을 갈 수 있을까요? 여러분이 낸 대안들이 지혜롭게 모두에게 이로운 결과를 만들어 냈다고 생각합니다. 다음은 갈등해결전략 척로로 자신의 갈등관리 스타일을 알아보고 사람마다 갈등에 대처하는 다양한 행동과 관련된 개인의 지향성을 알아보겠습니다.

▶ 갈등해결전략 척도 검사 활동지 7-1 강의자료 7-1

대인관계 안에서 인식된 갈등을 개인이 지각하는 정도와 성격 특성에 따라 관리하고 해결하는 일관된 방식 또는 전략을 갈등해결전략이라고 합니다. 오늘 검사에 쓰일 척도는 개인이 갈등을 다루는 데 있어서 자기 자신에 대한 관심 정도와 타인에 대한 관심 정도를 두 축으로 두고 개인의 행동이 어느 쪽에 더 가까운지로 자신의 갈등관리 스타일을 알아보는 척도입니다.

활동 내용

① 검사지의 문항을 읽고 자신의 반응이라고 생각되는 숫자에 ○ 표시를 한다.
② 검사지에 문항별 점수를 쓰고 합계를 구한다.
③ 점수가 가장 높은 유형이 자신의 갈등해결전략 유형이 된다.
④ 자신의 유형을 이해한다.
⑤ 검사 후 알게 된 생각과 느낌을 나눠 본다.

결과에서 보듯이 사람마다 갈등해결전략 유형(강의자료 7-1)이 다릅니다. 각각의 방식으로 갈등에 대처합니다. 자신의 의견을 끝까지 고집하는 사람도 있고, 양보하는 사람도 있고, 결론에 도달할 때까지 대화를 하는 사람도 있습니다. 갈등을 '맞고 틀림'으로 인식하지 않고 '생각의 다름'으로 보는 갈등의 전환의 기회로 보면 어떨까요? 우리의 삶에서 갈등은 없어지지 않고 늘 함께하는 것이지요. 갈등을 해결한 경험이나 갈등해결의 과정이 무척 힘들었지만 지나고 보니 그 갈등이 자신을 성장시킨 선물이었던 경험을 이야기해 보겠습니다.

▶ 갈등으로 인생을 배우기 활동지 7-2

활동 내용
① 2인 1조를 만든다.
② 갈등했던 관계를 떠올리고 그것과 관련된 사건, 물건에 대해 생각한다.
③ 잠시 생각해 보고 짝과 이야기를 나눈다.
④ 청자는 활동지에 있는 세 가지 질문을 한다.
⑤ 화자는 세 가지 질문에 대해 이야기를 한다.
⑥ 청자와 화자를 바꾸고 같은 활동을 한다.
⑦ 활동으로 무엇을 알고 느꼈는지 이야기를 나눈다.

인간관계에 빠질 수 없는 고통 가운데 하나가 갈등입니다. 갈등은 해결되어 없어져야 할 것이 아니라 삶의 일부라고 봅니다. 과연 갈등 없는 삶이 있을까요? 삶은 갈등을 함께 풀어 가는 것을 배워 가는 과정 같습니다.

3. 마무리 활동(20분)

▶ 소감 나누기

오늘 활동으로 새롭게 알게 된 것이나 느낀 것이 있다면 함께 이야기를 나누어 보겠습니다. 오늘 갈등을 대처하는 방식으로 사람에 대한 관심 정도가 기준이 되는 척도를 사용하였습니다. 사람에 대한 관심이 곧 마음 알아주기 아닐까요? 내 마음, 네 마음을 있는 그대로 알아주는 것이 갈등해결전략에서 가장 먼저 해야 할 전략 같습니다. 오늘의 배움을 각자 마음으로 잘 가져가시기 바랍니다. 감사합니다. (박수) 수고하셨습니다. 다음 주에 만납시다.

4. 유의점

• 갈등해결전략 유형 검사 결과로 좋고 나쁜 유형이 없으며 서로 다른 유형임을 안내한다.

활동지 7-1

갈등해결전략 척도

※ 친구(타인)와 의견이 다를 때와 의견 차이가 커졌을 때의 갈등 상황을 떠올려 보고 자신의 반응이 어떤지 하나의 숫자에만 ○ 표시를 하세요.

문항	질문	전혀 그렇지 않다	조금 그렇다	많이 그렇다	아주 많이 그렇다
1	바라는 것이 다를 때 서로 조금씩 양보하려고 한다.	1	2	3	4
2	친구와 나 사이에 기분 나쁜 일이 생기지 않도록 조심한다.	1	2	3	4
3	할 수만 있다면 내 생각대로 하려고 한다.	1	2	3	4
4	서로 의견이 맞지 않을 때 내 생각을 친구에게 맞춘다.	1	2	3	4
5	갈등을 피하기 위해 할 수 있는 한 노력한다.	1	2	3	4
6	친구의 생각이 나와 다를 때 못 들은 척 한다.	1	2	3	4
7	둘 다 만족할 수 있는 해결책을 찾으려고 노력한다.	1	2	3	4
8	친구도 괜찮고 나도 괜찮은 방법을 찾으려고 한다.	1	2	3	4
9	서로 다툴지 모르는 일에 대해서는 이야기하지 않는다.	1	2	3	4
10	친구가 내 생각을 받아들이도록 설득하려고 애쓴다.	1	2	3	4
11	친구가 자신의 의견을 끝까지 주장하면 나는 친구가 하자는 대로 한다.	1	2	3	4
12	서로 기분이 상하는 것을 피하기 위해 내 생각을 친구에게 맞춘다.	1	2	3	4
13	친구에게 내 의견의 좋은 점을 이해시키려고 노력한다.	1	2	3	4
14	서로의 생각을 이해하는 것이 중요하다.	1	2	3	4
15	의견충돌을 일으킬 수 있는 것에 대해서는 말하지 않는다.	1	2	3	4
16	서로 다르게 생각하는 것을 해결하기 위해 친구와 같이 의논한다.	1	2	3	4
17	친구와 생각이 다르더라도 내 주장을 강력히 밀고 나간다.	1	2	3	4
18	친구와 의견충돌이 있을 때 나는 친구가 하고 싶은 쪽으로 내 생각을 바꾼다.	1	2	3	4
19	친구와 의견이 다를 때 결국은 내가 원하는 쪽으로 유도한다.	1	2	3	4
20	친구가 나와 다른 의견을 제시해도 대부분 좋다고 한다.	1	2	3	4
21	친구와 의견이 다를 때 친구의 의견을 따르는 것이 편하다	1	2	3	4
22	서로 다르게 생각하고 있는 것에 대한 이야기는 나중으로 미룬다.	1	2	3	4

23	우리 사이에 일어난 문제를 해결하기 위해 서로가 바라는 것을 솔직하게 모두 말한다.	1	2	3	4
24	친구가 내 생각을 받아들이도록 끝까지 노력한다.	1	2	3	4
25	처음에는 친구와 다른 생각을 가지고 있었더라도 친구가 원하는 쪽으로 내 생각을 조절한다.	1	2	3	4
26	내가 관심 있는 부분에 대해 친구가 나와 다른 생각을 가지고 있다면 아는 그 일에 대해 이야기하지 않는다.	1	2	3	4
27	친구의 생각이 다르더라도 서로의 관심거리에 대해 이야기한다.	1	2	3	4
28	나는 주로 나의 입장(생각)을 이해시키려 한다.	1	2	3	4

출처: 강소영(2009).

※ 문항별로 ○를 표시한 숫자를 쓰고 합계를 구하세요. 합계가 높은 것이 당신의 갈등해결전략 유형입니다(같은 점수가 나오면 갈등해결전략 유형에 대한 설명을 듣고 자신에게 익숙한 것을 자신의 유형으로 보세요).

문항	1	7	8	14	2	5	6	9	4	11	12	18	3	10	13	17
점수																
문항	16	23	27		15	22	26		20	21	25		19	24	28	
점수																
계																
유형	절충 및 협력				회피				양보				지배			

강의자료 7-1

갈등해결전략 유형

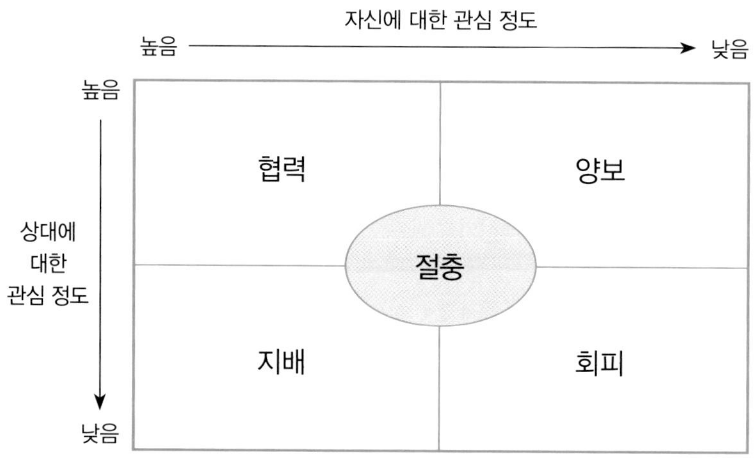

① 협력전략형

- 갈등상황에서 자신과 상대방 모두에게 높은 관심을 가지는 스타일이다.
- 상대방과 함께 해결책을 만드는 협력적인 문제해결 과정이다.
- 긍정적인 자기존중감을 가진다.
- 갈등결과의 잠재성 향상과 미래 논쟁에서 유리한 선행조건을 형성한다.
- 대인관계에서 가장 효과적인 갈등해결 방식이다.
- 대인관계 만족도가 높다.

② 절충전략형[1]

- 지신과 다인 모두에 대한 관심이 보동수준으로 상호적으로 수용 가능한 결정을 위한 양방향 모두를 조절하는 스타일
- 성숙한 전략으로 관계를 지속하고자 하는 관계 유지가 목적이다.

1) 협력과 절충을 나누는 방식은 공적인 사회관계에서는 적용이 잘 되지만, 가족이나 친구관계와 같은 친밀한 관계에서는 그 구분이 뚜렷하지 않아서 협력전략과 절충전략을 하나의 전략으로 묶었다.

③ 양보전략형

- 타인에 대한 관심은 높지만 자신에 대한 관심은 낮은 스타일이다.
- 갈등을 해결하는 과정에서 자신의 욕구보다 상대방의 관심을 만족시키기 위해 노력한다.
- 자신이 어떤 것을 포기했다고 느끼기 때문에 내적인 불만이 있다.
- 대인관계 만족도가 낮다.

④ 지배전략형

- 자신에 대한 관심은 높지만 상대방에 대한 관심은 낮은 스타일이다.
- 자신이 원하는 것을 획득하기 위해 상대방에게 자신의 의견을 강요하거나 승패 지향적인 행동도 보인다.
- 친구와의 불편한 상황을 지각하는 정도가 낮고 경쟁심이 낮을수록 지배전략을 강화한다.

⑤ 회피전략형

- 자신과 상대방 모두에 대해 관심이 별로 없어 갈등 상황에서 철회 또는 회피하는 스타일이다.
- 서로 기분 나쁜 일이 생기지 않도록 조심하거나 서로 다툴지 모르는 일은 피한다.
- 문제를 근본적으로 해결하지 않기 때문에 비효율적인 갈등해결 방식이다.
- 친밀한 대인관계보다는 피상적인 대인관계 형성의 양상을 보인다.

활동지 7-2

갈등으로 인생을 배우기

※ 갈등 당시에는 힘이 들었지만 지나고 보니 갈등이 삶을 성장시킨 경험을 나누어 보겠습니다.

1. 어떤 일이 있었나요?

2. 어떤 (해결) 과정이 있었나요?

3. 삶에서 받은 선물(성장, 배움)은 무엇인가요?

8회기 우리로 연결되기

활동 목표

- 행복한 삶을 위한 인간관계를 알아본다.
- 프로그램 참여를 통한 배움과 성장을 알아본다.

준비물

전지, 유성펜, 수성펜

진행 절차

1. 도입 활동(20분)

▶ 지금-여기 느낌

안녕하세요? 오늘 지금 자신의 느낌을 10점 척도 중 어디에 해당하는지 말하고 그 이유도 같이 이야기해 주십시오(1회기 느낌에 대한 척도 점수와 비교).

▶ 지난 회기 요약 및 이번 회기 안내

지난 한 주 어떻게 보냈나요? 지난주에 우리가 한 활동 기억을 하나요? 우리 삶에서 갈등해결전략 유형의 다양함을 알아보았습니다. 성격이 사람마다 다르듯이 갈등에 대처하는 방식도 다릅니다. 사람의 성격이 쉽게 바뀌지 않는 것처럼 갈등을 대처하는 방식도 쉽게 바뀔 수 없는 개인의 지향성이 있음을 알게 되었습니다. 하지만 우리는 경험으로 갈등이 주는 배움과 성장을 인생에서 얻었다는 것을 압니다. 그것과 관련해서 지난 한 주를 보내면서 나에게 일어난 변화가 있다면 함께 이야기를 나누어 주세요. (이야기를 나눈 후) 나누어 준 것에 감사합니다. 오늘은 마지막 회기입니다. 우리가 삶에서 추구하는 인간관계는 어떤 것일까요? 왜 이렇게 집단 프로그램으로 배우려고 할까요? 궁극적으로 우리 모두가 행복한 관계로 잘 살고 싶어서겠죠. 그것은 너와 내가 진정으로 연결되어 함께하는 것일 겁니다. 너와 내가 연결되는 활동을 하겠습니다. 간단하지만 의미 있는 '혼자 왔습니다' 놀이를 해 보겠습니다.

▶ 혼자 왔습니다

활동 내용

① 집단원 전체가 둥글게 앉은 자리에서 1명이 일어나 "혼자 왔습니다."라고 말하고 앉는다.
② 지도자가 시계방향 혹은 반시계방향으로 미리 방향을 정해 두면 "혼자 왔습니다."라고 말한 사람의 옆에 앉은 두 사람이 일어나서 "둘이 왔습니다."라고 말하고 앉는다.
③ 그 옆으로 세 사람이 일어나 "셋이 왔습니다."라고 말하고 앉는다.
④ 그 옆으로 네 사람이 일어나 "넷이 왔습니다."라고 말하고 앉는다.
⑤ 그 옆으로 다시 세 사람이 일어나 "셋이 왔습니다."라고 말하고 앉는다.
⑥ 그 옆으로 두 사람이 일어나서"둘이 왔습니다."라고 말하고 앉는다.
⑦ 그 옆으로 1명이 일어나 "혼자 왔습니다."라고 말하고 앉는다.
⑧ 다시 ②로 반복 순환활동을 이어 한다.
⑨ 중간에 실수하는 사람이 있을 때, 그 사람부터 "혼자 왔습니다."로 다시 시작하며 이어간다.
⑩ 실수 없이 전체 한 바퀴를 돌았을 때, 지도자가 모두에게 모두 일어나도록 신호를 주면 모두 일어나 "함께 왔습니다."라고 인사하며 앉는다.

이 간단한 활동을 해 보니까 어땠습니까? (대답을 듣고) 간단해서 쉽게 끝날 수 있겠다는 생각을 했는데 생각보다 다 같이 뜻을 맞추기가 쉽지 않았죠. 그래서 '함께 왔습니다'라는 말이 더 정겹게 들렸고 반가웠던 것 같습니다. 다음 활동은 우리가 관계에서 어떻게 연결되어 있는지 알아보는 활동입니다.

2. 전개 활동(50분)

▶ 나와 너의 연결고리

활동 내용

① 지도자는 집단원들이 이름(별칭)을 쓸 수 있도록 빈 동그라미를 전지에 적당한 거리로 배치되게 미리 그려 놓는다([그림 1-6] 참조).
② ①의 전지에 집단원들이 자신의 이름(별칭)을 동그라미 안에 쓴다.
③ 집단원은 다른 집단원과 만나서 서로의 어떤 공통점이 있는지 이야기하고 찾은 공통점을 두 사람을 연결하는 선을 긋고 그 위에 쓴다.
④ 집단원 모두를 만나서 연결이 모두 되었으면 하나의 원으로 둥글게 앉는다.
⑤ 연결고리를 보면서 발표와 질문을 한다.
⑥ 활동에 대한 생각과 느낌을 나눈다.

Tip
- 활동시간에 따라 만나는 인원수를 조정한다.
- 회기 동안 나눔의 기회가 없었던 집단원을 우선적으로 만날 수 있도록 지도자가 안내한다.

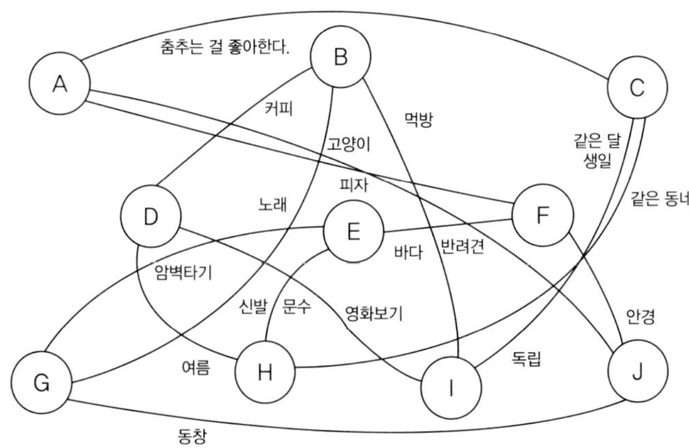

[그림 1-6] **나와 너의 연결고리**

나와 너의 연결고리 활동을 통해 우리는 작은 공통점으로도 연결될 수 있음을 알게 됩니다. 관계가 이어지고 끊어질 때를 생각해 보면 작고 사소한 것에서 생겨납니다. 그리고 우리 사회의 인맥도 두세 번 건너가면 아는 사람이 있는 걸 경험해 보셨겠죠? 이렇게 다 연결되어 있는 관계에서 우리가 행복한 삶을 추구하기 위한 관계는 어떤 관계가 되어야 할지 생각해 봐야 할 것 같습니다. 다음은 2인 1조로 자신이 생각하는 행복한 삶을 위해 어떤 인간관계를 맺어야 할지 이야기를 나눠 보겠습니다.

▶ 행복한 삶을 위한 인간관계

활동 내용

① 생일순으로 좌석 배치를 바꾼다(서로 말하지 않고 손가락으로만 의사소통을 해서 연도를 뺀 월일의 생일순으로 동그랗게 앉은 후 2인 1조를 만든다).
② 화자와 청자를 정한 후 청자가 "당신의 행복한 삶을 위한 관계를 떠올려 보고 어떻게 관계를 하고 싶나요?" 라고 질문한다.
③ 화자의 이야기가 끝난 후 잠시 침묵으로 정리할 시간을 가진다.
④ 화자와 청자를 바꾸어 차례대로 ②, ③을 한다.
⑤ 하나의 원으로 둥글게 앉는다.
⑥ 활동을 통해 알게 된 생각과 느낌을 나눈다.

하버드 연구팀이 75년간 '무엇이 좋은 삶을 만들까? 사람을 강하고 행복하게 만드는 것은 무엇일까?'라는 연구주제로 1938년부터 700여명의 남성을 대상으로 추적 연구를 하였다고 합니다. 이 연구의 결과에 따르면 우리를 행복하고 건강하게 만드는 것은 '부와 명예'가 아니라 '좋은 관계'라고 합니다. 여기 말하는 좋은 관계란 가족, 친구, 공동체와 연결되어 있는 관계와 1명의 친구라도 관계의 질이 더 중요함을 말해 주고 있습니다. 또한 좋은 관계는 우리의 몸과 뇌 건강에 영향을 주는데, 좋은 관계가 건강에도 이롭다는 것을 말해 주고 있었습니다. 여러분의 나눔에서도 행복한 삶을 위한 좋은 관계 형성에 대해 이야기가 된 것 같습니다. 이제 마지막으로 전체 회기를 돌아보며 이야기를 나눠 보겠습니다.

3. 마무리 활동(20분)

▶ 소감 나누기

오늘까지 8회기에 걸쳐서 인간관계증진을 위한 활동을 해 보았습니다. 크게 세 부분으로 진행을 했습니다. 자기이해, 인간관계증진 훈련, 관계회복으로 회기를 진행했습니다. 회기를 돌아보며 좋았던 점과 아쉬운 점을 함께 나누고 이 프로그램에 기대했던 바가 얼마나 충족되었는지, 어떤 배움과 성장이 일어났는지 함께 이야기를 나누어 보겠습니다. (이야기를 나눈 후) 긴 시간 함께한 여러분께 감사드립니다. 프로그램을 통해 알게 된 것들이 실생활에 잘 녹아들어 여러분의 삶에서 꽃피우길 바랍니다. 이것으로 인간관계증진 집단상담 프로그램을 마치도록 하겠습니다.

4. 유의점

- 집단원 모두가 서로 인사하고 가도록 지도자가 인사를 먼저 한다.

참고문헌

강소영(2009). 정서표현갈등, 갈등해결전략이 대인관계 만족도에 미치는 영향. 가톨릭대학교 대학원 석사학위논문.

경남전문상담교사교육연구회(2019). 자기긍정과 회복적 생활교육을 위한 평화 감수성 교육 자료집.

김종운(2018). 만남 그리고 성장을 위한 인간관계 심리학(2판). 서울: 학지사(원전출판 2011)

류시화(2012). 잠언시집 지금 알고 있는 걸 그때도 알았더라면. 서울. 열림원.

박성용(2012). 청소년을 위한 비폭력 평화수업 매뉴얼 자료집. 서울: 비폭력평화물결.

송주연, 은혁기(2009). 갈등해결 집단상담이 아동의 갈등해결전략와 친구관계의 질에 미치는 영향. 초등상담연구, 8(1), 123-139.

신승희(2019.03.20.). 직장인 10명 중 8명, "일보다 사람 싫어 회사 떠난다". http://www.veritas-a.com.

정진(2016). 회복적 생활교육 학급운영 가이드북. 경기: 피스빌딩

천성문, 함경애, 차명정, 송부옥, 이형미, 노진숙, 김세일, 이봉은(2018). 행복한 학교를 위한 학교집단상담의 실제(2판). 서울: 학지사(원전출판 2011)

https://www.fmkorea.com/384910010

https://t1.daumcdn.net/cfile/tistory/263AC14853D9B9BE15

https://t1.daumcdn.net/cfile/blog/244B854A54EB1B4812

https://m.blog.naver.com/PostView.naver?isHttpsRedirect=true&blogId=myj3232&log
No=220952525604

http://youtu.be/nogUweaF0LM

https://youtu.be/M9aGBM7TUFI

http://youtu.be/VPQbi2S2Yx4

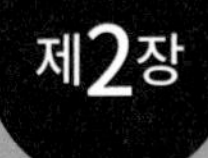

제2장 의사소통 훈련 프로그램

-슬기로운 의사소통 생활 -

의사소통에서 제일 중요한 것은
상대방이 말을 하지 않는 소리를 듣는 것이다.
-피터 드러커

1. 프로그램 필요성과 목표

우리는 현대사회를 살아가면서 많은 사람과 관계를 맺고, 의사소통을 하면서 살아가기 때문에 의사소통은 우리의 삶에서 빼놓을 수 없다. 아무리 많은 지식과 기술을 가지고 있다 하더라도 자신이 가지고 있는 지식이나 기술을 상대방에게 잘 전달해서 그 상대로부터 공감을 이끌어내지 못한다면 그건 무용지물이 될 수밖에 없다. 대인관계에서도 사이가 좋은 관계라 하더라도 문제가 발생할 수 있다. 이때 문제해결에 있어서도 의사소통은 필수적인 요소가 된다. 이처럼 의사소통은 일상생활에서 매우 중요하다고 할 수 있다.

의사소통이란 대인관계에서 상호작용을 의미한다. 의사소통은 언어적 · 비언어적인 소통수단을 이용하여 생각이나 정서를 상대에게 전달하는 것으로, 인간관계를 형성하고 친밀하게 유지시킨다. 하지만 인간관계를 유지하는 과정 중에 본의 아니게 상대를 평가하고 판단하는 경우가 종종 있다. 그와 반대로 상대에게서 평가나 판단하는 말을 듣게 되면 방어적인 태도로 상대방을 공격하거나 아니면 똑같이 평가 · 판단의 언어로 주변에 있는 부모, 친구 등 가까운 사람들에게 상처를 입히는 경우가 간혹 있다. 잘못된 의사소통은 사회적 관계 형성과 상호작용을 방해하여 서로를 오해하게 하고, 마음의 상처를 주고받음으로써 관계를 멀어지게 한다. 이에 내 생각과 감정을 효과적으로 표현하고 타인의 생각과 감정을 잘 이해하기 위해서는 자신의 속마음을 있는 그대로 표현하고, 상대의 말은 공감적으로 잘 듣는 훈련이 필요하다. 그런 훈련에 도움이 되는 요인들을 제공해 줄 수 있는 좋은 활동 중 하나가 바로 의사소통 훈련 프로그램이라 할 수 있다.

의사소통 훈련 프로그램은 개인의 성장 및 인간관계 발달의 능력을 향상시키는 과정으로 일상생활 속에서 자연스럽고 자발적으로 행동하기 위하여 지지적인 분위기 속에서 훈련하고자 하는 행동들을 연습하는 활동이다. 의사소통 훈련 프로그램은 참여자들의 상호작용을 통해 자신을 있는 그대로 개방함으로써 상호 간의 신뢰감을 높이고, 타인을 이해하기 위해 적극적인 경청 기술과 공감 기술을 익힐 수 있도록 도와준다. 이는 내 생각과 감정을 상대방에게 잘 표현하고 전달할 수 있는 기술 훈련을 통해 자신을 성장하게 하여 의사소통 능력을 높이는 데 많은 도움을 준다.

이 프로그램은 성인을 대상으로 한 의사소통 훈련 프로그램으로 대인관계증진을 통해 건강한 사회생활을 촉진할 수 있도록 하는 것이 목적이다. 이러한 목적을 위한 세부 목표는 다음과 같다.

첫째, 원활한 상호작용을 위해 의사솥옹의 중요성을 이해한다.

둘째, 타인의 감정에 민감해지고, 공감하는 반응을 통해 의사소통 능력을 향상한다.

셋째, 효과적인 의사소통 기술 훈련을 통해 대인관계를 향상한다.

2. 프로그램 구성 내용

이 의사소통 훈련 프로그램은 대인관계 향상에 긍정적인 영향을 주기 위해 마음 열기 단계, 듣기 훈련 단계, 마음 표현 훈련 단계, 마무리 단계로 총 4단계로 구성하였으며 구체적 내용은 다음과 같다.

■ 제1단계: 마음 열기 단계(1~2회기)

제1단계에서는 참여자들과 친밀감을 형성하고, 의사소통 훈련 프로그램에 대한 이해를 통해 기대감 및 집단 참여의 동기를 높이고자 하였다. 이를 위해 프로그램에 참여할 때 지켜야 할 약속을 정하고, '의사소통'에 대한 이야기를 나눔으로써 앞으로 진행할 프로그램을 자연스럽게 이해하도록 하였다.

■ 제2단계: 듣기 훈련 단계(3~4회기)

제2단계에서는 자신의 생각과 의견을 타인에게 잘 전달하기 위해 먼저 상대의 의견을 잘 들어주어야 하는 적극적 경청 기술 훈련과 상대의 이야기에 귀 기울일 때는 상대방의 의견을 공감적으로 들어 주는 공감 기술 훈련으로 구성하였다.

■ 제3단계: 마음 표현 훈련 단계(5~7회기)

제3단계에서는 우리가 타인의 마음을 경청하여 잘 이해하는 것이 중요한 만큼 자신의 마음을 상대방에게 잘 표현하는 것도 중요하므로 다양한 감정에 대해 알아보고, 자신의 생각과 감정을 나 전달법을 이용해서 전달하는 기술 훈련으로 구성하였다.

■ 제4단계: 마무리 단계(8회기)

제4단계는 1회기부터 8회기까지의 프로그램을 정리하고, 경험담과 실습을 하며 좋았던 경험들을 서로 공유함으로써 한층 더 성장해 있는 자신을 발견할 수 있도록 구성하였다. 끝으로, 자기 자신에 대한 격려 활동을 통해서 프로그램에서 익힌 것들을 지속해 나갈 수 있도록 하였다.

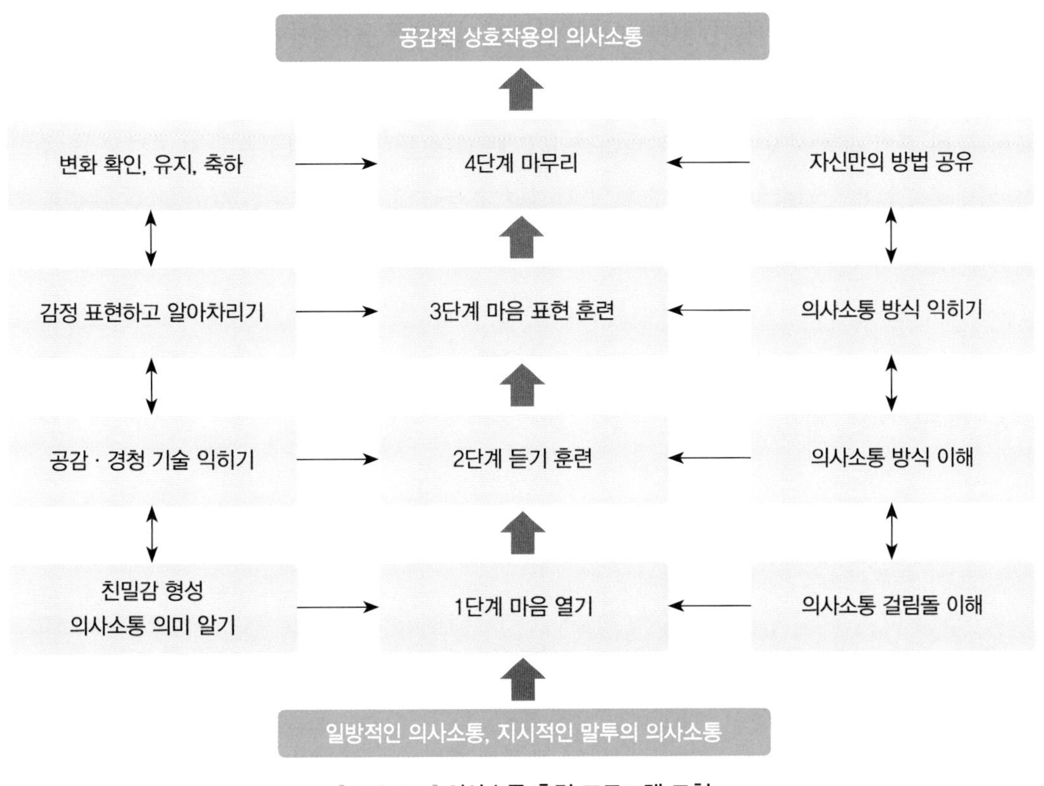

[그림 2-1] **의사소통 훈련 프로그램 모형**

3. 프로그램 운영지침

프로그램의 운영지침은 다음과 같다.

첫째, 전체 8회기 프로그램으로 회기당 90분간 진행되며 일주일에 1회기씩 진행한다. 이 프로그램은 의사소통 훈련 프로그램으로, 회기에서 배운 활동을 일상에서 충분히 적용해 볼 수 있는 시간이 필요하다. 둘째, 매 회기마다 관계 형성 단계를 통해 신뢰감을 형성하여 변화를 촉진한다. 셋째, 전개 활동은 [활동 1−강의−활동 2]로 구성하였다. 촉진 활동을 통해 각 회기의 주제를 인식하고, 강의를 통해서는 각 회기에 다룰 지식을 습득하고 활동을 통해 익혀볼 수 있도록 구성하였다. 넷째, 마무리 활동에서 간단한 과제를 제시하여 회기에서 배운 내용을 일상생활에 적용해 볼 수 있도록 하였다. 그리고 다음 회기의 도입 단계에서 과제 수행 후 소감을 나누는 시간을 가져 실제 적용 능력을 높일 수 있도록 하였다. 다섯째, 프로그램 활동을 통해 익힌 내용들(적극적 경청 기술, 공감 기술, 감정 인식, 나 전달법 등)은 단시간에 변화가 어렵고 몸으로 체득되어야 하는 것들이다. 따라서 처음에는 적용이 어렵고 어색하더라도 훈련을 통해 프로그램 시작 전뿐만 아니라 프로그램 과정 중에도 동기수준을 유지하는 데 주의를 기울여야 한다. 그리고 프로그램 종결 시에도 지속해 나갈 수 있는 힘을 가질 수 있도록 충분하게 격려하여 자신감을 가질 수 있도록 한다.

4. 프로그램 계획

프로그램의 회기별 목표와 구체적인 내용은 다음과 같다.

단계	회기	주제	목표	활동
마음 열기 단계	1	슬기로운 의사소통을 향해 출발~	• 프로그램 목적과 집단운영 방식을 이해한다. • 첫 만남의 긴장감 해소와 참여동기를 확인한다.	• **도입 활동** −프로그램 소개하기 −서약서 작성하기 • **전개 활동** −어색하게 인사 나누기 −별칭 짓기 및 자기소개 −소통 사세요 −의사소통에 대한 브레인스토밍 • **마무리 활동** −소감 나누기

단계	회기	주제	목표	활동
	2	나는 어떤 의사소통을 할까?	• 자신의 의사소통유형을 인식한다. • 의사소통 유형별 특성을 이해한다.	• **도입 활동** –지난 회기 요약 및 이번 회기 안내 • **전개 활동** –동작 텔레파시 게임 –평상시 나의 대화 습관 알기 –의사소통 유형별 특성 강의 –나의 의사소통 자원은? • **마무리 활동** –소감 나누기 –과제: 활동에서 익힌 일치형 의사소통 유형으로 3회 이상 대화해 보기
듣기 훈련 단계	3	너의 목소리가 들려	• 적극적 경청 기술을 이해하고 필요성을 안다. • 적극적 경청의 기술을 익히고 적용할 수 있다.	• **도입 활동** –지난 회기 요약 및 이번 회기 안내 • **전개 활동** –토끼처럼 두 귀를 쫑긋 –경청이 중요해요 강의 –적극적 경청 기술 연습하기 • **마무리 활동** –소감 나누기 –과제: 경청의 바른 자세로 상대의 이야기 최소 3회 이상 들어 주기
	4	너의 마음이 느껴져	• 공감의 중요성을 이해하고 필요성을 안다. • 공감 기술을 익힌다.	• **도입 활동** –지난 회기 요약 및 이번 회기 안내 • **전개 활동** –공감 스무고개 넘기 –공감의 중요성 강의 –공감 기술 연습하기 • **마무리 활동** –소감 나누기 –과제: 한 주 동안 공감적 반응 최소 3회 이상 하기

단계	회기	주제	목표	활동
	5	나를 노크한 다양한 감정	• 다양한 감정을 알고, 감정에는 좋고 나쁨이 없음을 이해한다. • 자신의 감정을 잘 알아차릴 수 있다.	• **도입 활동** –지난 회기 요약 및 이번 회기 안내 • **전개 활동** –감정 릴레이 게임 –감정단어 사용 수준 점검하기 –나의 감정은 모두 소중해 강의 –감정 민감성 훈련하기 • **마무리 활동** –소감 나누기 –과제: 한 주 동안 자신과 타인의 감정에 민감도를 높여 어떤 감정이 표현되었는지 느껴 본다.
마음 표현 훈련 단계	6	꼬꼬무 대화	• 자신의 생각과 감정을 잘 표현하는 방법을 안다. • 공감적 의사소통으로 대화를 잘 이끌어 갈 수 있다.	• **도입 활동** –지난 회기 요약 및 이번 회기 안내 • **전개 활동** –눈빛으로 이야기해요 –개미와 베짱이 입장 변호하기 –의사소통을 잘하는 방법 강의 –공감적 의사소통 연습하기 • **마무리 활동** –소감 나누기 –과제: 공감적 의사소통으로 최소 2회 이상 대화 나누어 보기
	7	내 마음은 이거야	• 상대방을 비난하지 않고 나의 솔직한 감정을 표현하는 방법을 안다. • 연습한 내용을 일상생활에서 적용할 수 있다.	• **도입 활동** –지난 회기 요약 및 이번 회기 안내 • **전개 활동** –재미있는 기억을 나눠요 –내가 자주 사용하는 말 –나 전달법 vs 나 전달법 –내 마음 표현하기 • **마무리 활동** –소감 나누기 –과제: 나 전달법으로 최소 3회 이상 대화해 보기

단계	회기	주제	목표	활동
마무리 단계	8	나는야 슬기로운 의사소통의 1인자!	• 프로그램을 통해 변화된 자신의 의사소통 방식을 인식한다. • 슬기로운 의사소통을 위해 계속적인 실천을 다짐한다.	• **도입 활동** –지난 회기 요약 및 이번 회기 안내 • **전개 활동** –누구일까요? –나만의 의사소통 노하우 나누기 –의사소통의 1인자가 된 나에게 편지 쓰기 • **마무리 활동** –소감 나누기

5. 프로그램 회기별 내용

1회기 슬기로운 의사소통을 향해 출발

활동 목표

- 프로그램 목적과 집단운영 방식을 이해한다.
- 첫 만남의 긴장감 해소와 참여동기를 확인한다.

준비물

이름표, 네임펜, 4절지, 포스트잇, [활동지 1-1], [활동지 1-2]

진행 절차

1. 도입 활동(20분)

▶ 프로그램 소개하기

반갑습니다. 저는 의사소통 훈련 프로그램 진행을 맡은 강사 ○○○입니다. 이 프로그램은 성인을 대상으로, 원활한 대인관계를 할 수 있도록 도와주는 의사소통 훈련 프로그램입니다. 특히 의사소통에 자신감을 가지고 싶거나 좀 더 슬기로운 의사소통을 하고 싶으신 분들에게 도움을 드릴 수 있게 구성되어 있는 훈련 프로그램입니다.

우리는 현대사회를 살아가면서 많은 사람과 관계를 맺고, 의사소통을 하면서 살아가기 때문에 의사소통은 우리의 삶에서 빼놓을 수 없습니다. 대인관계에서 사이가 좋은 관계라 하더라도 문제가 발생할 수 있습니다. 이때 문제해결에 있어서도 의사소통은 필수적인 요소가 됩니다. 이처럼 의사소통은 일상생활에서 매우 중요하다고 할 수 있습니다.

의사소통이란 대인관계에서 상호작용을 의미합니다. 의사소통은 언어적 · 비언어적인 소통 수단을 이용하여 생각이나 정서를 상대에게 전달하는 것으로, 인간관계를 형성하고 친밀하게 유지합니다. 하지만 인간관계를 유지하는 과정 중에 내 주변에 있는 부모, 친구 등 가까운 사람들에게 상처를 입히는 경우가 간혹 있습니다. 잘못된 의사소통은 사회적 관계형성과 상호작용을 방해하여 서로를 오해하게 하고, 마음의 상처를 주고받음으로써 관계를 멀어지게 합니다. 이에 우리의 생각과 감정을 효과적으로 표현하고 타인의 생각과 감정을 잘 이해하기 위해서는 자신의 속마음을 있는 그대로 표현하고, 상대의 말은 공감적으로 잘 듣는 훈련이 필요합니다. 그런 훈련에 도움이 되는 요인들을 제공해 줄 수 있는 좋은 활동 중 하나가 바로 의사소통 훈련 프로그램이라 할 수 있습니다.

의사소통 훈련 프로그램은 집단원의 상호작용을 통해 자신을 있는 그대로 개방함으로써 상호 간의 신뢰감을 높이고, 타인을 이해하기 위해 적극적인 경청 기술과 공감 기술을 익힐 수 있도록 도와줍니다. 이는 내 생각과 감정을 상대방에게 잘 표현하고 전달할 수 있는 기술 훈련을 통해 자신을 성장하게 하여 의사소통 능력을 높이는 데 많은 도움을 줍니다.

이 프로그램은 성인을 대상으로 한 의사소통 훈련 프로그램으로 대인관계 증진을 통해 건강한 사회생활을 촉진할 수 있도록 하는 것이 목적입니다. 이러한 목적을 위한 세부 목표는, 첫째, 원활한 상호작용을 위해 의사소통의 중요성을 이해하는 것, 둘째, 타인의 감정에 민감해지고, 공감하는 반응을 통해 의사소통 능력을 향상하는 것, 셋째, 효과적인 의사소통 기술 훈련을 통해 대인관계를 향상하는 것입니다.

▶ 서약서 작성하기 활동지 1-1

우리가 프로그램을 원활하게 진행하기 위해서는 최소한의 규칙이 필요합니다. 집단원들의 성장을 돕는 프로그램이 되기 위해서는 여러분의 도움이 필요합니다. 그래서 집단의 성장과 그 속에서 나의 성장을 돕기 위한 약속의 시간을 가지려고 합니다. 서약서를 함께 작성해 보겠습니다.

활동 내용

① 프로그램을 진행하는 동안 전체가 지켜야 할 약속과 집단활동 중 각 개인이 지켜야 할 약속을 작성해 본다.

② 서약서 작성 후 2명씩 짝을 지어 서로 사인을 해 준다.

2. 전개 활동(60분)

▶ 어색하게 인사 나누기

오늘 여기에 모인 분들은 서로 아는 사람도 있겠지만 모르는 사람도 있을 것입니다. 그래서 이러한 어색함을 최대한 더 어색하게 해서 서로서로 인사를 한번 나누어 보겠습니다.

활동 내용

① 집단원 전체가 일어나게 한다.

② 각자 돌아다니면서 옆 사람과 최대한 어색한 표정으로 인사하도록 한다.

③ 반가운 표정을 짓거나 웃지 말고, 인위적으로 굳은 표정이나 생뚱맞은 표정으로 인사한다.

Tip

- 인사 방법은 강사가 예시를 몇 개 보여 줄 수 있다.
- 첫 만남인 만큼 잘 모르는 사람들끼리 서먹한 경우, 어색하게 인사하게 함으로써 오히려 웃음을 유발하고 긴장감을 해소시킬 수 있다.

▶ 별칭 짓기 및 자기소개 활동지 1-2

앞으로 우리가 같이할 집단원들에게 자신을 소개할 시간을 가져 보도록 하겠습니다. 자기소개를 하기 전에 별칭을 먼저 지을 건데, 별칭을 지을 때 현재보다는 성장한 의사소통을 한다는 의미가 담겨 있는 별칭으로 짓겠습니다.

활동 내용

① 별칭은 자신이 기대하고 있는 의사소통의 모습을 생각해 보고 그와 관련된 단어로 지을 수 있게 안내한다.

② 활동지 작성이 다 끝나면 작성한 내용을 발표하는 시간을 가진다.

▶ 소통 사세요

지금부터는 모둠을 형성하기 위한 활동을 해 보려고 합니다.

활동 내용

① 전체가 둘러앉아 수를 센다.

② 전체가 수를 다 세고 나면 "하나는 경청" "둘은 공감" "셋은 미소" "넷은 눈빛" 등 의사소통에 필요한 단어 등을 정한다.

③ 첫 술래는 지도자가 한다. 술래가 아무에게나 가서 "소통 사세요."라고 하면 상대방은 "무슨 소통이 있는데요?"라고 묻는다. 그러면 술래와 함께 전체 참가자가 술래가 지목한 상대방에게 "경청, 공감, 미소, 눈빛"이라고 의사소통에 필요한 종류를 이야기해 준다.

④ "경청 주세요."라고 상대가 말하면 '경청'에 해당하는 사람들은 모두 일어나서 자기 자리가 아닌 다른 자리에 가서 앉는다. 이때 술래도 뛰어가서 빈자리에 앉는다. 자리에 못 앉으면 술래가 된다.

⑤ 주문할 때 "경청 주세요."가 조금 익숙해지면 "경청하고 공감 주세요." "모두 주세요." "경청 빼고 다 주세요." 등 다양하게 할 수 있다.

⑥ 게임을 마치고 나면 단어별로 모둠을 지정해 준다.

Tip
- 전체 인원을 고려하여 적절하게 모둠을 편성한다.
- 수를 셀 때 만약 4개의 모둠을 만들려면 아무나 한 사람부터 왼쪽에서 오른쪽으로 하나, 둘, 셋, 넷까지 세고, 다시 하나…… 넷까지 센다.

▶ 의사소통에 대한 브레인스토밍

우리는 앞으로 대인관계에서 좀 더 원활한 의사소통을 하기 위한 연습을 하게 됩니다. 그런 연습에 앞서 의사소통에 대해 내가 생각하는 의사소통이란 뭔지 등을 자유롭게 이야기해 보는 시간을 가지도록 하겠습니다. 의사소통이란 두 사람 또는 그 이상의 사람 사이에서 의사전달과 상호교류가 이루어진다는 뜻입니다. 즉, 말하는 사람과 듣는 사람 사이에서 정보, 생각, 감정의 교류를 통해 서로를 이해하고, 서로의 생각, 감정, 행동의 변화가 일어나도록 영향력을 미치는 일련의 행동이라고 말할 수 있습니다. 이런 의미는 사전이나 책에서 말하는 의사소통인데, 내가 생각하는 의사소통이란 어떤 것이며, 특히 의사소통이 잘 된다는 것은 어떤 것을 말하는지 브레인스토밍을 통해서 살펴보도록 하겠습니다.

활동 내용

① 포스트잇과 4절지를 나누어 준다.
② 포스트잇에 작성 시 '의사소통'하면 떠오르는 생각들을 자유롭게 기술하도록 한다.
③ 작성이 끝나면 조별로 작성한 내용에 대해서 서로 이야기 나누기를 하면서 비슷한 내용끼리 범주화한다.
④ 이야기가 끝나면 조별로 나와 칠판에 붙이면서 자신의 조에서 나온 내용들을 발표한다.
⑤ 활동을 마친 뒤 소감을 나눈다.

3. 마무리 활동(10분)

▶ 소감 나누기

오늘은 프로그램의 구성과 진행방향 그리고 집단에 참여하면서 각자의 다짐과 의사소통 훈련이 필요한 이유에 대해서 살펴보았습니다. 이번 시간에 참여하면서 느낀 점이나 새롭게 알게 된 점에 대해 함께 이야기를 나누어 보겠습니다. (이야기를 나눈 후) 다음 시간에는 의사소통에는 어떤 유형들이 있는지 살펴보고, 나는 어떤 의사소통 유형으로 대화를 하고 있는지, 상대에게 상처를 주지 않기 위해서는 어떤 의사소통으로 대화를 해야 하는지 등을 알기 위해 '나는 어떤 의사소통을 할까?'라는 활동을 해 보려고 합니다.

4. 유의점

- 집단원들이 편안한 마음으로 집단에 참여할 수 있도록 신뢰감을 주는 분위기를 만든다.
- 집단활동에서 한 사람이 대화를 독점하는 경우나 소외되는 사람이 없도록 살펴야 한다.
- 지도자는 건설적이고 목표와 과업에 대해 알 수 있도록 주도적으로 시작을 이끄는 것이 중요하다.

활동지 1-1

나는 이런 사람이야!

서 약 서

나는 의사소통 훈련 프로그램에
자발적으로 참여하고,
프로그램의 원활한 진행을 위해 다음과 같이 약속합니다.

- 프로그램에 빠지지 않고 성실하게 참여하겠습니다.
- 함께 나눈 이야기에 대해서 비밀을 꼭! 지키겠습니다.
- 다른 사람들의 의견과 생각을 존중하겠습니다.
- ______________________________

나의 달성목표

- ______________________________
- ______________________________
- ______________________________

나 　　　　는(은) 집단상담에 참여하면서
위 사항들을 지킬 것을 약속합니다.

년　　월　　일

이름 : 　　　　(서명)

활동지 1-2

별칭 짓기 및 자기소개

※ 다음의 질문에 자유롭게 적어 보세요

1. 프로그램에 참여하게 된 동기는 무엇인가요?

2. 대인관계에서 내가 의사소통이 잘되지 않아 힘들었던 때는 언제였나요?

3. 의사소통 훈련 프로그램을 다 마치고 난 뒤 나의 모습을 기대한다면 어떤 모습인가요?

4. 3번과 관련해서 내 별칭을 지어 본다면 무엇인가요?

5. 별칭이 의미하는 바는 무엇인가요?

2회기 나는 어떤 의사소통을 할까?

활동 목표

- 자신의 의사소통 유형을 인식한다.
- 의사소통 유형별 특성을 이해한다.

준비물

이름표, 필기구, [강의자료 2-1], [강의자료 2-2], [활동지 2-1], [활동지 2-2]

진행 절차

1. 도입 활동(20분)

▶ 지난 회기 요약 및 이번 회기 안내

지난 한 주는 다들 잘 보내셨나요? 지난 시간에 어떤 활동들을 했는지 한번 살펴보고 시작하겠습니다. 혹시 이야기해 주실 분 계실까요? (대답을 들은 후) 지난 시간에는 첫 시간으로 우리가 '슬기로운 의사소통을 향해 출발'이라는 주제로 프로그램 활동을 위한 우리만의 약속을 정하고, 별칭을 지었습니다. 그리고 의사소통에 대한 브레인스토밍을 실시하였습니다.

이번 2회기에서는 '나는 어떤 의사소통을 할까?'라는 주제를 가지고 강의와 활동을 통해서 자신의 의사소통 유형을 인식하고, 의사소통 유형별 특성은 어떠한지 알아보는 것을 활동 목표로 세우고 진행하고자 합니다.

2. 전개 활동(60분)

▶ 동작 텔레파시 게임

동작 텔레파시 게임을 해 보겠습니다. 이건 조별로 진행하려고 합니다. 제가 부르는 단어에 대해서 떠오르는 대로 정지된 모습으로 표현해 주시면 됩니다. 그 단어에 대해서 조별로 최대한 같은 동작이 많이 나오는 조는 텔레파시가 잘 통한다고 보시면 될 것 같습니다.

활동 내용

① 지도자가 '의사소통'에서 떠올릴 수 있는 특정 단어를 제시한다(예: 경청하는 자세, 공감하는 사람, 따뜻한 눈빛, 미소 등).
② "하나, 둘, 셋!"하면 동시에 동작을 취하라고 요청한다.
③ "경청하는 자세! 하나, 둘, 셋!"하고 외친다.
④ 집단원들은 자신이 생각하는 경청하는 자세의 모습을 취한다.
⑤ 만약 같은 동작이 많이 나오는 팀이 없으면 다른 단어로 반복한다.

Tip
- 처음에는 일상 단어(래퍼, 라면 먹는 사람 등)로 하다가 이 활동이 익혀지면 의사소통과 관련된 단어를 사용한다.

▶ 평상시 나의 대화 습관 알기 활동지 2-1

우리는 종종 타인에게 문제가 생겼을 때 좋은 의도를 가지고 도움을 주려고 노력을 하게 됩니다. 하지만 자신이 생각하고 있는 좋은 의도와는 다르게 오히려 문제를 더 어렵게 만들어 타인과의 대화에서 단절을 경험하기도 합니다. 다음은 사티어 의사소통 유형 검사지입니다. 검사를 통해서 나는 어떤 의사소통을 하는지 알아보겠습니다.

활동 내용

① 검사지 내용을 읽고 자신에게 해당하는 문항에 체크한다.
② 체크한 항목을 바탕으로 a, b, c, d, e 합계를 낸다.

▶ 의사소통 유형별 특성 강의자료 2-1, 강의자료 2-2

의사소통 유형별 특성을 살펴보는 시간을 가지겠습니다. 먼저, 의사소통 유형에는 크게 다섯 가지로 일치형, 회유형, 비난형, 초이성형, 산만형이 있습니다. 이들 유형에서 일치형 외에는 모두 의사소통을 방해하는 유형일 것입니다.

▶ 나의 의사소통의 자원은 활동지 2-2

검사지를 통해 우리가 평상시에 어떤 유형으로 대화를 하는지 알게 되었을 겁니다. 그리고 그 유형들이 가지고 있는 특징, 주요 감정 등도 알아보았습니다. 이번에는 그 유형들이 가지고 있는 자원을 참고해서 자신이 의사소통에서 어떤 자원을 가지고 있는지 알아보는 시간을 가지겠습니다.

활동 내용

① 의사소통 유형별 자원을 참고해서 자신의 의사소통 유형은 무엇인지 적어본다.

② 두 사람씩 짝을 지어 자신의 의사소통 유형과 자원에 대해서 이야기 나눈다.

3. 마무리 활동(10분)

▶ 소감 나누기

오늘은 의사소통의 유형에 대해서 알아보고, 자신의 유형도 살펴보았습니다. 그리고 대인관계에서 우리의 의사소통 유형과 대화 습관 등에 대해서 이야기를 나누어 보았습니다. 이런 활동을 하면서 느낀 점이나 새롭게 알게 된 점 등에 대하여 소감을 나누어 보겠습니다. (이야기를 나눈 후) 이번 시간의 과제는 활동에서 연습한 의사소통 유형 중 일치형으로 최소 세 번 이상 대화를 해 보는 것입니다. 의사소통에서는 듣기가 중요한데, 다음 시간에는 '너의 목소리가 들려'라는 활동을 해 보려고 합니다.

4. 유의점

- '평상시 나의 대화 습관 알기'에서 조원끼리 같은 동작이 잘 나오지 않는다고 활동하는 데 너무 많은 시간을 사용하지 않도록 주의한다.

활동지 2-1

평상시 나의 대화 습관 알기

※ 다음은 사티어 의사소통 유형 검사지입니다. 내용을 읽고 자신에게 해당하는 문항에 체크해 주시길 바랍니다.

번호	문항	체크
1	나는 상대방이 불편해 보이면 비위를 맞추려고 한다.	a.
2	나는 일이 잘못되었을 때 자주 상대방의 탓으로 돌린다.	b.
3	나는 무슨 일이든지 조목조목 따지는 편이다.	c.
4	나는 생각이 자주 바뀌고 동시에 여러 행동을 하는 편이다.	d.
5	나는 타인의 평가에 구애받지 않고 내 의견을 말한다.	e.
6	나는 관계나 일이 잘못되었을 때 자주 내 탓으로 돌린다.	a.
7	나는 다른 사람들의 의견을 무시하고 내 의견을 주장하는 편이다.	b.
8	나는 이성적이고 차분하며 냉정하게 생각한다.	c.
9	나는 다른 사람들로부터 정신이 없거나 산만하다는 얘기를 듣는다.	d.
10	나는 부정적인 감정도 솔직하게 표현한다.	e.
11	나는 지나치게 남을 의식해서 나의 생각이나 감정을 표현하는 것을 두려워한다.	a.
12	나는 내 의견이 받아들여지지 않으면 화가 나서 언성을 높인다.	b.
13	나는 나의 견해를 분명하게 표현하기 위해 객관적인 자료를 자주 인용한다.	c.
14	나는 상황에 적절하지 못한 말이나 행동을 자주 하고 딴전을 피우는 편이다.	d.
15	나는 다른 사람이 내게 부탁을 할 때 내가 원하지 않으면 거절한다.	e.
16	나는 사람들의 얼굴 표정, 감정, 말투에 신경을 많이 쓴다.	a.
17	나는 타인의 결점이나 잘못을 잘 찾아내어 비판한다.	b.
18	나는 실수하지 않으려고 애를 쓰는 편이다.	c.
19	나는 곤란하거나 난처할 때는 농담이나 유머로 그 상황을 바꾸려하는 편이다.	d.
20	나는 나 자신에 대해 편안하게 느낀다.	e.
21	나는 타인을 배려하고 잘 돌보아 주는 편이다.	a.
22	나는 명령적이고 지시적인 말투를 자주 사용하기 때문에 상대가 공격받았다는 느낌을 받을 때가 있다.	b.

23	나는 불편한 상황을 그대로 넘기지 못하고 시시비비를 따지는 편이다.	c.
24	나는 불편한 상황에서는 안절부절 못하거나 가만히 있지를 못한다.	d.
25	나는 모험하는 것을 두려워하지 않는다.	e.
26	나는 다른 사람들이 나를 싫어할까 두려워서 위축되거나 불안을 느낄 때가 많다.	a.
27	나는 사소한 일에도 잘 흥분하거나 화를 낸다.	b.
28	나는 현명하고 침착하지만 냉정하다는 말을 자주 듣는다.	c.
29	나는 한 주제에 집중하기보다는 화제를 자주 바꾼다.	d.
30	나는 다양한 경험에 개방적이다.	e.
31	나는 타인의 요청을 거절하지 못하는 편이다.	a.
32	나는 자주 근육이 긴장되고 목이 뻣뻣하며 혈압이 오르는 것을 느끼곤 한다.	b.
33	나는 나의 감정을 표현하는 것이 힘들고, 혼자인 느낌이 들 때가 많다.	c.
34	나는 분위기가 침체되거나 지루해지면 분위기를 바꾸려 한다.	d.
35	나는 나만의 독특한 개성을 존중한다.	e.
36	나는 나 자신이 가치가 없는 것 같아 우울하게 느껴질 때가 많다.	a.
37	나는 타인으로부터 비판적이거나 융통성이 없다는 말을 듣기도 한다.	b.
38	나는 목소리가 단조롭고 무표정하며 경직된 자세를 취하는 편이다.	c.
39	나는 불안하면 호흡이 고르지 못하고 머리가 어지러운 경험을 하기도 한다.	d.
40	나는 누가 나의 의견에 반대해도 감정이 상하지 않는다.	e.

합계: (a.회유형-), (b.비난형-), (c.초이성형-), (d.산만형-), (e.일치형-)

★ 유형별로 합산하여 높은 점수가 나올수록 자신이 주로 쓰는 의사소통 유형방식이나 상황, 대상에 따라 다른 의사소통 유형을 사용할 수 있다.

★ 비일치적 의사소통을 반복적으로 사용하여 대인관계를 그르칠 때는 자신의 의사소통을 변화시키도록 노력할 필요가 있다.

★ 일치형으로 결과가 나온 사람은 혹시 너무 자기만을 위주로 행동하는 것은 아닌지 점검해 볼 필요가 있다.

강의자료 2-1

의사소통 유형별 특성

1. 일치형

① 특징: 의사소통의 내용과 내면의 감정이 일치하는 것을 말한다. 매우 진솔한 의사소통을 하며, 알아차린 감정이 단어로 정확하며 적절하게 표현된다.

★ 일치형이 가지고 있는 자원은 높은 자아존중감이다.

② 행동 및 정서: 생동적이다, 창의적이다, 자신감 있다, 책임감 있다, 수용적이다, 사랑할 줄 안다.

③ 내적 경험: 건강하다.

④ 언어: 원하는 것과 싫어하는 것에 대한 자신의 의사표현이 분명하다, 개방적이며 소통을 잘한다, 타인의 말에 귀 기울일 줄 안다, 상대를 존경한다.

⑤ 주요 감정: 평화롭다, 차분하다, 사랑한다, 자신과 타인에 대해 수용적이다.

2. 회유형

① 특징: 마음속으로는 좋지 않다고 느끼면서도 다른 사람들의 비위를 맞춘다. 자신을 낮추고 상대방을 만족시키려는 행동을 한다. 이러한 사람들은 감정적으로 매우 여리고, 인정이 많으며, 대체로 갈등을 회피하고, 타인으로부터 받은 상처나 분노를 감춘다.

★ 회유형이 가지고 있는 자원은 돌봄, 양육과 민감성이다.

② 행동 및 정서: 용서를 구하는 모습을 자주 보인다, 변명을 잘한다, 의존적이다, 애원하는 모습을 보인다, 지나치게 착하다, 지나치게 명랑하다.

③ 내적 경험: 자신이 다른 어떤 사람도 화나게 해서는 안 된다고 생각한다. 자신이 사람들에게 항상 친절해야만 하고 다른 사람을 절대로 침해해서는 안 된다고 생각한다.

④ 언어: 다 자신의 탓으로 돌린다. 상대방에게 지나치게 의존한다.

⑤ 주요 감정: 상처받는다. 억눌린 분노가 있다. 슬프다. 걱정이 있다. 분개한다.

3. 비난형

① 특징: 자신이 다른 사람보다 우월하다는 것을 보여 주기 위하여 타인의 말이나 행동을 인

정하는 대신 비난하고 통제한다. 또한 요구가 많고 화가 난 듯이 행동한다.

★ 비난형이 가지고 있는 자원은 주장성, 지도력과 에너지이다.

② 행동 및 정서: 비난을 한다. 고함을 지른다. 화난 표정을 짓는다. 판단을 잘한다. 명령을 한다. 지배하려고 한다.

③ 내적 경험: 소외감과 외로움을 느끼며 이해받지 못한다는 느낌을 갖고 있다.

④ 언어: 자신의 잘못이 없다고 주장하며 남의 탓으로 돌린다.

⑤ 주요 감정: 화내다. 좌절한다. 믿지 못한다. 분개한다. 억눌린 상처가 있다. 외로움을 느낀다. 통제 불능에 대한 두려움이 있다.

4. 초이성형

① 특징: 스트레스 상황에서 합리적인 수준을 고수하면서 규칙과 옳은 것만을 절대시하는 극단적인 객관성을 보인다. 또한 매우 완고하고 냉담한 자세를 취하고 독재적인 행동을 한다.

★ 초이성형이 가지고 있는 자원은 지성, 세부사항에 주의를 집중하는 것, 문제해결 능력이다.

② 행동 및 정서: 뻣뻣하고 경직된 자세를 한다. 차가워 보인다. 충고를 잘한다. 심각하고 우월한 표정을 짓는다. 비인간적일 정도로 객관적이다.

③ 내적 경험: 상처받기 쉽고, 고립된 느낌이다. 어떤 감정도 표현할 수 없다.

④ 언어: 논리적이다. 객관적이다. 설명이 길다. 규칙이나 추상적 사고에 집착한다(예: 참 추웠어. → 그래, 매우 추운 날씨이지). 감정에 초점을 맞추기보다는 상황에 초점을 두고 대화를 한다.

⑤ 주요 감정: 감정을 거의 보이지 않는다. 매우 예민하다. 내적으로는 외로움을 많이 느끼고 있다. 소외감을 가진다.

5. 산만형

① 특징: 자발적이고 재미있는 사람으로 볼 수도 있다. 스트레스 상황에서 내적인 고통을 두려워하고, 외적으로는 다른 사람들과 연결되는 것을 어려워하여 자신의 내면의 역동과 외부와의 연결을 피하고자 한다.

★ 산만형이 가지고 있는 자원은 유머, 자발성과 창조성이다.

② 행동 및 정서: 과활동증 또는 저활동증을 보인다. 안절부절못한다. 계속 움직인다. 둔해 보

인다. 어리석다. 주위의 시선을 끈다.

③ 내적 경험: 아무도 상관하지 않는다. 끼어드는 행동을 자주 보여 주의를 받기도 한다. 자신이 있는 곳이 자신에게 적절한 곳이 아니라는 생각을 한다.

④ 언어: 상황을 회피하려고 주제를 변경한다. 한 가지에 집중하지 못한다. 농담을 잘한다. 의미 없는 얘기를 잘한다.

⑤ 주요 감정: 자신의 진짜 감정을 거의 보이지 않는다. 매우 예민하다. 내적인 외로움이 있다. 소외감을 느낀다. 마음이 텅 빈 느낌이 있다. 혼란스럽다.

강의자료 2-2 의사소통 유형별 상황의 예

지나가다가 서로의 팔이 부딪힌 상황	
회유형	(아래를 보고 두 손을 맞잡고 뒤틀며) 용서해 주십시오. 저는 정말 덜렁이예요.
비난형	아이, 깜짝이야! 팔을 안으로 넣고 다녀야 안 부딪칠 거 아니요?
초이성형	사과를 드립니다. 지나가다 부주의하여 당신의 팔을 쳤군요. 혹시 피해를 줬다면 내 변호사에게 연락해 주시기 바랍니다.
산만형	(다른 사람을 쳐다보며) 저런, 누가 화가 났구나. 누가 밀었나 봐.
일치형	(상대의 눈을 바라보며) 내가 당신을 밀었군요. 미안합니다. 다친 데는 없으십니까?

새벽에 귀가한 대학생 딸에게 아버지가 화를 내면서 야단칠 때 딸의 반응	
회유형	(고개를 숙이고 손을 비비면서) 아빠, 제발 용서해 주세요. 제가 정말 정말 잘못했어요. 제가 시간을 잘 봤어야 했는데……. 모든 게 다 제 잘못이에요.
비난형	아빠가 이렇게 자꾸 야단치시니까 집에 들어오기 싫잖아요. 제가 늦게 들어오는 건 다 아빠 때문이라고요.
초이성형	아빠, 이건 그냥 무조건 야단칠 일이 아니고요. 제가 왜 늦었는지에 대해 이성적으로 생각 좀 해 보세요.
산만형	(다른 곳을 쳐다보며) 이런, 아빠가 화나셨나 봐. 누가 아빠를 화나게 한 거예요?
일치형	(아빠의 눈을 바라보면서) 늦는다고 연락 드렸어야 했는데 시험 준비에 정신이 없어 깜빡했어요. 죄송해요. 저 기다리시느라 잠도 잘 주무시지 못하셨죠?

활동지 2-2

나의 의사소통 자원은?

♣ 의사소통 유형별 자원 ♣	
회유형	돌봄, 양육과 민감성
비난형	주장성, 지도력과 에너지
초이성형	지성, 세부사항에 주의를 집중하는 것, 문제해결 능력
산만형	유머, 자발성과 창조성
일치형	높은 자아존중감

※ 자신의 의사소통 유형의 자원은 무엇인지 적어 보세요.

♣ 나의 의사소통 유형 자원 ♣	
회유형	
비난형	
초이성형	
산만형	
일치형	

3회기 너의 목소리가 들려

활동 목표

- 적극적 경청의 기술을 이해하고 필요성을 안다.
- 적극적 경청의 기술을 익히고 적용할 수 있다.

준비물

이름표, 필기구, A4 용지, [강의자료 3-1], [활동지 3-1], [활동지 3-2]

진행 절차

1. 도입 활동(20분)

▶ 지난 회기 요약 및 이번 회기 안내

지난 시간에 과제로 내 드렸던 '한 주 동안 일치형 의사소통 유형으로 3회 이상 대화해 보기'는 다들 해 보셨나요? 실천해 보면서 어떤 부분에서 잘되고 어떤 부분에서 잘 되지 않는지에 대한 경험을 잠시 나눠 보겠습니다.

Tip
- 연습한 것처럼 대화가 잘 되었나?
- 일치형 의사소통으로 대화를 해 보니 평상시와 어떤 점이 달랐나?
- 잘 되지 않았을 때는 어떤 점이 그랬나?

이번 3회기에서는 '너의 목소리가 들려'이라는 주제를 가지고 강의와 활동을 통해서 의사소통에서 중요한 경청의 필요성과 적극적 경청의 기술을 익히고 적용할 수 있음을 활동 목표로 세우고 진행하고자 합니다.

2. 전개 활동(60분)

▶ 토끼처럼 두 귀를 쫑긋

의사소통에서 중요한 것 중 하나인 듣기가 얼마나 잘 되고 있는지 활동으로 살펴보겠습니다.

활동 내용

① 지도자는 맨 앞에 책상을 두고 그 위에 과자를 준비해 둔다.
② 팀별로 2명씩 짝을 지어 누가 눈을 감고, 누가 리더를 할지 정한다.
③ 지도자가 출발 신호를 주면 각 팀별로 집단원들은 바닥의 장애물을 지나 앞에 있는 과자를 먹는다.
④ 게임을 마친 뒤 눈을 감고 갈 때의 마음, 리더였을 때의 마음에 대한 소감을 나눈다.

Tip

• 다른 게임으로는, 두 사람이 짝이 되어 한 사람이 다른 한 사람 뒤에 서서 자신이 가지고 있는 그림을 설명해 주면 앞에 있는 사람은 뒷사람의 지시에 따라 그림을 그리는 게임이 있다.

▶ 경청이 중요해요 강의자료 3-1

우리가 대화를 하는 첫 번째 목적은 타인과의 의사소통입니다. 나의 생각과 의견을 바르게 전달하기 위해서는 먼저 상대방의 의견을 잘 들어 주어야 하며, 상대의 이야기에 귀를 기울일 줄 아는 사람만이 보다 신중하게 생각하고 보편타당한 의견을 이끌어 낼 수 있습니다. 전문가들은 의사소통에서는 듣기, 읽기, 쓰기, 말하기 순서로 중요하다고 말합니다. 우리가 생각하기에는 말하기가 제일 먼저일 것 같지만 오히려 그 반대입니다. 실제로 의사소통의 능력이 뛰어난 사람은 경청을 잘하는 사람입니다. 누구나 자신의 일에 관심을 보이고 자신의 이야기를 진지하게 들어 주는 사람에게 호감을 가지기 마련입니다. 열심히 듣는 것은 상대에게 신뢰감을 줄 뿐 아니라 상대로 하여금 자신의 말에 관심을 기울이게도 합니다. 그래서 이번에는 경청의 효과와 경청의 기술을 배워 보도록 하겠습니다.

▶ 적극적 경청 기술 연습하기 활동지 3-1 활동지 3-2

경청을 방해하는 요소들을 살펴보고 경청 능력 테스트를 해 보겠습니다. 테스트가 끝나면 이를 바탕으로 일상생활에서 경청을 방해하는 걸림돌을 사용하여 이야기를 나누어 보겠습니다.

활동 내용

① [활동지 3-1]을 체크한다.
② 지도자는 활동지의 점수가 높을수록 경청 능력이 떨어진다고 안내한다.
③ 2명이 짝이 되어 한 사람은 일상에서 있었던 자신의 이야기를 하고 나머지 한 사람은 무조건 안 들어 주기 자세로 1~2분 동안 이야기를 나눈다.
④ 지도자는 다른 사람의 이야기를 자기 이야기처럼 해도 좋다고 해 준다.
⑤ 역할을 바꾸어 다시 이야기를 나눈다.
⑥ 이번에는 최대한 상대와 눈을 맞춰 가면서 적극적 경청의 자세로 말하는 입장과 듣는 입장을 번갈아 가면서 이야기를 나눈다.
⑦ [활동지 3-2]를 작성한 후 소감을 나눈다.

3. 마무리 활동(10분)

▶ 소감 나누기

오늘은 의사소통을 하는 과정 중에 경청의 중요성에 대해서 알아보았습니다. 경청할 때 적극적 자세가 중요하다는 것을 경험하였습니다. 활동을 마무리하면서 느낀 점이나 새롭게 알게 된 점 등에 대하여 소감을 나누어 보겠습니다. (이야기를 나누 후) 이번 시간의 과제는 '바른 경청 자세로 상대의 이야기 최소 3회 이상 들어 주기'입니다. 다음 시간에는 의사소통에서 듣기 못지않게 중요한 '공감해 주기'를 '너의 마음이 느껴져'라는 활동으로 알아보려고 합니다.

4. 유의점

- '토끼처럼 두 귀를 쫑긋'을 할 때 장애물을 종이컵, 휴지통 등 다치지 않는 물건으로 준비한다.
- '적극적 경청 기술 연습하기'에서 청자 입장일 때 너무 장난스러운 행동이 나오지 않도록 주의를 준다.

강의자료 3-1

경청이 중요해요

1. 경청의 효과

① 지식과 정보를 얻을 수 있다.

② 즐거운 시간이 되고, 말하는 사람으로부터 호감을 사게 된다.

③ 속마음을 알아차릴 수 있고, 이해할 수 있게 된다.

④ 적절하게 대응할 수 있게 된다.

⑤ 사회적인 성장을 할 수 있게 된다.

⑥ 반성과 감상력을 높일 수 있게 된다.

♥ 이야기를 잘 듣는 사람에게는 정보가 모인다

☞ 자신의 이야기를 적극적으로 경청해 주는 사람에게는 누구나 상대에게 자신이 가지고 있는 정보를 가장 먼저 전달해 주려고 하기 때문에 이야기를 잘 들어주는 사람에게는 정보가 많다.

♥ 인간관계의 폭이 넓어진다

☞ 상대의 말을 잘 들어 주는 사람 옆에는 사람이 모인다. 즉, 이야기를 잘 들어 주는 사람은 말하는 사람의 이야기에 맞장구를 치거나 질문을 통해서 그 대화를 주도해 나간다.

♥ 일의 요령이나 삶의 지혜를 얻는다

☞ 이야기를 잘 들어 주는 사람은 항상 긍정적인 생각을 하고 있다. 따라서 열심히 남의 말을 경청하려고 하며 이해하려고 노력하고, 지식이나 지혜를 흡수하려고 노력한다.

♥ 상대의 기분을 읽을 수 있다

☞ 상대방의 기분이나 마음은 눈에 보이지 않는다. 하지만 이야기를 잘 들어 주는 사람은 상대의 보이지 않는 기분이나 마음을 알아차릴 수 있다.

♥ 생각하는 힘이 자란다

☞ 듣는 힘은 생각하는 힘에 비례한다. 듣는다고 해서 수동적인 태도를 취하면 듣는 힘도 생각하는 힘도 자라지 않는다. 이야기를 잘 들어 주는 사람은 이야기를 들으면서 생각하고 생각하면서 듣는다.

♥ 주목받는 존재가 된다

☞ 이야기를 잘 들어 주는 사람은 발언하고 있는 사람으로부터 시선이 집중된다. 또한 경청하는 사람이 수긍하고, 메모하는 적극적인 반응을 보일 때 발언하는 사람은 경청하는 사람에게 관심을 갖고 주목하기 시작한다.

2. 경청의 기술

① 상대방을 주시한다.
② 상대방의 말에 깊은 관심을 가지고 있다는 사실을 태도로 나타낸다.
③ 상체를 상대방 쪽으로 향한다.
④ 질문을 한다.
⑤ 말을 중간에서 가로막지 않는다.
⑥ 상대방의 화제에 집중한다.
⑦ 자신의 의견을 말할 때 상대방의 표현을 이용한다.

♥ 되묻는 일을 주저하지 않는다

☞ 말하는 사람의 표현력 부족과 듣는 사람이 상대의 이야기를 지레짐작으로 이해해서 오해가 발생하는 것은 누구에게나 일어날 수 있는 일이다. 그러므로 대화를 나누는 중에 이상하다고 느껴지면 상대에게 되묻거나 질문을 해야 한다.

♥ 선입견을 가지지 않는다

☞ 한번 선입견을 갖게 되면, 말하는 사람은 그런 의도로 말하지 않았다고 부정해도 상대방은 그 의도로 받아들이지 않는다. 이것이 바로 선입견의 무서운 점이다. 선입견이 생기면 그에 맞는 이야기밖에 듣지 않게 된다.

♥ 생략된 부분을 보충해서 듣는다

☞ 상대방의 이야기 속에서 생략된 부분은 상대방이 설명하는 능력이 부족해서일 수도 있지만 의도적으로 말하지 않은 경우도 생각할 수 있다. 이야기를 듣는 쪽에서는 생략된 부분을 보충해서 들을 필요가 있다.

♥ 이야기는 끝까지 듣는다

☞ 지레짐작하는 버릇은 고쳐야 한다. 상대의 이야기를 앞질러 가는 것은 가령 상대의 이야기를 알아맞히더라도 환영받지 못한다. 상대의 말하는 기쁨을 빼앗기 때문이다.

♥ 집중력을 높여서 듣는다

☞ 상대방의 이야기를 들을 때는 집중해서 잘 들어야 상대의 마음이 움직이는 것을 알아차릴 수 있다.

활동지 3-1

나의 경청 능력 테스트

※ 경청은 상대방을 존중하는 것으로서 상대방의 말을 진정으로 잘 듣는다는 것은 매우 힘든 일입니다. 경청을 방해하는 요소들을 살펴보고, 경청의 걸림돌 사용 수준을 체크해 봅시다.

매우 못함	보통	매우 잘함
1	3	5

번호	요소	내용	점수
1	짐작하기	상대방의 말을 전체적 맥락 안에서 듣기보다 자기의 생각에 들어맞는 단서만을 찾아 자신의 생각을 확인하는 것	
2	답할 말 준비하기	상대방의 말을 듣고 곧 자신이 다음에 할 말을 생각하기에 바빠서 상대방이 말하는 것을 잘 듣지 않는 것	
3	걸러 내기	상대방의 메시지를 온전하게 듣는 것이 아닌 듣고 싶지 않은 것들을 막아 버리는 것	
4	판단하기	상대방에 대해 부정적으로 판단하거나 상대방을 비판하기 위해 상대방의 말을 듣지 않는 것	
5	딴 생각하기	상대방에 대한 불만, 상황에 대한 불만 때문에 점차 상대방이 말을 할 때 딴 생각을 하는 것	
6	조언하기	옳은 해결책을 찾고 모든 것을 제대로 고치려는 욕구 때문에 지나치게 다른 사람의 문제를 해결하고자 하는 것	
7	언쟁하기	반대 및 논쟁하기 위해서만 상대방의 말에 귀를 기울이는 것	
8	옳아야만 하기	자신이 부족하다는 어떤 지적도 받아들일 수 없어 그러한 말은 전부 막아 버리는 것	
9	슬쩍 넘어가기	대화가 사적이거나 위협적일 때 회피하거나 초점을 잘못 맞추게 바꾸거나 농담하는 것	
10	비위 맞추기	상대방을 위로하거나 비위를 맞추기 위해서 혹은 두려워서 너무 빨리 동의하는 것	

활동지 3-2 적극적 경청 기술 연습하기 체험 보고서

※ 활동한 경험을 바탕으로 다음 내용을 작성해 주시기 바랍니다.

1. 적극적 경청 기술 연습 중 말하는 입장에서 상대가 이야기를 잘 들어 주지 않았을 때 어떤 마음이 들었나요?

2. 적극적 경청 기술 연습을 통해 느낀 점이나 깨달은 점은 무엇인가요?

3. 적극적 경청 기술 연습 중 자신의 자세 중 잘했다고 생각이 드는 점과 어려웠던 점은 무엇인가요(몸의 방향, 상대방을 바라보는 시선, 고개 끄덕임의 정도)?

4. 적극적 경청 기술 연습 중 지금까지 해 오던 것과 조금 다르게 해 본다면 어떤 요소를 다르게 해 볼 수 있을까요?

4회기 너의 마음이 느껴져

활동 목표

- 공감의 중요성을 이해하고 필요성을 안다.
- 공감 기술을 익힌다.

준비물

이름표, 필기구, [강의자료 4-1], [활동지 4-1]

진행 절차

1. 도입 활동(20분)

▶ 지난 회기 요약 및 이번 회기 안내

지난 시간에 과제로 내 드렸던 '한 주 동안 경청의 바른 자세로 상대의 이야기를 최소 3회 이상 들어 주기'는 다들 해 보셨나요? 실천해 보신 부분에 대해서 잠시 경험을 나누어 보겠습니다.

> **Tip**
> - 과제를 수행하면서 느낀 점, 어려운 점 등을 자유롭게 이야기한다.
> - 경청의 바른 자세가 편했는지, 무엇이 불편했는지 물어본다.

이번 4회기에서는 '너의 마음이 느껴져'라는 활동을 통해서 공감의 필요성을 알고, 공감 기술을 익히며 적용하는 것을 활동 목표로 세우고 진행하고자 합니다.

2. 전개 활동(60분)

▶ 공감 스무고개 넘기

오늘의 활동은 저번 시간에 익혔던 경청하기가 잘 되신 분들은 조금 유리할 수도 있을 듯합니다. 경청이 잘 되면 상대가 어떤 이야기를 하고 싶은지 좀 더 잘 알아차릴 수 있습니다. 이번 활동은 스무고개를 통해 상대가 어떤 마음을 가지고 있는지 느껴 보겠습니다.

활동 내용

① 2명이 짝을 이룬다.
② 1명은 마음속으로 자신의 고민거리를 한 단어로 생각한다.
③ 나머지 1명은 앞사람이 생각하고 있는 고민거리를 스무고개를 통해 질문을 해 가면서 상대가 어떤 마음을 가지고 있는지 맞혀 나간다.
④ 활동을 마친 뒤 상대의 마음이 잘 느껴졌는지 이야기를 나눈다.

Tip
- 고민거리가 없을 때는 현재의 마음을 생각해 본다.

▶ 공감의 중요성 강의자료 4-1

지난 시간에는 적극적인 경청에 대해서 알아보았습니다. 이번 시간에는 적극적으로 상대의 이야기를 들어 주는 방법으로 '공감'을 들 수 있는데 '공감'에 대해서 자세히 알아보는 시간을 가져 보겠습니다. 우리가 대화를 할 때는 상대방의 말을 잘 들어 줄 뿐만 아니라 그 이야기에 대한 적절한 반응을 보여 주는 일 또한 중요합니다. 인간관계는 서로 다른 생각과 의견을 지닌 사람들이 상호작용을 하는 과정이기 때문에 자신의 의견만을 주장하고 고집 피우기보다는 상대방의 의견을 공감적으로 존중하며 서로의 의견을 조율해 가는 것이 원활한 인간관계에서는 필요하기 때문입니다.

▶ 공감 기술 연습하기 활동지 4-1

공감 기술 연습을 해 보도록 하겠습니다. 공감을 잘하기 위해서는, 첫째, 상대의 입장에서 생각하고 느껴야 합니다. 둘째, 상대방의 느낌을 가장 잘 나타낼 수 있는 단어를 찾아보고, 내가 상대를 잘 이해하고 있다는 느낌으로 구체적인 단어를 통해 상대방에게 전달해야 합니다. 내용을 전달할 때는 언어적 요소와 비언어적 요소를 함께 사용하는 것이 더욱 효과적일 수 있습니다.

활동 내용

① 상황을 가지고 공감을 연습한다.
② 상대방의 이야기를 경청하면서 자신이 했던 공감 반응에는 어떤 것이 있었는지 적어 본다.
③ 활동지를 다 작성하면 다양한 감정 표현, 공감에 도움이 되는 말, 의문 사항 등에 대한 이야기를 나눈다.

3. 마무리 활동(10분)

▶ 소감 나누기

상대에게 공감을 잘하기 위해서는 경청을 잘해야 합니다. 하지만 경청을 할 때 어떤 식으로 듣느냐에 따라 공감이 될 수도 있고 연민이 될 수도 있다는 사실을 알게 되었습니다. 그리고 공감이 왜 중요하고 공감을 잘하기 위해서는 어떻게 해야 하는지까지 연습을 해 보았습니다. 그럼 마지막으로 오늘 모든 활동을 마친 뒤 이런 활동을 하면서 느낀 점이나 새롭게 알게 된 점 등에 대하여 소감을 나누어 보겠습니다. (이야기를 나눈 후) 이번 시간의 과제는 한 주 동안 공감적 반응을 최소 3회 이상 실천하는 것입니다. 다음 시간에는 감정 인식과 표현 기술을 익히기 위해 '나를 노크한 다양한 감정'이라는 활동을 하겠습니다.

4. 유의점

- '공감 기술 연습하기'를 할 때 장난스러운 질문을 하지 않도록 주의를 준다.

강의자료 4-1

공감의 중요성

1. 공감하기

대화 과정에서는 상대방의 말을 잘 경청할 뿐만 아니라 그에 대한 적절한 반응을 보여 주는 일이 중요하다. 누군가가 속마음을 알아줄 때 힘이 솟아나고 살맛이 나서 상대방이 해 준 것 이상으로 고마움을 느끼게 된다. 상대방의 속마음을 알아주고 이해하거나 상대가 느끼는 상황 또는 기분을 비슷하게 경험하는 것을 공감이라고 한다.

공감은 상대방의 마음을 깊이 있게 이해하고 느끼는 것을 말하며 대화를 촉진하고 인간관계를 심화시키는 중요한 요인으로 알려져 있다. 즉, 공감적 반응은 상대방이 하는 말을 상대방의 관점에서 이해하고 상대방의 감정을 함께 느끼며 자신이 느낀 바를 상대방에게 전달하는 것이다. 공감적 반응은 자기 공개를 촉진하여 좀 더 깊은 수준의 대화가 이루어지게 한다.

인간관계는 사람 간의 상호작용이므로 성숙한 인간관계를 위해서는 그 대상이 되는 주요한 타인, 나아가서 인간 일반에 대한 깊은 이해가 필요하다. 대인관계에서 타인을 이해하는 것은 그 사람의 의도, 행동, 생각, 감정 등에 공감하는 것을 의미하고 상대방의 마음을 이해하려는 꾸준한 노력을 통해서 공감 능력이 발전하게 된다.

2. 공감과 연민의 차이

공감	연민
• 상대를 판단하지 않고 상대의 관점에서 보고, 그 사람의 감정을 헤아리고, 그의 행복에 대해 진정한 관심을 가진다. • 상대에게 자신을 동일시하여 애써 타인에 대한 더 나은 이해를 하려고 한다. • 상대의 고통이 어떠할지 그가 되어 인간적으로 헤아려 보는 것이다. • 공감이란 해 보려는 노력, 깊은 성찰이다.	• 타인의 곤경에 대해 '동정심'을 느끼는 것으로 그의 고통이나 혼란 등을 불쌍히 여기며 바라본다. • 타인을 깊이 이해하거나 감정이입하지 않을 때도 많다. • 이해를 반드시 수반하지 않는다. • 연민이란 우러나는 감정, 눈물이다.

3. 공감을 위한 십계명

하나. 상대방을 소중하게 생각하고 친밀한 관계를 맺기 위해 최선의 노력을 기울여 대화하라.

하나. 상대방의 마음이 가 있는 곳, 상대방의 관심 사상에 주의를 기울이라.

하나. 입장을 바꿔 생각하라.

하나. 직업적, 육제척, 정신적, 가족적, 재정적, 사회적 환경을 헤아리라.

하나. 상대방의 내면에 형성되어 있는 긍정적 감정과 부정적 감정을 헤아리라.

하나. 비언어적 메시지에 관심을 기울이라.

하나. 겉으로 드러나는 맥락에서만 신경 쓰지 말고 내면적인 의미에 주의하라.

하나. 상대가 틀린 것이 아니라 다른 것이라 생각하고 다름을 받아들이라.

하나. 상대방에 대한 선입견과 편견을 버리라.

하나. 질문을 건네라.

활동지 4-1

공감 기술 연습하기

※ 다음 상황들을 보고 공감 반응을 해 보세요.

상황	공감 반응하기
일하고 있는 업무 분야가 나의 적성과 맞지 않아요. 처음에는 전공을 살려서 취업된 것이 좋았는데, 막상 취업을 하고 보니 내가 생각했던 것과 괴리감이 있어 답답하고 이직을 해야 하는지 아니면 취업하기도 힘드니 계속 참고 회사를 다녀야 하는지 정말 모르겠어요.	
앞에 나가서 발표하는 것이 쉽지 않습니다. 많은 사람 앞에만 서 있으면 심장이 떨리고 외웠던 내용들이 하나도 떠오르지 않아 이런 제 자신에게 너무 화가 납니다.	
사람들은 저만 미워하는 것 같아요. 단체 채팅방에 제가 글을 올리면 아무도 답글을 달지 않아요. 그래서 속상할 때가 많아요.	
아무리 취업준비를 해도 합격이 되지 않아 힘들어요. 저는 얼마나 더 취업준비를 해야 할까요?	

1. 공감 반응하기를 하면서 어려웠던 점은 무엇인가요?

2. 나만의 공감 능력 비결은 무엇인가요?

3. 공감하기를 잘하기 위해 노력해야 할 점은 무엇인가요?

5회기 나를 노크한 다양한 감정

활동 목표

- 다양한 감정을 알고, 감정에는 좋고 나쁨이 없음을 이해한다.
- 감정을 잘 알아차릴 수 있다.

준비물

이름표, 필기구, 스케치북, [강의자료 5-1], [활동지 5-1], [활동지 5-2]

진행 절차

1. 도입 활동(20분)

▶ 지난 회기 요약 및 이번 회기 안내

지난 시간에 과제로 내 드렸던 '한 주 동안 공감적 반응 최소 3회 이상 하기'는 다들 해 보셨나요? 실천해 보면서 상대의 말에 공감적 반응이 어려웠던 부분이 있었거나, 공감적 반응에 상대가 평상시와 다르게 이야기했다면 자신만의 노하우를 이야기해 주실 분 있을까요?

Tip
- 공감적 반응이 자연스러웠는지 혹은 어색했는지 물어본다.
- 상대방의 반응에 대해서 물어본다.

이번 5회기에서는 다양한 감정을 알고, 감정에는 좋고 나쁨이 없음을 이해하며, 감정을 잘 알아차리는 것을 목표로 진행하고자 합니다.

2. 전개 활동(60분)

▶ 감정 릴레이 게임

오늘의 활동은 감정 표현을 잘하시는 분이나 타인의 감정을 잘 알아차리시는 분들께는 좀 유리할 수 있을 것 같습니다. 반면, 자신이 감정 표현에 좀 둔하다면 오늘을 감정에 대한 민감성 키우기 연습을 해 보는 기회로 삼는 것도 좋을 것 같습니다.

활동 내용

① 집단원들이 한 줄로 선다.
② 지도자가 맨 앞에 서 있는 사람에게 초성을 보여 준다.
③ 맨 앞사람부터 몸으로 표현하는 감정을 뒷사람에게 전달하고 맨 마지막 사람이 어떤 감정을 표현했는지 알아맞힌다.
④ 활동을 마치고 소감을 나눈다.

감정 릴레이 게임을 해 보니 어떠셨어요? 초성을 보고 바로 감정이 떠올랐을 수도 있고 생각을 많이 했을 수도 있습니다. 자신이 감정단어와 얼마나 친하며 감정단어를 표현하는 데 있어서 얼마나 자유로운지를 알게 되었을거라 봅니다.

Tip

- 소감 나누기할 때 지도자의 질문 예시는 다음과 같다.
  - 초성을 보고 감정단어가 잘 떠올랐나?
  - 감정 표현을 할 때 언어, 몸짓 등 주로 어떤 부분을 많이 사용했나?

▶ 감정단어 사용 수준 점검하기 **활동지 5-1**

이번 활동에서는 자신이 평소에 감정단어를 얼마나 많이 사용하고 있는지, 어떤 감정단어를 많이 사용하고 있는지를 살펴보도록 하겠습니다.

활동 내용

① 감정단어를 보고 자신이 알고 있는 감정단어를 체크한다.
② 감정단어 중 자신이 자주 느끼는 긍정적인 감정과 부정적인 감정을 하나씩 선택한다.
③ 최근 대인관계에서 ②번에서 선택한 감정을 일으켰던 상황을 적는다.
④ 옆 사람과 짝을 지어 자신이 적은 내용에 대해 이야기를 나눈다.

▶ 나의 감정은 모두 소중해 **강의자료 5-1**

강의를 통해서 감정에는 좋고 나쁨이 없으며, 감정에 대한 판단보다는 나 자신에게 일어나는 감정이 주는 의미가 더 중요하다는 것과, 조절되지 않는 감정은 대인관계에 영향을 미친다는 것을 살펴보았습니다. 그러면 이번에는 활동을 통해 내가 느끼는 감정에 대한 민감성을 키워 보는 시간을 가지겠습니다.

▶ 감정 민감성 훈련하기 활동지 5-2

순간순간 하던 걸 멈추고 '지금 내 마음은 어떠한가?' 자기 자신에게 물어봐 주는 것이 필요합니다. 감정 표현이 잘되는 몇 가지를 제외하고 나머지는 잘 표현되기 어려운데, 다양한 나의 감정에 세심하게 주의를 기울일 필요가 있습니다. 일상생활에서 감정 상태는 어떠하고 표현하기 쉬운 감정과 어려운 감정에는 어떤 것이 있는지 살펴보는 시간을 가져 보도록 하겠습니다.

활동 내용
① 자신이 표현하기 쉬운 감정은 무엇이고, 그 이유는 무엇인지 알아본다.
② 자신이 표현하기 어려운 감정은 무엇이고, 그 이유는 무엇인지 알아본다.
③ [활동지 5-2]에서 각자 표현이 잘 되는 감정단어에 대해 서로 공유하고 이야기를 나눈다.

활동을 통해서 어떤 상황일 때 감정 표현이 잘 되고, 잘 되지 않는지 살펴보았습니다. 그리고 같은 상황이더라도 사람마다 표현하는 감정이 다르고, 다른 사람들을 통해서 자신이 미처 느끼지 못했던 감정을 알게 되기도 했을 겁니다. 이렇게 다양한 감정을 스스로 느껴야 타인에 대한 감정 민감성도 높아질 수 있고, 원활하게 의사소통할 수 있는 밑거름이 됩니다.

Tip
- 활동 시 감정단어를 찾기 쉽게 [활동지 5-1]을 참고해도 된다고 안내한다.

3. 마무리 활동(10분)

▶ 소감 나누기

오늘은 나의 감정단어 사용 수준을 알아보고 감정에 대한 민감성을 키워 보는 연습을 하였습니다. 활동에 참여한 소감을 나누어 보겠습니다. (이야기를 나눈 후) 이번 시간의 과제는 한 주 동안 자신과 타인의 감정에 민감도를 높여 어떤 감정들이 표현되었는지 느껴 보는 것입니다. 다음 주에 와서 이야기를 나눠 보겠습니다. 다음 시간에는 '꼬꼬무 대화'라는 활동을 해 보려고 합니다.

4. 유의점

- '감정단어 사용 수준 점검하기'를 할 때 부정적인 감정의 개수가 많다고 해서 비난하거나 조언을 함부로 하지 않도록 주의한다.

활동지 5-1

나의 감정단어 사용 수준은?

※ 자신의 감정을 적절하게 표현하기 위해서는 느낌과 관련된 어휘들을 많이 알고 그것들을 실제로 사용해 보는 것이 도움이 됩니다. 여러분이 평소에 사용하는 감정단어에 체크를 해 주세요. (　　　)에는 체크한 감정단어의 개수를 적습니다.

행복함 · 즐거움 · 사랑 (　　　)							
기쁜	반가운	안전한	그리운	평화로운	벅찬	후련한	느긋한
화사한	포근한	살맛 나는	끝내주는	자유로운	흐뭇한	감미로운	짜릿한
쌈박한	황홀한	따사로운	상쾌한	아늑한	괜찮은	홍분되는	상큼한
시원한	온화한	정다운	날아갈 듯		신바람 나는		
애정 · 관심 (　　　)							
예쁘다	고마운	자상한	감미로운	선한	상냥한	호감적인	따뜻한
자상한	평안한	관심 가는	온순함	포근한	진실한	관대한	우호적인
이해심 있는		존경받는 느낌		친숙한	다정한	순수한	소박한
사랑스러운		자비심 있는		매력 있는	안아 주고 싶은		
깨물어 주고 싶은		유혹받은 느낌		도와주고 싶은		애정이 깊은	
능력 · 자신감 (　　　)							
강한	성취감	협조적인	튼튼한	영웅적인	훌륭한	재능 있는	힘 있는
성실한	용기 있는	중요한	살맛 나는	자신 있는	든든한	활발한	낙관적인
믿음직스러운		희망적인	어른스러운		마음이 든든한		
존경스러운		자유스러운		신뢰할 만한		의기양양한	
슬픔 · 회한 · 좌절 (　　　)							
뭉클한	애끓는	주눅 드는	참담한	무기력한	눈물겨운	애처로운	공허한
맥 빠지는	허탈한	쓸쓸한	서운한	외로운	허전한	애틋한	막막한
처량한	우울한	암담한	침울한	애석한	서글픈	울적한	울고 싶은
적적한	비참함	안타까운	위축되는	북받치는	낙심되는	풀이 죽는	
짓눌리는 듯한		거북스러운		후회스러운		마음이 무거운	
자포자기의		절망스러운		죽고 싶은	뭔가 잃은 듯한		

분노 · 미움 · 싫음 ( )							
얄미운	열 받는	지겨운	못마땅한	권태로운	불쾌한	분한	속상한
불편한	지루한	찝찝한	떨떠름한	심술나는	언짢은	하찮은	더러운
씁쓸한	괘씸한	야릇한	성질나는	약 오르는	쌀쌀한	귀찮은	역겨운
메스꺼운	따분한	기분 나쁜	핏대나는	신경질 나는		원망스러운	
부담스러운		불만스러운		미칠 것 같은		후덥지근한	
세상이 싫은		짜증스러운		넌더리 나는		피곤하고 싶은	
혐오스러운		꼴보기 싫은					
고통 · 두려움 · 불안 · 놀라움 ( )							
막막한	답답한	초조한	무서운	긴장되는	어이없는	억울한	조급한
겁나는	떨리는	참담한	두려운	놀라운	멍한	가혹한	섬뜩한
충격적인	살벌한	당황스러운		걱정스러운		어리둥절한	
조마조마한		참을 수 없는		죽을 것 같은		위태위태한	
기가 막힌		정신이 번쩍 드는		전전긍긍하는		조바심을 태우는	
큰일날 것 같은		어이없는					
신체 부위로 말하는 느낌 ( )							
가슴 아픈	쓰라린	쑤시는	숨 가쁜	진땀나는	숨막히는	소름끼치는	
전율을 느끼는		몸서리쳐지는		피가 끓는		두근두근하는	
애간장이 타는		구역질 나는		속이 빈 것 같은		다리가 후들거리는	
간담이 서늘한		배가 아픈		넋을 잃은		몸 둘 바를 모르는	
속이 부글부글 끓는		가슴이 저미는		목이 메는		골 때리는	
얼굴이 화끈거리는		머리칼이 곤두서는		터질 것 같은		쓰러질 것 같은	
간이 콩알만 해지는		손에 땀을 쥐는 듯한					

강의자료 5-1

나의 감정은 모두 소중해

1. 감정을 있는 그대로 인정하기

우리는 보통 감정을 긍정적인 감정과 부정적인 감정으로 나누고, 긍정적인 감정은 좋은 것으로, 부정적인 감정은 나쁜 것으로 인식한다. 대인관계에서 상대가 짜증을 내거나 별일 아닌 것에도 화를 내는 모습을 보면 우리는 "화내지 마."라는 말로 상대의 감정 표현을 막는 경우가 있다. 또한 스스로도 부정적인 기분을 억제하고, 억지로 긍정적인 기분으로 전환하려 한다.

그러나 감정 자체에는 좋고 나쁨이 없으며, 좋은 감정, 나쁜 감정이라는 꼬리표는 우리의 잘못된 판단에서 비롯된 것이다. 다양한 감정을 느낄 수 있다는 것은 우리의 삶을 풍요롭게 만들어 준다. 슬픔을 억지로 기쁨으로 왜곡할 필요도 없고 축소할 필요도 없으며, 나에게 일어나고 있는 감정을 인정하고 그대로 받아들이는 편이 정신건강에도 훨씬 이롭다.

우리가 사용하는 감정단어들은 긍정 감정단어(30%)보다 부정 감정단어(70%)가 더 많이 존재하는 것으로 알려져 있다. 이는 인간의 진화과정에서 생존에 위협을 주는 요소들에서 스스로를 보호하는 대처방식으로 감정을 더 세분화해서 발달할 필요가 있었기 때문이다. 즉, 인간의 생존과 유익을 위해 부정 감정의 고유한 역할이 있다. 따라서 순간순간 느껴지는 다양한 감정을 있는 그대로 수용하며, 그러한 감정이 주는 신호 또는 의미가 무엇인지를 파악하는 것이 더 중요하다.

2. 감정조절의 이해와 필요성

감정조절이란 일상에서 느껴지는 슬픔, 기쁨, 분노, 즐거움 등의 심리적인 마음상태가 적절한 균형을 잡아 가는 것을 말한다. 즉, 기쁘지만 그 기쁜 감정을 주체하지 못해 흥분된 상태가 아닌 기쁨을 즐길 수 있는 상태를 말하며, 화가 나지만 그 화와 분노를 제어할 수 없어 이성을 잃는 대신 화가 난 상태를 잘 견딜 수 있는 것이다.

감정조절은 즐겁고 행복한 좋은 감정만 느끼고 우울하고 슬픈 부정적인 감정은 느끼지 않으려고 하는, 그런 선택을 하는 것이 아니다. 슬픈 감정은 너무 괴로워서, 분노의 감정은 너무 두려워서 이런 부정적인 감정을 전혀 느끼지 않으려고 하다 보면, 부정적인 감정뿐만아니라 즐겁고 행복한 긍정적인 감정마저도 느끼지 못하는 감정적으로 죽은 상태가 되기 쉽다. 이런 사람들은 외부에서 볼 때는 어떤 일에도 흔들리지 않는 안정된 사람처럼 보일지 몰라도, 그 내면을 살펴보면 어떤 일에도 전혀 흥미를 느끼지 못하는 무감각한 상태로 있는 것이다. 즉, 감정이 잘 조절된 상태가 아니라 감정을 마비시킨 상태라고 볼 수 있다.

반면, 감정이 너무 격한 상태가 되면 하는 일에 실수를 불러일으키거나 현재 상황을 객관적인 입장으로 유지하는 데 방해가 된다. 특히 부정적인 감정은 긍정적인 감정에 비해서 일상생활에 더 큰 영향을 끼치게 된다. 그래서 감정을 적절하게 대처하지 못하고, 조절하지 못했을 경우에는 사회적 관계가 훼손되면서 그에 따른 심리적인 불안과 위기들을 겪게 될 수 있다. 감정은 개인이 겪는 상황이나 주변 사람들의 감정적인 반응에 의해서 조절되는데, 자신의 감정을 어떻게 조절하느냐에 따라 사회적 관계에도 영향을 미치면서 달라질 수 있다.

활동지 5-2 감정 민감성 훈련하기

※ 감정단어가 생각나지 않을 때는 [활동지 5-1]의 감정단어들에서 참고하여 다음 질문에 답해 보세요.

1. 일상생활에서 감정 표현이 잘 되는 감정단어에는 어떤 것이 있을까요?

1) 주로 어떤 상황일 때 표현이 잘 되는 것일까요?

2) 내가 표현이 잘 되는 감정단어를 다른 집단원들은 어떻게 생각하나요?

2. 일상생활에서 감정 표현이 잘 안 되는 감정단어에는 어떤 것이 있을까요?

1) 주로 어떤 상황일 때 표현이 잘 안 되는 것일까요?

2) 내가 표현이 잘 안 되는 감정단어를 다른 집단원들은 어떻게 생각하나요?

6회기 꼬꼬무(꼬리에 꼬리를 무는) 대화

활동 목표

- 자신의 생각과 감정을 잘 표현하는 방법을 안다.
- 공감적 의사소통으로 대화를 잘 이끌어 갈 수 있다.

준비물

이름표, 필기구, [강의자료 6-1], [활동지 6-1], [활동지 6-2]

진행 절차

1. 도입 활동(20분)

▶ 지난 회기 요약 및 이번 회기 안내

지난 시간에 과제로 내 드렸던 '한 주 동안 자신과 타인의 감정에 민감도를 높여 어떤 감정들이 표현되었는지 느껴 보기'는 다들 해 보셨나요? 실천해 보면서 어떤 경험을 하셨는지 이야기를 나눠 보겠습니다.

> **Tip**
> - 상대의 감정이 잘 느껴졌는지 물어본다.
> - 잘 느껴지지 않았다면 방해요인이 무엇이었는지 물어본다.

이번 6회기에서는 일상에서 대화가 끊기지 않고 꼬리에 꼬리를 무는 형식으로 자연스럽게 계속 대화를 이어갈 수 있게 '꼬꼬무 대화'라는 활동을 해 보겠습니다. 자신의 생각과 감정을 잘 표현하는 방법을 알고, 공감적 의사소통으로 대화를 잘 이끌어 갈 수 있다는 활동 목표를 가지고 진행하고자 합니다.

2. 전개 활동(60분)

▶ 눈빛으로 이야기해요

이번 활동은 '눈빛으로 이야기해요'입니다. 제가 별다른 설명을 하지 않아도 어떤 활동인지 다들 짐작은 하실거라 봅니다.

활동 내용

① 두 사람씩 짝을 지어 눈빛으로만 30초간 대화를 나눈다.
② 한 사람이 상대에게 자신이 어떤 동작을 할 것인지 무조건 눈빛으로만 전달한다.
③ 주도하는 사람은 30초가 지나면 자신이 전달하고 싶은 내용을 동작으로 표현한다.
④ 그 동작을 본 상대방은 앞사람이 무엇을 표현하고 싶어 했는지 생각한 뒤 그다음에 일어날 결과를 표현한다.
⑤ 주도하는 입장과 표현하는 입장의 소감을 각각 나누어 본다.

▶ 개미와 베짱이 입장 변호하기 활동지 6-1

여러분 개미와 베짱이 이솝우화를 알고 계시나요? 혹시 아시는 분 있으시면 한번 이야기해 주시길 바랍니다.

활동 내용

① 개미와 베짱이 이야기를 들려준다.
② 조별로 개미와 베짱이 둘 중 옹호하는 편에서 변호하는 각본을 짠다.
③ 각 조에서 대표로 나와서 발표한다.
④ 둘은 어떤 입장 차이가 있었는지에 대해서 소감을 나눈다.

Tip
- 양쪽의 입장을 대변하는 연기를 할 때 상상이 첨가되어도 좋다.
- 개미와 베짱이 이외에도 콩쥐팥쥐 혹은 흥부와 놀부 등을 활용할 수 있다.

▶ 의사소통을 잘하는 방법 강의자료 6-1

일상생활에서 입장 차이로 의견 충돌이 생겼을 때 어떻게 하면 대화를 잘할 수 있는지에 대해서 강의를 통해 알아보는 시간을 잠시 가지겠습니다. 속담 중에 간접적으로 이야기해도 알아듣는다는 의미의 '벽을 치면 대들보가 운다'는 말이 있듯이 사람과 사람 사이에는 의사소통이 얼마나 중요한지를 알 수 있습니다. 그러나 의사소통을 할 때는 말만이 중요한 것이 아닙니다. 상대에게 자신의 의견을 이야기할 때는 지난 회기에서 배웠던 공감과 경청을 하면서 자신의 이야기를 상대에게 잘 전달해야 합니다.

▶ 공감적 의사소통 연습하기 활동지 6-2

활동 내용
① 제시된 사례로 공감적 의사소통을 연습한다.
② 최근 자신에게 있었던 사례를 통해 공감적 의사소통 방법으로 연습한다.
③ 어떤 부분이 잘 안 되는지 이야기를 나눈다.

3. 마무리 활동(10분)

▶ 소감 나누기

오늘은 의견 차이가 생겼을 때 대화를 잘 이어 가는 방법에 대해서 살펴보았습니다. 이런 활동을 하면서 느낀 점이나 새롭게 알게 된 점 등에 대해 이야기를 해 보겠습니다. (이야기를 나눈 후) 이번 시간의 과제는 한 주 동안 공감적 의사소통으로 최소 2회 이상 대화 나누어 보기를 연습해 보는 것으로 하겠습니다. 다음 시간에는 '내 마음은 이거야!'라는 주제로 나 전달법을 익히는 시간을 가져 보겠습니다.

4. 유의점

- '개미와 베짱이 입장 변호하기'에서 서로 자신의 입장이 옳다고 강하게 주장하다가 싸움으로 이어지지 않도록 주의를 준다.

활동지 6-1

개미와 베짱이 이야기

옛날 개미와 베짱이가 살고 있었습니다. 개미는 한여름에도 땀을 뻘뻘 흘리며 쉬지 않고 열심히 일을 했습니다. 하지만 베짱이는 바이올린을 켜며 노래를 열심히 불렀습니다.

시간이 흘러 낙엽이 떨어지고 하늘에서는 눈이 펑펑 쏟아지는 겨울이 왔습니다. 개미는 여름내내 열심히 일해서 맛있는 것을 배불리 먹으며 겨울을 따뜻하게 보낼 수 있었습니다. 하지만 베짱이는 곡식을 모으지 않아서 추운 겨울을 버티기가 너무 힘들었습니다.

그래서 베짱이는 개미를 찾아가서 곡식을 좀 빌려달라고 부탁했습니다. 하지만 개미는 여름내내 놀기만 한 베짱이에게 곡식을 주지 않았습니다. 개미와 베짱이는 모두 화가 났습니다. 서로가 각자 화가 난 이유는 무엇이었을까요?

개미 VS 베짱이 입장 변호하기
• 개미 입장
• 베짱이 입장

강의자료 6-1

의사소통을 잘하는 방법

살다 보면 서로의 입장 차이에서 오는 오해로 인해 언성이 높아지기도 하고 한쪽이 억울한 일을 당하기도 하며 의도치 않게 상대의 화를 불러올 때도 있다. 그러다 보면 상대와의 대화가 잘 되기보다는 어느 한쪽이 대화를 단절해 버리는 경우가 있을 것이다.

인간중심의 상담을 주창한 로저스(Rogers)는 의사소통을 잘하기 위해서는 무조건적 긍정적 존중, 공감적 이해, 일치성이 기본적인 태도라고 강조하였다.

① 무조건적 긍정적 존중

상대방이 느끼는 부정적인 감정(분노, 두려움, 불안)이나 긍정적인 감정(즐거움, 사랑, 기쁨) 등 어떤 감정이든 상대가 느낄 수 있도록 기꺼이 허용한다. 그리고 그런 감정, 사고, 행동 등에 대하여 어떠한 평가를 하거나 판단하지 않고 상대를 자신과 동일한 하나의 인격체로서 있는 그대로 수용한다. 이런 태도를 마음과 행동으로 상대에게 보여 줄 때, 상대는 존중받고 있다는 느낌을 받아 자신의 경험과 감정을 자유롭게 표현할 수 있게 된다.

② 공감적 이해

공감적 이해란 마치 상대가 된 것처럼 그의 마음을 온전히 느끼는 것을 의미한다. 이를 위해서 자신의 관점이 아니라 상대방의 관점에서 상대가 생각하고 느끼는 내면적 경험을 이해하려고 노력하는 것이 중요하다. 상대에게 이런 태도를 보여 줄 때, 상대는 자신이 억압했던 감정들을 경험하고 이해하게 되며, 자기표현을 더욱더 잘하는 사람이 된다. 또한 인생을 살아가면서 어려움에 부딪혔을 때 그 상황을 슬기롭게 대처할 수 있게 된다. 자신이 이해받고 받아들여진다는 느낌을 샂게 하여 심리적으로 연결되어 있다는 유대감을 느끼게 해 주기도 한다.

③ 일치성

진실성 또는 진솔성이라고 불리기도 한다. 이는 한 사람이 상대방에게 나타내는 표면상의 반응과 내면에서 느껴지는 것이 일치하는 것을 말한다. 일치성은 상대방과의 만남에서 꾸밈이 없이 있는 그대로의 모습을 드러내는 실제 자기가 되는 것을 의미한다.

진실성은 자기노출과 비슷하지만 구별되어야 한다. 자기노출은 자신에 관한 개인적 정보와 경험을 드러내는 것으로서 진실성과 유사하지만, 진실성은 타인과의 관계에서 경험하는 것에 대한 반응이라는 점에서 자기노출과는 차이가 있다.

활동지 6-2 공감적 의사소통(어기역차 전략 익히기)

※ 예시 사례에 대해 대화를 연습해 보고, 익숙해지면 최근에 경험한 자신의 사례를 떠올려서 다시 한번 공감적 의사소통을 연습해 봅니다.

〈예시 사례〉 발소리가 너무 크게 들려 층간 소음이 심하다고 조용히 해 달라며 매번 초인종을 누르면서 화내는 아래층 사람
• 어: 어떤 이야기인지 잘 들어 준다. (예시 1) 네가 그렇게 이야기하는 것을 보니 뭔가 특별한 이유가 있는 것 같다. (예시 2) 좀 더 네 생각을 이야기해 주겠니?
• 기: 기분을 이해해 준다. (예시 1) 그래서 네가 그렇게 화가 났구나! (예시 2) 그래서 짜증이 났구나!
• 역: 역지사지(공감)해 준다. (예시 1) 그래, 내가 너라도 그런 생각이 들겠다. (예시 2) 정말 힘들었겠다.
• 차: 차이가 있음을, 생각이 다를 때 인정한다. (예시 1) 그렇게 생각하는구나. 그런데 내 생각하고는 조금 다른 것 같아. (예시 2) 나는 (　　) 하게 생각하거든. 하지만 네 말이 맞을 수도 있어.

출처: 한국청소년상담복지개발원.

최근에 경험한 자신의 사례를 적어 봅니다.
• 어: 어떤 이야기인지 잘 들어 준다.
• 기: 기분을 이해해 준다.
• 역: 역지사지(공감)해 준다.
• 차: 차이가 있음을, 생각이 다를 때 인정한다.

7회기 내 마음은 이거야!

활동 목표

• 상대방을 비난하지 않고 자신의 솔직한 감정을 표현하는 방법을 안다.
• 연습한 내용을 일상생활에서 적용할 수 있다.

준비물

이름표, 필기구, [강의자료 7-1], [활동지 7-1], [활동지 7-2]

진행 절차

1. 도입 활동(20분)

▶ 지난 회기 요약 및 이번 회기 안내

지난 시간에 과제로 내 드렸던 '한 주 동안 공감적 의사소통으로 최소 2회 이상 대화 나누어 보기'는 다들 해 보셨나요? 실천해 보면서 어떤 경험을 하셨는지 이야기를 나눠 볼까 합니다. (이야기를 나눈 후) 이번 7회기에서는 '내 마음은 이거야!'라는 주제로 활동을 해 보겠습니다. 강의와 활동을 통해서 자신의 솔직한 감정을 상대방은 비난하지 않고 표현하는 방법을 알며, 이를 연습을 통해 일상생활에서 적용할 수 있다는 것을 활동 목표로 진행하고자 합니다.

2. 전개 활동(60분)

▶ 재미있는 기억을 나눠요

활동 내용

① 일어나 돌아다니면서 같은 쪽 눈으로 윙크한 사람과 짝이 된다.
② 짝에게 최근에 자신에게 있었던 일상을 이야기한다.
③ 이야기는 30초~2분을 초과하지 않으며, 최소 3명 이상과 대화를 나눈다.
④ 지도자는 집단원들에게 너무 잡담이 되지 않도록 주의를 준다.

이야기를 나누어 보니 어떤가요? 여러분은 친구, 가족이나 주변 사람들과 이야기를 나눌 때 어떤 느낌을 주로 받나요? 자기랑 이야기가 잘 통한다는 느낌이 드는지 아니면 답답함을 느끼셨는지요. 이처럼 우리는 다른 사람들과 이야기를 나눌 때 그들에게 어떤 느낌을 줄까요?

▶ 내가 자주 사용하는 말 **활동지 7-1**

활동 내용
① 평상시에 주변 사람들에게 자주 하는 말과 그 말을 듣는 상대가 느끼는 마음은 어떠했을지에 대해 [활동지 7-1]을 작성한다.

▶ 너 전달법 vs 나 전달법 **강의자료 7-1**

너를 주어로 하는 너 전달법과 나를 주어로 하는 나 전달법을 비교해 보면서 우리가 대화를 할 때 나 전달법을 이용해야 하는 필요성을 느끼고, 나 전달법을 효과적으로 사용하기 위해서는 어떻게 해야 하는지에 대해 배워 보는 시간을 가지겠습니다. 같은 상황에서 같은 의도를 전달하고자 할 때, 나 전달법과 너 전달법은 차이가 나는데 어떤 차이가 있는지를 살펴보겠습니다.

▶ 내 마음 표현하기 **활동지 7-2**

활동 내용
① 2명이 짝이 되어 사례를 가지고 나 전달법으로 대화한다.
② 나 전달법과 너 전달법을 사용했을 때 차이점에 대한 소감을 나눈다.

연습해 본 '나 전달법' 방법은 의사소통에서 상대방을 비난하기보다는 자기의 생각이나 감정을 좀 더 구체적이고 분명하게 드러냄으로써 상대에게 거부감을 주지 않는 대화 방법입니다. 여러분은 오늘 연습을 해 보면서 어떤 느낌이 들었나요? 언어 표현도 일종의 습관이라 오랫동안 우리 몸에 배어서 고치는 것이 쉽지 않겠지만, 말하기 전에 오늘 배운 나 전달법을 한 번 더 생각해 보고 표현하다 보면 의사소통이 원활하게 잘 될 거라고 봅니다.

3. 마무리 활동(10분)

▶ 소감 나누기

오늘은 우리가 일상생활에서 습관적으로 나누는 대화양식을 알아보고 보다 효과적으로 표현하는 대화 방법에 대해서 연습해 보았습니다. 이런 활동을 하면서 느낀 점이나 새롭게 알게 된 점에 대하여 소감을 나누어 보겠습니다. (이야기를 나눈 후) 이번 시간의 과제는 전달법으로 최소 3회 이상 대화해 보는 것으로 하겠습니다. 다음 시간에는 마지막 시간으로 '나는야 슬기로운 의사소통의 1인자!'라는 활동을 해 보려고 합니다.

4. 유의점

- '재미있는 기억을 나눠요'에서 한 조원과 오랫동안 머물지 않고 다른 조원들과 대화를 골고루 할 수 있도록 잘 살펴본다.

활동지 7-1

내가 자주 사용하는 말

※ 평소에 친구, 가족, 주변 지인과의 대화 중에서 자신이 자주 사용하는 말을 떠올려서 적어 보고 그 말을 듣는 상대의 느낌을 짐작하여 써 봅시다.

사례	내가 주로 하는 말	상대방의 느낌 짐작
친구에게	보리야! 너는 왜 그렇게 말이 긴지 모르겠어. 핵심을 말하기보다는 쓸데없는 말들을 많이 하니까 네가 무슨 말을 하는지 잘 못 알아듣겠고, 특히 난 너의 두서없는 말을 들으면 지루해.	자신을 비난하고, 무시한다고 생각할 것 같다.
부모님에게		
형제에게		
상사(윗사람)에게		

강의자료 7-1

너 전달법 vs 나 전달법

1. 너 전달법

너 전달법이란 말의 주체, 즉 주어가 '상대(너)'가 된다. 너 전달법은 상대방에게 문제가 있다고 표현하기 때문에 공격적인 표현이다. 따라서 상대방은 거부심리, 반항, 심지어 공격성을 보이게 된다. 또한 너 전달법은 듣는 이로 하여금 모든 문제가 다 본인에게 있다고 생각하게 만든다. 이렇게 너 전달법으로 말하면 상대방이 오해와 상처를 갖게 되며 공격적인 표현 때문에 방어적인 자세를 취하게 되고, 결국 자신의 감정과 요구마저 거부당하는 결과를 낳는다.

예) "너 왜 이렇게 시끄러워?"

☞ 자신이 받아들일 수 없는 타인의 행동을 주관적이며 감정적으로 표현한다.

"좀 조용히 해!"

☞ 상대방에게 명령을 강요한다.

"넌 할 수 있는 게 없냐?"

☞ '너'에게 초점을 두기 때문에 상대방을 비난한다. 그래서 상대방은 반성하기보다 오히려 반감을 느끼게 된다.

2. 나 전달법

나 전달법이란 말의 주체, 즉 주어가 '자신(나)'이 된다. 나 전달법은 '나'를 주어로 해서 상대방의 문제행동으로 인해 자신에게 미치는 영향이나 피해, 감정과 생각을 표현하는 방법이다. 이렇게 나 전달법으로 말하면 상대에게 보다 개방적이고 솔직하게 상황이나 감정, 생각을 잘 전달할 수 있어서 상대방이 나의 입장을 생각하게 만드는 표현 방법이다. 따라서 나 전달법은 상대에게 자신의 이야기를 보다 쉽게 받아들이게 할 수 있는 대화 방법이다.

예) "네가 약속 시간에 늦을 때마다 나는 계획한 것들을 제 시간에 마치지 못하게 될까 봐 초조하고 답답해."
☞ 자신이 받는 상대의 악영향을 비난하지 않고 구체적이고 솔직한 감정 표현으로 설명한다.

"중요한 통화를 하는데 네가 큰 소리로 떠들어서 전화 내용이 제대로 들리지 않아서 기분이 좋지 않아."
☞ 자신이 받아들일 수 없는 타인의 행동을 비난하지 않고 객관적으로 묘사한다.

토마스 고든(Thomas Gordon)은 나 전달법을 문제가 있을 때만 사용하는 의사소통 방법으로 제한하지 않고 다른 상황에도 적용하는 방법을 소개하고 있다. 그 첫 번째 방법은 칭찬 대신 나 전달법을 사용하는 것이다. 대부분 너 전달법으로 표현되는 칭찬은 상대방을 조종하고 통제할 수 있는 이면이 있다. 칭찬 대신 나 전달법으로 바람직한 행동에 대해 표현한다면 상대방이 그 행동을 자연스럽게 이해가 되어 통제감을 느끼지 않는다. 둘째, 문제를 예방하는 방법으로 나 전달법을 사용한다. 이 방법은 현재 아무런 문제가 없지만, 앞으로 문제가 되는 행동이 일어나는 것을 예방하기 위해 어떤 메시지를 보내는 것이다. 이러한 예방적 나 전달법은 상대방에게 자신의 계획과 욕구에 대해 미리 알려 주는 것을 목적으로 한다. 적절한 시기에 사용한 예방적 나 전달법은 상대방과의 대립을 피할 수 있다. 셋째, 문제해결을 위한 방법으로 나 전달법을 사용한다. 문제가 발생하게 되면 자신만의 방식으로 문제를 해결하고 싶은 상대방과 그런 방식을 원하지 않는 '나'의 욕구가 충돌하는 상황이 생긴다. 이때 나 전달법을 사용하여 상대방과 '나'가 모두 만족할 수 있는 해결 방법을 찾는 것이다.

3. 나 전달법의 말하기 방법

[상황/행동 + 나의 감정 + 기대(욕구) + 요청]

★ 상황/행동: 자신이 받아들일 수 없는 상대방의 행동에 대해 객관적이고 비난하지 않고 말한다.

예) 친구랑 중요한 통화를 하는데 옆에서 네가 나에게 말을 거니까

★ 나의 감정: 그 상황이나 행동에 대해 내가 느낀 감정표현을 언어로 솔직하게 말한다.

예) 나는 친구의 목소리가 잘 들리지 않아 짜증과 화가 났어

★ 기대(욕구): 그 상황이나 행동에 대해 내가 원했던 것이 무엇이었는지 구체적으로 말한다.

예) 나는 조용한 상태에서 친구전화에 집중하고 싶어.

★ 요청: 그 상황이나 행동에 대해 상대방에게 정중하게 부탁을 한다.

예) 다음에는 내가 통화가 끝난 뒤에 이야기를 해 줄 수 있겠어?

우리는 대화를 통해 내가 상대방을 이해하고, 또 상대방에게 나를 이해시킬 수 있다.
여기서 대화의 핵심은 '무엇을 전달하느냐'가 아니라 '어떻게 전달하느냐'이다.

활동지 7-2

내 마음 표현하기

※ 제시된 상황에서 나 전달법으로 표현을 해 봅시다. 제시된 상황이 아니 실제 본인의 상황 또는 상상의 상황을 구성해서 대화를 해도 상관없습니다.

상황 1. 상사가 이유 없이 지나치게 나에게 짜증을 부린다.
• 상황/행동: • 나의 감정: • 기대(욕구): • 요청:

상황 2. 친구와 통화를 하고 있는데 자꾸 엄마가 말을 걸면서 빨리 대답을 요구한다.
• 상황/행동: • 나의 감정: • 기대(욕구): • 요청:

상황 3. [활동지 7-1] 상황 중 하나를 선택해서 표현해 보기
• 상황/행동: • 나의 감정: • 기대(욕구): • 요청:

8회기 나는야 슬기로운 의사소통의 1인자!

활동 목표

- 프로그램을 통해 변화된 자신의 의사소통 방식을 인식한다.
- 슬기로운 의사소통을 위해 계속적인 실천을 다짐한다.

준비물

이름표, 필기구, [활동지 8-1]

진행 절차

1. 도입 활동(20분)

▶ 지난 회기 요약 및 이번 회기 안내

지난 시간에 과제로 내 드렸던 '나 전달법으로 최소 3회 이상 대화해 보기'는 다들 해 보셨나요? 실천해 보면서 어떤 경험을 하셨는지 이야기를 한번 나눠 볼까 합니다. (이야기를 나눈 후) 이번 8회기는 전체 프로그램의 마지막 시간입니다. 그동안 배운 것을 떠올려 보겠습니다. 제일 먼저 마음 열기 단계에서는 첫 번째 만남과 두 번째 만남으로 이루어졌습니다. 첫 번째 만남 때는 무엇을 했는지 생각나시나요? 의사소통에 대한 브레인스토밍을 통해서 의사소통에 대한 이해도를 높였습니다. 두 번째 만남에서는 우리의 평상시 대화 습관이 어떤지, 의사소통 유형별 특성이 무엇인지 살펴보고 상대에게 상처 주지 않는 대화법을 연습했습니다. 그리고 두 번째 단계인 듣기 훈련 단계에서는 경청의 중요성, 공감의 중요성을 알고 경청과 공감에 대한 기술을 익혔습니다. 세 번째 단계인 마음 표현 훈련 단계에서는 감정에는 좋은 감정, 나쁜 감정이 따로 없고 모두 우리의 감정이라는 것을 배우고 그런 감정들을 잘 알아차리는 감정 민감성 훈련을 하였습니다. 그리고 자신의 감정과 생각을 잘 표현하고 공감적 의사소통으로 대화를 잘 이끌어 갈 수 있는 방법에 대해서 연습하였습니다.

지금까지 대인관계에서 의사소통을 잘하기 위한 방법을 배우고 연습했으니 이를 바탕으로 내가 얼마나 변화했는지 이야기하는 시간을 가지려 합니다. 활동 목표로는 프로그램을 통해 변한 자신의 의사소통 방식을 인식하고, 일상생활에서 이를 계속 실천할 것으로 삼고자 합니다.

2. 전개 활동(60분)

▶ 누구일까요?

활동 내용

① 집단원 수별로 종이를 나누어 준다.
② 종이에 자신이 의사소통 훈련 프로그램을 참여하기 전의 모습과 참여 후의 모습을 각각 최소 3~5개 이상 쓴다.
③ 첫 번째 집단원이 상자에서 1장을 꺼내 소리내어 읽는다.
④ 주인공이 누구인지 맞혀 보고, 마지막에는 본인을 밝힌다.
⑤ 돌아가면서 같은 방법으로 진행한다.

▶ 나만의 의사소통 노하우 나누기

지금까지 우리가 의사소통을 잘하기 위해서 여기까지 달려왔습니다. 아마 일상에서 변화된 자신의 모습을 문득 발견할 때가 있을 겁니다. 그런 변화된 모습에 대해서 이야기를 나누고자 합니다. '나는 예전에는 이러했는데 이렇게 바뀌었다' 아니면 '내가 이렇게 바뀌니 주위에서 이렇게 표현해 줘서 기분이 어떠하더라' '의사소통을 잘하기 위해서 나는 이런 방법까지 해 봤다' 등의 이야기를 나눠 주실 분 계실까요?

▶ 의사소통의 1인자가 된 나에게 편지쓰기 활동지 8-1

의사소통에 대한 노하우를 이야기하다 보니 처음 이 자리에 왔을 때와 지금 자신의 모습이 얼마나 많이 바뀌었는지, 그간 노력한 자신이 참으로 대견스럽게 느껴지기도 할 겁니다. 이렇게 멋진 자신에게 편지를 써 보는 시간을 가지겠습니다.

활동 내용

① 변화된 자신에게 아주 잘하고 있고, 잘했다는 편지를 쓴다.
② 혹여나 변화하고 싶은 마음은 크지만 잘 되지 않았다면 그 또한 자신에게 응원의 편지를 쓴다.
③ 의사소통이 잘 되어서 이것 하나만은 꼭 널리 알리고 싶은 내용을 쓴다.

3. 마무리 활동(10분)

▶ 소감 나누기

우리는 지금까지 익힌 방법에 대한 피드백을 주고받음으로써 일상에서 좀 더 잘 활용할 수 있게 공유하는 시간을 가졌습니다. 오늘 활동과 지금까지의 전체 활동을 통해 느낀 점 또는 새로 알게 된 점 등에 대한 이야기를 나누는 시간을 갖도록 하겠습니다.

생각으로는 뭐든 바꾸는 것이 쉬울 수 있습니다. 하지만 그걸 행동으로 옮겨서 실제로 내가 실천하기는 참으로 쉬운 일이 아닐 겁니다. 왜냐하면 그 속에는 개인의 욕구와 그럴 수밖에 없는 삶이 녹아 있기 때문에 자신이 생각만 했던 것을 행동으로 실천하는 일이 어렵기 때문입니다. 하지만 우리 모두 대인관계에서 좀 더 의사소통을 잘하고 싶은 의지로 그 힘든 여정을 잘 마칠 수 있었습니다. 그런 여러분께 박수를 보냅니다. 지금까지 배우고 익힌 의사소통 기술들이 일상에서 많은 도움이 되길 바라며 프로그램을 마칩니다.

4. 유의점

- 마지막 회기이므로 첫날 자신이 기대했던 목표 달성 여부를 점검할 수 있도록 안내한다.
- 이 활동을 통해서 배우고 익힌 내용을 일상생활에서도 잘 실천할 수 있도록 격려한다.

활동지 8-1

의사소통의 1인자가 된 나에게 쓰는 편지

참고문헌

이경리(2014). 인간관계와 의사소통 워크북. 서울: 포널스출판사

한국청소년상담복지개발원. 솔리언또래상담 지도자 지침서

정문자, 정혜정, 이선혜, 전영주(2017). 가족치료의 이해. 서울: 학지사(원전출판은 2007년).

천성문, 박은아, 김현정, 김효정, 전혜정, 김아영, 심운경, 김선형, 박정미, 최영미(2019). 부모역할 훈련 프로그램. 서울: 학지사.

스트레스 관리 집단상담 프로그램

-나만의 스트레스 관리 처방전-

우리를 죽이는 것은 스트레스가 아니다.
그것을 받아들이는 태도에 달려 있다.
-한스 셀리에-

1. 프로그램 필요성과 목표

사람은 태어나서 죽을 때까지 스트레스를 받는다. 업무 때문이든 관계 때문이든 자신의 강박으로 인한 스트레스든 누구나 스트레스를 경험하고 살아가고 있다.

스트레스에 부딪치면 단기적으로는 교감신경의 활성화와 코티졸의 증가로 인해 위기상황에 대처하는 신체적 준비와 심리적 각성이 증가한다. 스트레스를 적절하게 예방하고 당면한 스트레스를 효과적으로 관리하지 않으면 두통, 위장병, 심장질환 등의 신체질환을 야기할 뿐만 아니라 불안, 분노, 우울, 의욕상실 등의 심리적 장애와 작업부진, 약물남용, 과음과 같은 행동장애를 초래한다(김대영, 1991).

스트레스가 만성화되면 정서적으로 불안과 갈등을 일으켜 몸의 병을 키우는 만큼 마음을 잘 다스려야 한다. 똑같은 스트레스를 받아도 사람마다 대처법이 다르고 몸의 반응도 다르기 때문에 각자 자신에게 맞는 방법을 찾는 것이 중요하다. 그러기 위해서는 스트레스 상황에서 자신이 느끼는 생리적 · 인지적 · 정서적 반응에 대해 이해하는 것이 필요하며 이를 바탕으로 자신의 스트레스를 관리할 수 있어야 한다.

적절한 스트레스는 성장과 변화의 자극제가 되기도 한다. 그러나 과도한 스트레스는 개인의 심리적 · 사회적 기능을 약화시키고 신체질환을 초래한다는 점에서 개인에게 미치는 영향이 상당히 크다. 따라서 스트레스는 없애야 하는 것이 아니라 잘 관리해야 하는 것이다. 그런데 스트레스를 잘 관리하려면 자신이 어떤 자극에 의해 심리적 압박을 받는지 정확히 인식하는 것이 필요하다. 현재 자신의 상태를 명확하게 이해하고 파악한다면 어려움을 풀 수 있는 해결방법을 찾는 것이 쉬워진다.

이렇듯 우리가 경험하는 스트레스가 특정 연령이나 고위험 집단만이 아닌 일반인들에게도 신체적 · 심리적 고통을 주는 요인인만큼 스트레스가 긍정적인 역할을 하도록 관리할 수 있는 프로그램이 필요하다. 이 장에서는 일반 성인을 대상으로 스트레스 관리 프로그램을 구성해 보고자 한다.

스트레스 관리 프로그램은 현재 우리가 경험하는 부정적인 스트레스는 되도록 줄이고 긍정적인 스트레스는 보다 충분히 즐기며 스스로 스트레스라는 병을 만들지 않고 조금은 편안해지기 위한 것이다. 즉, 이 프로그램의 목적은 스트레스를 이해하고 이에 대처하는 방법과 기술을 통해 스트레스를 효율적으로 관리하여 건강한 삶을 영위할 수 있도록 돕는 것이다.

세부목표는 다음과 같다.

첫째, 스트레스 상황을 경험할 때 자신을 신체적 · 정서적으로 안정시킬 수 있는 방법을 알고 이를 통해 일상생활에서의 행동 및 삶의 방식의 변화를 경험할 수 있다.

둘째, 스트레스를 느끼게 하는 자신의 역기능적 사고습관을 점검하고 충분한 자기이해를 바탕으로 관련된 내용을 연습하고 대인 간의 의사소통과 갈등에 대한 대처능력을 향상시킬 수 있다.

셋째, 스트레스 상황에서 자신에게 긍정적인 메시지를 발견하고 이를 통해 변화의 의지를 촉구하고 대안행동을 할 수 있다.

2. 프로그램 구성 내용

■ 제1단계: 스트레스 이해 단계(1~3회기)

집단원들이 자신의 스트레스 반응이 어떻게 일어나는지 알아보고 느껴지는 반응과 감정을 확인함으로써 자신이 경험하는 스트레스가 무엇인지 나누는 시간을 통해 친밀감을 형성한다. 그리고 집단원들이 스트레스를 경험할 때 보디스캔 작업을 통해 몸의 반응을 확인하고 머물러 보는 시간을 통해 자신과 몸의 관계를 알아차리도록 한다. 다양한 이완훈련을 통해 스트레스로 인한 부정적인 신체적 반응을 감소시키고 방지하고자 하며 불안한 감정을 효과적으로 낮출 수 있는 방법을 함께 연습함으로써 일상생활에서 활용할 수 있도록 한다.

■ 제2단계: 스트레스 대응 단계(4회기)

자신의 사고방식 또는 자신과 대화하는 방식에서 드러나는 비합리적 사고나 잘못된 생각에서 비롯되는 부정적 감정을 보다 긍정적으로 처리하는 데 도움이 되는 인지적 재구성의 방법을 알고 연습하도록 한다. 또한 인지적 재구성에 필요한 지식을 습득한 후 의사소통 기술을 습득하여 조화로운 대인관계를 확립할 수 있도록 한다.

■ 제3단계: 스트레스 관리 단계(6~8회기)

스트레스로 인한 갈등의 문제점들을 자신의 입장에서 밝히고 자신의 문제에 대한 충분한 입장을 주장함으로써 스트레스에 적극적으로 대처하도록 한다. 또한 프로그램에 참여하면서 자신이 사용해 왔던 스트레스 대처에 대해 점검하고 변화된 점을 탐색하며 이를 통해 스트레스에 대해 긍정적인 반응으로 대처할 수 있도록 참여자들이 서로 격려와 지지를 할 수 있도록 한다.

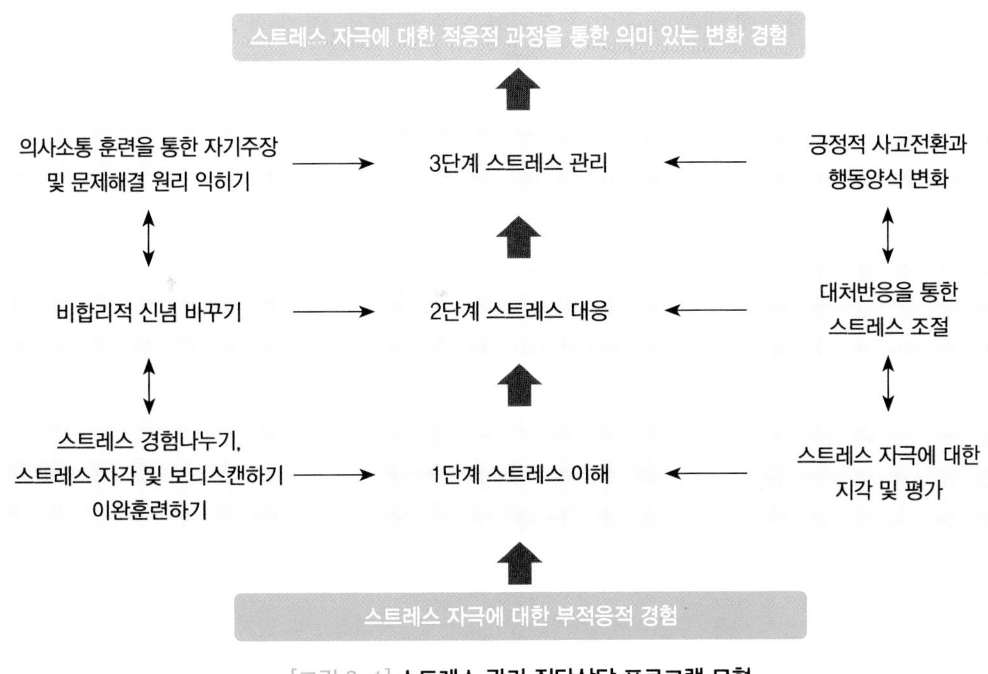

[그림 3-1] **스트레스 관리 집단상담 프로그램 모형**

3. 프로그램 운영지침

첫째, 전체 8회기 프로그램으로 회기당 90분간 진행되며 일주일에 1회기씩 또는 주말 등을 활용하여 2일 정도의 마라톤 집단으로 운영할 수 있다.

둘째, 매 회기마다 관계 형성 단계를 통해 지도자와 집단원 간에, 집단원들 간에 신뢰감을 형성하여 변화를 촉진한다.

셋째, 집단의 크기는 구성원 간의 역동성을 고려할 때 8~10명 정도가 적합하다.

넷째, 매 회기 도입 활동은 회기 주제와 관련된 프로그램으로 시작하여, 회기 목표 달성을 위한 전개 활동, 회기 소감 나누기 등의 마무리 활동으로 구성되어 있다. 그리고 프로그램이 주 단위로 실시될 경우 참여자들이 활동을 통해 얻은 경험을 생활 속에서 실천할 수 있도록 한다.

다섯째, 전개 활동은 소그룹 활동, 전체 집단 활동으로 운영되며, 짝 활동이나 소그룹 활동을 하고 전체 집단에서 활동 소감 등을 공유하여 집단 전체 역동이 일어나도록 한다.

여섯째, 스트레스 관리에 대한 교육이나 강의가 필요한 경우, 읽기 활동을 구성하여 지도자가 일방적으로 설명하기보다는 집단원들이 자료를 읽고 느낌과 생각을 나눌 수 있도록 한다.

4. 프로그램 계획

프로그램의 회기별 목표와 구체적인 계획은 다음과 같다.

단계	회기	주제	목표	활동
스트레스 이해	1	스트레스 경험 나누기	• 프로그램의 목적과 내용을 이해하고 구성원 간 친밀감을 형성한다. • 자신의 스트레스 경험을 탐색하고 그것을 다른 사람과 나눔으로써 관계 형성을 촉진한다.	• **도입 활동** –오리엔테이션(지도자 소개, 프로그램 안내, 참여자 서약) –자기소개 및 별칭 짓기 • **전개 활동** –스트레스 경험 써 보기 (가족, 학교, 직장, 대인관계) • **마무리 활동** –소감 나누기
	2	스트레스 들여다보기	• 스트레스가 신체에 미치는 영향을 인식한다. • 자신이 스트레스 받을 때 자극되는 신체부위를 알아차리고 이해하도록 한다.	• **도입 활동** –명상법 연습해요 • **전개 활동** –신체자각을 통한 스트레스 들여다보기 (보디스캔 작업)

단계	회기	주제	목표	활동
				–내가 스트레스를 받으면? • **마무리 활동** –소감 나누기
스트레스 대응 및 태도	3	내 몸에 귀 기울이기	• 호흡 훈련과 이완훈련을 통해 심신의 긴장을 풀어 몸과 마음의 평온과 안정을 찾는 방법을 경험한다.	• **도입 활동** –찰흙 반죽으로 스트레스 날려 버리기 • **전개 활동** –호흡법 –근육이완법 –명상법 • **마무리 활동** –소감 나누기
	4	스트레스를 가볍게 하기 위한 생각 바꾸기	• 스트레스는 비합리적 사고에서 발생한다는 것을 인식한다. • 스트레스의 원인이 되는 비합리적 사고방식을 확인한다.	• **도입 활동** –근육이완법 연습해요 –스트레스는 종이에 싣고 • **전개 활동** –인지치료의 ABC이론 강의 –합리적 사고와 비합리적 사고 찾기 –비합리적 사고를 합리적 사고로 바꾸기 • **마무리 활동** –소감 나누기
스트레스 관리	5	슬기로운 의사소통하기	• 상대방 말의 뜻과 의도를 정확히 알아듣는다. • 자신의 감정과 생각을 전달하는 나 전달법을 익힌다.	• **도입 활동** –호흡법 연습해요 • **전개 활동** –나 전달법이란 –스트레스 상황에서의 나 전달법 • **마무리 활동** –소감 나누기
	6	문제해결 원리 찾기	• 문제를 보는 관점을 바꾸어 스트레스 상황을 성장의 계기로 삼는다.	• **도입 활동** –근육이완법 연습해요 • **전개 활동** –스트레스를 적은 음료수 뚜껑을 손으로 날려 가장 멀리 보내기 –문제해결원리 익히기 • **마무리 활동** –소감 나누기

단계	회기	주제	목표	활 동
	7	주장이랑 놀기	• 상대의 인격이나 감정에 손상을 주지 않고 자신의 입장을 충분히 주장할 수 있다.	• **도입 활동** –명상법 연습해요 • **전개 활동** –주장행동과 비주장행동 –주장행동 구분하기 –주장행동 연습하기 • **마무리 활동** –소감 나누기
	8	피할 수 없다면 즐기라!	• 달라진 나의 스트레스 대처방식을 점검하고 좀 더 나은 스트레스 대응기법을 찾아 연습한다.	• **도입 활동** –호흡법 연습해요 • **전개 활동** –달라진 나의 스트레스 대처방법 확인하기 • **마무리 활동** –소감 나누기

5. 프로그램 회기별 내용

1회기 스트레스 경험 나누기

활동 목표

- 프로그램의 목적을 이해하고, 집단원 간 친밀한 관계를 형성한다.
- 자신의 스트레스 경험을 탐색하고 그것을 다른 사람과 나눔으로써 관계 형성을 촉진한다.

준비물

이름표, 네임펜, [활동지 1-1], [활동지 1-2], [활동지 1-3]

진행 절차

1. 도입 활동(20분)

▶ 프로그램 안내

안녕하십니까? 저는 이 프로그램의 지도자인 ○○○입니다. 이 프로그램의 목표는 현재 우리가 경험하는 부정적인 스트레스는 되도록 줄이고 긍정적인 스트레스는 충분히 즐기며 스트레스를 보다 적절하게 관리하자는 데 있습니다. 특히 스트레스 상황에서 실질적으로 대처하는 방법과 기술을 익힘으로써 스트레스를 효율적으로 관리하여 건강한 삶을 영위하는 것이 목적입니다.

▶ 서약서 쓰기 활동지 1-1

프로그램을 시작하기에 앞서 서로의 성장과 변화를 돕기 위해 무엇보다 집단원들의 도움이 필요합니다. 그래서 프로그램이 진행되는 동안 서로가 지켜야 할 약속에 대해 생각해 보고 작성해 보는 시간을 갖겠습니다. 마지막 빈칸에는 자신이 지키고 싶은 것이 있으면 자유롭게 써 주시면 됩니다.

활동 내용
① 각자 서약서 읽고 서명한다.
② 함께 큰 소리로 읽는다.
③ 개인적으로 추가한 서약이 있으면 발표한다.

▶ 자기소개하기 활동지 1-2

자신을 소개하기에 앞서 자신에 대한 자원과 감정을 찾아보는 데 집중해 봅시다. 이 자리에 있는 나는 누구인지, 나만 알고 있는 나의 모습은 어떤 것인지, 내가 경험한 것들을 다른 사람들과 나누기 위해서는 어떤 방식으로 설명하는 것이 좋은지 고민해 보며 작성해 보도록 합시다. 그리고 작성한 것들을 나누는 과정이나 다른 사람의 발표를 듣는 과정에서 새로 깨달은 점이나 느낌 등을 나누는 시간을 가져 보겠습니다.

활동 내용
① '나를 소개합니다~' 활동지를 작성한다.
② 스트레스 관리 프로그램을 선택하게 된 계기와 기대를 이야기 나눈다.

Tip
- 전체로 진행하기 어렵다면 짝끼리 또는 3~4인 소그룹을 구성하여 이야기를 나눈다.

▶ 별칭 이어 말하기

활동 내용
① 별칭을 짓고 이름표에 쓴다.
② 정해진 별칭에 자기를 설명하는 형용사를 붙여 자기를 소개한다.
③ 두 번째 집단원부터는 앞사람의 형용사와 별칭을 말하고, 자신의 형용사와 별칭을 이어 말한다.

2. 전개 활동(60분)

▶ 스트레스 경험 써 보기 활동지 1-3

자신의 스트레스 주요 출처는 다양할 수 있습니다. 특정한 사람, 상황, 의무 등의 스트레스 사건을 적고 이러한 상황에서 자신의 반응과 대처를 적어 보도록 합시다. 그러한 스트레스 상황에 대한 느낌까지 떠올려 보고 함께 나눠 보려고 합니다. 작성이 끝나면 2명씩 짝을 지어 작성한 것을 비교하며 스트레스 경험을 나눠 보도록 하겠습니다. 이때 스트레스 경험의 내용은 작성한 것에 덧붙여 구체적으로 다룹니다. '언제, 어디서, 누구와(어떤 일로), 무슨 이유로, 어떤 어려움을 겪고, 그 결과 어떤 감정들이 있었다' 등으로 표현해 보도록 합니다. 번갈아 가며 15분씩 말하고 경청하는 작업을 합니다. 자신이 경험하고 있는 스트레스를 해결하기 위해서 주로 사용하는 대응방법들을 기록한 후 옆 사람과 짝지어 대응방법들을 서로 비교하게 하고 다 같이 모여 서로에게 도움이 될 수 있는 대응방법들을 발표해 봅시다.

활동 내용

① 각자 [활동지 1-3]을 작성한다.

② 2명씩 소그룹으로 모여 각자 빌표하고 공감 · 반영하면서 듣는다.

3. 마무리 활동(10분)

▶ 소감 나누기

이번 시간은 스트레스 관리 프로그램의 첫 번째 시간이었습니다. 이 프로그램은 우리가 일상을 살아가면서 경험하는 스트레스에 대해 이해하고 건강하게 관리할 수 있도록 도움을 주고자합니다. 다음 시간에는 '스트레스 들여다보기'를 통해 스트레스가 신체에 미치는 영향에 대해 알아보도록 하겠습니다. 모두 수고하셨습니다.

Tip

- 다음과 같이 질문할 수 있다.
  - 오늘 나온 얘기 중 가장 기억에 남는 것은 무엇인가요?
  - 오늘 나온 주제나 아이디어 중에서 이해하지 못하셨거나 좀 더 분명하게 해야 할 필요가 있는 것이 있나요?
  - 오늘 다루지 않은 것 중에 다음번에 만나면 반드시 다루어야 할 주제가 있을까요?
  - 우리의 상호작용이나 집단방식 중에서 여러분의 집단경험을 좀 더 만족스럽게 하기 위해 바꿀 만한 것이 있을까요?

4. 유의점

- 집단상담에서는 첫 회기가 중요하다. 집단원들이 환영받고 다른 구성원들과 연결됨을 느끼도록 도우며, 누구 하나 소외되지 않도록 살펴야 한다.

활동지 1-1

서약서

서 약 서

나는 스트레스 관리 집단상담 프로그램에

자발적으로 참여하고

행복하고 의미 있는 만남이 되기 위해서

- 집단상담 약속 시간을 지키고 활동에 끝까지 참여하겠습니다.
- 나의 생각과 느낌을 솔직하게 표현하겠습니다.
- 집단원들의 생각과 감정, 의견, 행동을 존중하겠습니다.
- 집단상담에서 나눈 이야기는 비밀로 하겠습니다.
- (집단참여에 대한 자신만의 목표)

나는 집단상담에 참여하면서 위 사항들을 지킬 것을 약속합니다.

년 월 일

이름 : (서명)

활동지 1-2

나를 소개합니다

※ 다음 주제를 활용하여 자기 자신을 소개해 봅시다.

별칭: ____________

1. 취미나 특기

____

____

2. 좋아하는 것

____

____

3. 싫어하는 것

____

____

4. 가장 기뻤을 때

____

____

5. 가장 슬펐을 때

____

____

6. 프로그램의 기대

____

____

활동지 1-3 나의 스트레스 경험

※ 스트레스 사건과 그것에 대한 반응, 느낌을 이야기해 봅시다.

별칭: ______________

	스트레스 사건	스트레스 사건에 대한 반응	스트레스 사건에 대한 느낌
예	사람들이 많은 곳에서 아이가 소리를 지르며 바닥에 주저앉아 울었다.	주변 사람들에게 미안하다고 머리 숙여 사과하며 아이를 끌고 나왔다.	부끄럽고 사람이 많은 곳에 가는 것이 두렵다.
1			
2			
3			

2회기 스트레스 들여다보기

활동 목표

- 스트레스가 신체에 미치는 영향을 인식한다.
- 스트레스를 경험할 때 신체적 · 정서적 · 인지적 반응을 자각한다.

준비물

필기구, 명상을 위한 음악, 스피커, [활동지 2-1]

진행 절차

1. 도입 활동(20분)

▶ 프로그램 안내

이번 회기에서는 스트레스를 받을 때 자극되는 신체부위를 알아차리고 표현해 보도록 합시다.

▶ 명상법 연습해요

이완을 목적으로 하는 또 하나의 이완기법입니다. 이 훈련은 스트레스에 대한 생각을 밀어내지 않고도 조용히 마음을 가라앉게 할 수 있는 기법입니다.

활동 내용

① 편안한 자세를 취한다.

② 음악에 집중하며 눈을 감고 지도자의 글에 집중한다.

Tip

- 누군가에게 이 글을 읽어 달라고 하거나 녹음 후 재생하는 방법을 사용할 수 있도록 한다.

2. 전개 활동(60분)

▶ 신체자각을 통한 스트레스 들여다보기(보디스캔 작업) 강의자료 2-1

스트레스는 정신적 · 정서적 증상뿐만 아니라 신체적 증상도 동반합니다. 두통, 속쓰림은 우리가 경험할 수 있는 흔한 질병입니다. 사실 우리는 우리의 스트레스에 너무 사로잡혀 신체적 불편함이 감정 상태와 연관되어 있다는 것을 깨닫지 못합니다. 그때 보디스캔을 통해 자신의 몸을 바라보는 것만으로도 많은 도움을 받을 수 있을 것입니다.

활동 내용

① 눈을 감은 상태에서 머리 꼭대기에서 시작하여 정신적으로 몸 아래로 '스캔'한다.

② 보디스캔을 끝낸 후 느낌을 나눈다.

▶ 내가 스트레스를 받으면? 활동지 2-1

우리가 스트레스를 받으면 몸은 긴장하고 경직되게 됩니다. 스트레스를 받을 때 나의 생각과 감정과 몸의 변화들을 알아채고 이에 대처하는 것이 중요합니다. 평소 자신의 스트레스 원인에 대해 알고 있다면 대처에도 도움이 될 것이라 봅니다. 그럼 스트레스를 받을 때 나는 어떤 반응을 하는지 살펴봅시다.

활동 내용

① 스트레스 받는 상황, 관계, 인물에 대해 작성하고, 스트레스를 받을 때 나의 반응이 어떠한지 써 본다.

② 다 쓴 후 집단원들과 이야기를 나눈다.

3. 마무리 활동(10분)

▶ 소감 나누기

이번 시간은 스트레스에 반응하는 자신의 모습에 대해 좀 더 세밀하게 이해하고 알아보는 시간을 가졌습니다. 각자 자신의 스트레스 원과 대처 방법에 대해 느끼고 행동하는 것이 다 다르지만 스트레스로 인해 신체의 어느 부분이 자극되는지 알고 있다면 이후 스트레스에 보다 건강하게 대처할 수 있게 될 것입니다. 다음 시간에는 '내 몸에 귀 기울이기'를 통해 스트레스 상황에서 몸과 마음의 긴장을 덜어낼 수 있는 다양한 이완 훈련을 배워보도록 하겠습니다. 모두 수고하셨습니다.

4. 유의점

- 편안한 분위기에서 솔직하게 활동할 수 있도록 허용적이고 신뢰할 수 있는 분위기를 조성한다.
- 스트레스에 대한 자각과 경험 나누기를 할 때 구성원 간의 상호작용을 촉진한다.

강의자료 2-1

보디스캔을 해 봅시다

머리부터 발끝까지 자신을 정신적으로 스캔함으로써 신체의 모든 부분을 인식하고 통증, 긴장 또는 전반적인 불편함을 느끼게 됩니다. 이러한 감각과 함께 존재하고 호흡하는 것은 고통, 통증, 불편함에 대한 자신과 몸의 관계를 알아차리고 우리의 몸과 마음에 안도감을 가져다 줄 수 있습니다.

① 방해받지 않는 곳에 누워 있거나 편안하게 앉는다.
② 호흡에 대해서 집중하는 것으로부터 시작한다. 생각과 감정을 마음껏 조율하면서 자유롭게 호흡하면서 세 번의 심호흡을 한다.
③ 머리 위쪽이나 발가락 끝에서 신체검사를 시작한다. 거기에서 아래로 또는 위로 스캔한다.
④ 내가 그 신체부위를 인식할 때, 내가 느끼는 것에 맞춰 조정한다. 예를 들어, 고통, 아프다, 가렵다, 따끔거린다, 가볍다, 무겁다, 따뜻하다, 추위 또는 아무것도 느끼지 못할 수도 있다.
⑤ 해당 영역에서 신체적으로 느끼는 것이 무엇인지 알게 되면 인식이 확대되어 어떤 감정상태(긍정적, 부정적 또는 중립적인 느낌)를 유발하는지 확인한다.
⑥ 이제 내가 호흡을 다시 인식하고 숨을 들이쉴 때 몸 전체에 닿는 것을 느끼고 금방 집중했던 신체부위의 긴장을 풀면서 내쉰다.
⑦ 아무것도 시도하거나 통제하지 말고 그 육체적 · 정서적 감정을 그대로 유지한다.
⑧ 다음 신체부위로 위로 또는 아래로 이동한다. 발가락에서 시작하면 발바닥으로 이동한다. 머리꼭대기에서 시작하면 귀나 이마로 이동한다.
⑨ 각 신체부위를 통해 이동할 때 4~7단계를 반복한다.
⑩ 신체의 각 부분을 통과하는 데 최소 1분 이상 소요한다.
⑪ 끝났을 때 일부 신체에서 여전히 불편함을 느끼더라도 몸 전체가 편안하고 사랑받는 것처럼 인식하고 느끼기 위해 잠시 시간을 보낸다.
⑫ 천천히 눈을 뜨고 자리에서 일어나 앉아서 자신의 몸에 집중한다.

활동지 2-1

내가 스트레스를 받으면?

언제 스트레스를 받게 되나요?

▶ 상황 1

▶ 상황 2

▶ 상황 3

▶ 상황 4

1순위(　　) 2순위(　　) 3순위(　　)

스트레스받을 때 나의 반응은?

▶ 신체반응(예: 가슴이 답답하고 진땀이 난다)

▶ 인지(예: 나는 인생이 힘들다)

▶ 정서(예: 짜증나고 우울해진다)

▶ 행동(예: 잠을 잔다. 아무것도 안 하고 멍하니 있는다)

3회기 내 몸에 귀 기울이기

활동 목표

• 호흡 훈련과 이완 훈련 및 명상 훈련을 통해 심신의 긴장을 풀어 몸과 마음의 평온과 안정을 찾는 방법을 경험한다.

준비물

이름표, 스피커, 편한 옷차림, 찰흙

진행 절차

1. 도입 활동(20분)

▶ 프로그램 안내

호흡법과 근육이완법 및 명상법은 스트레스 반응이 우리의 생각과 마음을 압도하는 일을 막을 수 있습니다. 이러한 방법은 언제든지, 어디서든 할 수 있고 부작용도 없이 안전하다는 장점이 있습니다. 꾸준한 반복을 통해 차분함과 안정감을 느낄 수 있도록 하는 것이 중요하겠습니다. 이번 회기에서는 우리가 스트레스를 받을 때 몸과 마음의 긴장과 불편감을 덜어 낼 수 있는 방법을 배워 보려고 합니다.

▶ 찰흙 반죽으로 스트레스 날려 버리기

간단한 게임을 해 보겠습니다.

활동 내용

① 준비된 찰흙을 가지고 스트레스 내용을 생각하며 찰흙 모양을 만든다.

② 스트레스를 떠올리며 찰흙 반죽을 주물러 보고 느껴지는 감정을 나눠 본다.

2. 전개 활동(60분)

▶ 호흡법

호흡법은 호흡을 조절하거나 특별한 방법으로 호흡하는 것으로 신체나 마음의 긴장상태를 이완하는 방법입니다. 편안한 자세로 앉아서 호흡 훈련을 시작해 보겠습니다.

활동 내용

① 한 손은 가슴 위에, 다른 손은 배 위에 올려놓는다. 코로 숨을 들이마시면서 가슴보다 배로 호흡을 보내려고 의식적으로 노력한다. 숨을 들이마실때는 배가 볼록하게 되어야 하고 숨을 내뱉을 때는 코로 내뱉으면서 배가 꺼지게 한다. 가슴 위에 올려놓은 손은 움직이지 않지만 배 위에 올려놓은 손은 숨을 쉴 때마다 부드럽게 오르락내리락한다.
② 타이머를 맞춰 놓고 3분 동안 반복한다.
③ 이 방법이 익숙해졌다면 호흡의 리듬을 바꾼다. 내쉬는 숨을 늘려서 들이쉬는 숨보다 더 길어지게 한다. 넷을 셀 때까지 배에 숨을 집어넣은 다음, 여섯이나 일곱을 셀 때까지 배로 숨을 내쉰다. 이 호흡을 10회 반복한다.

Tip

• 호흡 속도 조정에 도움을 주는 호흡 앱을 사용해도 좋다.

▶ 근육이완법

이완을 목적으로 하는 또 하나의 이완기법입니다. 이 훈련은 스트레스에 대한 생각을 밀어내지 않고도 조용히 마음을 가라앉게 할 수 있는 기법입니다. 함께 근육이완법을 해 봅시다.

활동 내용

① 팔은 어깨 높이로 들어 주먹을 꽉 쥐어 손가락과 팔에 힘을 주어 긴장시킨다. 10초 정도 유지 후 숨을 내쉬면서 힘을 빼고 털썩 내려놓는다. 이완감을 느낀다.
② 손목과 어깨를 천천히 스트레칭을 해 준다.
③ 이 방법으로 얼굴, 목, 배, 등, 다리 등을 긴장 후 이완한다.

▶ 명상법

이완을 목적으로 하는 또 하나의 이완기법입니다. 이 훈련은 스트레스에 대한 생각을 밀어내지 않고도 조용히 마음을 가라앉게 할 수 있는 기법입니다. 함께 명상을 해 봅시다.

활동 내용

① 편안한 자세를 취한다.
② 음악에 집중하며 눈을 감고 지도자의 글에 집중한다.

Tip
- 누군가에게 이 글을 읽어 달라고 하거나 녹음 후 재생하는 방법을 사용할 수 있도록 한다.

3. 마무리 활동(10분)

▶ 소감 나누기

이번 시간은 스트레스 상황을 경험할 때 느끼는 데 긴장을 풀어 주기 위한 다양한 이완 훈련 방법을 배워 보았습니다. 하루 10분 정도만 가능한 시간과 장소를 정하여 꾸준히 연습해 본다면 일상생활에서의 스트레스를 관리하는 데 도움이 될 것입니다. 다음 시간에는 '스트레스를 가볍게 하기 위한 생각 바꾸기'를 통해 자신의 비합리적인 사고에 대해 알아보고 합리적으로 생각할 수 있도록 연습해 보고자 합니다. 모두 수고하셨습니다.

4. 유의점

- 회기가 진행되는 동안 꾸준히 반복하며 연습할 내용으로 일상생활에서도 연습할 수 있도록 집단원들에게 권한다.
- 이완 연습을 하는 동안 도움이 되는 음악을 준비하도록 한다.

강의자료 3-1

호흡법, 근육이완법, 명상법 연습

호흡법

① 한 손은 가슴 위에, 다른 손은 배 위에 올려놓는다. 코로 숨을 들이마시면서 가슴보다 배로 호흡을 보내려고 의식적으로 노력한다. 숨을 들이마실 때는 배가 볼록하게 되어야 하고 숨을 내뱉을 때는 코로 내뱉으면서 배가 꺼지게 한다. 가슴 위에 올려놓은 손은 움직이지 않지만 배 위에 올려놓은 손은 숨을 쉴 때마다 부드럽게 오르락내리락한다.
② 타이머를 맞춰 놓고 3분 동안 반복한다.
③ 이 방법이 익숙해졌다면 호흡의 리듬을 바꾼다. 내쉬는 숨을 늘려서 들이쉬는 숨보다 더 길어지게 한다. 넷을 셀 때까지 배에 숨을 집어넣은 다음, 여섯이나 일곱을 셀 때까지 배로 숨을 내쉰다. 이 호흡을 10회 반복한다.

근육이완법

① 두 발을 바닥에 내려놓은 상태에서 편안히 의자에 앉거나 동작을 마친 후 그대로 잠들고 싶다면 바닥에 눕는다.
② 진행하는 동안 각 근육군의 긴장을 약 5초간 유지했다가 10~15초간 이완시킨다. 들숨에 근육을 수축시켰다가 날숨에 근육을 이완하되 근육을 무리하게 늘리는 것이 아니라 가벼운 긴장감을 준다는 것을 기억한다. 이완할 때마다 근육의 느낌이 어떻게 달라지는지 알아차리는 데 집중한다.
③ 주먹을 쥔 상태로 팔을 길게 쭉 뻗는다. 그 긴장감을 유지하고 당기는 느낌을 알아차린 다음 이완한다. 곧바로 느긋하고 편안한 느낌이 손과 손가락에 전해지는 것을 알아차린다.
④ 이번에는 팔꿈치를 구부려서 이두근을 긴장시키되, 손은 편안한 상태를 유지한다. 그 상태를 유지했다가 이완한다.
⑤ 팔을 쭉 펴서 상박 뒤쪽의 삼두근을 긴장시킨다. 그 상태를 유지했다가 이완한다.
⑥ 이번에는 눈썹을 치켜떠서 이마에 주름을 만든다. 그 상태를 유지했다가 이완한다. 이완할 때는 이마 근육이 매끄럽고 부드러워진다고 상상한다.
⑦ 인상을 찌푸릴 때는 양미간을 좁힌다. 그 상태를 유지했다가 이완한다.
⑧ 눈가를 주름지게 해서 눈 주변의 근육을 이완시킨다. 그 상태를 유지했다가 이완한다.
⑨ 이를 악물어 턱을 팽팽하게 만든다. 그 상내를 유지했다가 이완한다.
⑩ 입술을 다문 채 입 천장을 혀로 단단하고 납작하게 누르면서 목구멍의 간장감을 알아차린다. 그 상태를 유지했다가 이완한다.
⑪ 입술에 주름이 잡힐 정도로 입술을 꾹 다문다. 그 상태를 유지했다가 이완한다.
⑫ 고개를 최대한 뒤로 젖히거나 뒤통수를 의자에 기댄다. 그 상태를 유지했다가 이완한다.
⑬ 턱을 가슴 위로 누르면서 목 뒤와 어깨의 긴장과 뻐근함을 느낀다. 그 상태를 유지했다가 이완한다.
⑭ 어깨를 으쓱 위로 올려 목과 어깨 근육을 긴장시킨다. 그 상태를 유지했다가 이완한다.

⑮ 이제 깊이 숨을 한 번 들이마셨다가 내쉰다. 긴장과 이완 사이의 차이를 알아차리되 각각의 근육을 풀어 줄 때는 기분 좋게 편안해지는 느낌만 생각한다.
⑯ 배로 깊숙이 숨을 한 번 들이쉰 다음 복부 근육을 조인다. 배꼽으로 척추를 만진다고 상상한다. 숨을 내쉬고 근육을 이완한다. 풀어 줄 때는 느껴지는 안도감을 알아차린다. 복부 전체에 퍼지는 이완의 물결을 느낀다.
⑰ 등 근육으로 의식을 가져간다. 천천히 숨을 들이마시면서 등을 가볍게 활 모양으로 구부려 근육을 팽팽하게 만든다. 그 상태를 유지했다가 이완한다.
⑱ 다리를 쭉 뻗어 엉덩이 근육을 서서히 조인다. 그 상태를 유지했다가 이완한다.

명상법

① 넓고 맑은 호숫가에 와 있다고 상상한다. 사방은 녹음이 우거진 산으로 둘러싸여 있고, 날씨는 화창하고 아름답다. 당신의 몸이 가볍고 얇고 납작한 작은 돌멩이 조각이라고 상상한다. 당신의 몸은 제비뜨기로 호수면 몇 번을 튕겨 오른 다음, 이제 고요하고 맑은 물속에 빠져 모래 바닥을 향해 천천히 부드럽게 가라앉는 중이다. 천천히 가라앉는 당신의 모습을 바라보면서 몸의 중심으로 깊은 호흡을 보낸다. 중심부에 흘러나오는 평온과 이완의 물결을 느낀다. 몸통에서부터 가슴, 등, 팔과 다리까지 전신에 굽이치는 부드러운 이완의 물결을 상상한다. 그 물결이 전신의 긴장을 이완시키면서 근육이 풀리고 부드럽고 느슨해지는 것을 느낀다. 당신의 몸이 돌멩이처럼 호수 바닥을 향해 서서히 떨어진다고 상상할 때 내면의 소음을 가라앉히려고 노력한다. 이때 느껴지는 것을 알아차린다. 차분함, 평온함, 편안함을 느낀다. 호수 바닥에 다다르면 고개를 들어 물위로 저 멀리 보이는 하늘을 바라본다. 그런 다음 주의력을 내면 깊숙이 가라앉힌다. 호수의 고요함을 알아차리듯 내 안의 차분함과 고요함을 의식한다. 주변에서 무슨 일이 일어나도 항상 내면의 평화에 다다를 수 있다는 사실을 기억한다. 알고 싶은 사실에 대한 답을 찾게 되리라 확신하면서 지금, 여기에 머문다.
② 푸른 아름다운 숲속을 천천히 걸어간다고 상상한다. 더 멀리서 지저귀는 새소리만 들릴 뿐 주위는 너무나도 조용하다. 적막감과 평온감을 만끽하면서 천천히 그리고 조용하게 발걸음을 계속한다. 바깥은 찌는 듯이 덥지만 숲속은 서늘하고 쾌적하다. 오직 당신만이 이 숲을 거닐고 있을 뿐 어느 누구도 당신을 괴롭히지 않는다. 즐거움과 평온감만이 당신을 감싼다.
③ 따사한 햇볕이 쏟아지는 해안가 모래사장에 누워 있다고 상상한다. 당신이 누워 있는 모래는 너무나도 깨끗하고 부드러운 모래이다. 당신은 평온감과 이완감으로 슬슬 잠이 온다. 부드럽게 부서지는 파도소리를 들으면서 멋진 안락감에 빠진다. 시원하게 불어오는 바람이 코끝을 지나갈 때면 가슴속 깊은 곳까지 그 바람을 들어와 당신을 평안하게 한다.

4회기 스트레스를 가볍게 하기 위한 생각 바꾸기

활동 목표

- 스트레스는 비합리적 사고에서 발생한다는 것을 인식한다.
- 스트레스의 원인이 되는 비합리적 사고방식을 확인한다.

준비물

필기구, A4용지나 신문지, 쓰레기통, [강의자료 4-1], [활동지 4-1], [활동지 4-2]

진행 절차

1. 도입 활동(20분)

▶ 프로그램 안내

같은 사건에 대해서 사람마다 다르게 반응하는 이유는 개인마다 서로 다른 생각을 갖고 있기 때문입니다. 스트레스 상황이나 사람에 대해 화가 나거나 짜증이 날 수 있는데, 이때 화가 나거나 짜증이 나는 건 상황과 사람 때문이 아니라 이걸 지각하고 해석하는 방식, 즉 나의 방식일 수 있다는 것입니다. 마음을 괴롭히는 각 사건을 ABC라는 기본적인 구성요소로 나눠보고 사고가 어느 부분에서 왜곡되었는지, 그것이 어떤 식으로 스트레스를 유발하는지 명확히 알 수 있을 것입니다. ABC를 새롭게 익히려면 연습이 필요합니다. 우리는 사건에 곧바로 반응하고 비난을 돌릴 사물이나 사람을 외부에서 찾는 데 너무나 익숙하기 때문입니다. 하지만 연습을 거듭해서 하다 보면 즉흥적으로 반응하는 일은 줄어들고 감정과 기분을 잘 통제하고 조절할 수 있게 되어 스트레스를 훨씬 덜 느끼게 될 것입니다.

▶ 근육이완법 연습해요

근육이완법은 긴장감과 이완감을 구분할 수 있도록 하여 어떤 근육이 긴장하는가를 느끼며 모든 근육을 이완시키는 방법입니다. 함께 해 보도록 합시다.

활동 내용

① 팔은 어깨 높이로 들어 주먹을 꽉 쥐어 손가락과 팔에 힘을 주어 긴장시킨다. 10초 정도 유지 후 숨을 내쉬면서 힘을 빼고 털썩 내려놓는다. 이완감을 느낀다.

② 손목과 어깨를 천천히 돌려 스트레칭한다.

③ 이 방법으로 얼굴, 목, 배, 등, 다리 등을 긴장 후 이완한다.

▶ 스트레스는 종이에 싣고

시작하기 전 간단한 신체활동을 해 봅시다.

활동 내용

① 자신의 스트레스를 종이에 적은 후 찢거나 구긴다.

② 찢거나 구긴 종이를 뭉쳐 쓰레기통에 던져 넣는다. 쓰레기통에 넣는 모습이 집단원들마다 다르다는 것을 확인한다. 이는 스트레스에 대처하는 방식이 다 다르다는 것을 알아차리도록 한다.

③ 활동 후 집단원들과 느낌을 나눠 보도록 한다.

2. 전개 활동(60분)

▶ 인지치료의 ABC이론 강의 강의자료 4-1

동일한 사건이라 할지라도 사람마다 보는 방법이 다르고, 행동과 생각이 다릅니다. 그런데 우리의 사고가 우리의 정서에 영향을 미칩니다. 여러분의 욕구와 정서는 사고와 상상에 직접 관련되어 있으며 궁극적인 통제 내에 머물러 있습니다. 그런데 우리가 더 객관적으로 생각할 수 있고 우리의 행동을 더욱더 효과적으로 조절할 수 있다고 하더라도 우리는 흔히 자기 파괴적인 행동을 하게 하는 비합리적 신념에 익숙해져 있습니다. 우리는 우리 자신의 신념을 면밀히 관찰함으로써 우리 자신이 가지고 있는 비합리적인 신념을 논박하고 연습할 수 있으며 합리적인 사고로 전환할 수 있는 것이라 기대합니다.

▶ 합리적 사고와 비합리적 사고 찾기 활동지 4-1

이 강의내용을 참고하면서 주어진 상황에 대한 비합리적 사고와 합리적 사고를 찾아보는 연습을 해 보겠습니다. 어떤 사실에 대해 우리가 어떻게 받아들이냐가 중요한 만큼 여러 가지 비합리적인 생각을 합리적인 생각으로 연습하는 것이 중요합니다.

활동 내용

① [활동지 4-1]을 통해 합리적 사고와 비합리적 사고를 구분하는 연습을 해 본다.

② 작성한 것을 바탕으로 평소 자신의 생각이나 행동과 비교하여 생각해 보고 발표해 보도록 한다.

▶ 비합리적 사고를 합리적 사고로 바꾸기 활동지 4-2

이젠 구체적으로 자신이 가지고 있는 비합리적인 사고를 검토해 보고 비합리적인 생각을 합리적으로 생각할 수 있도록 연습해 보는 시간을 갖도록 하겠습니다. 작성 후 발표를 통해 집단원들과 함께 나눠 보는 시간을 가지겠습니다.

활동 내용

① [활동지 4-2]를 통해 비합리적 사고를 합리적 사고로 고쳐 적어 보도록 한다.

② 작성한 것을 발표하고 집단원들과 나눠 보도록 한다.

3. 마무리 활동(10분)

▶ 소감 나누기

이번 시간은 비합리적인 생각이 어떤 것인지, 그걸 합리적인 생각으로 바꾸어서 표현해 보는 연습을 하였습니다. 일상을 살아가면서 그냥 지나쳐 왔을 나의 고정된 사고방식에 대해 다시 점검해 볼 수 있는 시간이 되지 않았나 생각합니다. 이번 회기를 하면서 새롭게 느낀 점이나 생각이 있으면 나누어 보겠습니다. 누구든 먼저 시작해 주시고, 앞사람의 발표에 자신의 느낌을 나눌 수 있으면 더욱 좋겠습니다. 다음 시간에는 '슬기로운 의사소통하기'를 통해 나 전달법을 배워 타인과 건강하게 관계형성할 수 있는 법에 대해 알아보겠습니다. 모두 수고하셨습니다.

4. 유의점

- 각자의 생각과 느낌을 자유롭게 나눌 수 있도록 한다.

강의자료 4-1

ABC기법이란

사고, 감정 그리고 행동 간의 관련성을 검토하기 위해서 알버트 앨리스(Albert Ellis)박사가 제안한 'ABC모델'이란 방법을 알아보고자 한다. ABC모델에서, 첫째, A는 '스트레스 유발 사건'을 말한다. 둘째, B는 당신 자신의 '자기-대화'인데 이것은 자신의 감정과 행동에 크게 영향을 미친다. 셋째, C는 '그 사건에 대한 당신의 감정과 행동'을 나타낸다. 예를 들어, 당신이 상사가 시킨 일을 시간 안에 마무리하지 못했다고 하자. 이때 상사가 당신을 나무라면 당신은 당황하고 화가 날 수도 있다.

A: 스트레스 유발 사건(**상사의 비난**)

B: 당신의 생각(**나는 그것을 까맣게 잊어버렸으므로 해고되어 마땅하다**)

C: 감정과 행동(**당황, 신경질, 방어**)

상호작용과정을 시작한 것은 상사이지만 이에 대해 어떤 감정을 갖는지는 당신의 사고방식에 따라 달라진다. 자기-대화는 이성적일수도, 비이성적일 수도 있다. 사람은 누구나 실수를 하기 마련이고 완벽할 수 없기에 B, 즉 사고방식과 자기-대화를 잘 이해하고 있는 것이 중요하다. 중요한 것은 당신을 긴장하게 하는 게 스트레스가 아니라 그 사건에 대해서 당신 자신이 어떻게 생각하느냐는 것이다.

스트레스 유발 사건(A)	자기-대화(B)	감정과 행동(C)
어디에서 무슨일이 일어났는가? 간략하게 사실만 기록한다.	머릿속에 어떤 생각이 들었는가? 상황을 어떻게 해석했는가? 무엇을 가정하거나 예상했는가?	어떤 감정을 경험했는가? 어떤 기분이 들었는가? 어떤 행동을 했는가?
마감이 촉박한 새 프로젝트를 맡게 되었다.	• 이 프로젝트를 어떻게 해야 할지 모르겠다(**확대와 축소**) • 나는 이 일을 절대 제 시간 안에 마치지 못할 것이다(**성급한 결론**) • 나는 해고를 당할 것이다(**재앙화**)	• 감정: 슬픔, 두려움 • 기분: 걱정됨, 초조함, 스트레스 받음, 창피함 • 행동: 동료들과 거리를 두고 혼자 지냄, 일을 하지 않고 인터넷 서핑함 • 신체증상: 수면부족, 근육긴장, 소화불량

〈열한 가지 비합리적 사고〉

1. 모든 사람으로부터 항상 사랑과 인정, 칭찬을 받아야 한다.
2. 자신이 가치 있는 사람이 되기 위해서는 모든 일을 완벽하게 처리할 수 있는 능력이 있어야 한다.
3. 나쁜 사람들은 반드시 처벌을 받아야 한다.
4. 일이 자신의 뜻대로 되지 않는 것은 파멸과 같다.
5. 불행은 외부환경 때문에 일어나는 것이고 인간의 힘으로 통제할 수 없다.
6. 위험이나 두려운 일은 항상 일어날 가능성이 있기 때문에 항상 걱정의 원인이 된다.
7. 어려운 일이 생기면 해결하기보다는 이를 피하는 것이 더 쉽다.
8. 타인에게 의지해야만 하고 자신이 의지할 만한 강한 누군가가 있어야만 한다.
9. 친구나 지인 등의 주위 사람이 어려운 상황에 처했을 경우 나 자신도 당황할 수밖에 없다.
10. 모든 문제는 반드시 완전한 해결책이 있으며, 만약 완전한 해결책을 찾지 못하면 그 결과는 파멸이다.
11. 과거의 일들이 현재를 결정하며, 인간은 반드시 과거의 영향에서 벗어날 수 없다.

'반드시 ~해야만 한다' '절대로 ~는 안 된다'는 식의 격렬한 부정적 정서나 절대적인 명령, 요구와 관련한 생각은 원하는 일이 이루어지지 않았을 때 불안, 모욕감, 무력감 같은 부정적인 마음을 불러일으킨다. 즉, 이러한 마음을 불러일으키는 부정적이고 비합리적 정서는 현재의 어려운 상황을 해결하고 스트레스에 지혜롭게 대처하는 데 아무런 도움을 주지 못하므로 합리적 사고방식을 학습하고 연습할 필요가 있다.

활동지 4-1

비합리적 사고 구분 연습표

※ 각 상황에 대한 생각들이 이치에 맞으면 '합', 이치에 맞지 않으면 '비'라고 쓰세요.

상황	생각
1. 약속 시간이 한참 지났는데도 그 친구가 약속 장소에 나타나지 않는다.	① 무슨 일이 생겼나 보구나. 조금만 더 기다려 보자. ( ) ② 괘씸한 녀석! 나와의 약속 시간을 어기다니, 인격문제다.( ) ③ 이 친구가 나를 어떻게 보고 늦는거야? ( )
2. 계단을 급히 내려가다가 잘못해서 넘어지고 말았다.	① 이런 실수를 하다니! 나는 정말 바보인가 봐.( ) ② 좀 창피하기는 하지만 이런 일도 있는 거지 뭐. ( ) ③ 내가 너무 성급했나 보다. 서두르지 말고 천천히 다녀와야겠다.( )
3. 회사에서 성과를 냈는데 상사가 이를 알면서도 나에게만 부당하게 일을 맡기고 있다.	① 상사가 격려해 주면 더 기분이 좋아 일을 열심히 할 수 있을 것 같은데 모르시나 봐.( ) ② 나는 모든 사람에게 인정받아야만 하는 나의 상사는 왜 그러실까, 참 이상하다.( ) ③ 상사가 바쁘셔서 칭찬해 주실 시간이 없으신가 보다. 다음엔 알아주고 칭찬해 주시겠지.( )
4. 친한 동료와의 경쟁에서 지고 말았다.	① 동료는 참 잘하는구나. 나도 열심히 노력하면 잘할 수 있을 거야.( ) ② 이번엔 동료보다 못했지만 다음엔 잘해 봐야지. ( ) ③ 동료보다 못해선 안 되는데 이제 난 모든 게 끝장이다.( )

활동지 4-2

합리적 사고 구분 연습표

합리적 사고 연습표		
다음에 있는 비합리적 사고를 합리적 사고로 고쳐 보세요		
	비합리적 사고	합리적 사고
1	내가 어떤 일을 할 때는 반드시 잘해야만 한다.	
2	내가 좋아하는 사람이나 교수님으로부터 항상 칭찬과 인정을 받아야만 한다.	
3	나를 좋아하면 좋은 친구고, 나를 좋아하지 않으면 나쁜 친구이다.	
4	공부를 못하는 사람은 인생을 포기해야 한다.	
5	나를 괴롭히는 사람은 인생을 포기해야 한다.	
6	내가 좋아하는 친구가 나에게 관심이 없다면 그것은 끔찍한 일이다.	
7	세상이 불공평하다는 것은 있을 수 없는 일이다.	

5회기 슬기로운 의사소통하기

활동 목표

- 상대방 말의 뜻과 의도를 정확히 알아듣는다.
- 자신의 감정과 생각을 전달하는 나 전달법을 익힌다.

준비물

필기구, 스피커, [강의자료 5-1], [활동지 5-1]

진행 절차

1. 도입 활동(20분)

▶ 프로그램 안내

사회적 관계 속에 살고 있는 우리는 타인과 계속적이고 역동적인 상호작용을 가지며 의사소통하면서 살아가게 됩니다. 이에 관계 속에서 상대방의 이야기를 잘 듣고 자신의 말을 잘 전달하려는 노력은 필수적으로 필요합니다. 그러기 위해서는 상대방을 비난하지 않고 자신의 생각과 감정을 전달하는 것이 중요합니다. 경험하는 나의 생각과 느낌을 그대로 인식하고 그러한 생각과 느낌이 자신에게 일어나고 있음을 인정하고 바람직한 표현방식으로 할 수 있도록 연습해 보고자 합니다.

▶ 호흡법 연습해요

호흡법은 호흡을 조절하거나 특별한 방법으로 호흡하는 것으로 신체나 마음의 긴장상태를 이완하는 방법입니다. 편안한 자세로 앉아서 호흡 훈련을 시작해보겠습니다.

활동 내용

① 한 손은 가슴 위에, 다른 손은 배 위에 올려놓는다. 코로 숨을 들이마시면서 가슴보다 배로 호흡을 보내려고 의식적으로 노력한다. 숨을 들이마실 때는 배가 볼록하게 되어야 하고 숨을 내뱉을 때는 코로 내뱉으면서 배가 꺼지게 한다. 가슴 위에 올려놓은 손은 움직이지 않지만 배 위에 올려놓은 손은 숨을 쉴 때마다 부드럽게 오르락내리락한다.

② 타이머를 맞춰 놓고 3분 동안 반복한다.

③ 위의 방법이 익숙해졌다면 호흡의 리듬을 바꾼다. 내쉬는 숨을 늘려서 들이쉬는 숨보다 더 길어지게 한다. 넷을 셀 때까지 배에 숨을 집어넣은 다음, 여섯이나 일곱을 셀 때까지 배로 숨을 내쉰다. 이 호흡을 10회 반복한다.

Tip

- 심신안정에 도움이 되는 음악을 틀어놓고 진행한다.
- 개인별로 복식호흡이 잘 되는지 지도한다(등을 펴고 배가 잘 나오는지 확인).

2. 전개 활동(60분)

▶ 나 전달법이란 **강의자료 5-1**

나의 권리, 욕구, 의견, 생각, 느낌등을 나타내면서도 상대방의 기분을 상하지 않게 나로 시작하는 전달방법입니다. 너로 시작할 경우 자신의 말이나 행동은 정당하고 상대방의 말이나 행동은 잘못되었다고 항의하는 느낌으로 전달되기 쉽기 때문에 상대방은 공격받는 느낌을 받게 되고 방어를 하게 되어 대화가 단절되거나 심하면 싸움에 이르게 될 수도 있습니다.

▶ 스트레스 상황에서의 나 전달법 **활동지 5-1**

나 전달법의 사용 방법은, 첫째, 문제가 되는 상황이나 상대방의 행동에 대해 구체적으로 말한다. 둘째, 그 상황이나 행동에 대한 나의 느낌을 솔직하게 말하되, 셋째, 그로 인해 나에게 미친 영향을 진술하고, 넷째, 내가 상대방에게 원하는 것을 구체적으로 말하는 것입니다. 이러한 방법을 기억하고 자신이 경험했던 스트레스 상황을 바탕으로 나 전달법을 이용하여 상대방에게 나의 느낌과 내가 원하는 것을 구체적으로 전달하는 것을 연습해 보도록 하겠습니다.

활동 내용

① [활동지 5-1]에 각자 타인의 행동으로 인해 스트레스를 느낀 것을 적어 본다.

② 기록한 것을 바탕으로 3명씩 짝을 지어 서로 나 전달법을 이용하여 대화하는 것을 연습한다.

③ 각 조별로 활동 내용을 발표해 본다.

3. 마무리 활동(10분)

▶ 소감 나누기

이번 시간은 나 전달법을 통해 스트레스 상황에서 자신의 생각과 느낌을 살피고 자신의 욕구와 감정을 전달해보는 시간을 가졌습니다. '나'를 주어로 삼아 이야기함으로써 상대를 공격하지 않고 문제를 해결할 수 있다는 것을 알게 되었습니다. 다음 시간에는 '문제해결 원리찾기'를 통해 스트레스 상황에 절망하기보다는 보다 적극적 자세를 가지고 대처할 수 있는 방법에 대해 알아보도록 하겠습니다. 모두 수고하셨습니다.

4. 유의점

- 대화 요령을 생활에 적용해 볼 수 있도록 독려한다.
- 소외되는 사람 없이 발표하도록(강제성 없이) 한다.

강의자료 5-1

나 전달법이란

자신의 개인적인 사실들을 남에게 내어 보이는 활동을 통하여 자신의 진정한 자유와 참 만남의 경험을 하게 됩니다. 자기노출이란 개인적으로 의미 있는 사실을 다른 사람에게 보이는 것을 말합니다. 이와 같은 자기노출은 우리가 사회적 · 정서적 자기성장을 이룩하는 데 필수적인 요소입니다. 또한 솔직한 자기노출을 통하여 자기 자신을 보다 깊이있게 이해하게 되며 다른 사람과는 신뢰와 사랑의 관계로 발전하는 것입니다. 스트레스가 사회적인 관계에 의해서도 유발된다고 볼 때 바람직한 사회적인 관계 형성이 스트레스 해소에 큰 도움을 줄 것으로 생각됩니다.

나 전달법을 사용하는 방법을 보면, 첫째, 여러분이 받아들일 수 없는 어떤 행동에 대해 비판단적으로 진술한 후(행동), 둘째, 상대방의 행동이 가져올 수 있는 결과를 덧붙이고(결과), 셋째, 상대방의 행동 때문에 내가 느끼는 느낌을 진술합니다(느낌).

▶ 나 전달법의 단계

- 1단계: "나는~" "내가~" "제가~"로 시작한다.
  (예: 내 생각에는~, 내가 보기에는~, 내가 들은 바로는~, 내가 알기로는~)
- 2단계: 현재 상황을 객관적으로 나열한다.
  (예: 약속 시간이 7시인데 네가 도착하지 않으니까)
- 3단계: 예상되는 결과를 이야기한다.
  (예: 무슨 일이 생겼나 걱정이 되고, 함께하기로 한 일에 차질이 생겼는지)
- 4단계: 내가 느끼는 감정, 기분을 전달한다.
  (예: 조바심이 났어.)

활동지 5-1

스트레스 상황에서의 나 전달법

※ 자신의 스트레스 상황에서의 나 전달법을 연습해 보도록 하겠습니다. 그리고 작성한 뒤에는 짝을 지어 나 전달법을 사용하는 역할극을 하도록 하겠습니다.

상황	매일 아이에게 매여있는 현실이 힘들어 오랜만에 친구 좀 만나고 늦게 왔더니 남편이 화를 낸다.	1.	2.	3.
1. '나'의 사용	집안일과 아이를 두고 늦도록 놀다 온 것에 무척 화나겠지만 내 생각에는			
2. 현재 상황 지적	아이에게 온종일 시달리다가 기분 전환 좀 하려고 친구 만나서 차 한잔 하느라 늦었는데 이렇게 화를 내면			
3. 예상되는 결과 지적	내 자신이 너무 비참한 생각이 들고, 당신이 더욱 멀게 느껴져서 사이가 나빠질 것 같아요.			
4. 느낌 보고	그런 생각을 하면 내 삶의 의미가 없어지는 것 같고 너무 허무하네요.			

6회기 문제해결 원리 찾기

활동 목표

• 문제를 보는 관점을 바꾸어 스트레스 상황을 성장의 계기로 삼는다.

준비물

필기구, 스피커, [활동지 6-1]

진행 절차

1. 도입 활동(20분)

▶ 프로그램 안내

스트레스를 자연스러운 생활의 한 부분으로 인정하고 스트레스를 현실로 받아들이고 좌절된 욕구를 실패로 생각하기보다 해결해야 할 문제로 생각하고 접근함으로써 우리가 경험하는 스트레스를 어느 정도 감소시킬 수 있습니다. 스트레스 상황을 성장을 위한 계기로 삼고, 문제해결적 방법을 택해 연습해 보도록 하겠습니다.

▶ 근육이완법 연습해요

근육이완법은 긴장감과 이완감을 구분할 수 있도록 하여 어떤 근육이 긴장하는가를 느끼며 모든 근육을 이완시키는 방법입니다. 함께 해 보도록 합시다.

활동 내용

① 팔은 어깨 높이로 들어 주먹을 꽉 쥐어 손가락과 팔에 힘을 주어 긴장시킨다. 10초 정도 유지 후 숨을 내쉬면서 힘을 빼고 털썩 내려놓는다. 이완감을 느낀다.

② 손목과 어깨를 천천히 돌려 스트레칭한다.

③ 이와 같은 방법으로 얼굴, 목, 배, 등, 다리 등을 긴장 후 이완한다.

Tip

• 심신안정에 도움이 되는 음악을 틀어 놓고 진행한다.

• 개인별로 근육이완이 잘되는지 지도한다(등을 펴고 배가 잘 나오는지 확인한다).

2. 전개 활동(60분)

▶ 문제해결원리 익히기 활동지 6-1

욕구좌절이나 실패를 불행으로 여기기보다 현실을 수용함으로써 그 요구와 실패를 해결해야 할 문제로 받아들이고 접근하면 스트레스를 감소시킬 수 있습니다. 모든 스트레스 상황에서 적극적으로 문제해결적 접근법을 택하게 되면 그 문제에 관해 단순히 생각하는 것에서 무엇인가 해 보는 쪽으로 바뀌게 됩니다. 어려운 상황에 있어 우리가 그것을 어떻게 활용하느냐에 달려 있습니다. 이에 스트레스 상황을 성장을 위한 계기로 삼을 수 있었으면 합니다.

활동 내용

① 자신에게 스트레스를 주는 상황을 3개 이상 생각한다.
② 편안한 의자에 앉아 눈을 감고 자신이 그 상황에 놓여 있다고 상상해 본다.
③ 그 상황에서 느꼈던 감정에 초점을 맞춘다.
④ 상황을 바꿔야 한다고 생각하고 문제해결에 대한 질문을 해 본다.
⑤ 어려움이 무엇인지, 수용하기 위해 배워야 할 것은 무엇인지, 문제해결을 위한 접근법이 무엇이며 각 방법의 장단점은 무엇인지 작성해 본다.

3. 마무리 활동(10분)

▶ 소감 나누기

이번 시간은 스트레스 상황에서 적극적으로 문제해결적 접근방법을 택해 스트레스 상황에 대처하는 법을 연습해보았습니다. 스트레스에 대한 태도 전환을 통해 스트레스를 대하는 자신의 태도에 조금은 변화가 있었기를 기대해봅니다. 다음 시간에는 '주장이랑 놀기'를 통해 다른 사람에게 자신의 욕구를 표현하는 것과 다른사람의 요구를 건강하게 반응할 수 있는 방법에 대해 알아보도록 하겠습니다. 모두 수고하셨습니다.

4. 유의점

• 소외되는 사람 없이 발표하도록(강제성 없이) 한다.

활동지 6-1

문제해결원리 익히기

※ 스트레스를 주는 상황을 3개 이상 적어 보고 자신의 반응과 느낌에 대한 생각을, 그 문제를 해결하는 데 도움이 될 수 있는 질문에 대한 생각으로 바꿔 보도록 합니다.

〈나에게 스트레스 주는 상황〉

-
-
-

문제해결 7단계		
단계	스트레스를 주는 상황	질문/활동
1. 문제 규명		걱정거리가 무엇인가?
2. 목표 선정		나는 무엇을 원하는가?
3. 대안 생성		내가 할 수 있는 것은 무엇인가?
4. 결과 고려		무엇이 일어날 것인가?
5. 의사결정		나의 결정은 무엇인가?
6. 수행		이제 이것을 실시하라!
7. 평가		그것은 잘 되었는가?

7회기 주장이랑 놀기

활동 목표

• 상대의 인격이나 감정에 손상을 주지 않고 자신의 입장을 충분히 주장할 수 있다.

준비물

필기구, 스피커, [활동지 7-1], [활동지 7-2], [활동지 7-3]

진행 절차

1. 도입 활동(20분)

▶ 프로그램 안내

가장 일반적인 스트레스 원인 중의 하나가 자신이 느끼고 생각한 바를 남에게 말하기는 어렵다는 점입니다. 다른 사람이 어떻게 느끼는가를 아는 것, 또는 다른 사람에게 내가 어떻게 느끼는가를 아는 것이 훌륭한 문제해결책이 되는 데 중요합니다. 주장은 문제해결에 도움을 주고 원하는 결과를 빨리 성취할 수 있도록 해 주며 중요한 스트레스 감소기법이 될 수 있습니다.

▶ 명상법 연습해요

이완을 목적으로 하는 또 하나의 이완기법입니다. 이 훈련은 스트레스에 대한 생각을 밀어내지 않고도 조용히 마음을 가라앉힐 수 있는 기법입니다. 함께 명상을 해 봅시다.

활동 내용

① 편안히 앉아 눈을 감고 들리는 음악 소리에 귀를 기울이며 상상을 할 수 있도록 한다.

② 즐거움, 기쁨, 그리움, 아늑함 같은 좋았던 경험을 떠올리며 스트레스로 인한 긴장감을 감소시키기 위한 상상을 할 수 있도록 한다.

- 친구들과 노래하고 춤추며 노는 심상: 즐거움
- 초등학교 단짝을 몇 년만에 만나는 심상: 기쁨
- 파도소리와 갈매기 소리가 들리는 해변의 심상: 편안함
- 새소리, 시냇물 소리의 심상: 아늑함

Tip
- 심신안정에 도움이 되는 음악을 틀어 놓고 진행한다.

2. 전개 활동(60분)

▶ 주장행동이란 활동지 7-1

이번 시간에는 자신의 요구를 충족하는 데 도움을 주고 자기 자신에 대해 보다 긍정적인 감정을 갖게 하여 스트레스를 감소시키는 데 도움이 될 수 있는 자기주장 훈련에 대해 알아보고자 합니다. 자기주장이란 자신의 감정뿐만 아니라 자신이 요구하는 것을 솔직하게 털어놓는 것으로 상대방이 들어도 인격이나 감정에 손상이 일어나지 않도록 하는 것이며 상대방이 이에 대해 반응할 기회를 주는 것입니다.

▶ 주장행동 연습하기 활동지 7-2 활동지 7-3

자기주장은 효과적인 대인관계기법일 뿐만 아니라 중요한 스트레스 감소기법이 되기도 합니다. 상대방으로부터 비난이나 잘못을 지적당했을 때 적극적 경청으로 상대의 의도를 정확히 파악한 후 자신의 주장을 하면 죄책감을 갖거나 화를 내거나 침묵을 지키거나 혹은 앙심을 품는 것보다 스트레스를 덜 받습니다. 구체적인 상황을 통해 자기주장 훈련을 연습해 보겠습니다.

활동 내용

① 주장 훈련에 대한 방법 중 소극적, 적극적, 주장적 행동에 대해 이해한다.
② 주장행동을 구분할 수 있는 연습을 해 본다.
③ 주장행동에 대한 내용을 집단원들이 짝을 지어 연습한다.
④ 연습 후 집단원들과 소감을 나눈다.

3. 마무리 활동(10분)

▶ 소감 나누기

이번 시간은 대인관계에서 경험하는 스트레스를 감소시킬 수 있는 방법으로 자기주장훈련에 대해 알아보았습니다. 대인관계에서 자신의 요구를 솔직하게 털어놓는 것으로 상대방이 기분 상하지 않게 반응할 기회를 주는 것으로 이러한 문제해결 방식을 통해 스트레스를 감소시킬 수 있을 것입니다. 다음 시간에는 '피할 수 없다면 즐기라!'로 스트레스 관리 집단상담 프로그램의 마지막 회기이자 지금까지 프로그램을 통해 익혔던 다양한 스트레스 관리 방법에 대해 평가해 보고 자신에게 맞는 관리 방법을 찾아보는 시간을 갖겠습니다. 모두 수고하셨습니다.

4. 유의점

- 소외되는 사람 없이 발표하도록(강제성 없이) 한다.

활동지 7-1

주장행동과 비주장행동

▶ 주장행동

주장행동이란 의사소통 과정에서 상대방의 권리를 침해하거나 상대방에게 불쾌함을 주지 않는 범위 내에서 자신의 욕구, 권리, 의견, 생각 등을 직접적으로 정직하게 표현하는 행동입니다. 공정하게 대우받을 권리를 지키는 일이고, 그런 태도는 가정과 직장, 사회생활 전반에 걸친 삶의 모든 부분에서 스트레스를 낮춰 줍니다. 자기주장행동은 좀 더 견고하고 상호지지적인 관계를 만드는 밑바탕이 되고, 그러한 관계는 스트레스에 대해 완충적 역할을 합니다. 사람들과의 관계에 휘둘리지 않고 상대방의 상호작용에 초점을 두면서 '우리'의 관점에서 행동하기 위해 자기주장행동기법을 연습해 보고자 합니다.

〈자기주장행동 말하기 공식〉

- 당신이 ________________ 할 때
  → 사실만 고수한다(예: 나보다 목소리를 높여서 내 말을 덮을 때).
- 나는 ________________ 한 기분이 든다.
  → 감정을 표현하는 단어를 쓴다. 문장을 간단하게 유지한다(예: 화가 난다, 슬프다, 혼란스럽다, 짜증난다, 기분 나쁘다).
- 나는 ________________ 때문에
  → 내가 느끼는 생각과 사실을 쓴다(예: 내 의견이 존중되지 않는다고 느껴지기 때문에).
- 앞으로는 ________________ 했으면 좋겠다.
  → 정확한 행동을 쓴다(예: 내 의견에 귀 기울여 주었으면 좋겠다).

Tip

- 원하는 바를 명확히 한다.
- '나는~'으로 시작되는 문장을 사용하여 자신에게 중요한 것을 표현한다.
- 말하기에 앞서 자신이 어떤 내용을 어떤 식으로 말할지 미리 연습한다. 상대가 어떻게 대응할지 생각해 본다. 자신이 원하는 바가 무엇이고, 무엇이 중요하며, 어떤 일이 일어나기를 원하는지 다시 한번 분명하게 이야기한다.

▶ 비주장행동

① 소극적 행동

- 자신의 권리, 욕구, 의견, 생각, 느낌 등 자신이 표현하고 싶은 것을 눈치나 체면 때문에 나타내지 못하는 행동
- 상대방의 기분을 맞추기 위하여 전혀 마음에도 없는 말이나 행동
- 예: 한 달 전에 빌려 간 돈을 갚지도 않고 다시 돈을 빌려 달라고 하는 친구에게 돈이 있으면서도 "지금 그만한 돈이 없어."라고 하거나 "나도 돈을 빌려야 할 형편인데."라며 거짓말을 하는 경우

② 공격적 행동

- 상대에게 피해를 주면서까지 자신이 표현하고 싶은 것을 나타내는 행동
- 자신의 권리만을 내세우고 다른 사람의 입장을 전혀 생각하지 않는 행동
- 다른 사람을 괴롭히면서까지 자기 생각을 내세우는 행동
- 예: 한 달 전에 빌려간 돈을 갚지도 않고 다시 돈을 빌려 달라고 하는 친구에게 "너는 돈을 빌려 갈 줄만 알고 갚을 줄 모르는 친구인데 어떻게 빌려주겠니?"와 같이 말하는 경우

활동지 7-2 주장행동 구분하기

※ 각 장면에 대해 표와 같은 반응을 보였을 때 그 반응이 주장행동이면 '주', 소극적 행동이면 '소', 공격적 행동이면 '공'이라고 써넣습니다.

장면	반응	구분
여러 사람과 대화하는 중 나의 말을 누가 가로막는다.	"하고 싶은 말이 있는 것 같은데 내 말을 끝내고 싶다."	
버스 안에서 장애인이라고 하면서 물건을 사 달라고 한다.	"장애인에게는 물건을 사 주는 것을 당연하게 여기는군."	
옆집 친구가 새로 산 커피포트를 빌려 달라고 한다.	"빌려주고 싶은데 필터가 없어."	
일을 하고 있는데 아이들이 자꾸 떠들며 돌아다닌다.	"야! 너희들은 방에 들어가 있어~ 방해된다!"	
회사 동료가 사무실에 쓰레기를 많이 버려서 지저분하다.	"귀찮다고 쓰레기를 대충 버리면 어차피 우리가 청소해야 되는데 오래 걸리니까 일 빨리하고 집에 가려면 깨끗해야 좋겠지?"	

활동지 7-3 주장행동 연습하기

※ 2명씩 짝을 지어 한 사람은 부탁하는 사람, 다른 한 사람은 거절하는 사람의 역할을 해 봅니다.

▶ 활동 1

① 부탁하는 사람은 어떤 요구를 하고, 거절하는 사람은 "아니."라는 단 한마디 말만 한다.

② 이번에는 거절하는 사람은 부탁을 들어줄 수 없는 이유에 대해서 거짓된 변명을 하고, 부탁하는 사람은 그 변명에 대한 대안이나 해결책을 제시하면서 끈질지게 부탁한다.

③ 이번에는 다음 세 가지 주장행동 가운데 하나를 부탁에 대한 거절로 사용한다.

- "아니, 하고 싶지 않습니다."라고 하면서 설명은 하지 않는다.
- "아니, ____________ 때문에"와 같이 솔직하게 이야기한다.
- "아니, 그러나 ____________"와 같이 가능한 대안을 제시한다.

활동이 끝났으면 경험에 대해 이야기해 보도록 합시다. 당신이 편안하게 "아니."라고 말할 수 있게 된다면 아마 자신이 원하는 것을 직접적으로 부탁하는 것이 보다 쉬워질 것이며 또한 부탁을 들어주고 싶을 때는 흔쾌히 "예."라고 말하기가 더 쉬워질 것이라는 생각이 듭니다.

▶ 활동 2

① 장면 설정: 길을 가는데 어떤 사람이 아이 교육에 좋은 것이라며 책을 권한다. 그러나 전혀 사고 싶지 않은 것이다.

- 자극: "아이 교육에 매우 도움이 되는 것이니 한번 보시고 구입해 보세요."
- 반응
  - 공격적 반응: "난 필요 없거든요!"
  - 수동적 반응: "그래요. (머뭇거린 후) 아, 도움이 되는 줄은 알지만 지금 돈이 없어요."
  - 주장적 반응: "좋은 것인지 모르겠지만, 내 아이에게는 맞지 않습니다."

② 장면 설정: 집안일을 끝내고 피곤해서 못 잔 잠을 청하려고 하는데, 아이가 숙제를 도와달라고 한다.

- 자극: “엄마, 수학 숙제를 잘 몰라서 그러는데 좀 도와주세요.”
- 반응
  - 공격적 반응: “엄마가 집안일 때문에 잠을 못 자서 피곤해서 숙제 못 도와주겠다. 형은 혼자서 잘했는데 너는 그것도 못하니?”
  - 소극적 반응: “숙제를 도와달라고……. 뭐 그렇다면 어쩔 수 없지.”
  - 주장적 반응: “엄마가 너무 피곤해서 그러는데 좀 쉬었다가 숙제를 도와주면 어떨까?”

8회기 피할 수 없다면 즐기라!

활동 목표

• 달라진 자신의 스트레스 대처방식을 점검하고 좀 더 나은 스트레스 대응기법을 찾아 연습한다.

준비물

필기구, 스피커, [활동지 8-1]

진행 절차

1. 도입 활동(20분)

▶ 프로그램 안내

지금까지 우리는 스트레스와 이로 인해 야기된 정서적 · 신체적 · 인지적 스트레스를 알아내는 작업과 해결방안에 대해 알아보았습니다. 이제 우리 자신을 돌아보고, 스트레스 대처기법들에 대한 평가를 해 보면서 새롭게 알게 된 방법 중 자기에게 맞는 기법들을 찾아보고 그 이유를 함께 이야기해 보겠습니다.

▶ 호흡법 연습해요

호흡법은 호흡을 조절하거나 특별한 방법으로 호흡하는 것으로 신체나 마음의 긴장상태를 이완하는 방법입니다. 편안한 자세로 앉아서 호흡 훈련을 시작해 보겠습니다.

활동 내용

① 한 손은 가슴 위에, 다른 손은 배 위에 올려놓는다. 코로 숨을 들이마시면서 가슴보다 배로 호흡을 보내려고 의식적으로 노력한다. 숨을 들이마실 때는 배가 볼록하게 되어야 하고 숨을 내뱉을 때는 코로 내뱉으면서 배가 꺼지게 한다. 가슴 위에 올려놓은 손은 움직이지 않지만 배 위에 올려놓은 손은 숨을 쉴 때마다 부드럽게 오르락내리락한다.

② 타이머를 맞춰 놓고 3분 동안 반복한다.

③ 방법이 익숙해졌다면 호흡의 리듬을 바꾼다. 내쉬는 숨을 늘려서 들이쉬는 숨보다 더 길어지게 한다. 넷을 셀 때까지 배에 숨을 집어넣은 다음, 여섯이나 일곱을 셀 때까지 배로 숨을 내쉰다. 이 호흡을 10회 반복한다.

Tip
- 심신안정에 도움이 되는 음악을 틀어 놓고 진행한다.

2. 전개 활동(60분)

▶ 달라진 나의 스트레스 대처방법 확인하기 활동지 8-1

프로그램이 끝나는 이번 회기에서 지금까지의 대처기법에 대한 평가를 스스로 내려보고 새롭게 알게 된 대처기법 중 어떤 것이 좋은지 말하고 토론해 봅시다. 또 이제까지 배운 기법 중에서 나 자신에게 가장 적합하다고 생각하는 기법을 적어 보고 달라진 일상의 변화를 확인하고 이야기를 나눠 봅시다.

활동 내용
① 자신에게 알맞은 스트레스 대처방법에 대해 알게 된 것 발표하기
② 작은 실천으로 변화 찾아보기

3. 마무리 활동(10분)

▶ 소감 나누기

이제 모든 프로그램이 끝났습니다. 8차시 프로그램이 진행되는 동안 열심히 참여해 주신 집단원 여러분께 감사드립니다. 여러분 모두가 건강한 삶을 위한 스트레스 관리법을 위해 그동안 배운 것을 잘 습득하고 연습하여 자신의 몸과 마음을 잘 다스릴 수 있기를 기대합니다. 그동안 모두 수고하셨습니다.

4. 유의점

- 편안한 분위기에서 솔직하게 활동할 수 있도록 허용적이고 신뢰할 수 있는 분위기를 조성한다.
- 마지막 회기까지 잘 참여한 노력을 자축하고, 앞으로 변화를 위한 실천을 다짐할 수 있도록 서로 지지하고 격려한다.

활동지 8-1 달라진 나의 스트레스 대처방법 확인하기

지금까지 써 왔던 스트레스 대처기법은 무엇인가요?	
프로그램 후 그 대처기법을 평가해 봅시다.	
프로그램 후 새롭게 알게 된 기법은 무엇이고, 그 이유는 무엇인가요?	▶ 나에게 가장 적합하다고 생각하는 스트레스 대처방법
	▶ 내적 · 외적인 조건과 연관해 가장 적합하다고 생각한 이유
변화된 나의 모습 확인하기	▶ 스트레스에 대처하는 달라진 나의 모습

참고문헌

김대영(1991). 스트레스 대응훈련이 대학생의 스트레스 감소에 미치는 효과. 계명대학교 교육대학원 석사학위논문.

원호택(1988). 대학생의 스트레스 대처훈련 프로그램. **대학생활연구, 한양대학교 학생생활 연구소**, 6, 97-113.

임휘수(1992). 스트레스 대응훈련이 교사들의 스트레스 감소에 미치는 효과. 계명대학교 교육대학원 석사학위논문.

장현갑(1990). **스트레스는 이렇게 푼다**. 서울: 고려원.

장현갑(2010). **스트레스는 나의 힘**. 서울: 불광출판사.

천성문(1991). 스트레스 대응훈련 프로그램과 평가. **학생연구, 영남대학교 학생생활 연구소**, 22(1), 79-85.

최경례(2007). 스트레스 대처훈련 프로그램이 통합교육 대상 초등 장애아 어머니의 양육스트레스와 자기효능감에 미치는 효과. 경북대학교 교육대학원 석사논문.

Matthew Johnstone & Michael Player (2021). **굿바이 스트레스**.(강유리 역). 서울: 생각속의 집.

제4장

부부관계증진 집단상담 프로그램

-우리 부부, 속 터놓고 재미있게 살아요!-

결혼의 성공은
단순히 좋은 짝을 찾은 데에서 오지 않는다.
그보다는 좋은 짝이 되는 데에서 온다.
-바넷 브리크너-

1. 프로그램 필요성과 목표

최근 '다양한 형태의 가정'이 이슈화되면서 결혼은 선택사항이라고 말하는 사람이 많아졌다. 하지만 결혼은 남녀가 가정을 이루고 자녀를 낳아서 세대를 이어갈 수 있고 소속감과 안정감을 충족시킬 수 있는 가장 기본적인 단위이다. 이러한 결혼을 통해 결혼하기 전보다 더 많은 행복을 누릴 수 있다면 그보다 더 바람직한 일은 없을 것이다. 그러나 우리 주변에는 좋은 부부관계를 유지하는 것이 쉽지 않음을 보여 주는 사례가 많다.

그렇다면 좋은 부부관계를 유지하는 것을 힘들게 하는 요인은 무엇일까? 최근까지 우리나라 이혼 사유에서 수년째 1위를 차지하고 있는 것이 '성격 차이'이다. 이는 부부관계의 문제는 경제, 가정폭력 등의 특별한 사유보다는 서로의 성격, 가치관 등의 기본적인 차이를 견디지 못하는 것에서 시작하여 애정 상실, 대화 단절 등으로 이어지는 경우가 훨씬 많다는 것을 나타낸다.

결혼 상대를 선택할 때는 매력 포인트였던 성격 차이가 결혼 후에는 결혼생활을 유지할 수 없는 문제의 핵심이 되는 이유는 무엇일까? 그것은 상대의 성격 특성에 대한 환상을 갖고 있기 때문이라 할 수 있다. 배우자를 선택할 때는 '배우자의 성격 특성이 자신에게 부족한 모든 결핍을 채워 줄 수 있다'는 환상을 갖게 한다. 하지만 그 환상이 깨지면 배우자를 자신의 기대와 욕구를 채워 주지 못하는 불편한 존재로 받아들이게 되는 것이다.

부부는 다른 두 사람이 만나 맺는 관계이다. 결혼생활은 '아, 우리가 이렇게 다르니 안 통하는구나!'를 받아들이는 것에서 출발해야 한다고 볼 수 있다. 배우자가 완벽하게 나의 욕구를 채워 줄 것이며, 나의 마음을 이해할 것이라는 기대는 현실에 기반을 두지 않은 환상이다. 좋은 부부관계를 위한 방법 중 하나는 서로의 다름을 알고 인정하는 것이다.

서로가 다르다는 것을 이해하고 받아들이고 나면, 부부는 서로가 어떤 점이 불편하고 힘든지 말할 수 있어야 하고, 상대를 위해 어느 정도 양보할 수 있는지 대화로 타협할 수 있어야 할 것이다. 이렇게 되면 신뢰가 쌓이고 서로 작은 일상에서부터 인생의 큰 목표나 의미까지 함께 나눌 수 있는 관계가 될 것이다.

따라서 이 프로그램은 부부의 서로 다름을 이해하기, 부부사이의 효율적인 대화 방법, 삶의 의미와 재미 공유하기에 초점을 두었다. 프로그램 구성 근거는 기존의 부부치료 이론과 여러

연구에서 공통적으로 제시하고 있는 부부관계의 질을 설명하는 개념인 '친밀감 형성, 갈등 조절, 유대감 형성'을 근거로 활용하였다.

친밀감은 '깊이 알게 된다'는 의미로, 자기와 배우자의 성격, 욕구와 기대가 어떻게 다른지 이해함으로써 서로를 독립적인 존재로 인정할 때 형성된다. 그리고 부부가 스킨십을 통해 서로에게 관심을 갖고 교감할 때, 서로의 기쁨과 아픔, 상처를 알아차리고 공감할 수 있을 때 친밀감이 형성된다.

이러한 부부의 친밀감은 언어적 · 비언어적 의사소통을 통해 깊어진다. 하지만 부부간에 상대에게 무관심하거나 상대를 비난, 멸시하는 역기능적 대화를 하는 경우가 많다. 실제로 부부가 자신들의 대화가 어느 정도 역기능적인지 인식하고 기능적인 대화를 할 수 있을 때 부부관계가 변화하는 경우가 많다. 이렇게 기능적인 대화를 할 수 있게 되면 부부의 갈등 문제를 부부 대화의 주제로 삼아 갈등 이면의 상대가 원하는 욕구를 이해할 수 있을 것이다.

부부가 친밀감이 생기고 의사소통이 잘 되면 일상에서 평화를 찾는다. 하지만 더 성장하는 부부관계를 원하는 경우, 정서적인 유대감을 느끼고자 한다. 이런 유대감은 일상에서 각자의 삶의 의미를 공유할 때 느끼는 행복감이라 할 것이다. 부부 사이에는 돈을 버는 일, 자녀를 교육하는 일, 각자의 일을 찾고 꿈을 이루는 일, 차 한잔하기, 놀러 다니기, 추억 공유하기 등과 같은 일들이 있다. 이러한 일들을 함께하거나 서로 지원할 때 부부가 함께 성장하며 재미있게 살아갈 수 있을 것이다.

이러한 점에 근거하여 이 프로그램의 목적은, 관계가 악화되어 가정적으로나 사회적으로 큰 문제가 되지 않은 비교적 건강한 관계의 부부를 대상으로, 그들이 인지적 · 정서적 · 신체적 친밀감을 형성하고, 갈등을 조절할 수 있는 의사소통을 하며, 삶의 의미를 공유하여 서로의 성장을 돕는 재미있고 행복한 결혼생활을 할 수 있도록 하는 데 두었다. 이러한 목적을 달성하기 위한 세부 목표는 다음과 같다.

첫째, 서로가 자율적이고 독립적인 존재임을 인식하고, 아픔과 바람을 공감 · 지지하며, 따뜻한 스킨십을 나누어 교감한다.

둘째, 역기능적 대화의 특징을 이해하여 기능적인 대화로 바로잡을 수 있으며, 서로의 욕구와 신념을 이해하고 대화로 갈등을 조절한다.

셋째, 서로의 꿈과 목표를 지원하고 부부가 함께하는 일상에서 의미와 재미를 나누어 행복감을 누린다.

2. 프로그램 구성 내용

이 프로그램은 기존의 부부치료 이론과 여러 연구(박수경, 2016; 정현숙, 2001; 지아가, 2013; 홍정화, 이영순, 2020; Gottman, 2014; Olson & Fowers, 1993)에서 공통적으로 제시하고 있는 부부관계의 질을 설명하는 개념인 친밀감, 의사소통, 유대감을 프로그램 구성 근거로 활용하였으며 구체적 내용은 다음과 같다.

■ 제1단계: 친밀감 더하기 단계(1~4회기)

친밀감은 인지적 · 신체적 · 정서적 요소를 포함하고 있다. 인지적 친밀감을 형성하기 위해 자신의 성격과 원가족 경험에서 결핍을 채우려는 기대로 배우자를 선택했음을 이해하고 그러한 환상에서 벗어나 배우자를 독립적 인격체로 인정하고 배우자가 겪어 온 상처와 바람이 무엇인지 정서적으로 깊이 공감하고 지지할 수 있도록 하였다.

또한 부부가 스킨십을 통해 서로를 이해하고 존중하는 신체적 친밀감을 형성하기 위해 인간이 태어나서 죽을 때까지 피부 접촉, 시선 맞춤 등 신체 접촉으로 이해받고 사랑받는 정서적 안정감과 신뢰감을 얻고자 한다는 것을 이해하며 부부가 일상에서 따뜻한 스킨십을 나눌 수 있도록 하였다. 그리고 부부가 서로의 긍정적 · 부정적 정서를 알아차리고 이면의 욕구와 의도까지 공감할 수 있도록 하였다.

■ 제2단계: 갈등 다루기 단계(5~6 회기)

부부는 배우자의 습관, 사고, 행동 양식이 자신과 달라서 문제라고 인식하는 경우가 많다. 그래서 상대를 인격적으로 비난하거나 방어적 태도를 보이며, 상대를 멸시하고, 언어적 · 비언어적으로 역기능적 대화를 하는 경우가 많다. 따라서 부부가 자신들의 이러한 역기능적 대화의 특징을 이해하고 기능적인 대화로 수정할 수 있도록 하였다.

또한 많은 부부가 갈등을 회피하거나 어느 한쪽이 이기고 다른 한쪽이 지는 방법을 택하는 경우가 많다. 따라서 갈등은 어느 부부에게나 있다는 것과 자신들의 갈등을 일으키는 서로의 욕구와 신념의 차이는 무엇인지, 그러한 갈등과 문제를 조화롭게 대처하는 방식은 무엇인지를 이해하고 갈등을 조절할 수 있는 대화를 할 수 있도록 하였다.

■ 제3단계: 함께하는 문화 만들기 단계(7~8회기)

부부의 친밀감과 평화는 각자의 삶의 의미를 공유할 때 일상에서의 행복감으로 다가온다. 부부가 각자의 꿈과 목표, 가정경제, 자녀교육, 집안 경조사 챙기기 등의 큰 일과 놀러 다니기, 차 한잔하기, 산책하기, 가사일 나누어 하기 등 일상의 작은 일에 관해 서로의 생각과 바람을 터놓고 함께할 수 있는 것, 각자 따로 하고 싶은 것, 배우자에게 지원받고 싶은 것 등에 대해 협의하고 실천할 수 있도록 하였다.

이 부부관계증진 집단상담 프로그램은 '친밀감 더하기' '갈등 다루기' '함께하는 문화 만들기'의 3단계로 구성되었으며 프로그램 모형은 [그림 4-1]과 같다.

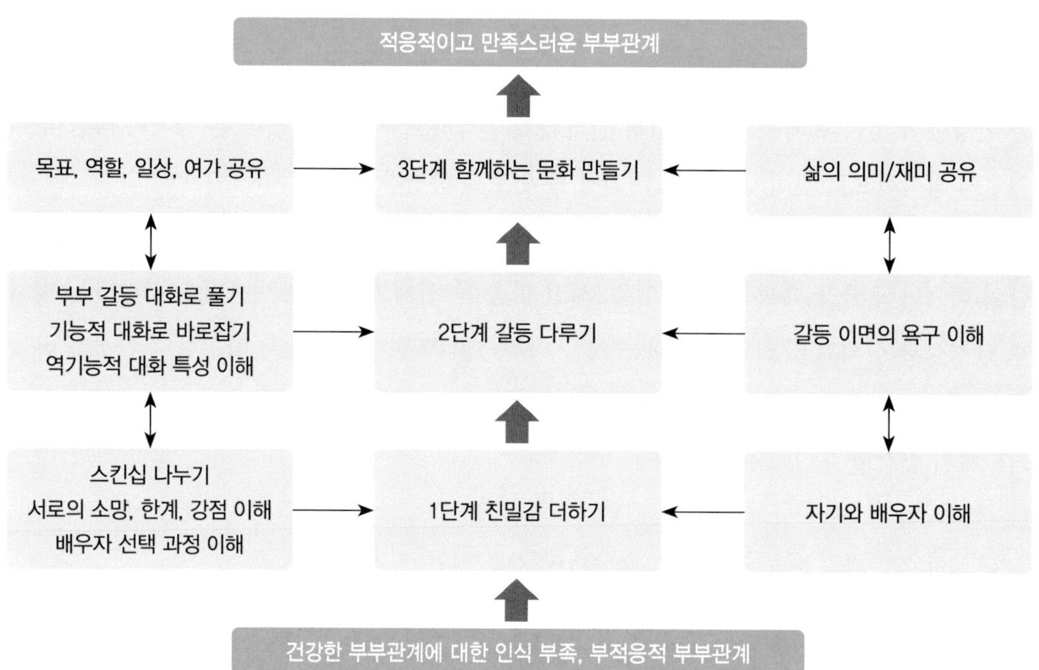

[그림 4-1] 부부관계증진 집단상담 프로그램 모형

3. 프로그램 운영지침

프로그램의 운영지침은 다음과 같다.

첫째, 이 프로그램은 비교적 건강한 부부관계를 유지하고 있는 부부를 대상으로 하며 부부 간의 상호 이해를 증진하고 협력을 도모하기 위해서 부부가 함께 참여하는 것으로 한다.

둘째, 집단은 비슷한 연령대의 같은 결혼 주기 또는 혼합 주기로 구성할 수 있으며, 혼합 주기로 구성할 경우 전 주기에 대한 상호 교육적 기대 효과가 있다고 보며, 결혼 전 예비부부에게도 적용할 수 있다.

셋째, 집단의 크기는 구성원 간의 역동성을 고려하여 네다섯 부부, 8~10명 정도가 적합할 것으로 본다. 많아도 여섯 부부 이내가 적절할 것으로 본다.

넷째, 전체 8회기 프로그램으로 회기당 100분 정도 진행되며 일주일에 1~2회기씩 또는 주말 등을 활용하여 2일 정도의 마라톤 집단으로 운영할 수 있다.

다섯째, 매 회기 도입 활동은 회기 주제와 관련된 신체활동으로 시작하여, 회기 목표 달성을 위한 전개 활동, 회기 소감 나누기 등의 마무리 활동으로 구성하였다. 그리고 프로그램이 주 단위로 실시될 경우 참여자들이 활동을 통해 얻은 경험을 생활 속에서 실천할 수 있도록 과제를 제시하였다.

여섯째, 전개 활동은 부부 짝 활동, 2쌍의 부부가 함께하는 소그룹 활동, 전체 집단 활동으로 운영되며, 짝 활동이나 소그룹 활동을 하고 전체 집단에서 활동 소감 등을 공유하여 집단 전체 역동이 일어나도록 하였다.

일곱째, 부부관계에 대한 교육이나 강의가 필요한 경우, 읽기 활동을 구성하여 지도자가 일방적으로 설명하기보다는 집단원들이 자료를 읽고 느낌과 생각을 나눌 수 있도록 하였다.

여덟째, 부부관계를 다루고 있으므로 매 회기 서로에 대하여 반성을 하거나 서로에 대해 몰랐던 점을 깨닫기도 한다. 이때 관계가 좋아지기도 하지만, 때로는 상대에 대한 실망 등의 감정을 나타내기도 한다. 지도자는 서로의 감정을 존중하고 수용할 수 있는 분위기를 마련할 필요가 있다.

4. 프로그램 계획

프로그램의 회기별 목표와 구체적인 계획은 다음과 같다.

단계	회기	주제	목표	활동
친밀감 더하기	1	우리, 이렇게 살고 있었네!	• 프로그램의 목적을 이해하고, 집단원 간 친밀한 관계를 형성한다. • 현재 부부관계를 탐색하고 프로그램을 통해 변화하고자 하는 목표를 세운다.	• **도입 활동** –회기 목표 및 활동 안내 –왼손 빼기 박수, 주먹탑 쌓기 • **전개 활동** –부부 별칭 짓고 소개하기 –부부관계 척도 검사하기 –개인 변화 목표 세우고 나누기 –서약서 작성하기 • **마무리 활동** –소감 나누기
	2	우리, 이런 기대로 만났네!	• 자신이 배우자를 선택할 때 가졌던 기대가 무엇인지 이해한다. • '배우자가 나의 기대를 충족해야 한다'는 비합리적 신념을 수정한다.	• **도입 활동** –지난 회기 요약 및 이번 회기 안내 –등 대고 업어 주기, 뒤로 넘어지기 • **전개 활동** –배우자 선택에 걸었던 자신의 기대와 욕구 파악하기 –읽기 활동: 배우자 선택에 거는 기대의 의미 이해하기 –배우자 선택에 대한 비합리적 신념 수정하기 • **마무리 활동** –소감 나누기

단계	회기	주제	목표	활동
친밀감 더하기	3	나를 알고, 당신을 알고!	• 원가족과 현재 부부관계에서 자신과 배우자의 바람과 삶의 목표가 무엇인지 이해한다.	• 도입 활동 –지난 회기 요약 및 이번 회기 안내 –접어 게임 • 전개 활동 –자신과 배우자의 바람과 삶의 목표 이해하기(원가족과 현재 부부관계에서 바라는 것, 바라지 않는 것, 자신의 장점과 약점, 삶의 목표 이해하기) –배우자의 발표를 듣고 공감 · 반영하기 • 마무리 활동 –소감 나누기 –과제 제시: 배우자에게 더 궁금한 것 물어보기
	4	우리, 스킨십을 나누어요!	• 스킨십이 중요한 이유를 이해하고 상대가 원하는 스킨십을 해 줄 수 있다. • 부부가 일상에서 함께 실천할 수 있는 스킨십 방법을 찾는다.	• 도입 활동 –지난 회기 요약 및 이번 회기 안내 –등 대고 이동하기 • 전개 활동 –읽기 활동: 스킨십이 중요한 이유 이해하기 –부부가 서로에게 '사랑의 마사지' 해 주기 –'사랑의 마사지'를 주고받을 때 소감 나누기 –부부가 일상에서 나눌 수 있는 스킨십 방법 찾기 • 마무리 활동 –소감 나누기 –과제 제시: 약속한 스킨십 실천하기

단계	회기	주제	목표	활동
갈등 다루기	5	우리, 속 터놓고 말해요!	• 역기능적 대화와 기능적 대화의 특징을 이해한다. • 역기능적 대화를 기능적 대화로 바로 잡는다.	• **도입 활동** –지난 회기 요약 및 이번 회기 안내 –손바닥치기로 상대 넘어뜨리기 • **전개 활동** –역기능적 대화의 특징 이해하기, 부부의 역기능적 대화 경험 나누기 –기능적 대화의 특징 이해하기 –부부의 역기능적 대화 기능적 대화로 바로잡기 • **마무리 활동** –소감 나누기 –과제 제시: 다가가는 대화 실천하기
	6	우리, 갈등은 대화로 풀어요!	• 부부관계에서 갈등은 필연적이며 해소할 것이 아니라 조절할 것임을 이해한다. • 갈등 이면에 숨어 있는 상대의 욕구와 신념을 이해하고 조절할 수 있다.	• **도입 활동** –지난 회기 요약 및 이번 회기 안내 –달팽이 길 찾기 게임 • **전개 활동** –읽기 활동: 갈등의 속성, 갈등 대처 유형, 갈등 조절에 대해 이해하기 –자신이 생각하는 부부 갈등은 무엇이며, 그 갈등 이면의 자신의 욕구와 신념은 무엇인지 살펴보고 배우자와 나누기 –최근 부부 갈등 대화 경험 나누기 –자신들의 갈등 대화를 기능적 대화로 바꾸어 역할극하기 • **마무리 활동** –소감 나누기 –과제 제시: 갈등 조절 실천하기

단계	회기	주제	목표	활 동
함께 하는 문화 만들기	7	우리, 재미있게 살아요!	• 부부가 일상에서 함께 의미 있고 재미있게 살아갈 수 있는 실천계획을 세운다.	**• 도입 활동** –지난 회기 요약 및 이번 회기 안내 –종이 찢기 **• 전개 활동** –일상의 큰일과 작은 일에서 의미와 재미를 공유할 수 있는 방법 찾기 –부부가 함께할 가족문화를 종이탑으로 만들어 상징화하기 **• 마무리 활동** –소감 나누기 –과제 제시: 사랑의 종이탑 일상에서 실천하기
	8	여보, 미안해요, 고마워요!	• 배우자의 입장이 되어 상대의 마음을 이해할 수 있다. • 배우자에게 하고 싶은 말을 편지로 써서 전한다. • 집단 참여 전과 후의 변화 정도를 점검하고 변화 의지를 다짐한다.	**• 도입 활동** –지난 회기 요약 및 이번 회기 안내 **• 전개 활동** –배우자가 되었다고 가정하고 자기(배우자) 소개하기 –부부가 서로 고마웠던 마음, 미안했던 마음을 표현하고 나누기 –배우자에게 사랑의 편지를 쓰고 서로 교환하여 읽기 **• 마무리 활동** –소감 나누기 –프로그램 참여 전후 변화와 전체 참여 소감 나누기

5. 프로그램 회기별 내용

1회기 우리, 이렇게 살고 있었네!

활동 목표

- 프로그램의 목적을 이해하고, 집단원 간 친밀한 관계를 형성한다.
- 현재 부부관계를 탐색하고 프로그램을 통해 변화하고자 하는 목표를 세운다.

준비물

이름표, 네임펜, [활동지 1-1], [활동지 1-2], [활동지 1-3]

진행 절차

1. 도입 활동(20분)

▶ 이번 회기 목표 및 활동 안내

1회기에서는 이 프로그램의 목적을 알아보고 서로를 알아 가는 시간을 갖겠습니다. 이 프로그램은 부부를 대상으로 서로에 대한 이해를 통해 관계를 증진하고, 나아가 행복한 결혼생활을 하는 데 초점을 두는 프로그램입니다. 총 8회기로 구성되어 있으며 매 회기 100분 정도 활동할 것입니다. 그 외 궁금한 점이 있으면 질문해 주십시오.

▶ 왼손 빼기 박수

처음 만나 이렇게 모여 있으니 좀 어색하고 불편하시지요? 간단한 활동들을 통해 조금 더 편안해져 보겠습니다.

활동 내용

① 지도자가 오른손 손가락으로 숫자를 표시하면서 숫자를 외치면(박수 둘), 그 숫자에 +1을 해서 박수를 친다(박수 세 번을 친다).

② 지도자가 왼손 손가락으로 숫자를 표시하면서 숫자를 외치면(박수 하나), 그 숫자에 -1을 해서 박수를 친다(박수를 치면 안 된다).

③ 지도자는 양쪽 손을 번갈아 가며 다양한 숫자를 제시한다. 박수를 잘못 친 사람은 일어나서 큰 소리로 자신의 이름을 말하고 장점 한 가지를 말한다.

▶ 주먹탑 쌓기

활동 내용

① 두 팀으로 나눈다.

② 각 팀별로 오른손 주먹을 엇갈려 쌓는다.

③ 지도자가 '위로'라고 하면 가장 밑에 있는 사람이 주먹을 가장 위로 올린다. '아래로'라고 하면 가장 위에 있는 사람이 주먹을 가장 아래로 내린다. '덮어'라고 하면 가장 위에 있는 사람이 밑에 있는 손을 손바닥으로 때린다. (지도자 지시: 위로, 위로, 아래로, 위로, 아래로, 아래로, 덮어 등) 밑에 있는 사람들은 재빨리 피할 수 있다. 손을 피하지 못하고 맞은 사람은 일어나서 자기 이름과 단점 한 가지를 말한다.

Tip

- 첫 회기의 어색한 분위기를 완화하기 위해 충분한 촉진 활동을 하면 좋다. 지도자가 알고 있는 신체활동으로 응용해도 좋다. 게임의 벌칙을 통해 자연스럽게 자기를 소개할 수 있다.

2. 전개 활동(70분)

▶ 부부 별칭 짓고 소개하기 활동지 1-1

간단한 활동을 하고 나니 느낌이 어떠신지요? 좀 편안하십니까? 이제 다른 부부에 대한 궁금한 점들도 생길 것 같습니다. 이번에는 부부 소개를 통해 서로에 대해 알아보겠습니다.

활동 내용

① 부부가 함께 [활동지 1-1]을 보고 상의하여 작성한다.

② 이름표에 부부의 별칭을 쓰고 그 아래 자신의 이름을 써서 착용한다.

③ 두 사람이 역할(우리 부부는요, 우리 부부 별칭은요)을 나누어 부부별로 돌아가면서 소개한다.

Tip

- 한 부부가 발표할 때마다 부부의 별칭을 불러 주면서 박수나 간단한 세리머니로 환영한다.

▶ 부부관계 척도 검사하기, 변화 목표 세우기 활동지 1-2

부부 소개를 들어 보니 어떠하셨나요? 이제 여러분의 지금 관계가 어떠한지 궁금하지 않습니까? 우리 부부는 관계가 좋을까? 아닐까? 서로 생각이 같을까? 다를까? 간단한 척도로 검사를 해 보고 출발점 진단을 해 봅시다. 먼저, 각자 검사를 하고 결과를 배우자와 함께 살펴보십시오. 어떤가요? 각자의 생각이 조금씩 다른가요? 여러분이 이 프로그램을 통해 변화하고자 하는 목표는 무엇인가요? 구체적으로 표현해 봅시다. 이 목표는 반드시 실천하여 이루면 좋겠지만, 그렇게 하려는 노력과 의지를 살펴보는 것이 더 중요할 것입니다.

활동 내용

① 부부 각자 부부관계 척도 검사를 한다(3분).
② 배우자와 함께 검사 결과를 보면서 느낌을 나눈다(5분).
③ 각자 변화 목표를 세운다.
④ 전체로 모여 부부별로 각자의 변화 목표를 발표한다.

Tip

- 부부관계 척도 검사에 대한 간단한 느낌과 함께 자연스럽게 변화 목표를 말하도록 한다.
- 앞서 발표한 부부에 대해 느낌이 있는 경우 간단히 피드백하게 하고 자신의 말을 하게 함으로써 상호작용이 일어나도록 하면 좋다.

▶ 서약서 작성하기 활동지 1-3

어떠신가요? 오늘 활동을 통해 앞으로 진행하게 될 프로그램에 대한 흥미나 기대가 생기셨나요? 부부 사이에도 서로가 지켜야 할 규칙이 있듯이 우리 프로그램에서도 원활한 진행을 위해 최소한의 규칙이 필요합니다. 서로의 성장을 돕기 위해 무엇보다 참여자 여러분의 도움이 꼭 필요합니다. 그래서 우리가 지켜야 할 중요한 내용을 약속하는 시간을 갖겠습니다. 마지막에 비어 있는 칸에는 자기가 꼭 지키고 싶은 것이 있으면 써 보십시오. 서약서를 작성하고 읽어 보겠습니다.

활동 내용

① 각자 서약서 읽고 서명한다.
② 함께 큰 소리로 읽는다.
③ 개인적으로 추가한 서약이 있으면 발표한다.

3. 마무리 활동(10분)

▶ 소감 나누기

오늘은 프로그램의 방향을 알아보고, 서로를 알아 가는 시간을 가졌습니다. 이번 시간에 참여하면서 새롭게 알게 된 점이나 느낀 점이 있다면 함께 나누어 보겠습니다. 누구든 먼저 시작해 주시고, 앞사람의 발표에 대한 자신의 느낌을 나눌 수 있으면 더욱 좋겠습니다. (이야기를 나눈 후) 이름표와 교재는 모아서 다음 회기에 사용하겠습니다. 서로에게 감사의 마음을 박수로 표현할까요? (박수) 수고하셨습니다. 다음 주에 만납시다.

4. 유의점

- 첫 회기는 신뢰감과 친밀감을 형성하는 매우 중요한 회기이다. 편안한 분위기에서 솔직하게 자신을 드러낼 수 있는 허용적이고 신뢰할 수 있는 분위기를 조성한다.
- 부부 프로그램이므로 다른 부부와 비교하거나, 부부가 서로 비난하지 않도록 서로를 존중하고 배려할 것을 자연스럽게 안내한다.

활동지 1-1

우리 부부를 소개합니다!

※ 솔직하고 재미있는 부부 소개를 해 봅시다. 먼저, 우리 부부에 대해 간단히 소개하고(우리 부부는요!), 부부 각자의 특징을 조합하여 부부 별칭을 짓습니다(우리 부부의 별칭은요!).

■ 우리 부부는요!

- 우리 부부의 이름은? ______________________
- 결혼 기간은? ______________________
- 가족 구성원은? ______________________

■ 우리 부부의 별칭은요!

※ 두 사람의 관계를 잘 묘사할 수 있도록, 다음 예와 같이 각자의 특징을 조합하여 별칭을 만들어 봅시다.

예 1: 아내는 정리정돈 잘 안 함, 남편은 깔끔하고 정리 다 함 → 지저분 깔끔
예 2: 남편은 돈을 주머니에 넣고 못 배김, 아내가 돈 관리 다 함 → 헤픈 저축왕
예 3: 남편은 급한 성격, 아내는 느긋한 성격 → 빠른 느림
예 4: 아내는 여우같이 영리하고 남편은 고집불통 → 여우 고집

※ 먼저 각자 자신의 특징을 쓰십시오. 그런 다음 조합하여 별칭을 만듭니다. 별칭은 부르기 좋게 5자 이내이면 좋습니다.

	남편	아내
특징		
별칭		

활동지 1-2

부부관계 척도

※ 다음은 부부관계를 알아보는 척도입니다. 응답하여 점수를 합하면 부부관계가 어떤 단계에 있는지 짐작할 수 있습니다. 부부가 따로 앉아서 체크하고, 나중에 한자리에 모여서 그 결과를 보고 대화를 나누어 봅시다.

※ 다음을 읽고 자기 부부가 해당된다고 생각이 드는 번호에 체크해 주시기 바랍니다.

	문항	거의 그렇지 않다	어쩌다 한 번씩 그렇다	자주 그러는 편이다
1	사소한 논쟁이 욕설, 비난 혹은 과거의 상처를 다시 떠올리게 하는 험한 싸움으로 발전한다.	1	2	3
2	나의 배우자는 의견, 느낌 혹은 욕구를 비판하거나 하찮게 여긴다.	1	2	3
3	나의 배우자는 나의 말이나 행동을 내가 의도했던 것보다 더 부정적으로 해석한다.	1	2	3
4	해결해야 할 문제가 있을 때, 우리는 서로 상반된 견해나 태도를 보인다.	1	2	3
5	나의 배우자 앞에서 진실한 감정을 드러내길 주저한다.	1	2	3
6	나는 우리 부부관계에서 외롭다는 느낌이 든다.	1	2	3
7	우리는 논쟁거리가 있을 때, 둘 중에 한 사람이 회피한다. 그것에 대해 더 이상 말하기를 원하지 않는다.	1	2	3

※ 합산 점수 7~11점: 파란 불, 12~16점: 노란 불, 17~21점: 빨간 불

※ 출처: 연문희(2012).

〈나의 프로그램 참여 동기와 변화 목표〉

나는 부부관계에서 ______________________________ 느낌을 느끼고 싶어서

______________________________ 행동으로 변화할 것입니다.

(현재 ______점 ➡ 종결 ______점)

나는 부부관계에서 ______________________________ 느낌을 느끼고 싶어서

______________________________ 행동으로 변화할 것입니다.

(현재 ______점 ➡ 종결 ______점)

활동지 1-3

서약서

서 약 서

나는 '부부관계증진 집단상담 프로그램'에
자발적으로 참여하고
행복하고 의미 있는 만남이 되기 위해서

■ 집단상담 약속 시간을 지키고 활동에 끝까지 참여하겠습니다.
■ 나의 생각과 느낌을 솔직하게 표현하겠습니다.
■ 집단원들의 생각과 감정, 의견, 행동을 존중하겠습니다.
■ 배우자의 생각과 감정, 의견, 행동 또한 존중하겠습니다.
■ 집단상담에서 나눈 이야기는 비밀로 하겠습니다.
■ ________________________________

저는 집단상담에 참여하면서 위 사항들을 지킬 것을 약속합니다.

년 월 일

이름 : (서명)

2회기 우리, 이런 기대로 만났네!

활동 목표

- 자신이 배우자를 선택할 때 가졌던 기대가 무엇인지 이해한다.
- '배우자가 나의 기대를 충족해야 한다'는 비합리적 신념을 수정한다.

준비물

이름표, 필기구, [활동지 2-1], [활동지 2-2]

진행 절차

1. 도입 활동(20분)

▶ 지난 회기 요약 및 이번 회기 안내

지난 한 주 어떻게 보내셨나요? 지난주에 우리가 한 활동 기억나시나요? (대답을 들은 후) 지난 회기 이후 부부끼리 나눈 이야기가 있거나 새로운 경험이 있었다면 이야기해 주실 수 있을까요? (이야기를 들은 후) 이번 회기에서는 우리가 배우자를 선택할 때 어떤 기대를 가졌었는지, 그 이유는 무엇인지 살펴보고자 합니다.

▶ 등 대고 업어 주기, 뒤로 넘어지기

시작하면서 간단한 신체활동을 하겠습니다.

활동 내용

① 부부가 등을 대고 서서 가위바위보를 한다.
② 이긴 사람이 진 사람을 등으로 업어 주고, 깊이 흔들어 준다. 역할을 바꾼다(체격 차이가 나면 살짝만 업어 준다).
③ 부부가 같은 방향을 보고 팔꿈치 하나 정도의 사이를 두고 앞뒤로 선다.
④ 앞사람이 뒤로 넘어지면 뒷사람이 안아 준다. 팔꿈치 둘 정도의 사이를 두고 다시 앞사람이 뒤로 넘어지면 뒷사람이 안아 준다. 팔꿈치 셋 정도의 사이를 두고 다시 앞사람이 뒤로 넘어지면 뒷사람이 안아 준다. 역할을 바꾼다.

배우자를 업거나 업힐 때 느낌은 어땠나요? 뒤로 넘어지거나 안아 줄 때는 어떤 느낌이었나요? 몇 분만 느낌을 이야기해 주십시오.

2. 전개 활동(60분)

▶ 배우자 선택에 걸었던 기대와 욕구 파악하기 활동지 2-1

이제 우리 부부가 어떻게 만나 어떻게 살아왔는지 되돌아보고자 합니다. [활동지 2-1]을 보십시오. 먼저, 각자가 배우자의 첫인상은 어땠는지, 배우자에게 걸었던 기대는 무엇인지, 부모님과의 관계로부터 배우자에게 원했던 것은 무엇인지, 가장 행복했던 순간은 언제인지, 가장 힘들었던 순간은 언제인지 써 보십시오. 다 쓰셨으면, 두 쌍씩 소그룹으로 모여 자신이 쓴 것을 바탕으로 한 사람씩 돌아가면서 발표해 주십시오. 듣는 사람들은 질문 등의 반영을 해 주시면 됩니다. 듣는 사람은 말하는 사람에게 관심을 갖고 몸을 기울이고 주의를 집중해서 듣습니다. 한 사람이 5분 정도 20분간 나누십시오.

활동 내용

① 각자 [활동지 2-1]을 작성한다.

② 두 쌍씩 소그룹으로 모여 각자 발표하고 공감 · 반영하면서 듣는다.

이제 다 같이 모여 앉겠습니다. 소그룹에서 발표하거나 들었을 때의 느낌은 어떠했는지 이야기해 보겠습니다.

Tip

- 지도자는 소그룹 내에서 각자 고르게 말할 수 있도록 "5분이 경과하였습니다." "다음 사람이 말하면 좋겠습니다."와 같이 시간 진행 상황을 안내한다.
- 소그룹에서 밀도 있게 발표한 후, 전체 집단에서 소그룹에서 말하고 들었을 때의 느낌을 나눈다.
- 소그룹에서 이야기할 때 서로 가까이 앉아 몸을 앞으로 약간 기울여 다른 사람의 말을 들을 수 있도록 하고, 서로의 발표에 질문하거나 공감 · 반영을 할 수 있도록 안내한다.

▶ 배우자 선택에 거는 기대의 의미 이해하기 활동지 2-2

여러분이 배우자에게 느꼈던 첫인상과 결혼을 결정하면서 걸었던 기대에 대해 나누어 보았습니다. 이제 배우자에 대한 여러분의 기대가 부부관계에 어떤 영향을 미치는지에 대한 글을 읽어 보겠습니다. 몇 분이 나누어 읽어 주시겠습니다. 먼저 읽어 주실 분 있으신지요? (네 사람 정도가 한 문단씩 읽는다.) 다 읽어 보았습니다. 이제 이 글을 읽고 자신이 배우자 선택에 걸었던 기대는 어떠했는지, 어떤 환상을 갖고 있었는지에 대해 느낀 점이나 생각을 나누어 봅시다.

활동 내용
① [활동지 2-2]의 글을 몇 사람이 소리 내어 읽는다.
② 글을 읽고 자신이 배우자 선택에 걸었던 기대와 환상에 대해 느낌이나 생각을 나눈다.
③ 희망자가 있을 경우 [활동지 2-2]의 제목을 수정해서 이야기하는 시간을 갖는다.

3. 마무리 활동(20분)

▶ 소감 나누기

오늘 활동하면서 어떤 이야기를 나누었나요? (대답을 들은 후) 우리는 서로 어떤 환상을 만들 수 있는지도 알아보았습니다. 여러분의 기대와 환상은 다양했으며 그 당시에는 그럴 만한 이유가 있었습니다. 배우자를 선택했을 때 각자의 눈에 씌어 있던 콩깍지가 무엇이었는지 살펴보았습니다. 이제 배우자를 보는 마음이 어떠한지요? 이번 회기를 하면서 새롭게 느낀 점이나 생각이 있으면 나누어 보겠습니다. 누구든 먼저 시작해 주시고, 앞사람의 발표에 자신의 느낌을 나눌 수 있으면 더욱 좋겠습니다. (이야기를 나눈 후) 이름표와 교재는 모아서 다음 회기에 사용하겠습니다. 감사합니다. (박수) 수고하셨습니다. 다음 주에 만납시다.

4. 유의점

- 편안한 분위기에서 솔직하게 활동할 수 있도록 허용적이고 신뢰할 수 있는 분위기를 조성한다.
- 제시된 글이나 시의 내용을 무조건 이해하고 받아들이기보다는 자신의 생각과 느낌을 솔직하고 생생하게 드러낼 수 있도록 촉진한다.

활동지 2-1

우리, 어떻게 만났을까?

※ 각자 활동지에 자신의 답을 써 봅시다. 그 다음 두 쌍씩 소그룹으로 모여 각자의 이야기를 나누어 봅시다.

1. 두 사람은 어떻게 만나서 가까워졌나요? 배우자의 첫인상과 느낌은 어땠나요?

(예: 난 네가 ~ 이래 보이더라!)

---

2. 어떻게 결혼하기로 결정했나요? 상대방의 어떤 점이 결혼을 결심하게 했을까요? 배우자에 대한 기대는 어땠나요?

(예: 내 눈에 콩깍지가 씌어서!)

---

3. 부모님과 당신의 관계는 어떠했나요? 당신의 배우자 선택 과정은 원가족 경험과 어떤 관련이 있나요?

(예: 우리 엄마, 아버지가 ~~ 이래서, 니랑 살면 ~~ 줄 알았지!)

---

4. 지난날을 돌아보면 떠오르는 가장 행복하고 좋았던 순간은 언제였나요? 어떤 상황이었나요? 그때 내가 좋은 감정과 생각이 들었던 것은 나의 어떤 필요와 욕구가 채워졌기 때문일까요?

(예: 나는 그때, 참 좋았어!)

---

5. 지난날을 돌아보면 떠오르는 정말 힘들었던 시간은 언제였나요? 어떤 상황이었나요? 그때 내가 나쁜 감정과 생각이 들었던 것은 나의 어떤 필요와 욕구가 채워지지 않았기 때문일까요?

(예: 나는 그때 정말로 슬프고 힘들었어!)

활동지 2-2

결혼에 대한 비합리적 신념

배우자가 나의 기대를 충족해야 행복한 결혼이다!

우리는 배우자와 결혼에 대한 기대와 환상을 갖고 결혼한 경우가 많습니다. 배우자가 나와 다른 성격이어서 멋졌고, 나의 부모님의 좋은 점을 닮았거나, 나의 부모님의 나쁜 점과 정반대의 특성을 가졌기에 내 결핍을 채워 줄 것 같았습니다.

계획에 따라 미리미리 이야기하고 팩트를 중심으로 이야기하는 여성과 푸근하게 그때그때 마음에 와닿는 감정을 중심으로 이야기하는 남성이 서로의 장점이 마음에 들어 결혼했습니다. 자신과 정반대 성격의 배우자가 자신의 결핍을 채워 줄 것 같았습니다. 어느 날 기분이 좋은 남편이 "나는 당신이 하는 말 다 믿어. 100퍼센트 믿을 수 있어. 집안일도 잘하고, 애들도 잘 키우고. 당신 같은 아내를 얻은 나는 나라를 구한 사람이야."라고 말했습니다. 그러자 아내가 "당신 오늘 기분 좋네. 그런 말 들으니 기분은 좋지만. 그래도 100퍼센트 믿는다는 게 진짜야? 내가 신도 아니고. 그런 당신이 내가 마당 있는 주택으로 이사하자니까 싫다고 했잖아."라고 말했습니다. 남편은 거듭되는 단독주택 이야기에 몹시 화가 났습니다. 남편은 상황에 따라 진실을 말하는 감정형이었고, 아내는 늘 변하지 않는 진실을 말하는 이성형이었습니다. 서로의 성격을 이해하지 않는 한 이 대화는 더 이상 나아갈 수 없습니다.

걸핏하면 화를 폭발시키는 엄마 때문에 선하고 차분하고 조용하고 자상한 이미지의 사람에 대한 환상을 가진 한 여성이, 자신이 화를 내도 같이 폭발하지 않고 차분하게 달래 주면서 하나하나 설명해 주는 남자가 좋아 결혼했습니다. 그런데 함께 살면서 "이 사람 아주 깐깐한 데가 있어요. 집요하게 긁은 데 또 긁고 쪼잔한 면이 있는데, 그건 정말 싫어요. 꼬장꼬장하게 구는 것 때문에 싸워요."라고 말합니다. 불붙은 성냥갑 같은 아내와 달아오른 무쇠솥 같은 남편. 두 사람은 성격 유형도 다르지만 자라온 집안 문화도 다릅니다. 두 사람의 싸움은 자신들의 원가족 결핍에서 생긴 판타지를 채워 줄 사람을 만나 결혼했고, 나중에 바로 그 부분의 이면을 보고 힘들어하는 것입니다.

이렇듯 서로 달라서 좋았던 장점이 결혼 후 단점으로 다가옵니다. 하지만 이 세상에 완전한 장점은 있을 수가 없습니다. 상대방이 완벽하게 나의 결핍을 채워 줄 것이라는 신념이 환상이고 판타지입니다. '아, 우리가 다르구나. 한계를 갖고 있구나. 안 통하는구나.'에서 출발해야 합니다. 지금 우리 부부가 너무 잘 통한다고 생각이 든다면, 분명 둘 중 하나가 먼저 상대를 배려하고 포용하고 있을 것입니다. 모든 인간관계는 대화가 안 되고 갈등이 생기고, 미운 마음이 드는 게 정상입니다. 결혼도 어려운 길임을 받아들이면 문제 될 것이 훨씬 줄어듭니다.

※ 출처: 김용태(2017).

3회기 나를 알고, 당신을 알고!

활동 목표

• 원가족과 현재 부부관계에서 자신과 배우자의 바람과 삶의 목표가 무엇인지 이해한다.

준비물

이름표, 필기구, [활동지 3-1], 전지(인원수만큼), 크레파스 2통, 유리 테이프

진행 절차

1. 도입 활동(20분)

▶ 지난 회기 요약 및 이번 회기 안내

안녕하십니까? 지난주 배우자를 선택할 때 어떤 기대를 걸었는지 살펴보았습니다. 그리고 배우자에 대한 걸었던 기대의 이면에 각자만의 환상이 있었다는 것도 살펴보았습니다. 그 후 일주일간 배우자와 어떻게 지내셨나요? (이야기를 들은 후) 이번 회기에서는 자신과 자신의 배우자가 원가족과 현재 부부관계에서 바라는 것은 무엇인지, 각자의 장점과 단점은 무엇인지, 삶의 목표는 무엇인지 알아보고 서로를 좀 더 깊이 이해하는 시간을 갖겠습니다.

▶ 접어 게임

시작하면서 간단한 게임을 해 볼까요?

활동 내용

① 오른손을 올려 손가락 5개를 모두 편다.
② 지도자가 먼저 '안경 낀 사람 접어'라고 하면 안경 낀 사람만 손가락 1개를 접는다.
③ 같은 방식으로 다음 사람이 '~한 사람 접어'라고 하면 해당하는 사람만 손가락 1개를 접는다.
④ 손가락 5개를 다 접은 사람은 벌칙(지금 이 순간 느낌 빨리 말하기)을 수행한다.

Tip

• 벌칙(지금 이 순간 느낌 말하기)을 수행할 때, 그러한 감정을 느낀 이유도 함께 말하게 함으로써, 지금-여기에서의 감정을 자각하고 표현하는 연습을 한다(예: 벌칙을 받아 속상합니다. 2회기가 기대되어 설렙니다. 게임이 재미있어 즐겁습니다).

• 벌칙을 통해 집단상담에서 감정이나 생각을 말할 때 느낀 감정과 그 이유를 함께 말하는 것이 좋다는 것을 안내한다.

2. 전개 활동(60분)

▶ 나를 찾아 떠나는 여행 활동지 3-1

'나를 찾아 떠나는 여행' 활동을 통해 자신을 이해하고, 배우자 또한 깊이 있게 이해하고자 합니다. [활동지 3-1]을 보십시오. 이 활동은 부부가 함께 활동할 것입니다. 제시된 팁을 참고하여 활동하십시오(지도자와 함께 팁을 읽으면서 필요한 설명을 한다). 다 하고 나면 전지를 벽에 붙이고 각자 자신의 그림에 대해 발표할 것입니다. 이제 전지 한 장과 크레파스 하나를 들고 부부가 활동할 수 있는 적당한 장소로 가서 활동하십시오. 완성하는 시간은 10분을 드리겠습니다(지도자는 "5분 경과하였습니다." "3분 남았습니다."와 같이 시간 진행 상황을 알리면서 활동을 독려한다. 필요하면 추가 시간을 짧게 준다).

이제 모든 그림이 벽에 붙었습니다. 모두 모여 주십시오. 발표에 대하여 설명하겠습니다. 한 사람씩 자신의 그림을 설명하겠습니다. 순서는 한 사람이 발표하고 다음 사람을 초대하겠습니다. 발표할 때는 상황, 느낌, 이유를 구체적으로 말하면 좋습니다. 듣는 사람들은 발표하는 사람 주변에 가까이 둘러서서 관심을 갖고 듣습니다. 관심을 갖고 듣는다는 것은 궁금함을 갖고 듣는다는 것입니다. 질문도 하고, 발표자가 원하는 역할을 해 주는 등의 반응을 해 주면 좋습니다.

활동 내용

① 한 사람씩 자신의 전지 앞에 서서 자신의 그림을 설명한다.

② 발표자의 말에 귀를 기울이고 관심 있게 들으면서 질문 등의 공감 · 반영을 한다.

Tip

• 발표하는 순서는 서로 초대하거나, 번호 뽑기 등의 방법을 활용할 수 있다.

• 발표하는 사람 주변으로 모두가 이동해서 발표자 주변에 가까이 둘러서서 관심 있게 듣게 한다.

• 들을 때는 궁금함을 갖고 질문을 하거나 공감 · 반영을 할 수 있도록 안내한다.

• 발표자가 단답형으로 간단히 발표함에도 집단원들이 질문하거나 반영하지 못할 때 지도자가 구체적 내용을 묻거나 다른 집단원의 반응을 유도해서 촉진한다(예: 듣기 싫은 말이 '너 알아서 잘해.'라고 하셨는데, 누가 어떤 상황에서 그런 말을 했나요? 그때 느낌은 어떠했나요?/ 듣고 싶은 말이 '고마워.'라고 하셨네요. 그 앞에 덧붙이고 싶은 말은요? 누가 이 말을 해 주실 분 있나요? 배우자가 해 주실래요?).

이제 발표가 끝났습니다. 모두 자기 자리로 돌아와 둥글게 앉아 주십시오. 자신의 그림을 발표하고 다른 사람들의 발표를 들어 보니 어땠나요? 배우자의 발표를 들었을 때 어떤 생각이나 느낌이 들었나요? 여러분의 느낌과 생각을 나누어 보겠습니다.

3. 마무리 활동(20분)

▶ 소감 나누기

이번 활동을 통해 자신과 배우자에 대한 이해가 좀 깊어지셨나요? 부부가 함께 살면서 누구보다도 가까운 관계라고 생각할 수 있지만 원가족과 현재 가족에서 어떠한 바람이 있는지, 자신이 생각하는 장점과 단점은 무엇인지, 하고 싶은 일, 삶의 목표나 꿈은 무엇인지에 대해서는 잘 알지 못했으며, 서로 알려고 하지도 않았을 수 있습니다. 부부끼리 서로 얼굴을 마주 보십시오. 배우자가 발표할 때 듣고 싶은 말이 있었습니다. 이 순간 서로에게 그 말을 해 주십시오. 활동을 하고 서로에게 하고 싶은 말이 있으면 해 주십시오. (5분간 이야기를 나눈 후) 그럼 이제 한 주간 실천하실 과제를 제시하겠습니다. 과제는 오늘 활동을 하고 배우자에 대해 알게 된 점을 바탕으로 더 궁금한 점을 찾아 서로에게 물어봐 주기입니다. 잘 실천하시고 다음 회기에서 발표해 주십시오. 이름표와 교재는 모아서 다음 회기에 사용하겠습니다. 감사합니다. (박수) 수고하셨습니다. 다음 주에 만납시다.

4. 유의점

- 편안한 분위기에서 솔직하게 활동할 수 있도록 허용적이고 신뢰할 수 있는 분위기를 조성한다.
- 배우자를 잘 이해하려면 배우자의 바람에 대해 궁금함을 갖고 알고 싶어 해야 하며, 자신 또한 자신의 바람을 배우자에게 이야기할 수 있어야 함을 알 수 있도록 촉진한다.
- 각자가 지신의 신체화에 대해 발표할 때 집단원들의 공감반영이나 질문이 나오지 않을 수 있다. 지도자가 반영이나 질문하여 모델링을 한다.

활동지 3-1 나를 찾아 떠나는 여행

※ '나를 찾아 떠나는 여행' 활동을 통해 자신을 이해하고, 배우자 또한 깊이 있게 이해하고자 합니다. 원가족이나 현재 가족 또는 부부관계에서 경험한 것을 솔직하게 씁니다. 다 하고 나면 자신의 전지를 벽에 붙이고, 자신에 대해 이야기합니다.

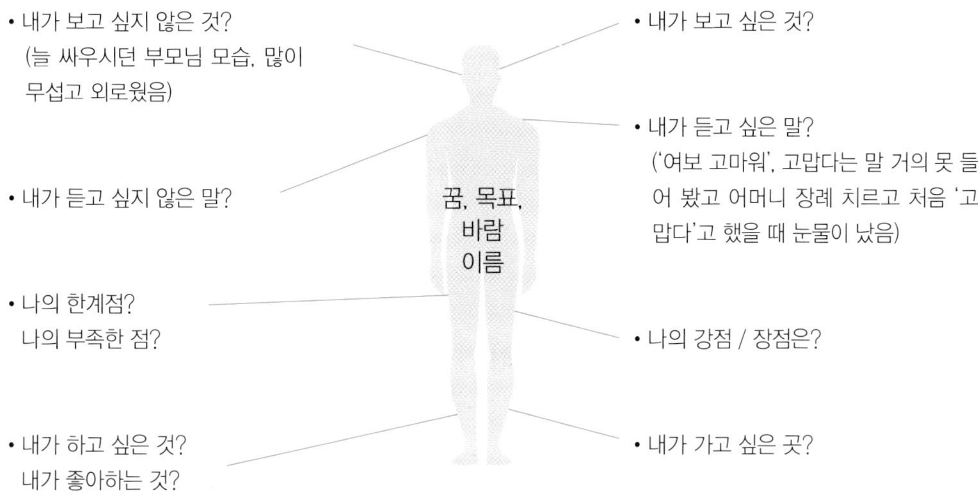

Tip

① 부부끼리 활동한다.
② 각자 전지 한 장씩을 받고, 자신이 좋아하는 색깔의 크레파스를 1~2개 선택한다.
③ 한 사람이 전지 위에 누워 자신이 원하는 포즈를 취하면 배우자가 크레파스로 신체 윤곽선을 그려 준다. 상체부터 최대한 전지에 가득 차게 포즈를 취한다.
④ 한 사람의 모습을 다 그리면 역할을 바꾼다.
⑤ 자신의 신체부위(눈, 귀, 손, 발, 가슴)에 원가족이나 현재 가족, 부부관계에서 보고 싶지 않은 것, 보고 싶은 것, 듣고 싶지 않은 말, 듣고 싶은 말, 자신의 한계점, 자신의 강점, 자신이 하고 싶은 것, 자신이 가고 싶은 곳을 쓴다. 그 이유 또는 상황, 느낌 등을 구체적으로 쓴다.
⑥ 가슴 한가운데 꿈, 바람, 목표를 쓴다. 하나만 써도 좋다. 진로에 관한 것이나 가정 혹은 관계에서 바라는 것 어떤 것이라도 좋다. 그 아래에 이름도 쓴다.
⑦ 다 쓰면 자신의 신체화가 그려진 전지를 벽에 붙인다.
⑧ 자신의 신체화 앞에 서서 집단원들에게 자신에 대해 발표한다.
⑨ 듣는 사람들은 관심을 갖고 주의 깊게 듣는다. 궁금한 점은 질문하고, 해 주고 싶은 말이 있으면 피드백하거나 지지하는 말을 하게 한다.

4회기 우리, 스킨십을 나누어요!

활동 목표

- 스킨십이 중요한 이유를 이해하고 상대가 원하는 스킨십을 해 줄 수 있다.
- 부부가 일상에서 함께 실천할 수 있는 스킨십 방법을 찾는다.

준비물

이름표, 필기구, [활동지 4-1], 스피커

진행 절차

1. 도입 활동(20분)

▶ 지난 회기 요약 및 이번 회기 안내

지난 회기 활동이 무엇이었나요? 원가족, 현 가족에서 각자의 바람이 무엇인지, 삶의 목표와 꿈이 무엇인지에 대해 서로를 이해했습니다. 과제도 있었지요. '한 주간 서로에게 더 궁금한 점이 있으면 물어보기'였습니다. 서로를 알고 난 경험이 어떠하셨는지요? (그동안 발표를 적게 한 부부를 초대해도 좋다.) 이번 회기에서는 부부관계에서 스킨십의 의미는 무엇인지를 알아보고, 우리 부부의 스킨십은 어떠한지 살펴본 후, 일상에서 소소하게 나눌 수 있는 부부 스킨십을 찾아보겠습니다.

▶ 등 대고 이동하기!

시작하면서 간단한 활동으로 부부 스킨십의 온도를 측정해 볼까요?

활동 내용

① 부부끼리 짝을 지어서 등을 대고 선 후 가위바위보를 한다. 두 사람의 등을 꼭 붙인 채 이동하는데 진 사람은 눈을 감고, 이긴 사람이 움직이는 대로 이동한다. 절대 등이 떨어지면 안 되며 손을 잡거나 상의해서는 안 된다.

② 진 사람과 이긴 사람이 역할을 바꾼다.

활동을 하면서 어땠나요? 느낌을 나누어 봅시다(지도자는 활동이 잘 안 되었다면 그 이유가 무엇인지, 따라갈 때의 느낌과 이끌어 가는 느낌은 어떤지를 말할 수 있도록 촉진한다).

2. 전개 활동(60분)

▶ 스킨십이 중요한 이유 이해하기 활동지 4-1

부부가 서로에 대해 잘 알게 되면 가까워지고 친해지는 느낌이 흐르게 됩니다. 또한 일상에서 자연스런 스킨십이 오간다면 왠지 모를 안정감과 행복감을 나눌 수 있을 것입니다.

[활동지 4-1]을 보십시오. 스킨십이 우리에게 주는 의미에 관한 읽기 자료가 있습니다. 네 다섯 부분으로 나누어 몇 분이 읽어 주시면 되겠습니다. (평소 발표가 적은 사람에게 읽기를 부탁해도 좋다.) 이 글을 읽고 어떤 느낌이나 생각이 드십니까? 누구든 먼저 말씀하시면 됩니다.

활동 내용

① [활동지 4-1]을 몇 명이 나누어 읽는다(끊어 읽으면서 간단히 느낌이나 생각, 질문 등을 나누어도 좋다).
② 읽고 나서 느낌이나 생각을 나눈다.

Tip

- 지도자는 피부 접촉이 인간이 이 세상에 태어나서 처음으로 나누는 의사소통으로 안정감과 신뢰감, 행복감을 느끼는 최초의 채널이며, 이러한 접촉은 부모, 연인, 부부 관계에서 이루어지고 완성되어 가야 하는 과제임을 인식할 수 있도록 촉진한다.
- 지도자는 해리 할로우(Harry Harlow) 박사의 실험 외에 쉔버그(Schenberg) 박사의 실험을 추가로 제시할 수 있다. 쉔버그 박사는 새끼 쥐가 어미 쥐를 빼앗겨 버리면 성장 호르몬과 오르니틴 탈탄산효소(ODC)가 심각하게 줄어들어 사망하는 것을 알고, 어미 쥐를 뺏긴 새끼 쥐에게 붓끝에 물을 묻혀 몸을 터치해 주었더니 성장호르몬과 오르니틴 탈탄산 효소가 정상으로 돌아오는 결과를 얻었다. 결국 어미 쥐가 새끼 쥐를 혀로 핥아 주는 행동이 새끼 쥐를 정상상태로 생존하고 성장 · 발달할 수 있게 하는 결정적인 요소라는 것을 알게 된 것이다.

해리 할로우 박사의 실험은 세상을 믿을 만한 곳으로 받아들이고 생명을 유지하는 데 가장 기본적인 것이 스킨십이라는 것을 말하는 것 같습니다. 부부간의 스킨십은 원가족에서의 부모-자녀 간의 스킨십의 결핍을 메워 주거나 완성한다고 할 수 있겠습니다. 그 말은 부부 각자가 자신의 부모님과 했던 스킨십의 결과로 스킨십에 대한 태도나 선호가 다를 수 있다는 것입니다.

▶ 사랑의 마사지하기

이제 어떤 스킨십을 좋아하는지 소통하면서 마사지를 나누는 경험을 해 보겠습니다. 이제 부부가 서로 마주 보십시오. 서로에게 마음을 담아 마사지를 해 주십시오. 머리끝에서 발끝까지(머리 정수리, 머리 표피, 얼굴 주변, 귀, 귓볼, 경추, 어깨, 팔 등) 천천히 마사지하면서 불편한 부분, 시원한 부분, 더 풀어 주었으면 하는 부분을 섬세하게 물어보고 상대가 원하는 마사지를 해 주십시오. 각자 5분씩 마사지를 하겠습니다(잔잔한 음악을 틀어도 좋다). 5분이 지났습니다. 역할을 바꾸겠습니다.

마사지를 하고 받을 때의 느낌은 각각 어떠한지요? 이제 서로의 느낌을 들어 보겠습니다. 아내들은 안쪽 원, 남편들은 바깥쪽 원을 만들어 안쪽 방향을 보고 앉습니다. 안쪽에 앉은 아내들이 남편의 마사지를 받았을 때 느낌을 나눕니다. 남편들은 아내의 어깨에 한쪽 손을 얹고 아내가 하는 말을 잘 듣습니다. 이제 원을 바꿉니다. 남편들이 안쪽 원, 아내들이 바깥쪽 원을 만들어 똑같이 아내가 남편의 이야기를 듣습니다.

활동 내용

① 부부가 서로에게 각자 5분씩 마사지를 해 준다.

② 부부가 안쪽 원, 바깥쪽 원으로 겹쳐 앉아 배우자가 마사지를 받을 때의 느낌을 말하는 것을 듣는다.

이제 모두 둥글게 모여 앉아 주십시오. 각자 마사지를 할 때, 받을 때, 배우자의 느낌을 들었을 때 어떤 생각과 느낌이 들었는지요? 그리고 지금의 느낌은 어떠한지요? 나누어 보겠습니다. (이야기를 나눈 후) 우리 부부의 스킨십이 지금까지 어떠했는지 알아보았습니다.

▶ 일상에서 실천할 수 있는 스킨십 계획하기 활동지 4-1

이제 부부끼리 모여 일상생활에서 함께 실천할 수 있는 소소하고 재미있는 스킨십을 생각해 봅시다. [활동지 4-1]을 보십시오. 배우자가 원하거나 좋아하는 스킨십은 무엇일까요? 활동지에 스킨십 실천 계획을 써 보십시오.

활동 내용

① 부부가 모여 [활동지 4-1]에 일상에서 나눌 수 있는 스킨십 방법을 찾아 실천계획을 쓴다.

이제 다 같이 모여 봅시다. 각 부부의 일상에서의 소재한(소소하고 재미있는) 스킨십 방법을 나누어 보겠습니다. 어느 부부든 먼저 시작하십시오. 말로도 발표하지만 실제 스킨십 장면을 보여 주셔도 좋습니다. 큰 박수로 응원합시다.

3. 마무리 활동(20분)

▶ 소감 나누기

오늘은 스킨십이 왜 중요한지 알아보고, 서로에게 사랑의 마사지를 해 주고, 배우자의 마사지를 받을 때의 느낌을 들어 보고, 부부가 일상에서 실천할 수 있는 소소하고 재미있는 스킨십 계획을 세웠습니다. 활동을 하고 느낀 점이나 생각을 나누어 보겠습니다. 누구든 먼저 시작하시면 됩니다. (이야기를 나눈 후) 이제 한 주간 실천하실 과제를 제시하겠습니다. 여러분 부부가 오늘 계획한 일상에서의 스킨십 나누기를 실천하시고 경험을 나누어 주시겠습니다. 이름표와 교재는 모아서 다음 회기에 사용하겠습니다. 감사합니다. (박수) 수고하셨습니다. 다음 주에 만납시다.

4. 유의점

- 편안한 분위기에서 솔직하게 활동할 수 있도록 허용적이고 신뢰할 수 있는 분위기를 조성한다.
- 스킨십의 중요성을 이해하고 일상에서 부부가 소소하고 재미있게 스킨십을 나눌 수 있는 분위기를 조성한다. 집단 분위기가 허락한다면 부부의 성생활에서도 상대가 원하는 스킨십에 대해 소통하고 존중할 수 있도록 자연스럽게 촉진하는 것도 좋다.

활동지 4-1

사랑의 마사지

※ 여러분 부부의 스킨십은 어떠한가요? 다음 글을 잘 읽고 스킨십의 의미가 무엇인지 생각해 봅시다.

부부에게 있어 스킨십은 부부 정서교감의 가장 기본입니다. 인간은 엄마와 한 몸이었다가 분리되면서 태어납니다. 그리고 피부의 접촉으로 타인을 인식하고 정서적 교류를 시작합니다. 인간은 죽을 때까지 시선 맞춤, 피부 접촉 등 신체적 접촉으로 이해받고 사랑받는 정서적 안정감과 신뢰감을 얻고자 합니다. 부부의 스킨십은 이러한 인간의 기본적 욕구를 부부관계에서 완성하는 것이라 할 수 있습니다.

피부는 제2의 뇌라고도 합니다. 인간을 비롯한 동물은 피부 접촉으로 정서교감을 할 뿐 아니라, 이러한 피부 접촉이 충분하지 않으면 불안감, 불행감, 무력감, 존재적 멸절감도 느낀다고 합니다. 이러한 스킨십의 중요함을 증명한 유명한 실험이 있습니다. 해리 할로우 박사는 원숭이를 대상으로 '헝겊엄마, 철사엄마' 실험을 실시하였습니다. 각각 철사와 헝겊으로 만들어진 가짜 원숭이 모형을 만들어 놓고, 태어난 지 얼마 되지 않은 원숭이와 함께 두었습니다. 이때, 철사 엄마는 우유를 들고 있고, 헝겊 엄마는 따뜻한 담요로 싸여 있었습니다. 새끼 원숭이가 어느 엄마에게 가는지 관찰하였습니다.

많은 사람은 새끼 원숭이가 생존을 중요시하기 때문에 당연히 철사 엄마 쪽으로 갈 것이라고 예상했습니다. 그러나 실험이 시작되자 새끼 원숭이는 따뜻한 헝겊 엄마에게로 가서 헝겊 엄마를 꼭 안고 있었습니다. 심지어 배가 고픈 새끼 원숭이들마저도 몸은 헝겊 엄마에게 꼭 붙인 채 입만 철사 엄마의 우유병에 갖다 대는 모습을 보였습니다. 그리고 갑작스러운 공포 상황이 왔을 때 새끼 원숭이들은 헝겊 엄마에게로 도망가 진정이 될 때까지 헝겊 엄마를 꼭 끌어안고 있었습니다. 반면에, 철사 엄마와 단둘이 놓인 상황에서는 아무리 무서운 상황이 닥쳐도 우왕좌왕 당황하기만 할 뿐 철사 엄마에게 다가가는 모습은 보이지 않았습니다.

인간을 포함한 모든 동물은 피부 접촉을 좋아하며, 이를 극대화하기 위해 노력한다고 합니다. 이러한 접촉 위안은 아이들의 지적 호기심에도 영향을 미칩니다. 우리 안에 있던 새끼 원숭이는 어떤 엄마와 함께 있느냐에 따라 새로운 장난감에 보이는 호기심의 정도가 달랐습니다. 헝

겁 엄마와 함께 있는 새끼들은 망설이다가도 새로운 장난감에 다가가 호기심을 보인 반면, 철사 엄마의 새끼들은 전혀 움직이지 않습니다. 무기력하고, 새로운 것에 대해 학습 의욕을 전혀 보이지 않는 것이지요. '안아 주고 보듬어 주고 만져 주는 것'은 단순히 사랑 표현 이상의 효과를 가지는 것이지요. 여러분 부부의 스킨십은 어떠한가요? 상대방과 소통하기 위한 따뜻한 스킨십을 하고 있나요?

출처: 교육부 공식 블로그(https://if-blog.tistory.com/1624)

- 이제 부부가 서로에게 마사지를 해 줍니다.
- 마사지를 받을 때 느낌은 어떠했나요? 배우자의 느낌을 들어 봅시다.
- '사랑의 마사지'를 나눌 때와 배우자의 느낌을 들었을 때의 생각과 느낌을 나누어 봅시다.
- 부부끼리 모여 '사랑의 마사지'를 통한 자신의 느낌을 나누면서 일상생활에서 함께 실천할 수 있는 신체 접촉과 정서 접촉의 방법들을 생각해 봅시다. 배우자가 원하고 좋아하는 친밀감 나누기는 무엇일까요?

예)

- 아침에 먼저 일어난 사람이 볼에 뽀뽀해 주기, 저녁에 잠들 때 반대로 뽀뽀해 주기
- 출근할 때 가볍게 포옹하기, 출근하는 남편(아내) 엉덩이 두드려 주기
- 나란히 앉아서 차 한잔하기
- 하루에 세 번 이상 서로 칭찬해 주기
- 문자나 톡, 메모로 관심 표현해 주기
- 사랑을 나눌 때 상대가 원하는 말, 원하는 행동 물어봐 주기
-
-
-
-

5회기 우리, 속 터놓고 말해요!

활동 목표

- 역기능적 대화와 기능적 대화의 특징을 이해한다.
- 역기능적 대화를 기능적 대화로 바로 잡는다.

준비물

이름표, 필기구, [활동지 5-1], [활동지 5-2]

진행 절차

1. 도입 활동(10분)

▶ 지난 회기 요약 및 이번 회기 안내

한 주간 잘 지내셨나요? 지난주 서로에게 사랑의 마사지를 해 주고 느낌을 나누었습니다. 그리고 일상에서 소소하게 나눌 수 있는 스킨십을 계획했었지요. 한 주간 잘 실천해 보는 과제도 있었습니다. 스킨십을 나누면서 어떤 경험을 하셨는지요? (성공과 실패의 경험이 자연스럽게 개방되고 느낌을 나눌 수 있도록 촉진한다.) 1회기에서 4회기까지 부부가 서로를 선택할 때 어떤 기대와 환상을 가지고 있었는지, 자신과 배우자의 바람이 무엇인지, 사랑의 마사지를 통해 일상에서 나눌 수 있는 스킨십은 무엇인지 살펴보았습니다. 이런 친밀감을 바탕으로 이번 회기와 다음 회기에서는 우리 부부가 어떤 모습으로 대화하는지 살펴보고 좀 더 나은 방향의 의사소통과 갈등 조절 방법을 찾아보고자 합니다.

▶ 손바닥 치기로 상대 넘어뜨리기

시작하면서 간단한 활동을 하겠습니다.

활동 내용

① 부부끼리 1미터 간격을 두고 마주 선다. 각자 어깨 넓이 정도로 발을 벌린다. 서로 손바닥을 칠 수 있는 자세를 취한다.

② '시작'이라는 구령에 서로의 손바닥을 쳐서 상대가 균형을 잃고 넘어지게 한다(지도자가 바로 시작이라고 하지 않고 '시시시작, 시원, 시계, 시작' 등으로 재미를 유발한다).
③ 먼저 발을 이동하거나 넘어진 사람이 진다.
④ 이긴 사람이 진 사람에게 부부끼리 나누기로 한 스킨십을 한다.

활동을 하면서 느낌이 어땠는지 이야기를 나누어 봅시다. 서로 마주 보고 당당하게 맞서는 경험은 어떠했나요? 이기려는 승부욕은 어떠했나요? 이긴 사람이 스킨십을 해 줄 때 느낌은 어땠나요?

2. 전개 활동(70분)

▶ 멀어지는 대화(역기능적 대화)의 특징은? 활동지 5-1

부부의 친밀감은 언어적 · 비언어적 의사소통을 통해 전달되고 깊어집니다. 여러분의 대화는 어떠한가요? 우리 부부의 대화는 서로에게 관심을 갖고 존중하면서 반응하는 '다가가는 대화'인가요? 아니면 서로의 상호작용에서 물러나는 '멀어지는 대화'인가요? 그 양쪽 어디 즈음에 우리 부부의 대화가 있는지 한번 알아봅시다. 우리 부부의 대화를 떠올리며, 먼저 '멀어지는 대화'의 특징을 알아볼까요? [활동지 5-1]을 보십시오. 부부가 서로 멀어지고 벽을 쌓게 되는 대화의 특징 네 가지가 있습니다. 함께 읽어 봅시다.

활동 내용

① [활동지 5-1]의 멀어지는 대화 특징을 읽는다(예시문을 경험을 바탕으로 실감 나게 읽도록 촉진한다. 같은 예를 여러 명이 읽어도 좋다).
② 읽고 나서 느낌이나 생각, 경험을 나눈다.

Tip

• 지도자는 멀어지는 대화의 특징이나 예시문을 읽을 때 자신들의 경험을 말하거나 감정을 넣어 읽을 수 있도록 촉진한다
  –'무관심'의 특징을 경험하신 분 있나요? 경험을 나누어 주세요.
  –'비난'의 예시문에 감정을 넣어 읽어 보실 분 있나요? 애드리브를 넣어 좀 더 실감 나게 읽어 보실 분 있나요?
  –'방어'의 예를 아주 빈정거리는 목소리와 표정으로 읽어 주실 분 있나요?
  –'멸시'의 예를 우월감에 차서 배우자를 아주 멸시하는 어조로 말씀해 주실 분 있나요?

멀어지는 대화의 특징에 대해 읽어 보고 어떤 생각이나 느낌이 들었나요? 이제 여러분 부부의 대화에서 자신이나 배우자의 말이나 행동에서 멀어지는 대화의 경험을 찾아 활동지에 써 보겠습니다. 각자 쓰세요. 다 쓰셨으면 몇 분 이야기를 나누어 보겠습니다.

활동 내용
① 멀어지는 대화의 경험을 활동지에 쓴다.
② 전체 집단으로 이야기를 나눈다(모두 발표하지 않아도 좋다).

▶ 다가가는 대화(기능적 대화)로 바로잡는 방법은? 활동지 5-2

멀어지는 대화의 특징을 알아보고 경험을 나누어 보았습니다. 그렇다면 멀어지는 대화를 다가가는 대화로 바로잡는 방법은 무엇일까요? 멀어지는 대화의 네 가지 특징은 무관심, 비난, 방어, 멸시입니다. 이제 각각의 해독제가 무엇인지 알아봅시다. 첫째, 무관심의 해독제입니다. 실제 대화를 하면서 관심 갖기의 중요성을 체험해 보겠습니다. 부부별로 대화 주제 하나를 선정해 보세요. 주말 계획, 자녀 문제 등 어떤 주제여도 좋습니다. 이제부터 제가 지시하는 대로 대화를 나누어 주십시오.

활동 내용
① 부부 대화의 주제를 선정한다.
② 지도자의 지시에 따라 자세를 바꾸면서 대화를 한다.

〈지도자 지시〉
이제부터 대화를 시작하겠습니다. 남편과 아내 둘 중 누구든 먼저 말을 시작할 겁니다. 첫째, 등이 맞닿게 돌아앉아 보세요. 대화를 시작하세요(30초). 둘째, (부부가 계속 대화를 하는 중에) 이제 두 사람이 옆으로 나란히 앉아 주세요. 대화를 계속하세요(30초). 셋째, (부부가 계속 대화를 하는 중에) 이제 얼굴을 서로 마주 보고 앉되, 몸을 뒤로 제껴서 서로 거리가 있도록 합니다. 대화를 계속하세요(30초). 넷째, (부부가 대화를 하는 중에) 이제 몸을 앞쪽으로 숙이고 앉아 서로 눈을 마주 봅니다. 끄덕임, 맞장구를 쳐 줍니다. 대화를 계속하세요(30초). 이제 대화를 중단해 주세요.

대화를 하면서 어땠나요? 느낌을 나누어 봅시다. (이야기를 나눈 후) 이처럼 대화에서 관심 갖기의 첫걸음은 대화의 태도입니다. 몸의 자세, 시선, 표정과 같은 비언어적인 태도가 상대에게 관심을 표현하는 가장 중요한 기본이라 할 수 있습니다. 다시 활동지를 보아 주십시오. 둘째, 비난의 해독제를 살펴보겠습니다. 부부가 살다 보면 상대가 듣기 싫은 말을 해야 할 때가 있습니다. 이럴 때는 어떻게 해야 할까요? 활동지의 글을 읽어 봅시다(글을 읽은 후). 이제 활동지에 제시된 너 전달법을 나 전달법으로 바꾸어 보겠습니다.

활동 내용

① 활동지 '비난 해독제'의 너 전달법을 나 전달법으로 바꾼다.
② 나 전달법을 발표한다.
③ 나 전달법을 들었을 때와 너 전달법을 들었을 때의 차이에 대해 이야기를 나눈다.

Tip

• 나 전달법의 예는 다음과 같다. 다양한 표현이 나오도록 촉진한다.

너 전달법	나 전달법
당신은 덩칫값도 못하고 있어요. 당신은 자신이 원하는 것은 다 하면서 나는 못하게 하잖아요. 어쩌면 당신은 그렇게 이기적이에요?	내가 보기에 당신은 하고 싶은 것 다 하면서 내가 하고 싶은 건 못하니까 난 정말 섭섭해요.
할 얘기 있으니, 당신 일찍 와요!	오늘 당신하고 긴히 하고 싶은 이야기가 있는데 시간 좀 내 주면 (나는) 좋겠어요.
당신 멀리 출장 갔다 오면서 어째 집에 전화 한 통도 못해요?	당신 멀리 출장갔을 때, 전화 한 통 없으면 난 사랑받지 못한다는 느낌이 들어서 섭섭하고 외로워요.
당신 친정 엄마한테 용돈 주듯, 우리 엄마에게도 용돈 좀 드리지. 아님 안부 전화라도 자주 하든가. 시엄마는 찬밥인가.	지난 일요일 당신이 장모님께 용돈 20만원 드리는 것 보면서, 멀리 계시는 우리 부모님에게는 안부 전화도 한번 안 하는 당신에게 난 화가 나고 많이 섭섭했어요.

다음으로 활동지의 '방어 해독제' '멸시 해독제'를 읽어 봅시다. 다가가는 대화로 바로잡은 예시를 읽어 주실 분 있나요? 느낌을 살려 읽어 주십시오. (글을 읽은 후) 이처럼 자신의 잘못을 방어하기보다 일부 자신의 책임이 있다고 수용하는 태도와 상대의 모자라는 점을 말할 때 칭찬하고 자부심을 갖게 하는 분위기로 말하는 것이 필요하겠지요. 이제 일상에서 우리가 나누는 멀어지는 대화를 다가가는 대화로 바로잡아 보겠습니다. [활동지 5-1]에서 여러분 일상에서 경험한 멀어지는 대화가 있었습니다. 이제 부부별로 두 사람의 멀어지는 대화 중 하나를 선택해서 다가가는 대화로 바꾸어 보세요. 그리고 멀어지는 대화로 한 번, 다가가는 대화로 한 번 대화를 나누어 보십시오. (이야기를 나눈 후) 이제 전체로 모여 부부별로 멀어지는 대화와 다가가는 대화를 발표해 보겠습니다(전체 부부 발표). (발표를 마친 후) 멀어지는 대화와 다가가는

대화를 하면서 어떠했나요? 힘들었다면 왜 그랬을까요?(2~3팀 발표) 이제 가장 실감나게 발표한 부부를 선정하겠습니다. (한 부부 선정 후) 네, 뽑힌 분들의 느낌을 들어 보겠습니다.

활동 내용
① [활동지 5-1]의 멀어지는 대화를 다가가는 대화로 바로잡는다.
② 부부별로 멀어지는 대화와 다가가는 대화로 대화를 해본다.
③ 전체로 모여 부부별로 멀어지는 대화와 다가가는 대화를 발표한다.
③ 멀어지는 대화, 다가가는 대화를 한 느낌을 나눈다(2~3팀)
④ 감정을 넣어 실감 나는 역할극을 한 부부를 선정하고 소감을 듣는다.

3. 마무리 활동(20분)

▶ 소감 나누기

오늘은 부부 사이에 '다가가는 대화'와 그 반대의 '멀어지는 대화의 특징을 알아보고, 멀어지는 대화를 다가가는 대화로 바로잡아 발표해 보았습니다. 활동을 하면서 어땠는지 느낀 점, 새로 알게 된 점 등에 대해 이야기를 나누어 보겠습니다. (이야기를 나눈 후) 이번 회기의 제목은 '우리, 속 터놓고 말해요!'였습니다. 이 말은 자신의 솔직한 마음과 주장을 표현하지만 상대의 존재를 존중할 수 있는 대화의 방법으로 소통한다는 의미입니다. 오늘 함께 살펴본 부부대화 패턴의 개선점을 염두에 두고 한 주간 다가가는 대화를 실천할 수 있도록 노력해 보기 바랍니다. 다음 주에 경험을 나누어 보겠습니다. 이름표와 교재는 모아서 다음 회기에 사용하겠습니다. 감사합니다. (박수) 수고하셨습니다. 다음 주에 만납시다.

4. 유의점

- 편안한 분위기에서 솔직하게 활동할 수 있도록 허용적이고 신뢰할 수 있는 분위기를 조성한다.
- 활동 중에 부부간의 부정적인 감정이 일어날 때, 나 전달법과 같은 다가가는 대화의 방법을 활용해서 말하도록 촉진하여 의사소통 방법의 변화가 일어나도록 하는 것도 좋다.

활동지 5-1

멀어지는 대화의 특징은?

※ 부부의 친밀감은 언어적, 비언어적 의사소통을 통해 전달되고 깊어집니다. 부부 사이 대화는 상대를 존중하면서 반응하는 '다가가는 대화'와 그 반대의 '멀어지는 대화'로 나눌 수 있습니다. 먼저, '멀어지는 대화'의 특징을 알아봅시다.

무관심: 언어적, 비언어적으로 상호작용에서 물러남 아내: 여보, TV 뉴스 봤어요? 남편: ……(못 들은 척 무시함, 쳐다보지 않고 자기 말만 함, 시선을 맞추지 않고 표정을 짓지 않는 등 반응하지 않음, 자리를 떠남)	비난: 배우자의 성품이 항구적인 면에서 인격적으로 잘못되었음을 암시함 아내: 당신은 덩칫값도 못하고 있어요. 당신은 자신이 원하는 것은 다 하면서 나는 못하게 하잖아요. 어쩜 당신은 그렇게 이기적이에요?(인격적 비난)
방어: 상대의 공격으로부터 자신은 책임이 없다고 방어하는 모든 시도 아내: 옷 좀 제자리에 걸어 놔요! 남편: 그래서 당신 화장대는 정리정돈이 잘 돼 있구만. 당신이나 잘해.	멸시: 언어적, 비언어적으로 자기를 배우자보다 한 수준 위로 올려놓는 모든 행동 남편: 이걸 반찬이라고 해 놓은 거야? 아무리 바빠도 사람이 먹게는 해 줘야지!

※ 자기가 한 말이나 행동 또는 배우자의 말이나 행동에서 '멀어지는 대화'의 경험이 있다면 써 봅시다. 언제 어떤 상황에서 어떤 내용의 대화였나요?

- 언제였나요?
- 어떤 상황이었나요?
- 어떤 내용의 대화였나요?

활동지 5-2 다가가는 대화로 바로잡는 방법은?

'멀어지는 대화'에서 '다가가는 대화'로 바로잡는 방법을 소개합니다.

① 무관심 해독제 : 의사소통의 첫 걸음, 관심 갖기!

등 대고 돌아 앉아서, 나란히 앉아서, 마주 보고 거리 두고 앉아서, 마주 보고 가까이 앉아서, 시선 맞추고 대화한 느낌이 각각 어떻게 달랐나요?

② 비난 해독제 : 배우자를 비난하지 않고 나의 감정 솔직히 말하기!

부부가 살다 보면 상대가 듣기 싫은 말을 해야 할 때가 있습니다. 상대에 대한 불평불만이나 문제점을 말해야 하는데, 상대의 잘못을 초점으로 말하면 인격적인 비난이 되어 관계가 악화될 수 있습니다. 그렇다고 표현하지 않으면 관계가 더욱 악화됩니다. 이렇게 상대가 듣기 싫은 말을 할 때는 상대를 초점으로 말하기보다 상대가 이런저런 행동이나 말을 하니 내가 어떤 감정이 들거나, 어떤 바람이 있다고 말하는 것이 좋습니다. 이것을 나 전달법(상황 + 나의 느낌이나 바람)이라고 합니다. 이제 너 전달법을 나 전달법으로 바꾸는 연습을 해 봅시다.

너 전달법	나 전달법
할 얘기 있으니 당신 일찍 와요!	오늘 당신하고 긴히 하고 싶은 이야기가 있는데 시간 좀 내 주면 (나는) 좋겠어요.
당신은 덩칫값도 못하고 있어요. 당신은 자신이 원하는 것은 다 하면서 나는 못하게 하잖아요. 어쩌면 당신은 그렇게 이기적이에요?	
당신 멀리 출장 갔다 오면서 어째 집에 전화 한 통도 못해요?	
당신 친정 엄마한테 용돈 주듯, 우리 엄마에게도 용돈 좀 드리지. 아님 안부 전화라도 자주 하든가. 시엄마는 찬밥인가.	

③ 방어 해독제: 문제에 일부 자신의 책임도 있다는 점 수용하기

배우자가 나에게 불평을 하면 자신도 모르게 자신의 책임보다는 상대의 잘못을 들어 방어하기 바쁩니다. 여유를 갖고 자신의 책임을 인정하면서 유머러스하게 상대방의 행동에 대해 이야기하는 대화를 해 봅시다.

아내: 옷 좀 제 자리 걸어두면 (난) 좋겠네요. 내가 정리해야 되나!

남편: 그래? 내가 또 그랬나. 정리가 잘 안 되네. 조금 있다 정리할게요. (유머 있게) 당신 화장대도 장난 아니던데!

④ 멸시 해독제: 상대방을 칭찬하고 자부심을 갖게 하는 분위기 구축하기

배우자의 단점을 말하고 싶을 때 그 말을 들었을 때 상대방의 감정을 헤아리고 일단 칭찬하고 자부심을 갖게 한 후 개선해 줄 것을 요청합시다.

"당신이 해 준 찌개 맛있었는데, 많이 바쁜가 봐! 난 당신 찌개 먹고 싶은데……."

⑤ 멀어지는 대화에서 다가가는 대화로

멀어지는 대화	
다가가는 대화	

6회기 우리, 갈등은 대화로 풀어요!

활동 목표

- 부부관계에서 갈등은 필연적이며 해소할 것이 아니라 조절할 것임을 이해한다.
- 갈등 이면에 숨어 있는 자신의 욕구와 신념을 이해하고 갈등을 조절할 수 있다.

준비물

이름표, 필기구, [활동지 6-1], [활동지 6-2], [활동지 6-3]

진행 절차

1. 도입 활동(20분)

▶ 지난 회기 요약 및 이번 회기 안내

지난 회기에는 부부가 나누는 대화를 멀어지는 대화와 다가가는 대화로 나누어 살펴보고, 다가가는 대화로 바로잡는 활동을 했습니다. 한 주간 다가가는 대화를 실천해 보면서 어떠셨나요? 평소와 조금 달라서 어색한 부분도 있었을 텐데요. 느낀 점이나 경험을 나누어 보겠습니다(예: 어떤 면이 어려웠나요? 좋았던 점은 무엇인가요? 배우자 반응은 어떠했나요?). 변화를 실천한다는 것은 쉬운 일이 아닌데도 실천하려고 노력한 마음에 박수를 보냅니다. 얼마나 변화했는지도 중요하지만, 배우자가 변화하고자 노력하는 모습을 알아주는 것 또한 중요할 것 같습니다. 이번 시간에는 부부 사이의 갈등은 어떤 의미가 있는지 살펴보고, 갈등을 어떻게 다루어야 하는지 그 방안을 찾아보겠습니다.

▶ 달팽이 길 찾기

시작하면서 간단한 활동을 하겠습니다. [활동지 6-1]을 보십시오. 나선형 길 밖에 있는 달팽이는 장애물을 넘어 길 안에 있는 친구 달팽이를 찾아가야 합니다. 부부가 마주 보십시오. 한 사람은 눈을 감고 바깥에 있는 달팽이에 펜을 고정하고 출발 신호를 기다립니다. 다른 한 사람은 눈을 감은 상대방에게 길 안내를 합니다. 안내는 말로만 합니다.

활동 내용

① [활동지 6-1]을 보고 '달팽이 길 찾기' 활동을 한다.

② 지도자는 적당한 시간이 지나면 임무 교대 또는 활동을 중단한다.

활동하면서 어떠했나요? 상대가 나의 설명을 잘 못 알아들을 때 느낌은 어떠했나요? 그리고 내가 상대방의 설명을 잘 못 알아들을 때 느낌이나 생각은 어떠했나요? (이야기를 나눈 후) 이처럼 내 맘을 전하고 상대의 맘을 이해하는 것이 쉽지 않은 것 같습니다.

Tip

- 소통이 잘 안 될 때 일어나는 다양한 감정을 나눌 수 있으면 좋다.

2. 전개 활동(70분)

▶ 우리 갈등, 뭐지? 어쩌지? 활동지 6-2

부부관계에서 크고 작은 갈등은 있기 마련입니다. 갈등의 의미는 무엇일까요? 부부 갈등은 어떻게 다루어야 할까요? 함께 살펴보겠습니다. [활동지 6-2]를 보십시오. 갈등에 관한 글을 읽어 보겠습니다. 글을 읽고 어떤 생각이나 느낌이 드시는지요? 이제 자신이 힘들다고 느끼는 부부 갈등이 무엇인지 활동지에 써 주십시오(3~5분). 이제 자신이 생각하는 부부 갈등이 무엇인지 나누어 보겠습니다. 부부별로 말하겠습니다. 배우자의 말을 듣고 자신의 생각이나 느낌을 말해 주십시오.

활동 내용

① [활동지 6-2]의 부부 갈등에 관한 글을 읽는다.

② 각자 자신이 힘들어하는 부부 갈등이 무엇인지 활동지에 쓴다.

③ 부부가 함께 활동지를 보며 대화를 나눈다. 대화로 갈등 조절의 방법을 찾는다.

Tip

- 부부관계에서 갈등은 필연적이며 해소할 것이 아니라 조절할 수 있는 것임을 이해할 수 있도록 돕는다.
- 부부가 각자 갈등이라고 느끼는 문제가 다를 수 있다는 것을 이해할 수 있는 분위기를 조성한다.
- 자신의 생각이나 느낌을 말하는 것과 동시에 배우자의 생각과 느낌을 존중하고 이해하려는 자세가 필요함을 강조한다.

자신이 생각하는 갈등에 대해 생각해 보고 배우자와 이야기를 나누어 보니 어땠나요? 대화를 통해 갈등 조절 방법을 찾아보셨나요? 함께 이야기를 나누어 봅시다.

3. 마무리 활동(20분)

▶ 소감 나누기

오늘은 부부 갈등의 의미를 알아보고, 서로가 생각하는 갈등이 무엇인지 왜 그렇게 생각하는지에 대해 나누고 갈등 조절 방법도 찾아보았습니다. 활동하면서 어땠는지 느낀 점, 새로 알게 된 점 등에 대해 함께 나누어 보겠습니다. (이야기를 나눈 후) 그동안 내가 문제로 느끼는 갈등은 그저 당연하다고만 생각하고 왜 그런지는 생각하지도 않으면서 배우자에게 말하지도 않은 채 상처만 받지 않았나요? 서로가 힘들어하는 갈등에 대해 속 터놓고 말하고 들어주는 것이 무엇보다 필요할 것입니다. 오늘 함께 나눈 부부 갈등 이해와 갈등 조절의 개선점을 염두에 두고 한 주 동안 실천할 수 있도록 노력해 보시기 바랍니다. 다음 주에 경험을 나누어 보겠습니다. 이름표와 교재는 모아서 다음 회기에 사용하겠습니다. 감사합니다. (박수) 수고하셨습니다. 다음 주에 만납시다.

4. 유의점

- 다른 부부의 갈등 조절 방법을 듣고 솔직한 반영을 할 수 있는 분위기를 조성한다.
- 활동 중에 다가가는 대화의 방법을 활용해서 말하도록 촉진하여 의사소통 방법의 변화가 일어나도록 하는 것도 좋다.

활동지 6-1

달팽이 길 찾기!

※ 나선형 길 밖에 있는 친구 달팽이를 찾아가야 합니다. 부부가 길 밖에 있는 달팽이와 길 안내자 역할을 번갈아 가며 합니다.

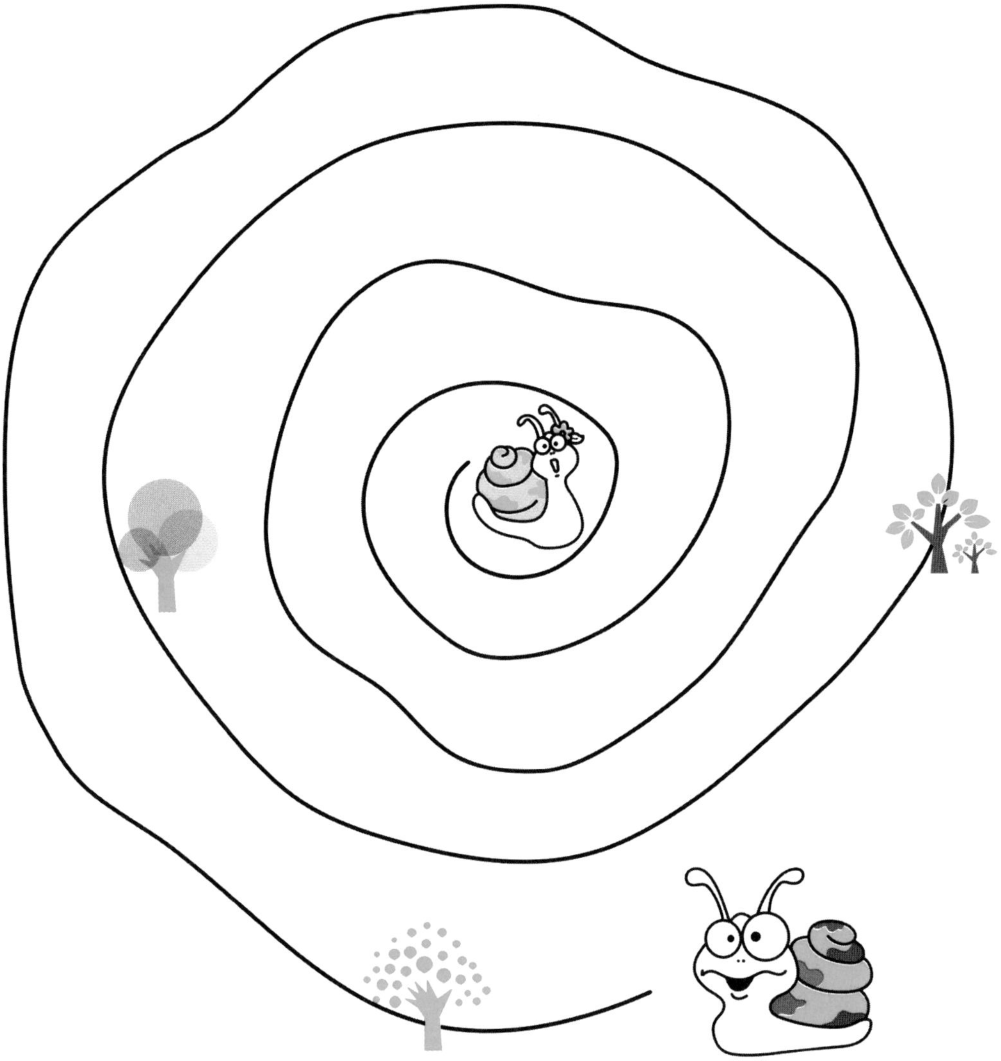

활동지 6-2 우리의 갈등, 뭐지? 어쩌지?

※ 부부의 갈등을 어떻게 이해하고 다루어야 할까요? 다음 글을 읽어 봅시다.

부부 사이에 갈등이 있다는 것은 어떤 의미일까요? 갈등이 있다는 것은 너와 내가 다르다는 표시입니다. 너와 내가 성별도 다르고, 성격도 다르고, 자라온 배경도 다르고, 욕구도 신념도 다르다는 얘기입니다. 이렇게 보면 부부의 갈등은 너무나도 당연한 것입니다.

하지만 갈등은 부부관계를 당황스럽고 불편하게 만들기 때문에 많은 사람이 회피하거나 무시합니다. 또는 어느 한쪽이 이기고 다른 한쪽이 지는 방법을 택합니다. 또는 갈등의 원인을 상대의 잘못으로 돌리고 서로 반목하며 심하게 싸우기도 합니다. 그러나 이러한 방법은 또 다른 갈등을 불러올 뿐 해결 방법이 될 수 없습니다.

그렇다면 갈등을 어떻게 다루어야 할까요? 부부가 겪는 갈등에는 토론해서 합의에 도달할 수 있는 문제가 있고, 부모님이나 인척 관계에 대한 불만족처럼 쉽게 합의점을 찾기 힘든 문제로 나눌 수 있습니다. 이렇게 쉽게 합의점을 찾기 힘든 문제는 오랜 대화의 주제로 다루어 조금씩 양보하고 수용해야 할 문제입니다.

부부 갈등은 해소해야 할 것이 아니라 조절해야 할 것입니다. 서로 무엇을 갈등이라고 생각하는지, 왜 그렇게 생각하는지 속 터놓고 대화하는 것이 갈등을 조절하는 첫걸음일 것입니다.

• 내가 힘들다고 생각하는 갈등이 있나요?

	갈등 내용	그렇게 생각하는 이유 (욕구와 신념)	상대 반응과 내 느낌
예	주말에 남편(아내)이 직장에 출근해서 가족과 함께하는 시간을 가질 수 없다.	나는 자라면서 부모님이 맞벌이 하셔서 늘 혼자 있었고, 그때 너무 공포스럽고 외로움을 많이 느껴서 주말을 함께하고 싶다. 가족은 늘 함께해야 한다.	남편(아내)에게 끊임없이 요구하지만 상대는 직장 출근으로 계속 약속을 어기고 그럴 때마다 버려진 것 같이 외롭고 허망했다.

• 배우자의 이야기를 듣고 자신의 느낌을 말합니다. 서로의 이야기를 듣고 갈등 조절의 방법을 찾아보십시오.

7회기 우리, 재미있게 삽시다!

활동 목표

• 부부가 일상에서 함께 의미 있고 재미있게 살아갈 수 있는 실천계획을 세운다.

준비물

이름표, 필기구, 신문지, [활동지 7-1], [활동지 7-2], 종이컵(소주잔 크기, 보통 크기, 각 부부별 3~4개씩), 빨대, 이쑤시개, 풀, 색 펜, 색종이, 가위

진행 절차

1. 도입 활동(20분)

▶ 지난 회기 요약 및 이번 회기 안내

안녕하세요? 지난 회기 우리는 부부 갈등의 의미, 갈등 이면의 욕구와 신념, 갈등 조절 방법에 대해 알아보는 시간을 가졌습니다. 한 주 동안 개선점을 실천해 보면서 어떠셨나요? 평소와 다른 점이 있었을 텐데요. 자유롭게 느낀 점이나 경험을 나누어 볼까요? (이야기를 나눈 후) 갈등을 잘 다룬다면 부부의 깊은 속내를 터놓고 서로를 이해하는 성장의 기회를 맞이할 수 있을 것 같습니다. 갈등은 피하거나 소멸해야 할 것이 아니라 부부와 함께 가야 할 또 하나의 친구요 동반자가 아닌가 합니다. 이번 시간에는 부부가 일상에서 재미있게 살아갈 수 있는 방법을 찾아 실천계획을 세우고, 그것을 종이탑으로 만들어 실천 의지를 다져 보겠습니다.

▶ 종이 찢기

시작하면서 간단한 활동을 하겠습니다.

활동 내용

① 부부가 각자 신문지(A3 크기가 좋음)를 갖고 등을 대고 선다.

② 가위바위보를 해서 이긴 사람이 세 번 접고 한 번 찢도록 지시한다(예: 종이를 ~게 한 번 접으세요. 한 번 더 ~게 접으세요. 또 한 번 ~게 접으세요. 이번에는 한군데만 ~게 찢으세요).

③ 지시하는 사람도 지시 내용대로 접고 찢는다. 듣는 사람은 어떤 질문도 하지 않는다.
④ 종이를 펼쳐 들어서 두 사람의 종이를 비교한다.
⑤ 두 사람의 종이의 모양이 다른 이유에 대해 함께 나눈다.

두 사람의 종이 모양이 가장 비슷한 부부는 어느 부부인가요? 의사소통이 잘 되었네요. 종이 모양이 가장 다른 부부는 어느 부부인가요? (이야기를 나눈 후) 게임을 하면서 어땠나요? 느낌을 나눠 보겠습니다.

2. 전개 활동(60분)

▶ 우리 부부의 버킷 리스트 활동지 7-1

부부에게 친밀감이 생기고, 의사소통이 편해지고, 갈등에 대해 솔직한 대화를 할 수 있으면 일상에서 평화를 찾습니다. 이러한 친밀감과 평화는 부부가 일상에서 사는 의미와 재미를 공유할 때 행복으로 다가옵니다. 이제 그 방법을 찾아봅시다. [활동지 7-1]을 보십시오. 부부가 함께 활동지를 읽고 각자 하고 싶은 것, 배우자에게 지원받고 싶은 것, 둘이서 함께하고 싶은 것들을 써 봅니다.

활동 내용
① [활동지 7-1]을 읽고 활동지를 작성한다.
② 부부끼리 활동지를 토대로 이야기를 나눈다.

Tip
- 부부관계에서 각자 따로 하고 싶은 것이 있다는 것을 표현하고, 그것을 잘하도록 서로 지원할 수 있어야 한다는 것을 안내한다.
- 부부가 함께하고 싶은 것에 대해 합의해서 실천계획을 세우도록 촉진한다.
- 일상에서의 소소한 재미를 나누는 것의 중요성을 느낄 수 있도록 촉진한다.

▶ 사랑의 종이탑 활동지 7-2

앞의 활동에서 부부가 서로 각자 하고 싶은 것, 함께하고 싶은 것에 대해 나누어 보셨습니다. 부부의 장기적이고 큰 목표가 있을 수도 있고, 매일의 소소한 일상에 관한 것도 있을 수 있습니다. 여러분이 나눈 것을 이제 상징물로 만들어 봅시다. 종이컵을 활용해서 '사랑의 종이탑'을 만들어 보겠습니다. [활동지 7-2]를 보십시오. 우리가 1회기부터 지금까지 함께 나눈 것들을 모두 녹여서 앞으로 어떻게 일상에서 여러분만의 가정문화를 만들고 실천할 것인지 종이탑으로 표현해 봅니다. 종이탑은 튼튼하고, 아름답고, 전하는 메시지가 있어야 합니다. 어떤 내용을 담아 어떤 모양으로 만들지 부부가 함께 의논해서 활동지에 그려 봅시다. 종이컵들을 이쑤시개, 풀 등으로 고정해서 탑을 만들어 주십시오. 다 만들면 부부별로 작품을 보여 주면서 자신들의 '사랑의 종이탑'에 대해 설명할 것입니다. 부부가 함께 설명해 주세요. 만드는 과정에서 느낀 점도 함께 말해 주세요. 그럼 어떻게 발표할지 의논해 주십시오. (의논을 진행한 후) 이제 각자 앞에 자신들의 작품을 놓아 주십시오. 어느 부부부터 나누어 주시겠습니까? 들을 때 질문이나 공감 · 반영을 해 주시면 더욱 힘이 나겠지요.

활동 내용

① [활동지 7-2]를 읽고 '사랑의 종이탑'을 만든다.
② 만들기가 끝나면 부부끼리 발표를 어떻게 할 것인지 협의한다.
③ 전체로 모여 각 부부의 '사랑의 종이탑'에 대한 설명과 만드는 과정에서 느낀 점 등을 나눈다.

Tip

- 종이컵을 다양한 방법으로 쌓을 수 있음을 안내한다.
- 부부가 함께 만들어 갈 가정문화에 대하여 함께 계획한다는 것 자체가 실천의 시작임을 안내한다.
- 협의하고, 만들고, 발표하는 데 있어 부부가 함께할 수 있도록 촉진한다.

3. 마무리 활동(20분)

▶ 소감 나누기

오늘은 부부가 함께 일상에서 삶의 의미를 공유하고 재미있게 살아갈 방법을 찾아 '사랑의 종이탑'으로 실천의지를 표현해 보았습니다. 활동하면서 어땠는지 느낀 점, 새로 알게 된 점 등에 대해 함께 나누어 보겠습니다. (이야기를 나눈 후) 이미 소통을 잘하고 재미있는 활동을 하며 서로를 지원했던 부부도 있고, 앞으로 잘해 보아야지 하는 새로운 다짐을 한 부부도 있습니다. 다른 부부들의 계획을 듣고 느낀 점도 많을 것입니다. 삶에 있어 소소한 재미에서부터 각자가 이루고 싶은 꿈이나 목표처럼 좀 큰 의미도 있겠지요. 문제의 핵심은 서로의 바람을 알고 지원하고 무언가를 함께할 수 있을 때 부부로 산다는 것에 대한 행복을 느낄 수 있을 겁니다. 처음부터 큰 변화를 바라기보다 아주 작은 실천부터 시작하는 마음이 필요할 것입니다. 한 주 동안 '사랑의 종이탑'을 실천할 수 있도록 노력해 보시기 바랍니다. 다음 주에 경험을 나누어 보겠습니다. 이름표와 교재는 모아서 다음 회기에 사용하겠습니다. 감사합니다.

(박수) 수고하셨습니다. 다음 주에 만납시다.

4. 유의점

- 편안한 분위기에서 솔직하게 활동할 수 있도록 허용적이고 신뢰할 수 있는 분위기를 조성한다.
- '우리 부부의 버킷리스트' '사랑의 종이탑' 활동을 하면서 자기주장과 바람을 표현하는 만큼, 배우자의 주장과 바람을 수용하는 자세를 갖도록 촉진한다.

활동지 7-1

우리 부부의 버킷리스트

※ 우리 부부가 일상에서 행복해지려면 어떻게 해야 할까요? 다음 글을 읽어 봅시다.

부부에게 친밀감이 생기고, 의사소통이 편해지고, 갈등에 대해 솔직한 대화를 할 수 있으면 일상에서 평화를 찾습니다. 이런 친밀감과 평화는 각자의 삶의 의미를 공유할 때 일상에서 행복으로 다가옵니다. 부부 사이에는 돈을 버는 일, 자녀를 교육하는 일, 집안 경조사를 챙기는 일, 각자의 일을 찾고 꿈을 이루는 일과 같이 큰일들이 있고 장난치기, 차 한잔 나누기, 농담 주고받기, 놀러 다니기, 추억 공유하기, 집안일 나누어 하기, 산책하기, 메모 남기기와 같은 작은 일들이 있습니다. 큰 일과 작은 일에서 자신이 하고 싶은 것을 말하고 상대가 하고 싶은 것을 알아주고 함께할 수 있다면 서로를 배려해서 함께 행복해질 수 있게 될 것입니다.

• 자신이 하고 싶은 것, 상대방에게 바라는 것, 둘이서 함께하고 싶은 것에 대해 이야기를 나누어 봅시다. 이미 우리 부부가 잘하고 있는 것들도 써 봅시다.

우리 부부, 일상에서 행복 찾기

• 일상 의식: 저녁식사, 집안일 처리, 집안 경축일(제사, 생일 등), 휴가, 여가활동, 취미 등
• 역할 지지: 아내, 남편, 아들, 딸, 대학원 학생, 주부, 예술가, 직장인 등
• 목표: 운동, 집 장만, 저축, 학위 취득, 승진, 창업, 진로 전환 등
• 가치: 자율, 의존, 가족, 영원, 사랑, 돈, 명예 등

내가 하고 싶은 것	당신에게 바라는 것
둘이서 함께하고 싶은 것	

활동지 7-2

사랑의 종이탑

※ 앞의 활동을 바탕으로 여러분 부부가 함께 만들어 갈 '우리가족만의 문화'를 종이탑으로 표현해 봅시다. 무엇을 표현하고 싶나요?

- 우리 부부 친밀감 나누기, 스킨십하기, 일상에서 서로에게 관심 표현하기
- 우리 부부 대화법 바꾸기, 작은 갈등, 큰 갈등 해결하기
- 함께하고 싶은 소확행, 함께 이룰 목표, 각자 이루고 싶은 꿈 지원하기

8회기 여보, 미안해요, 고마워요!

활동 목표

- 배우자의 입장이 되어 상대의 마음을 이해할 수 있다.
- 배우자에게 하고 싶은 말을 편지로 써서 전한다.
- 집단 참여 전과 후의 변화 정도를 점검하고 변화 의지를 다짐한다.

준비물

이름표, 필기구, [활동지 8-1], [활동지 8-2]

진행 절차

1. 도입 활동(10분)

▶ 지난 회기 요약 및 이번 회기 안내

벌써 마지막 회기가 되었습니다. 지난 회기에 우리는 부부가 함께 삶의 의미를 공유하며 재미있게 살아갈 수 있는 방법을 찾아 '사랑의 종이탑'으로 표현해 보았습니다. 한 주간 실천해 보신 것이 있었나요? 자유롭게 느낀 점이나 경험을 나누어 볼까요? (이야기를 나눈 후) 부부가 각자 자신만의 건강한 경계를 가지면서도 함께 공유할 수 있는 문화가 있을 때 혼자보다 아름다운 둘이 될 수 있을 것 같습니다. 이번 시간에는 내가 배우자가 되어 자기(배우자)소개를 하고, 서로에게 고마운 마음과 미안한 마음을 표현해 보겠습니다. 그리고 배우자에게 하고 싶은 말을 편지로 써서 전해 보겠습니다.

2. 전개 활동(70분)

▶ 여보, 당신 마음 이거지! 활동지 8-1

8회기까지 오면서 서로에 대해 많은 걸 알게 되었을 겁니다. [활동지 8-1]을 보십시오. 마치 내가 배우자인 것처럼 상상해 보십시오. 자기의 이름, 자기의 꿈과 바람, 자기의 결혼생활, 자기가 느낀 부부 갈등, 배우자에게 바라는 것 등 어떤 내용도 좋습니다. 배우자의 마음으로 들어갔다고 생각하고 자기(배우자)소개를 해 주십시오.

활동 내용

① [활동지 8-1]에 자신이 자신의 배우자가 되었다고 상상하고 자기소개서를 쓴다.
② 자기소개서를 바탕으로 자기(배우자)를 소개한다.

배우자의 소개를 듣고 어떤 마음이 드는지요? 느낌을 나누어 봅시다.

▶ 다시 쓰는 연애 편지 활동지 8-2

이제 조용히 눈을 감고 배우자가 이해한 나의 모습에 대해 생각해 봅시다. 충분히 이해받은 점도 있을 것이고 아직 더 이해받고 싶은 점도 있을 것입니다. 그리고 살아오면서 배우자에게 미안하고 고맙다고 느낀 점도 있겠지요. 서운한 점도 있을 것입니다. 그 어떤 것도 좋습니다. 그 마음을 담아 편지를 써 보겠습니다.

부부는 가장 가까운 관계이면서도 서로의 마음을 표현하고 이해하지 않으면 남보다 더 먼 사이가 될 수도 있지요. 서로 가까워지고 친밀해지는 것은 서로의 마음을 얼마나 솔직하고 진실하게 표현하는가에 달려 있다고 생각됩니다.

각자 편지지를 가지고 편한 곳을 찾아가 배우자에게 하고 싶은 말을 써 보십시오. (10분간 편지를 작성한 후) 이제 다 쓰셨으면, 편지를 들고 부부끼리 앉아 주십시오. 이제 서로 마주보고 내가 당신에게 쓴 편지임을 말하면서 배우자에게 편지를 전합니다. 각자 배우자가 쓴 편지를 읽어 보십시오. 편지를 읽고 난 마음을 배우자에게 말해 주십시오.

활동 내용

① [활동지 8-2]에 배우자에게 하고 싶은 말을 편지로 쓴다.
② 부부가 서로가 쓴 편지를 읽고, 느낌을 나눈다.

이제 전체로 둥글게 모여 봅시다. 우리는 우리의 배우자가 되어 자기소개를 했습니다. 그리고 서로에게 편지를 써서 마음을 전했습니다. 어쩌면 말하지 않아도 배우자가 마음을 다 알아주길 바라거나, 말해도 받아 주지 않을 것 같아 표현하지 않은 경우도 있을 것입니다. 이렇게 서로의 입장이 되어 보고, 서로에게 자신의 마음을 표현하고, 상대의 마음 표현을 받아들여 보니 어떠했나요? 자신의 마음에서 일어난 생각과 느낌을 나누어 봅시다.

3. 마무리 활동(20분)

▶ 소감 나누기

이제 '우리 부부, 속 터놓고 재미있게 살아요!'의 8회기 프로그램이 모두 마무리가 되었습니다. 1회기에서 부부 소개를 하고 부부관계 척도 검사를 하고 변화 목표를 세웠습니다. 2회기에서 배우자를 선택한 기대와 환상에 대해 살펴보았습니다. 3회기에서 나와 배우자가 가족관계에서 바라는 것이 무엇인지 신체화를 그려 발표하는 활동을 했습니다. 4회기에서 사랑의 마사지를 나누었습니다. 5회기에서는 다가가는 대화 방법을 익혔고, 6회기에서는 갈등의 의미를 알고 조절하는 방법을 찾았습니다. 7회기에서는 부부가 함께 재미있게 살아갈 방법을 찾아 종이탑으로 표현해 보았습니다. 오늘 8회기에서 서로 상대의 입장에서 자기소개를 하고, 미안함과 고마움을 나누고, 편지를 써서 나누었습니다. 프로그램을 진행하면서 변화된 점, 느낀 점, 앞으로 나아갈 방향 등의 소감을 나누며 활동을 마무리하겠습니다. (이야기를 나눈 후) 이름표는 제출해 주시고, 개인 소지품은 잘 챙겨 주십시오. 그동안 함께해 주셔서 감사합니다. 서로에게 감사와 응원의 박수를 보냅시다. (박수) 수고하셨습니다.

4. 유의점

- 편안한 분위기에서 솔직하게 활동할 수 있도록 허용적이고 신뢰할 수 있는 분위기를 조성한다.
- 마지막 회기까지 잘 참여한 노력을 자축하고, 앞으로 변화를 위한 실천을 다짐할 수 있도록 서로 지지하고 격려한다.

활동지 8-1

여보, 당신 마음 이거지!

저는 ○○○(배우자의 이름)입니다.

저는 ....

활동지 8-2

다시 쓰는 연애편지!

참고문헌

김용태(2017). **부부 같이 사는 게 기적입니다**. 서울: 학지사.

박수경(2016). 중년기 결혼만족도 증진 프로그램이 부부건강성, 부부친밀감, 부부갈등대처방식에 미치는 효과. 서울벤처대학원대학교 박사학위논문.

연문희(2012). **친구, 연인, 배우자를 위한 참 만남의 대화**. 서울: 학지사.

연문희(2021). **행복한 부부도 A/S가 필요하다**. 서울: 학지사.

정현숙(2001). 한국형 결혼만족도 척도 개발연구, **대한가정학회지, 39**(12), 205-217.

지아가(2013). Gottman부부관계향상 프로그램이 부모기 전이 부부의 친밀감, 의사소통 및 결혼만족에 미치는 효과. 전북대학교대학원 석사학위논문.

홍정화, 이영순(2020). 노년기 부부관계 증진 프로그램이 부부친밀감과 자아통합감에 미치는 영향. **부부가족상담학회, 1**(1), 1-15.

Gottman, J. M. (2014). **결혼클리닉**[*The Marriage Clinic*]. (정동섭 외 공역). 서울: 창지사. (원전은 1999년에 출판).

Olson, D. H. & Fowers, B. J. (1993). Enrich marital satisfaction scale: A brief research and clinical tool. *Journal of Family Psychology, 7*(2). 176-185.

생애설계 집단상담 프로그램

-내가 그리는 나의 삶-

중요한 것은 도착하는 것이 아니라
향해 가는 것이다.
-생텍쥐페리-

1. 프로그램 필요성과 목표

생애는 한 사람이 태어나서 사망할 때까지의 한평생을 말한다. 사람은 한 생애 동안 사회 구성원으로서 다양한 사회적 역할과 생애주기를 거치게 된다. 100세 시대라 불리고 있는 지금 바쁜 일상을 보내다 보면 인생의 중반기, 후반기를 준비 없이 맞이하기도 한다. 청소년기에는 진로와 꿈을 그려 보고 목표를 계획해 보는 것이 자연스러운 활동 중 하나였으나, 성인이 되고 취업과 결혼을 하면서는 인생에 대해 구체적 계획을 수립할 수 있는 기회나 활동이 많지 않다. 취업을 해도 평생 직장이라는 개념이 사라지고 신입사원 기준 10명 중 7명이 이직을 하고 있는 지금 전 생애 동안 직업적 변화뿐만 아니라 생활에서도 많은 변화를 겪고 있다. 더욱이 전 세계적으로 팬데믹 상황을 통해 교육, 생활, 직업, 사회활동 등에서도 많은 변화가 빠르게 진행되고 있다. 이러한 일상 속에서 삶에 대한 목표 없이 사회 변화에 맞추어 바쁘게 살아가다 보면 삶의 의미와 가치, 방향에 대해 생각하지 못하고 흘러가 버리게 될 수 있다. 생애 목표는 살아가는 데 있어 삶의 방향과 의미를 결정하는 중요한 요소가 되고 결정이 필요한 순간 나침반 역할을 하기도 한다. 따라서 삶에서 핵심적인 역할을 하는 생애 방향을 설계해 보고 삶의 가치를 찾아보는 것은 현대 사회에서 더욱 중요한 요소로 작용될 것이다. 따라서 생애설계 집단상담 프로그램에서는 인생의 목표와 가치, 그 의미를 그려 보고 앞으로의 미래를 계획해 보는 것을 목표로 한다.

생애 목표를 가지고 계획을 세우기 위해서는 살아온 삶을 통한 자기이해와 현재 자신의 모습을 통한 강점과 가치를 토대로 미래를 그려 보고 설계해야 할 것이다. 이 프로그램에서는 슈퍼(D. Super)의 진로발달이론을 기반으로 과거, 현재의 역할을 통해 미래 목표와 계획을 세워 볼 수 있게 구성되어 있고, 전 생애를 돌아보고 그려 봄으로써 자기에 대한 이해와 탐색을 토대로 자신에 대한 자존감을 높이고 미래에 대한 두려움과 불안을 낮추며 원하는 삶을 살 수 있게 하는 데 도움이 될 것이다.

성인을 위한 생애설계 집단상담 프로그램은 지나온 삶을 통해 자기를 이해하고 강점을 발견하며 미래를 설계해 보는 데 목적이 있다. 이러한 목적을 달성하기 위한 하위 목표는 다음과 같다.

첫째, 나의 강점, 능력, 흥미 등을 토대로 앞으로의 생애방향을 그려 본다.

둘째, 미래 변화에 대한 준비와 다양한 정보 및 선택지에 대해 알아본다.
셋째, 생애설계를 구체적으로 해 보고 이를 실행할 수 있게 한다.

2. 프로그램 구성 내용

이 프로그램은 슈퍼(Super)의 생애진로발달이론과 폴 발테스(Paul Baltes)의 전 생애 발달관점을 통해 과거와 현재, 미래 전체를 돌아보고 생애역할, 경험을 통한 강점, 능력, 가치, 흥미 등을 토대로 미래를 설계하고 방향을 그려 보는 것으로 구성되며 구체적 내용은 다음과 같다.

■ 제1단계: 과거를 통한 자기이해 단계(1~2회기)

생애설계는 아동기나 청소년기 또는 성인기 등 특정 기간에 이루어지는 것이 아니라 우리가 살아가는 생애 전체에 걸쳐 일어난다. 따라서 자기가 살아온 삶의 발자취를 통해 자기에 대한 이해를 높이고 가장 빛났던 순간을 찾아보며 자존감을 향상시킨다.

■ 제2단계: 현재를 통한 역량 탐색 단계(3~4회기)

현재 주력하고 있는 활동, 흥미 등을 통해 다양한 역량과 중요하게 생각하는 가치를 알아본다. 이를 통해 자기의 능력과 적성을 탐색하고 미래를 설계하는 데 중요하게 생각하는 가치와 방향에 대해 기본 토대를 마련한다.

■ 제3단계: 미래를 통한 방향설계 단계(5~8회기)

생애발달은 미래 환경과 변화에 밀접한 관계를 가지며 다차원적이고 다방향성을 가지고 있다. 각자가 가진 잠재력과 흥미, 미래 사회변화까지 고려하여 구체적인 삶의 방향과 목표를 설계해 본다.

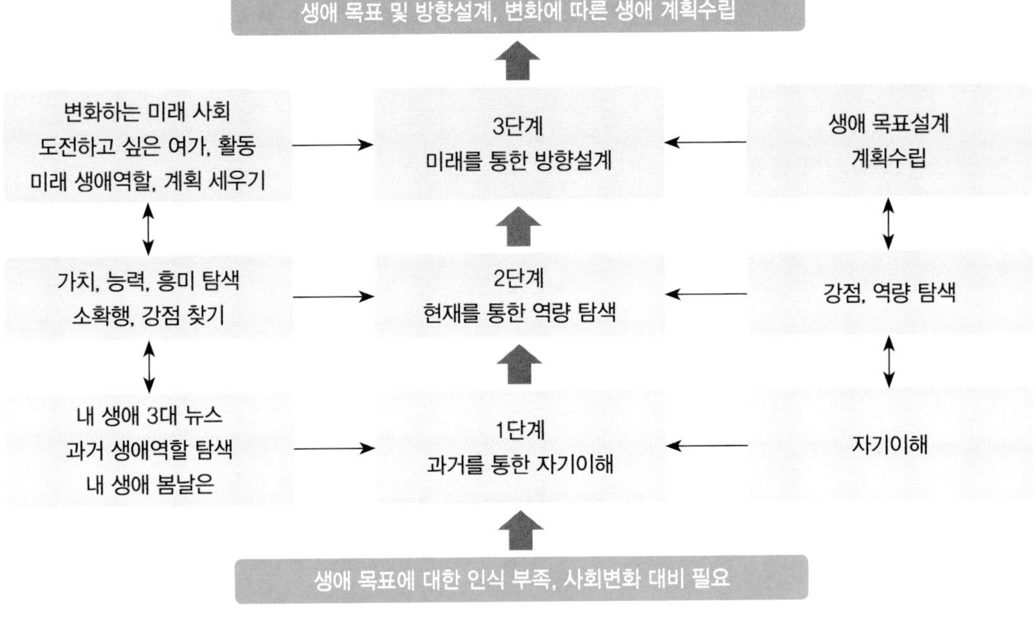

[그림 5-1] **생애설계 집단상담 프로그램 모형**

3. 프로그램 운영지침

프로그램의 운영지침은 다음과 같다.

첫째, 전체 8회기의 프로그램으로 회기당 90분간 진행하며 일주일에 1회기씩 진행한다. 이 프로그램은 자신의 과거와 현재, 미래를 통해 전 생애를 돌아보고 설계해 보는 관점에서 운영한다.

둘째, 매 회기마다 참여자와 라포 형성과 참여자 간 관계 형성을 위해 촉진 활동을 한다.

셋째, 지난 회기에 했던 내용들을 정리하고 회기가 끝날 때에는 마무리 활동을 통해 프로그램 목표를 분명하게 한다.

넷째, 다양한 경력과 경험을 가진 참여자, 경험이 많지 않은 참여자 등이 함께 활동할 경우 일상에서의 작은 활동으로도 다양한 역량이 도출될 수 있게 예시를 들어 준다.

다섯째, 미래의 생애역할들과 단기, 장기 계획을 통해 계획으로 끝나지 않고 프로그램 종결 이후 이를 실행할 수 있도록 독려하고 자신감을 가질 수 있게 한다.

4. 프로그램 계획

프로그램의 회기별 목표와 구체적인 내용은 다음과 같다.

단계	회기	주제	목표	활동
과거를 통한 자기이해	1	희망을 위한 시작	• 프로그램의 목적을 이해하고, 집단원 간 친밀한 관계를 형성한다. • 지나온 삶을 통해 삶을 정리해 본다.	• 도입 활동 –프로그램 안내 –별칭 짓기 –내 짝을 소개합니다 –우리만의 규칙 • 전개 활동 –내 생애 3대 뉴스 –개인별 목표 세우기 • 마무리 활동 –소감 나누기
	2	과거로의 여행	• 생애역할을 통해 내 삶을 탐색해 본다. • 과거 생애역할을 통해 자신의 삶을 이해한다.	• 도입 활동 –지난 회기 요약 및 이번 회기 안내 –당연하지 게임 –생애역할 이해하기 • 전개 활동 –나의 생애역할은? –내 생애 봄날은 • 마무리 활동 –소감 나누기
현재를 통한 역량탐색	3	지금 여기에 머무름	• 삶에 영향을 주는 중요한 나의 가치에 내해 알아본다. • 나에게 의미있는 경험을 통해 나의 가치관을 이해해본다.	• 도입 활동 –지난 회기 요약 및 이번 회기 안내 –한방향 공감게임 • 선개 활동 –나만의 소확행은 –중요한 나의 가치 찾기 –한 문장으로 나를 표현해 보아요 • 마무리 활동 –소감 나누기 –직업선호도검사(S) 실시 과제

단계	회기	주제	목표	활동
	4	check up 지금 나는?	• 나의 흥미, 적성, 경험 등을 통해 선호하는 환경을 알아본다. • 자기이해를 바탕으로 미래를 위한 준비를 계획한다.	• **도입 활동** –지난 회기 요약 및 이번 회기 안내 –초성게임 • **전개 활동** –유형별 특성 알아보기 –나의 능력, 가치 탐색하기 • **마무리 활동** –소감 나누기
	5	내가 살아갈 미래는?	• 미래 사회에 어떤 변화가 있을지 알아본다. • 미래 사회에 대비하고 준비하는 방법을 알아본다.	• **도입 활동** –지난 회기 요약 및 이번 회기 안내 –신조어 맞추기 • **전개 활동** –변화로의 준비 –변화에 대한 준비, 대책 세워 보기 • **마무리 활동** –소감 나누기
미래의 생애 포트폴리오 설계	6	또 다른 삶으로의 도전!	• 도전해보고 싶은 분야를 찾아본다. • 준비를 위한 정보를 탐색해 보고 해결방법을 탐색해 본다.	• **도입 활동** –지난 회기 요약 및 이번 회기 안내 –마시멜로 게임 • **전개 활동** –도전하고 싶은 여가 –도전하고 싶은 직업(사회활동) –도전을 위한 장벽넘기 • **마무리 활동** –소감 나누기
	7	DIY 미래 생애	• 미래를 위한 구체적인 실행계획을 세워 본다. • 계획에 대해 서로 격려와 응원을 해 준다.	• **도입 활동** –지난 회기 요약 및 이번 회기 안내 –강점 찾기 게임 • **전개 활동** –미래에 하게 될 생애역할 –단기계획, 장기계획 세우기 –단기계획, 장기계획 구체화하기 • **마무리 활동** –소감 나누기

단계	회기	주제	목표	활동
또 다른 시작	8	내 생의 멘토는 바로 나	• 그려 본 삶의 방향과 목표에 대한 다짐과 약속을 한다. • 프로그램을 정리하며 소감을 발표한다.	• **도입 활동** –지난 회기 요약 및 이번 회기 안내 –명상을 통한 마음 챙기기 • **전개 활동** –내 인생의 버킷리스트 –미래의 나에게 쓰는 편지 –응원 한마디 • **마무리 활동** –전체 소감 나누기

5. 프로그램 회기별 내용

1회기 희망을 위한 시작

활동 목표

- 프로그램의 목적을 이해하고, 집단원 간 친밀한 관계를 형성한다.
- 프로그램을 통한 개인별 목표를 세운다.
- 지나온 삶을 통해 삶을 정리해 본다.

준비물

이름표, 네임펜, 색연필, [활동지 1-1], [활동지 1-2], [활동지 1-3]

진행 절차

1. 도입 활동(20분)

▶ 프로그램 안내

이 프로그램은 생애설계를 기반으로 한 성인 대상 집단상담 프로그램입니다. 지금의 나의 역할은 나이가 들수록, 환경이 변할수록 점점 변화될 것입니다. 나의 인생 방향을 그려 보고 앞으로 변화하게 될 역할들에 대해 준비하고 새로운 도전을 해 볼 수 있도록 하는 데 목적이 있습니다.

청소년일 때는 진로도 설계해 보고 꿈도 물어보는 것이 당연한것처럼 여겨지지만 성인이 된 후에는 앞으로의 꿈과 인생목표에 대해 물어보는 것이 흔하지 않습니다. 100세 시대인 지금 전 생애 관점에서 생애역할과 인생방향에 대해 생각해 보고 설계해 보는 프로그램입니다.

▶ 별칭 짓기

참여하신 분들이 불리는 이름은 다양할 것입니다. 이름으로 불리시는 분도 계실 것이고 직함으로 불리시는 분, 엄마나 아빠 등 가정에서의 역할로 불리시는 분들도 계실 겁니다. 이 프로그램에서는 그동안의 불렸던 이름이 아니라 불리고 싶은 별칭을 짓고 서로 이 별칭으로 부르도록 하겠습니다. 누가 나를 이렇게 불러 주었을 때 기분이 좋고 기운이 나는, 또는 행복해지는 불려지고 싶은 별칭을 정해 보도록 하겠습니다.

활동 내용
① 불리고 싶은 별칭을 짓고 이름표에 쓴다.
② 별칭을 짓게 된 이유에 대해 생각해 보게 한다.

Tip
• 미래에 대한 희망이나 좋은 에너지를 받을 수 있는 별칭을 예로 들어 주고 지양하는 별칭에 대해서도 미리 이야기해 준다.

▶ 내 짝을 소개합니다 활동지 1-1

자신을 소개하는 게 아니라 자신의 짝을 소개하는 인터뷰게임을 하겠습니다. 2명씩 짝을 지어 활동지에 있는 질문을 짝에게 하는 것입니다. 기자가 되어 인터뷰를 해 주시는데 단답형으로 대답하면 계속 질문을 하셔서 되도록 많은 대답을 얻을 수 있도록 하겠습니다.

활동 내용
① 2명씩 짝을 지어 활동지에 있는 질문들을 보고 인터뷰를 한다.
② 질문에 단답형으로 답변하지 않게 한다.
③ 자신의 짝에 대한 소개를 한다.

▶ 우리만의 규칙 활동지 1-2

우리가 프로그램을 참여하면서 꼭 지켰으면 하는 집단규칙을 만들어 보겠습니다. 활동지에 있는 세 가지의 규칙 외 나머지 두 가지는 조별로 의논해서 적어 보도록 하겠습니다.

활동 내용
① 그룹으로 나누어 활동한다(3~4개 그룹).
② 조별 2개의 규칙을 만들 수 있게 몇 가지 예를 들어 준다.
③ 두 가지 규칙을 조별로 외친다.

2. 전개 활동(60분)

▶ 내 생애 3대 뉴스 활동지 1-3

이번에는 지금껏 살아온 삶을 돌아보겠습니다. 아주 어릴 적부터 지금까지 자기 삶에서 가장 기억에 남는 일 세 가지를 찾아보겠습니다. 기쁘거나 슬프거나 절망하거나 자랑스러웠거나 다양한 일이 있으셨을겁니다. 삶을 돌아보고 자기에게 중요한 3대 뉴스를 만들어 보겠습니다.

활동 내용
① 조용한 음악을 틀어 눈을 감고 생각할 시간을 준다.
② 삶의 사건들을 뉴스 헤드라인 적듯이 한 줄로 요약한다.
③ 인원에 따라 조별 또는 짝을 지어 이야기를 나눈다.
④ 프로그램에서 느낀 점을 이야기한다.

▶ 개인별 목표 세우기 활동지 1-2

프로그램에 참여한 이유도 목표도 개인적으로 다 다를것으로 생각됩니다. 이 프로그램을 통해 알고 싶은, 얻고 싶은 목표를 세워 보겠습니다. 목표를 세운 후 이를 한 분, 한 분 모두 이야기해 보도록 하겠습니다.

활동 내용
① 개인별 목표가 구체적으로 될 수 있게 한다.
② 목표를 이름표 뒤에 적을 수 있게 한다.
③ 목표는 1명씩 돌아가면서 이야기를 한다.
④ 프로그램에서 느낀 점을 이야기한다.

3. 마무리 활동(10분)

▶ 소감 나누기

오늘 프로그램에서 느낀 점이나 소감을 한 분씩 이야기해 보겠습니다. (이야기를 들은 후) 다음 시간은 과거로의 여행을 통해 나의 삶을 돌아보는 시간을 가져 보겠습니다.

4. 유의점

- 첫만남인 만큼 서로에 대한 친밀도와 지도자와 라포를 형성하는 데 집중할 수 있게 한다.
- 개인별 목표가 세부적으로 나올 수 있게 주력한다.

활동지 1-1

내 짝을 소개합니다

이름: ______________

▶별칭과 그 의미는 무엇인가요?	
▶내가 좋아하는 것은 무엇인가요?(좋아하는 요일, 음식, 취미, 영화 등)	
▶지금의 느낌은 무엇인가요?	
▶프로그램에 참여하게 된 동기는 무엇인가요?	
▶현재 내가 가장 집중하고 있는 것은 무엇인가요?	
▶프로그램에서 가장 기대하고 있는 것은 무엇인가요?	

활동지 1-2

우리만의 규칙

※ 프로그램에서 다 함께 지켜야 할 우리만의 규칙을 만들어 보겠습니다.

다 함께 지켜 보아요!

1. 시간 약속을 잘 지킵니다.
2. 적극적으로 참여합니다.
3. 비밀보장을 합니다.
4. ______________________________
5. ______________________________

나의 목표는!

"나는 ______________________________"

활동지 1-3

내 생애 3대 뉴스

※ 과거 경험에서 가장 기억에 남는 세 가지를 생각해 봅니다. 중요한 기억, 경험 세 가지를 기사 헤드라인처럼 한 줄로 적어 봅니다.

아버지 사업 실패로 월세살이 시작하다

2회기 과거로의 여행

활동 목표

- 생애역할을 통해 내 삶을 탐색해본다.
- 과거 생애역할을 통해 자신의 삶을 이해한다.

준비물

필기구, 사인펜, 색연필, 크레파스, 신문, 잡지, 가위, 풀, [활동지 2-1], [활동지 2-2]

진행 절차

1. 도입 활동(10분)

▶ 지난 회기 요약 및 이번 회기 안내

지난 한 주 어떻게 보내셨나요? 지난주에 우리가 처음 만나 별칭도 정하고 서로에 대해 알아 가는 시간을 가졌습니다. 또한 이 프로그램에 참여하여 이루고 싶은 목표에 대해서도 이야기를 나누었습니다. 지금까지의 삶에서 기억에 남는 생애 뉴스도 생각해 보며 과거에 대해 돌아보았습니다. 오늘은 지금까지 우리가 해 온 다양한 생애역할에 대해 생각해 보고 우리 인생의 가장 좋았던, 행복했던 순간을 찾아보겠습니다.

▶ 당연하지 게임

활동 내용

① 짝과 눈싸움을 하여 진 사람이 이긴 사람에게 칭찬을 해 준다.
② 칭찬은 구체적이고 그 사람에게 해당되는 칭찬이어야 한다.
③ 칭찬을 받은 사람은 '당연하지!'라고 외친다.
④ 조별로도 가위바위보를 하여 진 사람이 조원들에게 칭찬을 해 준다.

▶ 생애역할 이해하기

우리는 다양한 역할을 하면서 살아가고 있습니다. 어린 자녀에서 학생의 역할, 집안에서 장남, 장녀, 차녀 등의 역할, 회사에서는 직장인, 집에서는 부모, 며느리 등 인생을 살아오면서 다양한 역할을 맡아 오고 있습니다. 오늘은 지금까지 해 온 자신의 생애역할을 정리해 보고 자신의 삶을 돌아보는 활동을 하겠습니다.

2. 전개 활동(60분)

▶ 나의 생애역할은? 활동지 2-1

생애역할은 나이에 따라 상황에 따라 달라집니다. 지금까지 자기가 해 온 생애역할이 무엇이며, 그 역할을 할 때 어떠했는지 생각해 보겠습니다.

활동 내용

① 조용한 음악을 틀어 눈을 감고 그동안의 생애역할을 생각해 볼 시간을 준다.
② 생애역할을 정리해 보고 가장 좋았던 역할을 할 때와 가장 힘들었던 역할을 할 때를 생각해 본다.
③ 좋았던 역할과 힘들었던 역할에 대해 짝(조원)과 이야기를 나눈다.
④ 생애역할을 돌아본 소감을 나눈다.

▶ 내 생애 봄날 활동지 2-2

자신의 생애역할을 돌아보면서 과거의 자신에 대해 생각해 보셨을 겁니다. 이번에는 과거 삶 중에서 가장 기억에 남는 한 순간을 그려 보겠습니다. '내 생애 봄날'이라는 제목처럼 삶에서 가장 좋았던 기억, 자랑스러웠던 모습, 행복했던 한 장면을 자기만의 작품으로 표현해 보겠습니다. 자신의 작품을 남들이 알아볼 수도, 못 알아볼 수도 있습니다. 자유롭게 마음껏 앞에 놓여 있는 재료들을 활용해서 작품을 만들어 보시기 바랍니다.

활동 내용

① 조용한 음악을 틀어 눈을 감고 가장 좋았던 때를 떠올려 본다.
② 가장 좋았던 때의 장면을 신문, 잡지, 색종이, 크레파스 등 다양한 재료를 활용하여 표현해 본다.
③ 조원들과 함께 자신의 봄날에 대해 이야기를 나눈다.
④ 활동에 대한 소감을 이야기한다.

3. 마무리 활동(10분)

▶ 소감 나누기

오늘 프로그램에서 느낀 점이나 소감을 한 분씩 이야기해 보겠습니다. (이야기를 들은 후) 다음 시간은 과거에서 지금 현재 나의 모습을 알아보는 시간입니다. 과거의 나를 통해 현재의 나는 어떻게 살아가고 있는지 같이 알아보겠습니다.

4. 유의점

- 자유롭게 표현할 수 있도록 독려한다.
- 스스로 말할 수 있는 부분까지만 이야기할 수 있도록 안내한다.

활동지 2-1

나의 생애역할은?

※ 지금까지 나의 생애역할을 생각해 보고 역할과 나이를 표기해 봅시다. 무지개의 두께는 얼만큼 나의 에너지와 시간을 투자했느냐에 따라 표기합니다.

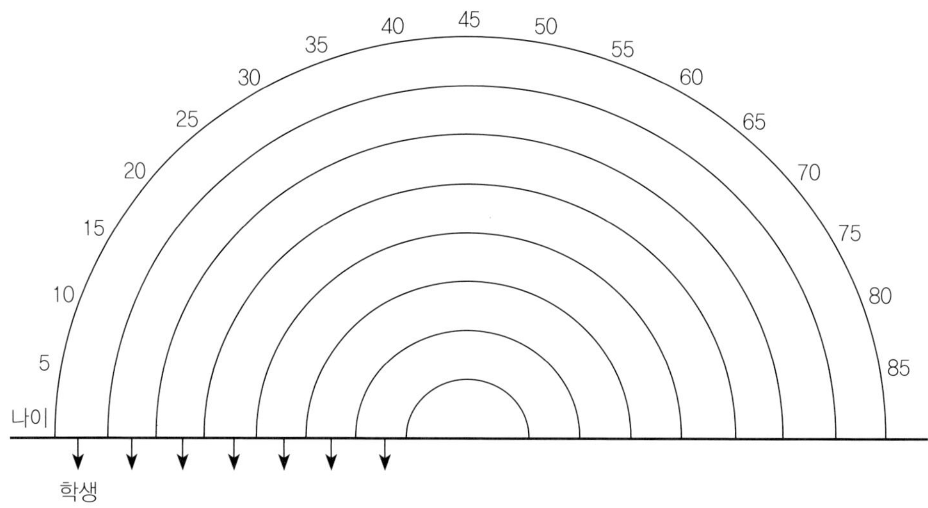

• 생애역할 중 가장 좋은 역할, 힘든 역할을 생각해 보고 적어 봅시다.

활동지 2-2

내 생애 봄날

※ 내 인생에서 가장 행복했던, 좋았던 순간을 자유롭게 표현해 봅니다.

3회기 지금 여기에 머무름

활동 목표

- 삶에 영향을 주는 중요한 자신의 가치에 대해 알아본다.
- 자신에게 의미 있는 경험을 통해 자신의 가치관을 이해해 본다.

준비물

필기구, 사인펜, 색연필, [활동지 3-1], [활동지 3-2]

진행 절차

1. 도입 활동(20분)

▶ 지난 회기 요약 및 이번 회기 안내

지난주까지 우리는 지나온 과거를 통해 우리의 삶을 돌아보고 정리해 보았습니다. 이제 3회기부터는 현재의 경험, 활동을 통해 강점, 능력, 가치에 대해 알아보겠습니다. 인생의 목표를 정하고 계획을 설계하는 데 있어 과거뿐만 아니라 현재 자신이 몰두하고 있는 활동을 통해 자신의 강점을 알아보는 것도 중요합니다. 현재의 자신을 알아보는 것을 시작으로 자신의 감정에 대해 서로 공유해 보는 시간도 가져 보겠습니다.

▶ 한방향 공감게임

최근 자신의 경험을 공유하며 이때 일어나는 감정에 대해 나눠 보겠습니다. 순간순간 나의 감정에 깨어 있는 것이 중요합니다. 지금-여기 자신의 감정에 대해 알아채기 위한 활동을 해 보겠습니다.

활동 내용

① 짝과 함께 활동한다. 경험을 통해 내가 느낀 감정을 하나 정하고 이에 대해 짝에게 이야기를 한다(예: '억울함'을 생각하고 관련 경험을 이야기함).
② 직접적인 감정단어를 말하면 안 되고 관련 경험만 이야기한다.
③ 이야기를 들은 짝은 그때 당시의 자신이 느낀 감정을 맞힌다.
④ 같은 경험을 듣고 어떤 감정을 느끼게 되는지 서로 이야기를 나눈다.

2. 전개 활동(60분)

▶ 나만의 소확행은? 활동지 3-1

소소하지만 확실한 행복이 어떤 것이 있는지 생각해 보겠습니다. 남들이 볼 때는 별것 아닌 것처럼 볼 수 있지만 자신이 행복감을 느끼는 활동에 대해 나눠 보겠습니다.

활동 내용
① 나만의 소확행을 생각해서 적어 본다.
② 소확행의 공통점이 무엇인지 찾아본다.
③ 조원(짝)과 소확행에 대해 이야기를 나눈다.

▶ 중요한 나의 가치 찾기 활동지 3-2

우리가 평소 하는 결정, 행동, 생각에는 각자의 가치가 담겨 있습니다. 소확행을 볼 때도 각자의 가치가 들어가 있습니다. 자신이 현재 중요하게 생각하는 가치를 알게 됨으로써 앞으로 자신이 하게 되는 활동이나 경험, 어떤 결정을 하는 데 이해가 되고 예측할 수도 있을 것입니다. 자신이 중요하게 생각하는 가치에 대해 생각해 보고 자신의 가치에 따라 어떤 결정을 하는지, 자신의 행동에 어떤 영향을 미치는지 알아보겠습니다.

활동 내용
① 가치 목록을 보고 가장 중요하게 생각하는 가치 3개를 선택한다.
② 목록에 없지만 중요하게 생각하는 가치가 있다면 빈칸에 적어 본다.
③ 중요하게 생각하는 세 가지 가치에 대해 짝과 이야기를 나눈다.
④ 활동에 대한 소감을 이야기한다.

▶ 한 문장으로 나를 표현해 보아요

세 가지 가치에 따라 직업이나 취미, 사회활동을 할 때 행동이나 결정이 달라지게 됩니다. 자신이 중요하게 생각하는 가치를 토대로 '나는 ~한 사람이다.'로 스스로를 정의해 보겠습니다. 짝과 함께 자신에 대한 정의를 이야기해 봅시다.

3. 마무리 활동(10분)

▶ 소감 나누기

오늘 프로그램에서 느낀 점이나 소감을 한 분씩 이야기해 보겠습니다. (이야기를 나눈 후) 다음 주는 나의 흥미, 능력, 직업가치에 대해 알아보겠습니다. 사전에 간단한 적성검사를 해 오시면 검사 결과를 활용해 같이 알아보도록 하겠습니다. 워크넷 사이트에서 직업선호도검사 S형을 진행하셔서 다음 시간에 가져오시기 바랍니다.

4. 유의점

- 스스로 말할 수 있는 부분까지만 이야기할 수 있도록 안내한다.
- 직업선호도검사를 할 수 있게 워크넷 사이트를 직접 보여 주며 상세하게 설명한다.

활동지 3-1

나만의 소확행은?

※ 소소하지만 확실한 나만의 행복, '소확행'을 적어 보겠습니다.

활동지 3-2

나에게 중요한 가치 찾기

※ 직업을 선택할 때 중요하게 생각하는 나의 가치를 찾아봅니다. 빈칸에는 나만의 중요한 가치가 있다면 작성해 보세요. 가장 중요한 가치 세 가지를 골라 동그라미 쳐 봅니다.

돈을 많이 버는 것	다른 사람을 돕는 것	타인에게 인정받는 것	독창성과 개성을 발휘하는 것	많은 사람을 거느리는 것
일을 통해 자부심을 느끼는 것	미래장래성이 있는 것	근무환경이 쾌적한 것	성취감을 느끼는 것	다른 사람들에게 존경받는 것
워라밸을 즐기는 것	나의 능력을 개발시키는 것	사회와 나라에 발전에 기여하는 것	출퇴근 거리가 가까운 것	출세할 수 있는 것
사람들을 많이 만나는 것	일을 통해 여러 곳을 다니는 것	안정적으로 일할 수 있는 것	자녀에게 떳떳한 직업인 것	여가시간을 많이 갖는 것
자율적으로 일하는 것	능력을 잘 발휘할 수 있는 것	종교가 일치하는 것		

나의 가치관을 한문장으로 만들어 봅니다.

"나는 ______________________________"

4회기 Check up 지금 나는?

활동 목표

- 자신의 흥미, 적성, 경험 등을 통해 선호하는 환경을 알아본다.
- 자기이해를 바탕으로 미래를 위한 준비를 계획한다.

준비물

필기구, 사인펜, 색연필, 네임펜, 전지, [활동지 4-1]

진행 절차

1. 도입 활동(20분)

▶ 지난 회기 요약 및 이번 회기 안내

지난주에는 현재의 소확행과 생애 가장 좋았던 봄날, 중요한 가치에 대해 이야기를 나누어 보았습니다. 오늘은 적성검사를 토대로 성향과 능력, 가치에 대해 알아보겠습니다.

▶ 초성게임

조별 순발력과 팀워크를 알아보기 위해 '초성게임'을 해 보겠습니다. 현재 인기 있는 직업이나 유행하는 영화에 대해 생각해 보시면 빨리 맞힐 수 있을 겁니다(예: ㅇㅈㅆ → 아저씨).

활동 내용

① 초성만으로 이루어진 것을 보고 팀별로 게임을 진행한다.
② 최근 직업, 영화 등 흥미를 줄 수 있는 단어로 준비한다.
③ 많이 맞힌 팀에게 상품을 준다.

2. 전개 활동(60분)

▶ 유형별 특성 알아보기

워크넷 사이트에서 직업선호도검사 S형을 다들 해 오셨나요? 검사 결과를 토대로 객관적으로 자기를 알아보도록 하겠습니다. 먼저, 검사 결과를 해석하기 위해 여섯 가지 유형에 대해 알아보겠습니다. 그러고 나서 같은 유형별로 조를 나누어 유형별 공통점과 특징에 대해 알아보겠습니다.

활동 내용

① 여섯 가지 유형(RIASEC)에 대해 설명한다.
② 유형별로 나누어 성격적 공통점, 좋아하는 취미, 선호하는 활동 등에 대해 조별로 전지에 적는다.
③ 각 유형별로 발표하며 유형별 특성을 이해한다.

▶ 나의 능력, 흥미, 가치 탐색하기 활동지 4-1

지금까지 했던 활동, 경험, 취미 등을 통해 가지고 있는 능력과 중요하게 여기는 가치에 대해 알아보겠습니다. 예를 들어, 현재 직업이 교사인 경우 교사를 하기 위해 자기가 가지고 있는 능력, 가르치기, 공감하기, 수용하기, 문서작성능력 등을 구체적으로 생각해 봅니다. 그리고 교사를 할 때 중요하게 생각하는 가치, 남을 이롭게 하는 것, 안정성 등을 역시 구체적으로 적어 봅니다.

활동 내용

① 현재 하고 있는 일, 과거에 했던 일, 좋아하는 흥미(취미)를 통해 자신의 능력, 가치를 정리해 본다.
② 현재 자신의 능력과 가치를 조원(짝)에게 이야기한다.
③ 자신의 경험을 나눈 후 조원(짝)들은 참여자가 도전해 볼 수 있는, 할 수 있을 것 같은 직업이나 활동, 취미 등을 추천해 주고 이유를 말해 준다.

3. 마무리 활동(10분)

▶ 소감 나누기

오늘 프로그램에서 느낀 점이나 소감을 한 분씩 이야기해 보겠습니다. (이야기를 나눈 후) 다음 회기부터는 미래에 대해 생각하고 계획해 보는 시간을 갖겠습니다.

4. 유의점

- 직업이 없거나 활동이 적어 활동지를 하기 힘들어하는 집단원이 있는지 살펴보고 예시를 들어 주며 도와준다.

활동지 4-1

나의 능력. 가치 탐색하기

※ 지금 하고 있는 일이나 활동, 취미 등을 통해 자신의 능력과 가치에 대해 구분해 보겠습니다.

활동, 일, 취미	능력	가치
교사	가르치는 능력 공감, 경청 능력 문서작성능력 이해와 수용력	남을 이롭게 하는 것 안정적인 것

• 직업이나 활동, 취미에 대해 추천해 주시고, 이유도 적어 주세요.

5회기 내가 살아갈 미래는?

활동 목표

- 미래 사회에 어떤 변화가 있을지 알아본다.
- 미래 사회에 대비하고 준비하는 방법을 알아본다.

준비물

전지, 매직, 사인펜, 색연필, 투명 테이프, [활동지 5-1]

진행 절차

1. 도입 활동(20분)

▶ 지난 회기 요약 및 이번 회기 안내

지난주에 적성검사를 통해 자신의 성향, 능력, 가치 등에 대해 알아보고 서로에게 직업이나 활동등을 추천해 주었습니다. 과거를 통해 자기 자신을 이해하고 현재를 통해 자신의 능력과 가치에 대해 알아보았습니다. 이번 시간부터는 미래를 그려 보고 설계하기 위한 작업을 해 보겠습니다.

▶ 신조어 맞히기

요즘 청소년들이나 젊은 세대에서 많이 사용되는 신조어에 대해 많이들 알고 계신가요? 사용하는 신조어 중에서 생소하거나 처음 들어 보는 말 때문에 소통이 안 되신 적도 있을겁니다. 보여 드리는 단어가 무슨 말인지 맞혀 보는 게임을 해 보겠습니다. 뜻을 아시는 분은 자신의 별칭을 크게 외쳐 주세요.

활동 내용

① 신조어를 적은 ppt를 보여 주고 팀별로 맞히기를 진행한다.
② 신조어를 많이 맞힌 팀에게 상품을 준다.
③ 느낀 점을 물어본다.

2. 전개 활동(60분)

▶ 변화로의 준비 활동지 5-1

10년 전과 지금을 비교했을 때 세상에는 많은 변화가 있었습니다. 어떤 것이 변화되었는지 이야기해 볼까요? 그럼 지금부터 10년 뒤는 어떤 모습일까요? 아마 생활하는 것이나 직업이나 취미에서도 많은 변화가 있을 것입니다. 다가오는 미래에 어떤 준비를 해야 할지 생각해 보기 위해 변화될 미래에 대해 그려 보는 시간을 가져 보겠습니다. 그중 변화되는 미래 산업군에 맞추어 이에 맞는 직원을 채용해 보고 회사의 인재상도 만들어 보는 활동을 하겠습니다.

활동 내용

① 프랜차이즈업, 서비스업, 제조업, 물류유통업 등으로 나누어 기업을 설립한다.
② 직무를 정하고 여기에 맞는 채용공고를 만든다.
③ 조별로 발표하며 느낀 점을 나눈다.

▶ 변화에 대한 준비, 대책 세워 보기

사업별로 변화되는 환경과 여기에 맞는 인재에 대해 알아보았습니다. 이제 미래에 적응하기 위해서는 어떤 준비를 해야 할지 같이 대책을 세워 보는 시간을 가져보겠습니다. 조별로 미래 사회의 변화에 어떻게 적응하고 대책을 세울 수 있는지 의논하여 전지에 작성해 보겠습니다.

활동 내용

① 미래 변화에 대해 어떻게 준비해야 할지 의견을 자유롭게 내 본다.
② 전지에 정리된 의견을 적고 조별로 발표한다.
③ 활동에 대한 소감을 이야기 나눈다.

3. 마무리 활동(10분)

▶ 소감 나누기

오늘 프로그램에서 느낀 점이나 소감을 한 분씩 이야기해 보겠습니다. (이야기를 나눈 후) 다음 회기에는 미래에 도전하고 싶은 분야를 찾아보겠습니다.

4. 유의점

- 조별로 어려워하는 부분이 있으면 예시를 들어 주며 도와준다.
- 자료를 찾을 수 있는 유튜버나 관련 기사, 참고 사이트 등을 미리 알려 준다.

활동지 5-1

변화로의 준비

※ 〈전지활동〉

<table>
<tr><td>

기업 설립 및 채용공고 만들기

기업명:
기업 소개:
설립년도:
지역:
매출액:
순이익금:
사원 수:
기업비전:
인재상:
복리후생:

</td></tr>
</table>

<table>
<tr><td>

신입사원 채용하기

채용 직무:
상세 직무 내용:
채용 인원:
채용 조건:
• 필요 자격증
• 필요 능력
• 기타
연봉:
제출 서류:
채용 마감일:

</td></tr>
</table>

6회기 또 다른 삶으로의 도전!

활동 목표

- 도전해 보고 싶은 분야를 찾아본다.
- 준비를 위한 정보를 탐색해 보고 해결방법을 탐색해 본다.

준비물

필기구, 마시멜로, 파스타면, [활동지 6-1], [활동지 6-2], [활동지 6-3]

진행 절차

1. 도입 활동(20분)

▶ 지난 회기 요약 및 이번 회기 안내

지난주에는 미래에 변화되는 다양한 영역에 대해 알아보고 미리 준비, 대비할 수 있는 방법에 대해 알아보았습니다. 오늘은 미래에 도전하고 싶은 다양한 활동에 대해 알아보겠습니다.

▶ 마시멜로 게임

미래 사회 변화에 대한 준비를 하기 위해서는 도전이 필요합니다. 오늘은 자기 삶의 도전에 대해 생각해 보겠습니다. 도전을 하기 위해서는 위험을 감수하기도 하고 새로운 아이디어가 필요하기도 하며, 의지와 열정도 필요할 것입니다. 간단한 활동을 통해 이러한 도전의식을 높여 보겠습니다. 도전을 하기 위한 첫걸음으로 조별로 마시멜로 게임을 통해 여러분의 창의적인 도전정신을 알아보겠습니다.

활동 내용

① 조별로 마시멜로와 파스타면을 같은 양으로 준비해 둔다.
② 가장 높게 마시멜로 탑을 세우는 조가 우승한다.
③ 느낀 점을 물어본다.

2. 전개 활동(60분)

▶ 도전하고 싶은 취미 활동지 6-1

지금은 하고 있지 않지만 도전하고 싶은 취미나 여가활동에 대해 생각해 보겠습니다. 삶에서 좋아하는 활동을 취미로 가지는 것은 중요합니다. 살아가는 데 있어 활력도 되고 스트레스 완화에도 도움이 됩니다. 자신의 흥미를 토대로 도전하고 싶은 취미를 찾아보겠습니다.

활동 내용
① 리스트를 참고하여 도전하고 싶은 취미를 적는다.
② 이러한 취미를 가지려면 어떻게 하면 되는지 조사해 본다.
③ 취미를 선택한 이유와 조사한 것을 발표한다.

▶ 도전하고 싶은 직업(사회활동) 활동지 6-2

지금 하고 있는 직업이나 활동 외에 한번 도전하고 싶은 직업, 활동에 대해 생각해 보겠습니다. 하고 있는 일과 연관되어도 좋고 새로운 직업이나 활동도 좋습니다. 새로운 삶, 미래에 대한 삶을 준비하기 위해 도전하고 싶은 직업과 활동을 작성해 보겠습니다.

활동 내용
① 도전하고 싶은 직업 또는 사회 활동 리스트를 작성해 본다.
② 개인적 경력, 환경, 나이에 맞추어 작성할 수 있게 한다.
③ 작성한 것에 대해 조원들과 함께 이야기를 나눈다.

▶ 도전을 위한 장벽 넘기 활동지 6-3

도전하고 싶은 취미나 직업, 활동들을 하기 위해서는 어려운 점, 미리 생각해야 하는 점 등이 있을 겁니다. 이러한 장벽들을 넘기 위해 예상되는 어려운 점을 적고 이를 해결하기 위한 방법에 대해 생각해 보겠습니다.

3. 마무리 활동(10분)

▶ 소감 나누기

오늘 프로그램에서 느낀 점이나 소감을 한 분씩 이야기해 보겠습니다. (이야기를 나눈 후) 다음 회기에는 도전하고 싶은 분야에 대해 구체적인 계획을 세워 보겠습니다.

4. 유의점

- 어려워하는 참가자가 있는지 살펴보고 작성할 수 있게 도와준다.

활동지 6-1

도전하고 싶은 여가

※ 미래에 하고 싶거나 도전하고 싶은 여가에 대해 생각해 보고 작성해 봅니다.

만들기	그리기	요리	글쓰기	운동	키우기	외국어	공연감상	기타
한지공예	초상화	한식	동화	축구	강아지	영어	영화	여행
목공예	캘리그래피	양식	소설	야구	고양지	중국어	오페라	사진촬영
도자기공예	유화	중식	웹툰	농구	햄스터	일본어	뮤지컬	지도 만들기
가죽공예	수채화	일식	서예	족구	열대어	스페인어	연극	피부미용
가구만들기	북아트	제빵		탁구	토끼	베트남어	미술관	캠핑
천연비누	수묵화	바리스타		당구	고슴도치	터키어	박물관	튜닝
향초	포토샵	사찰요리		테니스	앵무새	독일어		
뜨개질	일러스트	채식요리		배드민턴	돼지	프랑스어		
비즈공예		반찬		요가	곤충류	한문		
자수공예				필라테스				
옷만들기				철인3종				
꽃꽂이				댄스스포츠				
북아트				밸리댄스				
천연화장품								

여가활동	선택한 이유	정보

활동지 6-2

도전하고 싶은 직업 또는 사회활동

※ 미래에 도전하고 싶은 직업 또는 사회활동을 생각해서 적어 봅니다.

직업 또는 사회활동	선택한 이유	정보
• 방부제, 색소가 없는 건강 간식을 먹이고 싶음 • 손재주가 있고 애견에 관심이 많음	애견들을 위한 천연수제간식을 만들어 판매한다.	시장조사를 통한 가격, 수요조사 SNS 홍보, 유통기한, 판매전략

• 추천해 주고 싶은 직업이나 사회활동에 대해 이야기를 나눠 봅니다.

활동지 6-3

도전을 위한 장벽 넘기

※ 미래에 도전하고 싶은 직업 또는 사회활동을 할 때 예상되는 어려운 점에 대해 생각해 보겠습니다. 개인적인 요인과 환경적인 요인에 대해 생각해 보고, 이를 극복할 수 있는 방법에 대해서 이야기를 나누어 보겠습니다.

활동	개인적인 요인	환경적인 요인	극복방법
수제 애견 간식 만들기	• 고민만 하는 성격 • 자신감 부족 • 회피 습관 • 관련 지식 부족 • 의욕만 높음	• 경제적인 부분 • 치열한 경쟁 • 차별화된 전략	• 매일 하루 2시간씩 자료 조사하기 • 주말 오프라인 조사 • 한 달에 세 번 만들기 • 구체적인 기록 남기기

7회기 DIY 미래 생애

활동 목표

- 미래를 위한 구체적인 실행계획을 세워 본다.
- 계획에 대해 서로 격려와 응원을 해 준다.

준비물

필기구, 포스트잇, [활동지 7-1], [활동지 7-2], [활동지 7-3]

진행 절차

1. 도입 활동(20분)

▶ 지난 회기 요약 및 이번 회기 안내

지난주에는 미래에 도전하고 싶은 여가, 활동에 대해 알아보고 극복방법까지 생각해 보았습니다. 오늘은 이를 토대로 구체적인 단기, 장기 계획을 세워 보도록 하겠습니다. 이를 통해 앞으로의 삶의 방향도 그려 보고 구체화할 수 있을 것입니다.

▶ 강점 찾기 게임

미래에 계획을 세우고 이를 실천하기 위해서는 이를 해낼 수 있는 힘이 필요합니다. 각자가 생각하는 자신의 가장 큰 강점을 생각해 보고, 서로 다른 분들의 강점도 찾아 주시기 바랍니다. 이를 통해 서로에게 꿈꾸는 미래로 갈 수 있는 힘을 주셨으면 합니다.

활동 내용

① 자신의 가장 큰 강점 하나를 포스트잇에 적어서 접어 둔다.
② 자신의 오른쪽에 있는 사람이 그 사람의 별칭과 강점을 하나씩 적는다. 순서대로 오른쪽으로 돌아가며 적는다.
③ 포스트잇을 중간에 모으고 1명씩 돌아가며 읽어 준다.
④ 마지막으로 자신의 강점을 읽으면 다른 조원들은 큰 소리로 '그게 너야!'라고 외쳐 준다.

2. 전개 활동(70분)

▶ 미래에 하게 될 생애역할 활동지 7-1

두 번째 만남에서 우리는 지금까지 우리가 해 온 다양한 생애역할에 대해 알아보았습니다. 앞으로 또 다른 우리가 하게 될 생애역할들이 있을 것입니다. 직장인, 부모나 조부모, 은퇴자 등 다양한 삶의 역할이 남아 있습니다. 각자 자신이 하게 될 생애역할들과 그 시기에 대해 생각해 보겠습니다.

활동 내용
① 생애역할의 다양한 예시를 보여 준다.
② 생애역할과 나이를 활동지에 표시한다.
③ 가장 기대되는 생애역할과 그 이유에 대해 적어 본다.
④ 조원들과 같이 미래의 생애역할에 대해 이야기를 나눈다.

▶ 단기계획, 장기계획 세우기 활동지 7-2 활동지 7-3

지금까지의 활동들을 돌아보면 흥미 있는 직업, 여가, 활동, 생애역할까지 알아보았습니다. 이를 토대로 앞으로의 계획을 세워 보겠습니다. 1~3년 안에 해야 할 계획도 있을 것이고 5년, 10년 뒤에 할 계획도 있을겁니다. 각자 자기 인생의 단기, 장기 계획을 세워 보겠습니다. 모두 작성을 하셨으면 자유롭게 짝을 지어 자신의 계획과 세부계획, 달성 나이에 대해 이야기를 나눕니다. 서로 이야기를 모두 끝내면 활동지에 응원의 마음을 담아 사인을 해 줍니다. 정해진 시간 안에 최대한 많은 사람의 사인을 받을 수 있게 이야기를 합니다.

활동 내용
① 단기목표, 장기목표, 개발해야 될 역량, 교육 등을 작성한다.
② 이를 토대로 구체적인 실천 내용, 달성 나이에 대해 작성한다.
③ 작성 후 생애 목표, 실천 내용, 달성 나이에 대해 2~3명씩 자유롭게 짝을 이루어 자신의 계획을 이야기한다.
④ 이를 들은 참여자는 본인의 사인을 해 주고, 정해진 시간 내에 최대한 많은 사인을 받게 한다.

3. 마무리 활동(10분)

▶ 소감 나누기

오늘 프로그램에서 느낀 점이나 소감을 한 분씩 이야기해 보겠습니다. (이야기를 나눈 후) 다음 회기는 이제 마지막 시간으로, 삶의 방향과 목표를 구체화해 보겠습니다.

4. 유의점

- 자유롭게 자신의 생애계획에 대해 이야기를 나눌 때 소외되는 참여자가 없도록 신경을 쓴다.
- 이야기를 하지 않고 사인만 받지 않도록 유의한다.
- 최대한 3명 이하로 조를 이루어 이야기를 많이 반복할 수 있게 한다.

활동지 7-1

미래에 하게 될 생애역할

※ 미래에 하게 될 자신의 생애역할에 대해 생각해 보고 적어 보겠습니다.

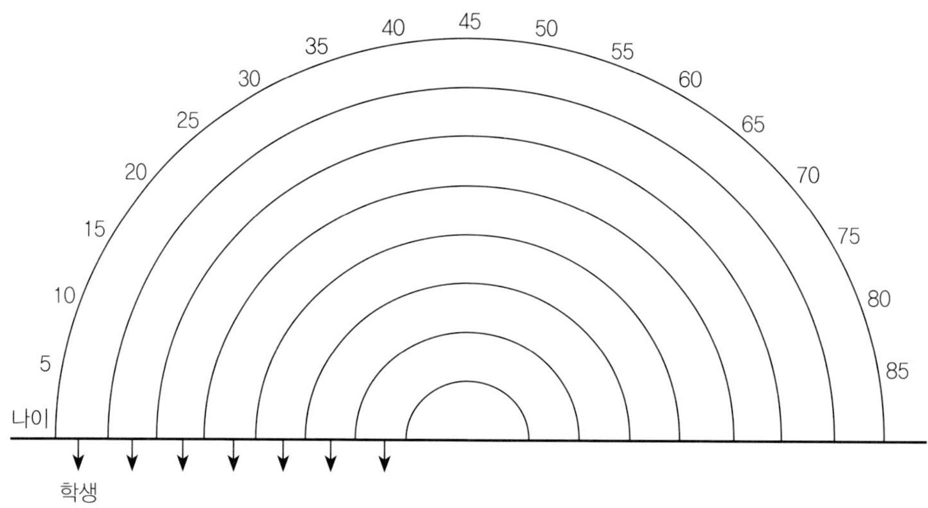

• 가장 기대되는 생애역할은 무엇인지 그 이유와 함께 적어 보세요.

활동지 7-2

단기계획, 장기계획 세우기

※생애 목표를 달성하기 위해 단기, 장기 계획을 세워 봅니다.

단계별 단기 목표

- ________________
- ________________
- ________________

개발할 역량 및 목표

- ________________
- ________________
- ________________

장기 목표 설정

- ________________
- ________________
- ________________

활동지 7-3

단기계획, 장기계획 구체화하기

※ 단기, 장기 목표를 구체화해 봅시다. 목표에 따른 실천 내용과 이를 달성할 나이에 대해 생각해 보고 적어 보겠습니다.

생애 목표	실천 내용	달성 나이
토익 850점 이상	• 3개월 학원 하루도 빠짐없이 다니기 • 매일(밤 10~12시) 복습하기 • 영어단어 하루 30개 외우기	26세 (8월)

8회기 내 생의 멘토는 바로 나

활동 목표

• 그려 본 삶의 방향과 목표에 대한 다짐과 약속을 한다.

준비물

필기구, [활동지 8-1], [활동지 8-2], [활동지 8-3]

진행 절차

1. 도입 활동(10분)

▶ 지난 회기 요약 및 이번 회기 안내

지난주 미래에 대해 계획해 보고 이야기를 나누어 보았습니다. 오늘은 이번 프로그램 마지막 활동으로 미래를 위한 자신의 다짐과 새로운 시작을 응원해 보겠습니다.

▶ 명상을 통한 마음챙기기

오늘은 또 다른 시작을 위한 마지막 날입니다. 크게 세 번을 심호흡하고 자신의 호흡에 집중해보겠습니다. 어깨의 긴장을 풀고 편안하게 호흡에만 집중합니다. (시간이 흐른 후) 이제 우리가 했던 활동들을 생각해 보겠습니다. 지금까지 자신이 살아온 과거를 돌아보고 중요하게 생각하는 삶의 가치와 도전하고 싶은 미래 직업, 여가 등을 알아보았습니다. 앞으로의 계획도 세워 보고 이에 대한 응원도 함께 나누었습니다. 삶의 주체로서 자신의 미래에 대해 의지를 다져 보겠습니다. 이제 눈을 뜨고 마지막 활동을 시작해 보겠습니다.

2. 전개 활동(70분)

▶ 내 인생의 버킷리스트 활동지 8-1

죽기 전에 꼭 하고 싶은 자신만의 버킷리스트를 작성해 보겠습니다. 앞으로 가지고 싶은 것도 좋고 하고 싶은 활동도 좋습니다. 꼭 이루고 싶은 열 가지 버킷리스트를 생각해 보고 작성해 보겠습니다.

활동 내용
① 버킷리스트를 작성하기 전 눈을 감고 생각하는 시간을 준다.
② 버킷리스트를 작성하는 동안 조용한 음악을 틀어 놓는다.
③ 버킷리스트에 대해 조원(짝)과 이야기를 나눈다.

▶ 미래의 나에게 쓰는 편지 활동지 8-2

미래의 자신에게 쓰는 편지를 작성해 보겠습니다. 세운 계획대로 잘하고 있을 자신에게, 또는 어떤 어려움이나 고난을 이겨내고 있을 자신에게 보내는 응원의 메시지도 좋고 다짐도 좋습니다. 10년 뒤의 자신에게도 좋고 어떤 특정 나이대를 정하셔도 좋습니다. 미래의 자신에게 전하고 싶은 글을 적어 보겠습니다.

활동 내용
① 조용한 음악과 함께 편지를 작성할 수 있게 한다.
② 자신의 편지를 공개할 수 있는 참가자에게 읽을 수 있게 한다.
③ 활동이 끝나면 풀로 동봉한다.

▶ 응원 한마디 활동지 8-3

미래의 자신에게 쓴 편지는 잘 간직하셨다가 힘이 필요할 때, 지금의 이 의욕을 떠올리고 싶을 때, 편지에 적은 나이가 되었을 때에 다시금 읽어 보시기를 권해드립니다. 앞으로 우리가 설계한 인생의 멋진 시작을 위해 자신과 다른 참가자에게 간단한 응원의 메시지를 보내겠습니다.

활동 내용
① 자신에게 하는 응원의 '한 문장'을 적는다.
② 1명씩 자신에게 응원의 메시지를 큰 소리로 외치고 다른 참가자들은 '당연하지!'를 외친다.

▶ 서로에게 지지와 응원 보내기

지금까지 함께 활동한 짝과 조원들에게도 응원의 메시지를 보내 주겠습니다. 삶의 주인공이 될 수 있도록 응원의 메시지와 마음을 담아 포옹을 해 주시기 바랍니다.

활동 내용

① 음악과 함께 자유롭게 자리에 일어서서 만나는 사람에게 응원의 말과 포옹을 한다.

② 한 사람과 오래 말하는 것이 아니라 주어진 시간에 최대한 많은 사람에게 말을 할 수 있게 한다.

3. 마무리 활동(10분)

▶ 소감 나누기

이번 프로그램에서는 개인별 목표를 세워 보았습니다. 목표가 어떻게 달성되었는지, 프로그램에서 느낀 점이나 소감을 한 분씩 이야기해 보겠습니다.

4. 유의점

• 소외되는 참여자가 없도록 살펴보고 응원 메시지에 짝이 맞지 않으면 진행자가 참여한다.

활동지 8-1

내 인생의 버킷리스트

※ 인생에서 꼭 이루고 싶은 버킷리스트 10개를 구체적으로 작성해 보세요.

언제	무엇을	체크

활동지 8-2

미래의 나에게 쓰는 편지

활동지 8-3 응원 한마디

참고문헌

이지원, 송보라, 이기학(2017). 성인의 생애단계별 진로적응과업척도 개발 및 타당화 연구. 한국심리학회지, 29(4), 1077-1114.

정태식(2018). 생애설계가 삶의 만족도에 미치는 영향에 관한 분석-생애설계 컨설팅 중심으로-. 한성대학교 지식서비스 컨설팅대학원 석사학위논문.

여가 집단상담 프로그램

-여가 로그인-

우리는 휴식이 쓸데없는 시간낭비가 아니라는 것을 알아야 한다.
휴식은 곧 회복인 것이다.
짧은 시간의 휴식일지라도 회복시키는 힘은 상상 이상으로 큰 것이니
단 5분 동안이라도 휴식으로 피로를 풀어야 한다.

-데일 카네기-

1. 프로그램 필요성과 목표

현대인은 직장생활만이 삶의 전부가 아니라 자신에게 주어진 시간을 보람 있게 활용하는 것 또한 중요한 부분이라는 것을 깨닫기 시작하면서 삶의 질을 증진할 수 있는 방안으로 여가활동을 찾기 시작했다.

2018년 주 52시간 근무제가 도입된 이후로 주 4일제 근무가 시작되었고, 워라밸이란 용어가 등장했다. '워라밸'이란 'Work and Life Balance'의 줄임말로 일과 삶의 균형을 뜻한다. 최근에는 근로, 성장 및 효율을 위해 회사에만 집중했던 과거의 기성세대들과는 반대로 자신의 여가를 우선시하며 돈보다는 개인의 만족을 추구하는 가치관을 가지는 사람이 증가하고 있다. 그로 인해 '일상의 소소하지만 확실한 행복'을 뜻하는 '소확행'과 함께 '워라밸'과 같은 여가생활에 대한 관심이 늘어가고 있다.

코로나19 이후 사회적 거리두기, 외출 자제, 문화시설 폐쇄 등으로 인해 여가활동을 할 수 있는 공간이 줄어들고 집에서 머무는 시간이 길어짐에 따라 '집콕' 현상이 만들어졌다. 그로 인해 홈트, 홈캉스, 홈술, 홈오피스 등의 신조어나 결합어가 등장했으며 홈(home)과 이코노미(econmy)의 합성어인 '홈코노미'가 코로나 이후의 달라진 여가생활문화를 반영하고 있다. 이처럼 사람들이 변화하는 상황에 맞춰 여가생활을 즐기는 가운데, 아직까지도 많은 이가 여가를 어디에서, 무엇을, 어떻게 즐기는 것인가에 대해 고심하며 여가를 즐기지 못하고 있다. 그뿐만 아니라, 코로나19 이후 사회적 거리두기로 인해 모임이나 음주 등의 유흥 위주의 활동이 제한됨에 따라 증가한 시간 및 자유로운 시간 등에 대해 어떻게 활용해야 할지에 대한 고심이 생긴 사람이 많을 것이다.

여가의 발달과정을 생각해 보면, 아동기에 우리 모두 즐기던 '놀이 활동'에서 그 근원을 찾아볼 수 있다. 어린아이들이 놀이 자체만으로도 즐거움을 경험하는 것처럼 여가 또한 여가를 보내는 것, 여가 그 자체로 여가를 생각해 볼 수 있다. 즉, 무언가를 해야 놀이가 되는 것이 아닌, 즐거움 속에서 활동을 찾는 것이 여가 그 자체라고 생각해 볼 수 있다.

하지만 우리나라의 실정상 청소년기에는 놀이보다는 학업과 입시에 대한 중요도와 강요가 높아지면서 학생들은 과업을 완수하기 위한 시간이 늘어나고, 여가와 놀이를 위한 시간은 사라지기 시작했다. 주어진 학업과 과업에 열중하다 보니, 자신의 생활 속 시간에서 주체적으로 시간을 활용하기보다는 수동적으로 정해진 일정에 맞추는 것이 익숙해졌을 것이다. 이러한 이들이 성인이 되어 대학생활 또는 직장생활을 하더라도 시간 활용에 대한 어려움으로 여가를 맘껏 즐기지 못하는 어려움을 겪고 있다.

이러한 고심을 해결하기 위해 많은 이가 여가 관련 프로그램에 직접 참여를 해 보거나 다양한 매체를 활용하여 간접적으로 체험을 해 보기도 한다. 하지만 매체를 활용한 간접적 체험은 서로 상호작용이 아닌 일방향적으로 진행이 되며, 주어진 매체 정보를 활용하여 한 개인이 직접적으로 실행하기에는 여러 가지 어려움이 있을 것이다. 또한, 기존의 직접 참여가 가능한 여가프로그램은 지역 내 사회복지관, 평생교육기관, 문화센터 등에서 이루어지고 있으나, 대부분이 상업화되어 하나의 주제를 통한 취미생활이나 자기 계발로 이루어지고 있는 실정이다. 이는 여가가 단지 취미나 자기 계발 등의 협의적인 의미로 다루어지고 있음을 알 수 있다.

이 프로그램은 기존의 협의적으로 이루어진 여가의 개념을 벗어나 여가의 본질적 의미를 살펴보고 단지 무언가를 배우고 경험하는 행위가 아닌 자신의 삶의 일부이자 중요한 요소로 자신의 삶을 윤택하게 살아가기 위한 방략임을 이해하고 여가를 새롭게 '찾는 것'이 아닌 '기존의 나의 것을 발견'할 수 있도록 하고자 한다.

이 프로그램은 타인에 의해서가 아닌 여가 참여자에 의해 주도적으로 이루어질 때 의미가 있으므로 프로그램의 목표는 성인이 여가에 대한 올바른 인식과 태도를 바탕으로 주체적으로 여가를 계획하고 실행할 수 있는 능력을 증진시킴으로써 성인의 지속적인 여가활동 참여와 건설적이고 만족스러운 여가활용을 이끌어내는 데 그 목적이 있다. 이러한 목적을 달성하기 위한 하위 목표는 다음과 같다.

첫째, 여가의 의미에 대해 이해하고, 다양한 여가활동에 대한 정보를 알 수 있다.

둘째, 내가 원하는 여가에 대해 생각해 본 후 이를 위한 시간 관리 및 의사결정 능력을 향상할 수 있다.

셋째, 나만의 여가를 설계하고, 이를 타인과 공유함으로써 나만의 여가를 확립할 수 있다.

넷째, 지금-여기에서의 여가를 넘어 나의 삶과 여가의 의미를 연결해 이를 확장할 수 있다.

2. 프로그램 구성 내용

이 프로그램은 성인이 여가에 대한 올바른 인식과 태도를 바탕으로 주체적으로 여가를 계획하고 실행할 수 있는 능력을 증진하기 위해 박혜주(1997)가 제시한 여가상담의 필수요소인 가치명료화, 시간 관리, 장애물조사, 의사결정기술을 적용하여 여가인식–여가준비–여가실천–여가확장 단계로 구성하였으며 구체적 내용은 다음과 같다.

■ 제1단계: 여가인식 단계(1~2회기)

여가인식 단계에서는 참여자 스스로 여가의 의미에 대해 다시 한번 생각해 보는 과정을 가진다. 이를 통해 각 참여자들은 자신의 여가욕구와 장애요인에 대한 인식이 이루어진다.

■ 제2단계: 여가준비 단계(3~5회기)

여가준비 단계에서는 제1단계에서 인식한 개인의 여가결점을 보완하고 능력을 향상하는 단계로, 여가실천 전 여가의 기본능력인 가치명료화 기술, 효율적 시간 관리 전략기술, 의사결정 기술 습득이 이루어지게 된다.

■ 제3단계: 여가실천 단계(6~7회기)

여가실천 단계에서는 제2단계에서 익힌 여가기본능력을 활용하여 개인이 원하는 여가활동을 스스로 선택하고 실천해 볼 수 있도록 한다. 또한, 실천경험을 바탕으로 자신이 선택한 여가활동이 적합한지, 현재 상황을 고려해 볼 때 실행 가능한지, 지속해서 꾸준히 여가활동을 즐길 수 있을지를 점검한다.

■ 제4단계: 여가확장 단계(8회기)

여가확장 단계에서는 제3단계에서 실행과 평가로 그치는 것이 아닌 그 내용과 실제 경험을 바탕으로 개인의 여가욕구와 장애요인의 적합성 여부를 재검토한 후 재계획하는 단계로 여가라이프 스타일을 형성하도록 한다.

3. 프로그램 운영지침

프로그램의 운영지침은 다음과 같다.

첫째, 이 프로그램은 총 4단계(인식-준비-실천-확장)로 구성되어 있으며, 총 8회기로 회기당 90분, 주 1회로 운영되며 지도자 1명과 집단원 10명 내외로 구성하여 운영하는 것을 기본으로 한다.

둘째, 이 프로그램은 타인에 의해서가 아닌 참여자에 의해 주도적으로 이루어질 때 의미가 있으므로 참여자에게 사전에 내용을 안내하고, 주도적인 참여를 이끌어내야 한다.

셋째, 매 회기 내 단계별 나눔을 기본으로 하는데, 이는 활동을 통하여 알게 된 점 또는 이해한 바를 다시 한번 재정리할 수 있는 기회이며, 나아가 비슷한 경험을 함께 공유함으로써 한 번에 다양한 경험을 간접적으로 체험할 수 있도록 한다.

넷째, 매 회기 내 도입 활동을 통해 지도자와 집단원 간, 집단원과 집단원 간 신뢰감을 형성하며, 회기 주제와 관련된 활동을 통해 도입-전개 활동이 연결될 수 있도록 한다.

다섯째, 회기별로 진행된 활동지 및 자료가 다른 회기 활동에 연결되는 교차 활동이 진행

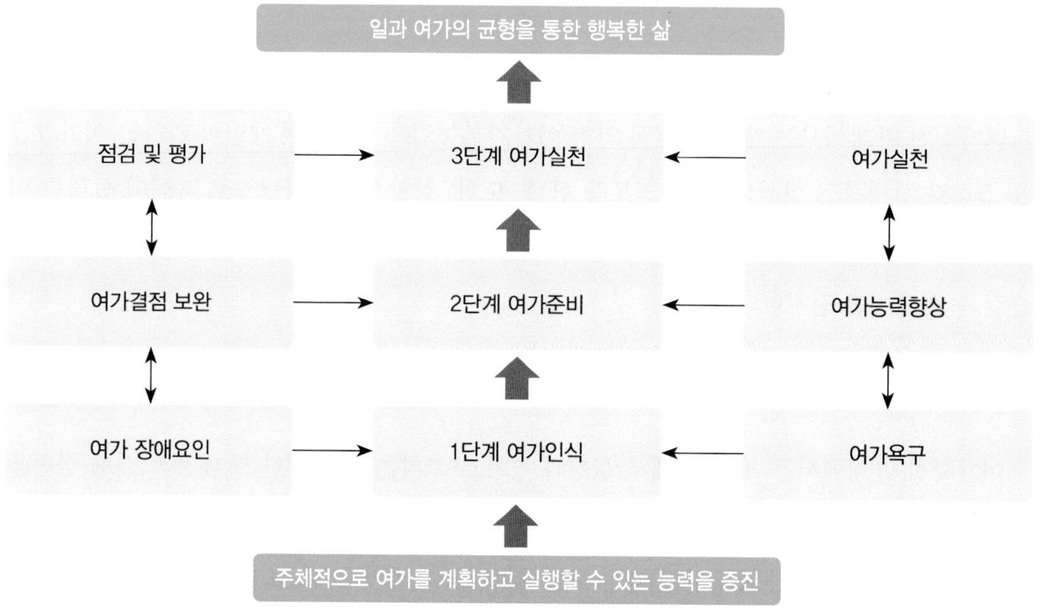

[그림 6-1] 여가 집단상담 프로그램 모형

진행되기에 각 회기별로 진행했던 활동지 및 자료 등을 잘 보관할 필요가 있다. 교차 활동을 통해 막연히 작성했던 내용들이 프로그램 진행에 따라 어떻게 변화하게 되었는지 스스로 중간 점검을 할 수 있는 지표로 활용하도록 한다.

4. 프로그램 계획

프로그램의 회기별 목표와 구체적인 내용은 다음과 같다.

단계	회기	주제	목표	활동
여가 인식 단계	1	Are you free?	• 여가의 의미와 중요성을 이해하도록 한다. • 다양한 여가활동에 대한 정보를 습득한다.	• 도입 활동 –프로그램 안내 –너의 특징은? • 전개 활동 –여가란 무엇인가? –여가 카드 작성하기 • 마무리 활동 –소감 나누기
	2	나의 여가 점수는?	• 여가를 즐기지 못하는 이유에 대해 생각해 본다. • 여가활동의 장애가 되는 요인을 찾아보고, 장애를 제거할 수 있는 방법과 대안을 탐색한다.	• 도입 활동 –지난 회기 요약 및 이번 회기 안내 –약점 뒤집기 • 전개 활동 –일상과 여가 –여가 장애요인 제거 • 마무리 활동 –소감 나누기
여가 준비 단계	3	내가 원하는 삶	• 자신의 삶에서 유쾌하고 가치로운 활동이 무엇인지를 탐색하고 이를 명료화한다.	• 도입 활동 –지난 회기 요약 및 이번 회기 안내 –IF 인생 그래프 • 전개 활동 –내가 하고 싶은 것 • 마무리 활동 –소감 나누기

단계	회기	주제	목표	활동
	4	놀면 뭐하니?	• 자신의 일상 속에서 인식하지 못하고 흘러가 버린 시간을 되돌아보고, 효과적인 시간 관리 전략을 수립한다.	• **도입 활동** –지난 회기 요약 및 이번 회기 안내 –놀기 시간표 • **전개 활동** –시간의 가치 –시간 도둑 잡아라 • **마무리 활동** –소감 나누기
	5	내 삶의 주인공은 바로 나!	• 의사결정의 다양한 유형에 대해 이해한 후 나의 의사결정 유형을 발견한다. • 의사결정이란 결정뿐 아니라 결정을 내리기 위한 과정을 포함한 통합적 의미임을 이해하며 나의 여가를 위해 의사결정을 내려 본다.	• **도입 활동** –지난 회기 요약 및 이번 회기 안내 –여가 점검 • **전개 활동** –다양한 의사결정 유형 –나의 의사결정 유형은? • **마무리 활동** –소감 나누기
여가 실천 단계	6	나만의 여가 DIY	• 이전 활동들을 진행하며 발견하게 된 자신에 대한 이해를 바탕으로 '나만의 여가'를 계획해 본다.	• **도입 활동** –지난 회기 요약 및 이번 회기 안내 –여가능력 점검하기 • **전개 활동** –여가 설계하기 –나만의 여가 나누기 • **마무리 활동** –소감 나누기
	7	우리 여가, 여기로 모여라!	• 비슷한 여가를 가지고 있는 집단원들과 소그룹을 형성하여, 자신과 비슷한 관심사를 가진 이들과 교류하며, 여가활동을 촉진하도록 한다.	• **도입 활동** –지난 회기 요약 및 이번 회기 안내 –당신의 여가는 무엇인가요? • **전개 활동** –당신의 여가 안부 묻기 • **마무리 활동** –소감 나누기
여가 확장 단계	8	여가로움	• 자신의 삶과 '나만의 여가'의 공통된 지향점을 찾고, 여가에 대한 나만의 의미를 나누어본다.	• **도입 활동** –지난 회기 요약 및 이번 회기 안내 –나의 여가 발자취 • **전개 활동** –내 안의 여가 –삶과 여가 • **마무리 활동** –소감 나누기

5. 프로그램 회기별 내용

1회기 Are you free?

활동 목표

- 여가의 의미와 중요성을 이해한다.
- 다양한 여가활동에 대한 정보를 습득한다.

준비물

이름표, 필기구, [활동지 1-1], [활동지 1-2]

진행 절차

1. 도입 활동(30분)

▶ 프로그램 안내

이 프로그램은 성인이 여가에 대한 올바른 인식과 태도를 바탕으로 주체적으로 여가를 계획하고 실행할 수 있는 능력을 증진함으로써 성인의 지속적인 여가활동 참여와 건설적이고 만족스러운 여가를 실생활에 활용할 수 있게 하고자 하는 프로그램입니다. 총 여덟 번의 만남을 가질 것이며, 한 번의 만남이 약 1시간씩 이루어질 예정입니다. 진행에 궁금하신 사항이 있으시면 질의 부탁드리겠습니다.

▶ 너의 특징은? 활동지 1-1

다음으로, 이 프로그램에 참여하신 참여자들끼리 서로를 알아 가는 시간을 가지도록 하겠습니다.

활동 내용

① 자신의 이름과 즐겨하는 활동에 대한 이미지 및 특징이 나타나도록 이름표를 만든다.

② 집단원 간 서로 이름표를 주고받으며 소개와 질문 등을 주고받는다.

③ 지도자가 집단원의 특징, 키워드, 이미지 등을 제시한 후 그에 해당하는 집단원의 인원수, 이름 등을 말하는 이미지 스피드 게임을 실시한다.

2. 전개 활동(40분)

▶ 여가란 무엇인가?

많은 분이 여가라는 것이 쉽게 할 수 있는 것, 즐길 수 있는 것, 충전해 주는 것이라는 의미는 이해하지만 아직까지도 여가를 진정으로 이해하고 즐기지 못하는 것은 사실일 겁니다. 여가를 이해하기 위해 다른 사람들의 여가 유튜브를 보면서 여가를 어떻게 활용하고 있는지 살펴보도록 하겠습니다. 또한 우리가 현실에 맞춰 치열하게 살아가다 보니 마주하지 못했거나 또는 잊고 살아온 것이 많을 겁니다. 무엇을 좋아하는지, 무엇을 하고 싶은지도 정하기 어려운 사람들도 있을 겁니다. 이번 시간에는 사람들의 다양한 여가활동의 영상을 보면서 나에게 어떤 여가가 필요한지, 또 나에게 어떤 의미를 가지는 것인지 이야기를 나눠 볼 수 있도록 하겠습니다.

활동 내용

① 영상을 통해 다양한 여가와 이를 즐기는 사람들에 대해 살펴본다.
② 그중 자신에게 적절한 혹은 어울리는 여가를 선택하고 그 이유에 대해 정리하도록 한다.
③ 선택한 여가가 자신에게 어떤 의미로 다가오는지, 여가를 즐김으로써 어떠한 변화를 불러올 것인지에 대해 이야기를 나누도록 한다.

Tip

• 여가의 종류를 다양하게 발견하여 적을 수 있도록 준비된 영상 외 다른 영상을 서로 찾아서 공유해 보거나 나누어 볼 수 있음을 알려 준다.

▶ 여가 카드 작성하기 활동지 1-2

오늘의 마지막 활동입니다. 앞서 우리는 서로 다양한 특징과 즐겨하는 활동을 알게 되었으며, 이렇게 다양한 사람에게 여가는 모두 각자 개인의 고유한 영역임을 알 수 있었습니다. 너무 막연하기에 우리는 영상을 통해 사람들의 다양한 여가활동을 간접적으로나마 경험해 보는 시간도 가졌습니다. 이번에 알게 되었거나 관심이 생긴 다양한 여가를 정리해 보는 시간을 가져 보도록 하겠습니다. 앞서 말했듯이 여가란 정해진 것이 아닌 각자 고유의 영역임을 명심하시고 정말 편하게 즐길 수 있는 것들이 무엇인지 생각해 보시기 바랍니다.

활동 내용
① 활동을 통해 알게 된 여가 종류에 대해 생각나는 대로 많이 적어 본다.
② 작성한 여가활동을 어떻게 분류해 볼 수 있을지 고민해 보고, 자신만의 카테고리로 여가들을 정리해 본다.
③ 카테고리별로 정리된 여가들 중 해 보고 싶은 순서대로 우선순위를 정해 본다.

3. 마무리 활동(20분)

▶ 소감 나누기

오늘 첫 시간을 가져 보니 어땠나요? 조금 생소하기도 하지만 게임을 통해 즐거운 시간도 가져 보고, 자신이 생각하는 여가활동에 대해 고민도 해 보는 새로운 경험이 많았을 거라고 생각이 듭니다. 오늘 시간을 통해 알게 되었거나 또는 느낀 점이 1개라고 한다면, 만일 우리가 서로 그러한 경험을 나누게 될 때는 그 이상이 될 수 있을 겁니다. 자유롭게 오늘 느낌을 간략하게 나눠 보는 시간을 가지도록 하겠습니다. 오늘 활동에 대해서 좋았던 점이나 아쉬웠던 부분, 다음 시간에 원하는 점 등이 있다면 자유롭게 이야기해 주시기 바랍니다. (이야기를 나눈 후) 다음 시간은 '나의 여가 점수는?' 시간으로, '왜 나는 일상에서 여가를 즐기지 못하는가?'를 주제로 여가를 즐기는 데 방해되는 요인들을 찾아보고 자신의 여가 점수를 객관적으로 매겨 봄으로써 어떻게 하면 보다 여가를 즐길 수 있을지 고민해 보는 시간을 가지도록 하겠습니다. 오늘 시간은 여기까지이며, 모두 고생하셨습니다. 감사합니다.

4. 유의점

• 작성된 활동지는 이후 회기에서 다시 사용될 수 있음을 마무리 활동 시간에 안내한다.

활동지 1-1 너의 특징은?

※ 자신의 특징을 키워드나 이미지 등을 이용하여 자유롭게 만들어 봅시다.

특징

※ 자신이 즐겨하는 활동의 특징, 키워드 이미지 등을 자유롭게 만들어 봅시다.

활동지 1-2 여가 카드 작성하기

※ 유튜브 시청 후 영역별로 자신의 여가 카드를 만들어 봅시다.

영역	문화예술	취미	스포츠	여행	휴식	기타
예	영화 미술 뮤지컬 박람회	등산 독서 동호회	개인운동 단체운동 스포츠 관람	공원 드라이브 지역축제	낮잠 독서 매체 시청	사회봉사 종교활동 주말농장

✓ 영역

✓ 영역

✓ 영역

✓ 영역

✓ 영역

✓ 영역

2회기 나의 여가 점수는?

활동 목표

- 여가를 즐기지 못하는 이유에 대해 생각해 본다.
- 여가활동의 장애가 되는 요인을 찾아보고, 장애를 제거할 수 있는 방법과 대안을 탐색한다.

준비물

이름표, 필기구, [활동지 2-1], [활동지 2-2]

진행 절차

1. 도입 활동(30분)

▶ 지난 회기 요약 및 이번 회기 안내

다들 잘 지내셨나요? 혹시 지난 시간 이후 일상에서 '여가'와 관련되어 무언가 생각했거나, 고민했거나, 발견한 것들이 있을까요? 프로그램 내에서 충실히 활동하는 것도 중요하지만 이 시간은 여러분이 일상생활에서도 충분히 여가를 즐길 수 있도록 돕는 연습하는 자리임을 잊지 마시고, 활동을 하며 다양하게 깨달은 부분을 일상에 잘 연결해 보는 연습도 필요할 것입니다. 오늘은 두 번째 시간으로, '나의 여가 점수는?'을 시작해 보도록 하겠습니다.

▶ 약점 뒤집기 활동지 2-1

이번 활동의 이름은 '약점 뒤집기'입니다. 우리는 살아가며 강점, 약점 또는 장점, 단점이라는 이름으로 그 특성을 정의하거나 선입견을 가지곤 합니다. 하지만 강점인 부분이 과도하다면 약점이 될 수 있으며, 반대로 약점이 상황에 따라 언제든지 강점이 될 수도 있을 겁니다. 상황에 따라 상대적인 부분이 드러나게 되는데 이를 반복적인 경험을 통해서 우리 스스로 자신의 강점과 약점을 정의해 버리진 않았나요? 이번 시간에는 약점을 뒤집어 강점으로 만드는 활동을 해 보도록 하겠습니다.

활동 내용

① 자신의 약점이 무엇인지 생각해 보고, 여러 가지 약점 카드 중에서 자신의 약점과 비슷한 카드를 가지고 온다.
② 자신의 약점이 드러나는 행동과 그 상황을 분리한 후, 어떠한 상황에서 약점이 두드러지는지 생각해 본다. 반대로, 자신의 약점이라고 생각한 부분이 어떠한 상황에서는 강점이 될 수 있는지 고민해 본다.
③ 충분히 생각을 정리한 후, 자신의 약점에 대해서 설명한 후 이를 뒤집을 수 있는 강점 카드를 골라 가지고 온다.

2. 전개 활동(40분)

▶ 일상과 여가 활동지 2-2

우리는 일상에서 얼마나 여가를 즐기고 있을까요? 어떤 분은 과도한 업무로 인해 여가를 즐기지 못하실 수도 있고 어떤 분은 정기적으로 약속된 시간마다 여가활동을 즐기는 분도 있을 것이며, 그냥 틈틈이 시간이 생길 때마다 무언가를 하는 분도 있을 것입니다.

하지만 앞선 약점 뒤집기 활동처럼 자신의 특성과 상황이 서로 상호작용하고 있는 것을 어떻게 바라보느냐에 따라 강점과 약점이 바뀌는 것처럼 일상에서도 여가에 얼마나 의미를 두고 있느냐에 따라서 그 내용이 달라질 수 있을 것입니다. 이번 시간에는 자신의 일상을 객관적인 입장에서 살펴보고 일상에서 얼마나 여가를 가지고 있는지 살펴보며 자신의 여가 점수가 몇 점인지 생각해 보는 시간을 가지겠습니다.

활동 내용

① 그래프에 하루의 활동을 적어 보고, 활동하는 시간은 ON, 휴식하는 시간은 OFF로 구분하여 나눠 보도록 한다.
② 나눠진 ON / OFF의 내용을 색깔로 구분하여 집중도를 표현해 본다.
③ 자신의 일상에서 여가의 시간은 언제인지, 여가 점수는 몇 점인지 적어 본다.
④ 작성된 활동지를 바탕으로 그룹별로 소감 나누기를 진행한다.

▶ 여가 장애요인 제거

앞선 활동을 통해 우리는 일상에서 활동하는 시간과 휴식하는 시간의 집중도를 나눠 볼 수 있었습니다. 일상을 'ON / OFF'로 구분해 보니 조금 객관적으로 살펴볼 수 있었나요? 이번 시간에는 일상과 여가활동을 바탕으로 만들어 낼 수 있는 시간을 확보해 볼 것입니다. 집중도가 높은 일상을 조정할 수 있을지 혹은 집중도가 낮은 일상을 바꿀 수 있는지 활동을 통해 알아보도록 하겠습니다. 여기서 중요한 점은 자신의 일상을 전환하는 데 고려해야 하는 부분 또는 염려되는 부분 등을 함께 작성해 주셔야 한다는 점입니다. 왜냐하면 그 이유들이 모두 여가를 방해하는 장애요인이 될 수 있기 때문입니다.

활동 내용
① ON / OFF 집중도가 높은 일상이 조정 가능한지 고려해 본다.
② 반대로 집중도가 낮은 일상도 전환이 가능한지 고려해 본다.
③ 일상을 조정하거나 전환하기 어려운 이유를 작성해 보도록 한다.

3. 마무리 활동(20분)

▶ 소감 나누기

이번 시간은 다들 어떠셨나요? 자신의 강점과 약점을 알아보는 간단한 게임도 진행하였고, 일상을 ON / OFF로 구분해 보면서 객관적으로 정리해 보는 시간도 가져 보았습니다. 일상을 정리하면서 생각보다 활용할 수 있는 일상 시간을 찾으셨나요? 이제 그 시간을 구체적으로 확보해 보는 것을 연습해 보아야 할 것입니다. 또, 생각보다 시간을 확보하기 어려운 이유도 각자 있었을 텐데 우리는 그것을 여가 장애요인이라고 부릅니다. 장애요인을 모두 없애 버리면 좋겠지만 현실적으로 어려운 부분도 많겠죠? 하지만 그 장애요인을 알고 있는 것 자체로도 약점 뒤집기 활동처럼 상황에 따라 조절할 수 있는 여유가 생길 것입니다. 혹시 궁금하신 사항이나 바라는 점이 있다면 자유롭게 말씀해 주시기 바랍니다. 다음 시간은 '내가 원하는 삶'이라는 주제로, 1회기에 작성한 여가 카드를 바탕으로 조금 더 구체적으로 우리의 삶과 여가를 그려 보는 시간을 가져 보도록 하겠습니다.

4. 유의점

- 집단원의 시간 그래프 활동에서 휴식하는 시간에 여가활동이 없을 경우, 여가활동으로 대체될 만한 시간을 찾아 연결해 줄 수 있도록 도와준다.

활동지 2-1

약점 뒤집기

강점 카드	
친화력이 있다	활동적이다
긍정적이다	약속을 잘 지킨다
성실하다	부지런하다
씩씩하다	웃음이 많다
계획적이다	밝은 성격이다
정리를 잘한다	실행력이 좋다
선입견이 없다	리더십이 있다

약점 카드	
수줍음이 많다	부정적이다
끈기가 없다	말이 많다
집중력이 낮다	걱정이 많다
우유부단하다	참견을 잘한다
거절을 못한다	고집이 세다
짜증을 자주 낸다	정리정돈을 못한다
자기주장이 강하다	게으른 편이다

활동지 2-2

나의 일상 ON / OFF

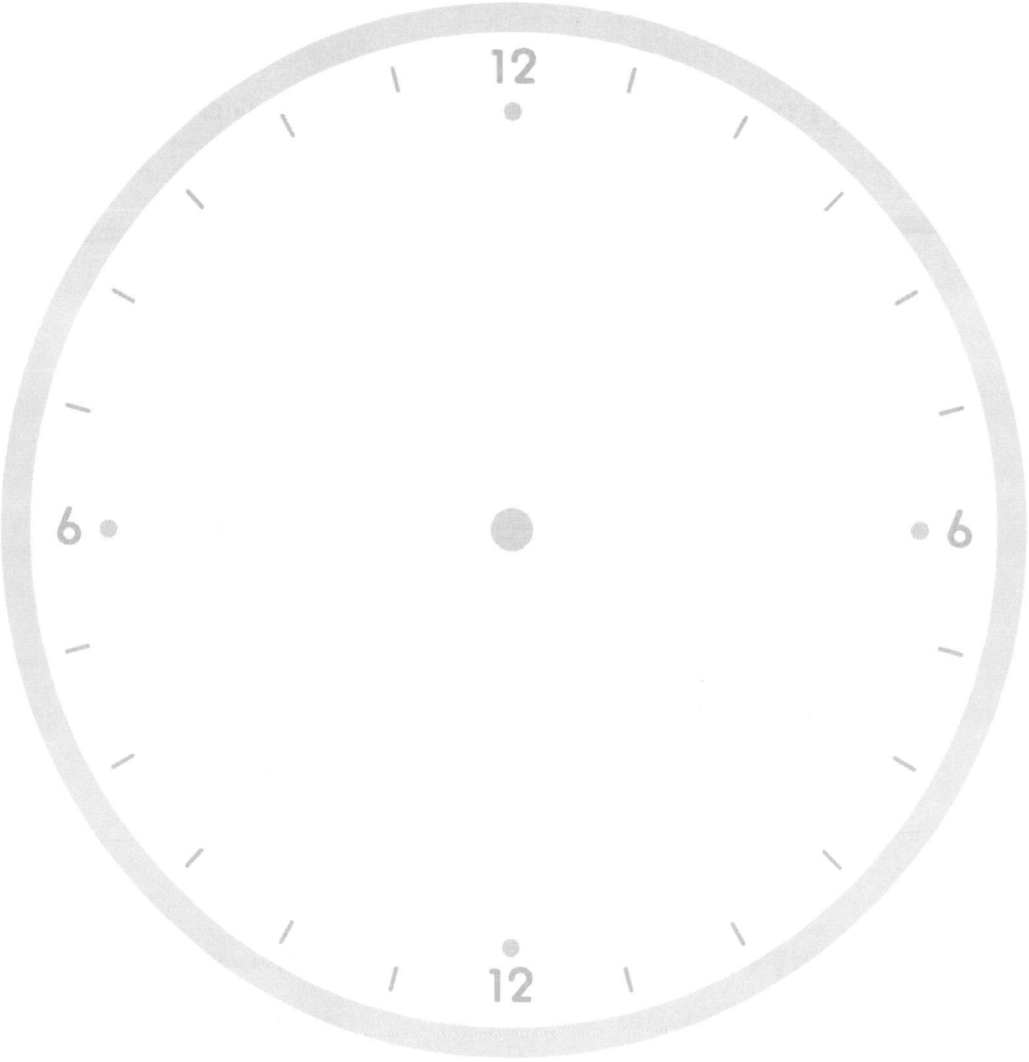

12

6 6

12

※ 자신의 여가 점수는 몇 점인가요?

3회기 내가 원하는 삶

활동 목표

• 자신의 삶에서 유쾌하고 가치 있는 활동이 무엇인지를 탐색하고 이를 명료화한다.

준비물

이름표, 필기구, [활동지 3-1], [활동지 3-2]

진행 절차

1. 도입 활동(30분)

▶ 지난 회기 요약 및 이번 회기 안내

벌써 세 번째 만남이네요. 지난 1~2회기는 여가인식 단계로 여가가 무엇인지, 여가를 즐기지 못하는 이유 등을 스스로 알아보고 이해해 보는 시간을 가졌습니다. 이번 시간부터는 이를 바탕으로 여가를 준비하는 단계로 들어갑니다. 그 시작으로 오늘은 '내가 원하는 삶'을 시작하도록 하겠습니다.

▶ IF 인생 그래프 활동지 3-1

이번 활동의 이름은 'IF 인생 그래프'입니다. IF는 만약이라는 뜻이죠. 우리는 흔히 '만약 그랬으면 어땠을까?'라는 생각을 하곤 합니다. IF 인생 그래프에서는 내가 그리는 미래의 모습을 위해 '만약-어떻게'를 주제로 자유롭게 그래프를 그려 보는 시간을 가지도록 하겠습니다.

활동 내용

① 자신이 원하는 삶을 상상해 보도록 한다. IF 인생 그래프에서 꼭 일어났으면 하는 것을 미래 주요 사건에 적어 본다.
② 자신이 원하는 삶을 살기 위해 무엇을 해야 할지 그려 본다. 그 과정에서 자신의 삶의 윤활유가 되는 유쾌하고 가치 있는 시간이 되려면 무엇이 필요한지 구체적으로 작성해 본다.
③ 작성된 내용을 바탕으로 그룹별로 이야기 나누기를 진행한다.

Tip

• 물리적인 가치가 아닌 삶의 행복과 여가와 관련한 주제로 선정하되, 자신이 원하는 인생을 위해 '만약-어떻게'를 주제로 자유롭게 연상하도록 한다.

2. 전개 활동(40분)

▶ 내가 하고 싶은 것 활동지 3-2

내가 그리는 미래의 모습에 대해 자유롭게 나눠 보니 어땠나요? 막연하게 잘 살아가는 우리의 모습을 그리기는 쉬웠을 겁니다. 우리 모두 잘 먹고, 잘 살고, 여유 있고, 행복한 삶을 우리 모두가 그리고 있기 때문입니다. 하지만 양적인 가치인 금전이나 풍요로움은 개인에 따라 그 내용이 상이하기에 제외하고, 질적인 부분인 여유, 여가, 취미, 즐거움, 행복 등을 중심으로 '어떻게'에 대해서는 고민이 많으셨을 거라고 생각이 듭니다. 이번 시간에는 그 '어떻게'를 조금 더 구체적으로 생각해 보는 시간을 가져 볼 것입니다. 우리가 첫 번째 시간에 만들었던 여가 카드를 바탕으로 자기가 원하는 삶을 위해서 어떻게 해야 할지 그려 보도록 하겠습니다.

활동 내용

① 1회기에 작성한 여가 카드를 다시 한번 검토해 보는 시간을 가진다.
② 우선순위를 다시 한번 정해 보고, 기존 여가 카드와 달라진 점이 있다면 그 이유에 대해서 작성해 본다.
③ 작성된 활동지를 바탕으로 그룹별로 이야기를 나눈다.
④ 앞서 작성한 여가 카드를 바탕으로 내가 원하는 삶을 위한 중간 요소로 IF 인생 그래프에 넣어 본다.
⑤ 그 여가활동이 이후 내 삶이 미치는 영향에 대해 IF 인생 그래프에 정리해 본다.
⑥ 활동을 바탕으로 내가 기존에 생각했던 여가 우선순위와 현재의 여가 우선순위의 차이점을 생각해 보고 그 여가들이 IF 인생 그래프에 들어감으로써 이전과 달라진 IF 인생 그래프에 대해 그룹별로 이야기를 나누는 시간을 가진다.

Tip

• 이 활동을 위해서는 각 회기별로 진행했던 활동지 및 자료 등을 잘 보관할 필요가 있다. 또한, 이러한 교차 활동은 참여자가 막연히 작성했던 내용이 프로그램 진행에 따라 어떻게 변화하게 되었는지 스스로 중간 점검을 할 수 있는 지표로 활용할 수 있다.

3. 마무리 활동(20분)

▶ 소감 나누기

이번 시간은 이전 회기 때 작성했던 자료나 도입 활동 때 작성한 자료를 바탕으로 프로그램을 진행했습니다. 이전에 작성한 내용과 그대로인 분들도 계실 것이고 조금씩 달라진 분들도 계실 것입니다. 이렇게 이전 회기에 사용한 자료를 이용한 활동을 통해 프로그램 진행에 따라 내용이 조금씩 바뀌는 활동자료를 살펴보면 여러분의 변화도 함께 느낄 수 있을 것입니다. 보통 원하는 삶은 누구나 쉽게 꿈꿀 수 있으나 그 과정에 대해서 모두가 막연했을 것입니다. 이번 시간을 통해 각자가 원하는 삶을 위해서 무엇을 하고 싶은지에 대해 조금은 정리가 되셨나요? 물론 무언가를 하면 바로 행복으로 이어진다고 단정할 순 없을 것입니다. 하지만 이번 시간을 통해 앞으로 나아가야 할 길에 대해서 명료하게 정리가 되었기를 바랍니다. 혹시 진행을 하시며 궁금한 점이나 바라는 점이 있다면 자유롭게 이야기해 주시기 바랍니다. 다음 시간에는 '놀면 뭐하니?'라는 주제로 나의 시간을 어떻게 관리하고 이용할 수 있는지에 대해 함께 고민하는 시간을 가지도록 하겠습니다.

4. 유의점

- 1회기에 작성한 여가 카드를 3회기 시작 전에 가져올 수 있도록 미리 안내하고 챙겨 오지 못할 경우 이전 카드를 회상해서 적어 볼 수 있도록 한다.

활동지 3-1

IF 인생 그래프

활동지 3-2

여가 카드 재정리

기존	변화
기존	변화
기존	변화
기존	변화
기존	변화
기존	변화

4회기 놀면 뭐하니?

활동 목표

• 자신의 일상 속에서 인식하지 못하고, 흘러가 버린 시간을 되돌아보고, 효과적인 시간 관리 전략을 수립한다.

준비물

이름표, 필기구, [활동지 4-1], [활동지 4-2]

진행 절차

1. 도입 활동(30분)

▶ 지난 회기 요약 및 이번 회기 안내

이번 시간도 여가 준비단계로서, 여가 준비는 총 세 가지 주제로 가치명료화, 시간 관리, 의사결정으로 진행됩니다. 이전 회기에서 내가 원하는 삶을 주제로 가치명료화를 해 보는 시간을 가졌습니다. 오늘은 여가 준비의 두 번째인 시간 관리를 주제로 '놀면 뭐하니?'를 진행하도록 하겠습니다.

▶ 놀기 시간표 활동지 4-1

이번 활동의 이름은 '놀기 시간표'입니다. 어린 시절 생활계획표를 그려 보신 경험들이 다들 있으실 겁니다. 이번 시간에는 생활계획이 아닌 놀기 시간표를 그려 보는 시간을 가지도록 하겠습니다. 놀기 시간표란 이전 회기에서 진행한 일상과 여가에서 변경하거나 조정했던 시간 중 확보된 자신만의 고유한 시간을 정리하고 무엇으로 그 시간을 보낼지 그린 표를 말합니다. 시간이 많고 적음은 중요하지 않으며, 각자에게 남는 시간을 어떻게 보낼지에 더 의미를 두고 작성해 주시면 되겠습니다.

활동 내용

① 일상 그래프에서 자신이 놀 수 있는 시간을 확인하여 놀기 시간표를 만든다.
② 예를 들어, 자신이 놀 수 있는 시간이 1시간이라면 1시간 동안 무엇을 하고 놀 수 있을지 생각해 본다.
③ 작성된 내용을 바탕으로 그룹별로 이야기를 나눈다.

2. 전개 활동(40분)

▶ 시간의 가치

놀기 시간표를 작성해 보니 어땠나요? 놀기 시간표에 확보된 시간이 많은 사람도 있을 것이고, 적은 사람도 있을 것입니다. 하지만 시간이 적거나 많음을 떠나서 그 시간에 어떠한 것을 채워 넣을지에 대한 고민이 더 컸을 거라고 생각합니다. 적은 시간이라도 의미 있게 시간을 보낼 수도 있고, 시간이 많더라도 막연히 시간을 보낼 수 있기 때문입니다. 이번 시간에는 앞서 작성한 놀기 시간표를 바탕으로 시간의 질적인 면에 대해서 더 깊게 고민해 보는 시간을 가져 보겠습니다.

활동 내용

① 시간의 질적인 면에 대해서 고민해 본 후, 놀기 시간표에 작성된 다양한 시간 중 더 의미 있고 중요한 시간을 선택한다. 그리고 그 이유를 작성한다.
② 작성된 활동지를 바탕으로 그룹별로 이야기를 나눈다.

▶ 시간 도둑 잡아라 활동지 4-2

앞선 활동을 통해 우리는 시간의 질적인 면에 대해서 고민해 보는 시간을 가졌습니다. 하지만 질적인 면과 함께 양적인 면도 고려해야 할 것입니다. 앞서 다양한 활동을 통해 각자의 하루를 되돌아보고, 여가 장애요인을 살펴보며, 자신에게 가치 있는 시간을 찾아보았습니다. 이를 통해 자신의 시간을 보다 객관적으로 파악할 수 있었을 겁니다. 이번 시간에는 객관적으로 파악된 자신의 시간 중 낭비되고 있는 시간을 찾고 나아가 시간을 어떻게 효율적으로 관리할 수 있을지 고민해 보는 시간을 가져 보겠습니다.

활동 내용

① 자신의 시간 중 낭비되고 있는 시간을 찾아본 후, 이를 어떻게 활용할 수 있을지 고민해 본다.
② 여가를 위한 시간 관리 전략을 고민하고 그룹별로 이야기를 나누어 본다.
③ 그룹별 이야기 나누기를 통해 알게 된 다양한 시간 관리 전략 중 자신의 상황에 맞는지 고려해 보고, 가장 적절한 시간 관리 전략을 몇 가지 선정하여 실제 생활에 적용해 본다.

Tip

- 활동을 통해 시간 관리 전략을 발견하고 이해하는 것으로 끝나는 것이 아닌 이를 바탕으로 실제 생활에 적용하는 것까지 목표로 활동을 진행할 필요가 있다. 이를 위해 다음 회기 실제 적용사례나 어려운 점 등의 내용을 과제를 통해 점검해 본다.

3. 마무리 활동(20분)

▶ 소감 나누기

이번 시간은 시간의 양적인 면과 질적인 가치를 살펴보고, 이를 바탕으로 어떻게 더 시간을 효율적으로 관리할 수 있을지에 대해 고민해 보는 시간을 가졌습니다. 이번 시간을 통해 나에게 가장 적절한 시간 관리 전략을 수립하는 데 도움이 되셨나요? 물론 시간 관리 전략을 이해하고 수립하는 것과 실제 생활에 적용하는 데는 차이가 있을 것입니다. 따라서 이번 시간에 수립된 전략을 일상생활에서 적용해 보는 것을 과제로 이번 시간을 마무리하고자 합니다. 실제 생활에 적용해 본 후 더 효율적인 관리가 되었는지, 또는 실제 적용에 어려움이 있었다면 그 이유는 무엇인지에 대해 각자 고민해 보는 것은 어떨까요? 오늘 활동을 마무리하며, 오늘 활동에 대해 간략하게 이야기를 나누는 시간을 가지겠습니다. (이야기를 나눈 후) 다음 시간의 주제는 '내 삶의 주인공은 바로 나!'로, 주체적인 의사결정에 대해 이야기를 나누고자 합니다.

4. 유의점

- 시간 관리 전략의 방법에 대해 어려움이 있을 때 시간 관리 전략 방법 강의를 통해 시간을 관리하는 방법을 연습해 본다.

활동지 4-1

놀기 시간표

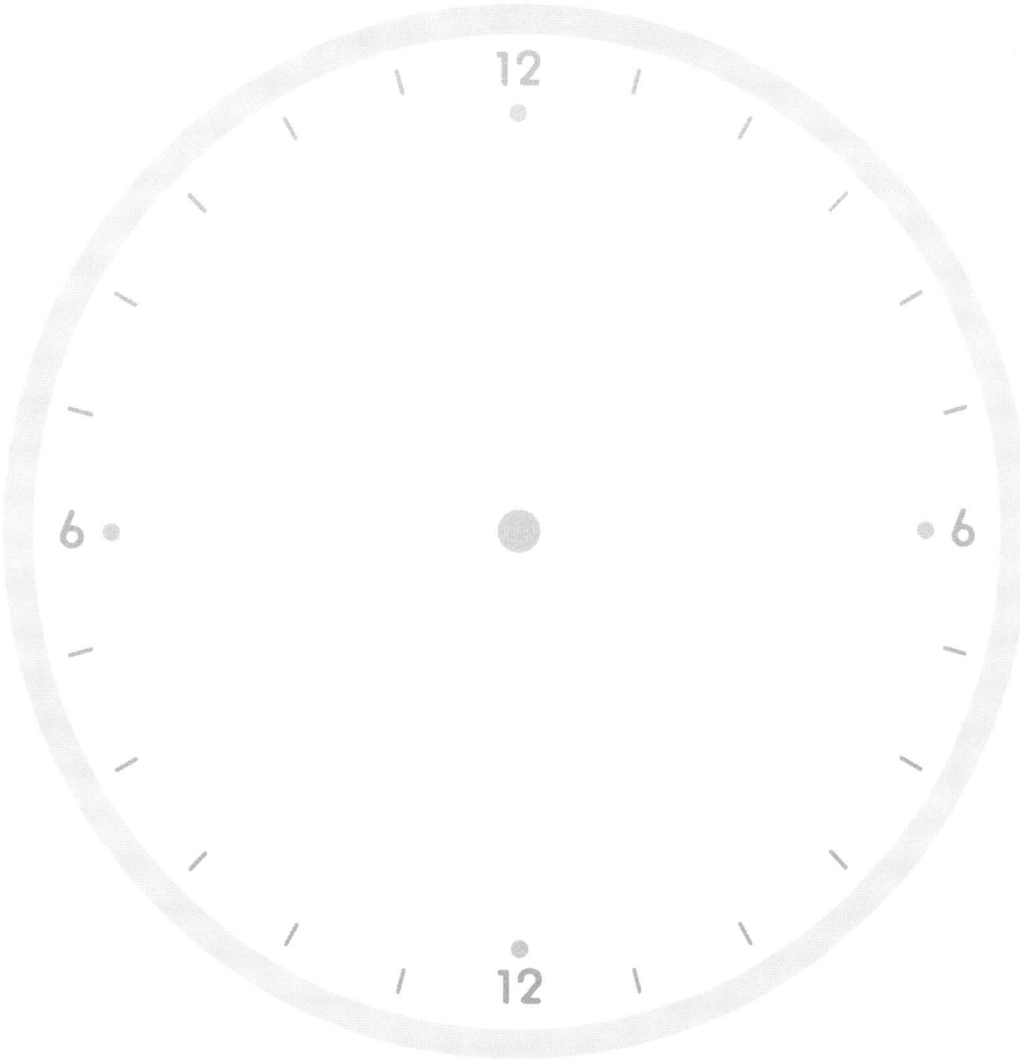

12

6 6

12

활동지 4-2

시간 도둑 잡아라

※ 자신의 낭비되고 있는 시간을 찾아보고 시간 관리 전략을 이용해 여가 시간을 만들어 봅시다.

낭비되고 있는 시간	시간 관리 전략	실제 생활 적용

5회기 내 삶의 주인공은 바로 나!

활동 목표

- 의사결정의 다양한 유형에 대해 이해하고 자신의 의사결정 유형을 발견한다.
- 의사결정이란 결정뿐 아니라 결정을 내리기 위한 과정을 포함한 통합적 의미임을 이해하며, 자신의 여가를 위한 의사결정을 내려 본다.

준비물

이름표, 필기구, [활동지 5-1], [활동지 5-2]

진행 절차

1. 도입 활동(30분)

▶ 지난 회기 요약 및 이번 회기 소개

이번 시간에는 여가 준비의 마지막 단계인 의사결정에 대해 알아보는 시간을 가질 것입니다. 이전 회기에서 시간 관리를 주제로 자신에게 맞는 시간 관리 전략을 수립해 보는 시간을 가졌으며, 나아가 실제 생활에 적용해 보는 과제를 드렸습니다. 오늘은 의사결정 관련 활동에 들어가기 전 시간 관리 전략 과제에 대해 나눠 보는 시간을 먼저 가져 보겠습니다.

▶ 여가 점검 활동지 5-1

벌써 5회기로 전체 프로그램 중 반이 지나가고 있습니다. 이번 활동은 이전 과제를 확인해 보는 것으로 진행하고자 합니다. 단순히 과제를 점검하는 것이 아니라 프로그램을 바탕으로 다양하게 알게 된 또는 발견한 부분을 실제 생활에 적용해 보는 과정을 나눔으로써 변화된 점을 스스로 고민해 보고, 또한 어려운 부분이 있다면 이를 개선하기 위한 방안을 생각하며 서로 이야기를 나눠 보는 시간을 가져 봅시다.

활동 내용

① 이전 시간에 수립한 시간 관리 전략을 실제 생활에 적용해 보며 변화된 일상 또는 적용이 어려웠던 점 등을 정리해 본 후, 그룹별로 이야기를 나누는 시간을 가져 본다.

Tip

- 지도자는 과제를 실행하지 못하였거나 실제 적용에 어려움을 가지는 참여자를 위해서 참여를 독려하고 촉진할 필요가 있다.
- 단순한 과제 점검이 아닌 프로그램 참여를 통해 알게 된 부분들을 실제 생활에 적용함으로써 프로그램이 완성됨을 참여자에게 안내할 필요가 있다.
- 실제 적용 후 달라진 점에 대해 이야기를 나누며, 프로그램의 효과를 스스로 확인하고 참여를 이끌어 낼 필요가 있다.

2. 전개 활동(40분)

▶ 다양한 의사결정 유형

우리는 결정을 내릴 때 다양한 면을 고려하여 결정을 내립니다. 예를 들어, 그 결정에 따른 결과적인 측면을 고려하는 경우도 있을 것이며, 과정을 더 고려할 때도 있을 것입니다. 또는 나의 개인적인 상황에 비중을 두거나 반대로 타인이나 주변 환경에 더 비중을 두고 결정을 내릴 때도 있을 것입니다. 이번 시간에는 의사결정 시 고려되는 부분들을 찾아보고, 이를 유형별로 정리해 보는 시간을 가져 보겠습니다.

활동 내용

① 일상적인 상황에서 결정을 내릴 때, 자신이 우선적으로 고려하는 것이 무엇인지 찾아본다.
② 작성된 의사결정 시 고려해야 할 점을 비슷한 유형별로 정리해 본다.
③ 정리된 유형을 이름과 특징을 붙여 보고, 그룹별로 이야기를 나누는 시간을 가진다.

▶ 나의 의사결정 유형은? 활동지 5-2

앞서 의사결정 시 고려되는 다양한 점에 대해 이야기를 나눠 보며, 그 유형과 특징을 이해하는 시간을 가졌습니다. 동의하는 점도 있을 것이고, 동의하지 않는 점도 있었을 겁니다. 이번 활동은 동의하는 점을 다시 한번 재정리한 후 자신이 의사결정을 내릴 때 주로 고려하는 점들을 찾아보면서 자신의 의사소통 유형을 발견하고 그 특징을 이해해 보는 시간을 가지겠습니다.

활동 내용

① 자신이 결정을 내릴 때 중요하게 고려하는 점이 무엇인지 생각해 본다.
② 생각한 내용을 바탕으로 자신의 의사결정 유형과 특징을 발견하고, 이에 대해 그룹별로 이야기를 나누는 시간을 가진다.

Tip

- 참여자의 의사결정 유형과 특징을 파악하는 데 그치는 것이 아닌, 각 개인이 의사결정을 내리기까지의 과정을 이해하는 것을 주요한 목적으로 활동을 진행한다.
- 중요한 결정이 아닌 여가를 위한 다양한 의사결정을 내릴 때는 어떠한지 생각해 보게 한다.

3. 마무리 활동(20분)

▶ 소감 나누기

이번 시간은 지금까지 프로그램 참여를 통한 변화를 실제 적용을 통해 각자 생각해 보는 시간을 가졌습니다. 또한, 자신의 의사결정 유형과 특징을 파악하고 여가 선택에 있어서 어떠한 점을 주로 고려하였는지 생각해 볼 수 있었습니다. 자유롭게 오늘 느낌에 대해 간략하게 나눠 보는 시간을 가지겠습니다. 또는 오늘 활동에 대해서 좋았던 점이나 아쉬웠던 점, 다음 시간에 원하는 점 등이 있다면 자유롭게 이야기해 주시기 바랍니다. 다음 시간에는 여가 실천 단계로, 자신만의 여가를 설계하는 시간을 가질 것입니다. 앞서 우리는 가치명료화–시간 관리–의사결정을 통해 자신의 삶과 여가에 대해 다양한 관점에서 고민해 보는 시간을 가졌습니다. 이를 바탕으로 '여가 DIY' 시간을 통해 자신만의 여가를 설계하는 시간을 가져 보겠습니다.

4. 유의점

- 시간 관리 전략에 대한 이해를 돕기 위해 전략을 소개하며, 집단원들만의 시간 관리 전략을 나누어 보며, 시간 관리 전략에 대한 이해도를 높일 수 있도록 한다.

활동지 5-1

여가 점검

※ 시간 관리 전략을 실제로 생활에 적용하면서 변화된 점이나 어려웠던 점을 적어 봅시다.

시간 관리 전략	실제 생활 적용	변화된 점 또는 어려웠던 점

활동지 5-2

나의 의사결정 유형은?

※ 자신의 일상에서 의사를 결정해야 하는 순간 어떤 점을 고려하여 의사결정을 내리는지 자신의 의사결정 방법을 알아봅시다.

의사를 결정해야 하는 순간	고려하는 점	의사결정 방법

6회기 나만의 여가 DIY

활동 목표

• 이전 활동들을 진행하며 발견한 자신에 대한 이해를 바탕으로 '나만의 여가'를 계획한다.

준비물

이름표, 필기구, [활동지 6-1], [활동지 6-2]

진행 절차

1. 도입 활동(30분)

▶ 이전 회기 요약 및 이번 회기 안내

우리는 이전 단계들을 거치면서 자신에 대해서, 나아가 자신의 여가에 대해서 몰랐던 부분을 발견하거나 명확하게 이해하는 시간을 가졌습니다. 이번 시간에는 여가 실천단계로 자신만의 여가를 설계해 보는 시간을 가질 것입니다. 물론 이전 활동들을 통해서 이미 자신의 여가에 대한 의미를, 시간 관리 전략을, 여가 의사결정을 이루어내는 과정에서 자신만의 여가가 일부 생겼을 수도 있습니다. 이전 준비단계와 큰 차이점이자 주요한 목적은 앞선 회기에서 활동했던 회기별 활동과 프로그램 참여로 이해된 여가의 일부들을 이번 시간에는 모두 통합하여 자신만의 여가를 만드는 것이 주요한 목적입니다. 따라서 이번 회기에서도 준비단계 활동에서 사용한 IF 인생 그래프나 놀기 시간표 등을 활용하여 진행하도록 하겠습니다.

▶ 여가능력 점검하기 활동지 6-1 활동지 6-2

자신만의 여가를 설계하기 이전에 여가 준비단계에서 진행한 여가 기본능력을 점검해 보는 시간을 가지겠습니다. 능력을 키운다거나 향상되었다는 표현이 제한적이거나 비교하기 어려운 부분이 있으나, 프로그램에 참여하기 이전과 지금 자신의 모습을 상상하면서 활동지에 체크해 보시면 자신의 여가 기본능력이 어떻게 달라졌는지 객관적으로 확인할 수 있을 것입니다.

활동 내용

① 준비된 점검표를 살펴본 후, 프로그램 전후의 모습에 대해 점수를 체크해 본다.
② 그룹별로 점검결과를 공유하는 시간을 가진다.

Tip

- 점수에 큰 의미를 두기보다는 프로그램 참여 전과 비교하여 여가 기본능력이 어느 정도 달라졌는지 점검해 보고, 이러한 변화의 이유에 대해 그룹별로 이야기를 나눌 수 있도록 활동을 촉진하자.

2. 전개 활동(40분)

▶ 여가 설계하기

이번 활동은 이전 활동의 종합이자, 통합의 의미로 생각해 볼 수 있습니다. 여가를 이해하고, 준비하는 단계를 통해 발견하게 되었고, 그 의미를 이해하게 되었으며, 여러 가지 전략을 수립하는 단계를 지나왔습니다. 이전 활동으로 우리는 우리의 여가능력이 참여 전과 참여 후에 어떻게 달라졌는지 살펴보았습니다. 이번 활동에서는 보다 구체적으로 자신에게 적절한 여가를 찾아보는 시간을 가져 봅시다.

활동 내용

① 이전 다양한 활동에서 사용한 활동지를 바탕으로 자신의 여가 장애요인, 여가의 가치, 시간 관리, 의사결정 등의 의미를 되돌아보는 시간을 가진다.
② 여가의 의미와 가치, 현실적인 어려움 등을 고려하여 실현 가능한 여가를 설계해 본다.

▶ 나만의 여가 나누기

이번 회기의 주제는 '나만의 여가 DIY'입니다. 즉, 자신만의 여가이기 때문에 그 의미와 활동 내용이 자신에게 맞춰져 있다고 생각하시면 됩니다. 하지만 혼자 여가를 설계하는 중 놓치는 부분들이 생길 수 있습니다. 그래서 이번 시간에는 자신의 여가를 타인의 여가와 비교하는 것이 아니라 이를 바탕으로 자신의 여가에서 더 보충하거나 보완할 점이 있는지를 살펴보는 것이 중요합니다.

활동 내용

① 자기가 설계한 여가를 설명하는 시간을 가진다. 이때 중요한 점은 여가활동명을 이야기하는 것이 아닌 이 활동이 자기에게 가지는 의미와 가치를 생각하고, 자기가 설계를 한 이유도 꼭 설명하도록 한다.

② 각 참여자들의 여가를 들으며, 자신이 설계한 여가에서 이를 보충하거나 보완할 거리가 있다면 이에 대해 이야기를 나누는 시간을 가진다.

3. 마무리 활동(20분)

▶ 소감 나누기

아마 처음부터 자신만의 여가를 만들어 보는 활동이 있었다면 다들 어디서부터 어떻게 해야 할지 어려움이 있었을 거라고 생각합니다. 하지만 우리가 앞서 다양한 활동을 통해 알게 된 것들을 활용해 보니 각자의 맞춤식 여가가 설계되었을 것입니다. 하지만 여기서 끝나는 것이 아닌 실제 생활에 적용해 보고, 계속해서 적용할 수 있도록 개선하고 보완하는 노력이 필요할 것입니다. 오늘 활동을 마무리하며 활동에 대해 간략하게 이야기를 나눠 보는 시간을 갖겠습니다. (이야기를 나눈 후) 다음 시간은 '우리 여가, 여기로 모여라!'로, 이번 시간에 만들어 본 여가들 중 비슷한 여가를 만든 사람끼리 모임을 가질 예정이며, 나아가 실제 적용에 어려움에 대해 그룹별로 이야기를 나누는 시간을 가지겠습니다.

4. 유의점

- 각 개인의 여가능력의 적절성을 평가하는 목적이 아니라 프로그램 참여 전후로 달라진 점에 대해 스스로 자각할 수 있게 하는 데 초점을 두고 활동한다.

활동지 6-1

여가능력 점검하기

※ 다음 질문에서 해당하는 점수에 체크를 하여 여가능력을 점검해 봅시다.

번호	질문	그렇다	가끔 그렇다	아니다
1	나의 가족이 부과하는 의무들이 나의 여가에 장애가 된다.	1	2	3
2	나는 일을 마친 후 너무나 지치기 때문에 어떠한 여가도 즐길 수 없다.	1	2	3
3	나는 나의 여가들 가운데 내가 원하는 것을 할 수 있을 만큼 충분한 돈을 가지고 있다.	1	2	3
4	나의 건강은 여가를 방해한다.	1	2	3
5	나와 여가를 함께할 사람이 있다.	1	2	3
6	나는 내가 즐길 수 있는 여가를 하는 데 필요한 기술들을 갖고 있다.	1	2	3
7	아기(가족)를 돌보는 것은 여가에 참여하는 데에 장애요인이 된다.	1	2	3
8	나는 현재 나에게 여가가 이루어지고 있는지, 또는 그게 어디에서 유용한지를 잘 알고 있다.	1	2	3
9	나는 나의 생활에서 너무나 많은 스트레스로 인하여 여가를 즐길수 없다.	1	2	3
10	나는 여가가 중요하다고 생각한다.	1	2	3
11	나는 여가에 참여할 때 죄의식을 느낀다.	1	2	3
12	나는 내가 즐기는 활동들을 하는 데 꾸물거리는 경향이 있다.	1	2	3

활동지 6-2

여가능력 점검하기

※ 참여 전과 참여 후의 각 항목에 대해 점수를 적어 보고(매우 낮다 1점~매우 높다 5점) 그 이유를 적어 봅시다.

	참여 전	참여 후	이유
여가 가치	점	점	
가치명료화	점	점	
시간 관리	점	점	
의사결정	점	점	
여가생활	점	점	

7회기 우리 여가, 여기로 모여라!

활동 목표

• 자신과 비슷한 관심사를 가진 이들과 교류하며 여가활동을 촉진한다.

준비물

이름표, 필기구, [활동지 7-1]

진행 절차

1. 도입 활동(30분)

▶ 이전 회기 요약 및 이번 회기 안내

나만의 여가를 즐겨 본 분도 계실 것이며, 너무 바쁜 일상에 여가를 즐기지 못한 분도 계실 것입니다. 오늘은 지난 회기에 만들어 본 자신만의 여가 중 비슷한 유형별로 그룹을 이루어 활동을 진행할 예정입니다. 비슷한 유형의 기준에 대해 궁금해하실 분들이 계실 것 같습니다. 비슷한 유형의 기준은 바로 각 집단원 개인이 스스로 기준을 내리시면 됩니다. 앞서, 우리는 많은 활동을 진행하며 여가와 관련된 다양한 의미, 가치, 생각 등을 가지게 되었습니다. 타인의 입장이나 기준에서 자신의 여가를 평가하는 것이 아닌 '내가 생각하는 여가'가 더 중요함을 이제는 알 수 있을 것입니다. 따라서 그룹을 이루기 위해 작은 활동을 진행하고자 합니다.

▶ 당신의 여가는 무엇인가요?

모두 동그랗게 모여 의자에 앉아 봅시다. 저는 의자에 앉아 있지 않을 것입니다. 왜냐하면 이제부터 활동을 진행하며 누군가 1명은 의자에 앉지 못하기 때문입니다. 활동을 소개해 보겠습니다. 먼저, 제가 누군가에게 다가가 '당신의 여가는 무엇인가요?(예: 몇 명이서 하나요? 어디서 하나요? 도구가 필요한가요? 등)'라는 질문을 하면 질문을 받은 사람은 대답을 해야 합니다. 여기서 중요한 것은 그 대답이 자신의 여가에도 해당하는 대답이라면 자리에서 일어나서 다른 자리로 바꿔 앉아야 하는 것입니다. 설명으로는 한계가 있으니 연습게임을 진행해 보도록 하겠습니다.

활동 내용

① 자신이 질문하고 싶은 집단원에게 다가간 후 여가와 관련된 질문을 한다.

② 그 질문의 대답이 각 집단원의 여가와 일치하는 대답이라면 모두 자리에서 일어난 후 자신이 원래 앉아 있던 자리를 제외한 다른 자리로 이동을 한다.

③ 단, 동일한 질문은 할 수 없으며 한번 앉은 자리는 앉을 수 없으므로 한 의자에 여러 사람이 겹쳐 앉아야 할 수도 있다.

2. 전개 활동(40분)

▶ 여가 인터뷰 활동지 7-1

이 활동을 통해서 여가에 대한 다양한 질문과 답을 알 수 있었습니다. 이번 시간은 더 나아가 여가 안부 묻기 활동을 진행하고자 합니다. 단편적인 질문과 대답이 아닌 조금 더 심층적인 인터뷰를 진행해 보신다고 생각하시면 좋을 것 같습니다. 서로 자유롭게 짝을 지어 번갈아가며 상대방의 여가에 대해 취재를 해 보시기 바랍니다. 취재를 바탕으로 뉴스를 만들어 브리핑을 하는 시간을 가져 보겠습니다.

활동 내용

① 각 개인이 기자가 되어 보고, 상대방의 여가에 대한 다양한 인터뷰를 진행한다.

② 인터뷰한 내용을 바탕으로 뉴스 브리핑을 한다고 생각해 본 후 그룹별로 자유롭게 취재한 결과를 바탕으로 상대방의 여가에 대해 이야기를 나눈다.

3. 마무리 활동(20분)

▶ 소감 나누기

이번 여가 안부 묻기 시간은 어떠셨나요? 서로의 여가를 알아 가며 배울 점도 있고, 서로의 여가를 비교해 가며 조금 더 명확하게 여가를 이해하고 세울 수 있는 시간이었습니다. 이번 회기를 통해 알게 된 점이나 나누고 싶은 점이 있으신가요? (이야기를 나눈 후) 다음 시간은 드디어 이번 프로그램의 마지막 회기인 '여가로움' 시간입니다. 그동안의 활동을 되돌아보고 여가와 삶을 연결해 보는 시간을 갖겠습니다.

4. 유의점

- 여가 인터뷰를 통해 서로의 여가에 대해 알아 가는 것도 중요하나, 이를 재구성한 뉴스 브리핑을 통해 모두에게 공유하는 것이 주요 목적이다.

활동지 7-1

여가 인터뷰

1. 여가 :
2. 닮고 싶은 점:
3. 인터뷰 내용

기자 (나):

○○○:

기자 (나):

○○○:

기자 (나):

○○○:

기자 (나):

○○○:

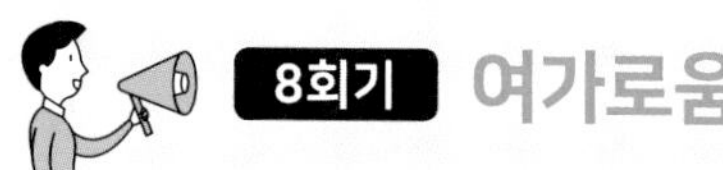

8회기 여가로움

활동 목표

- 자신의 삶과 '나만의 여가'의 공통된 지향점을 찾고, 여가에 대한 자신만의 의미를 생각해 본다.

준비물

이름표, 필기구, [활동지 8-1], [활동지 8-2]

진행 절차

1. 도입 활동(30분)

▶ 이전 회기 요약 및 이번 회기 안내

우리는 성인으로서 각자 자신의 자리에서 주어진 역할을 해내며, 열심히 살아가는 방법에 대해서는 열중하였습니다. 하지만 반대로 스스로에게 휴식을 주는 방법에 대해서는 크게 고려를 하지 않고 살아왔습니다. 또는 휴식을 주고 싶지만 어떻게 주어야 할지, 무엇을 해야 할지에 대한 고민이 많았을 겁니다. 여가 프로그램에 참여하며, 여가란 무엇인지를 시작으로 자신의 일상과 현실적인 면 등을 고려하며 작게나마 '나의 여가'라는 것을 만들어 보고 실천해 보는 시간을 가졌습니다. 이번 시간은 마지막 시간으로 그간의 경험을 바탕으로 삶과 여가를 연결해 보고, 그것이 어떤 의미를 가지는지 이야기를 나눠 보는 시간을 가지겠습니다.

▶ 나의 여가 발자취 활동지 8-1

이번 프로그램에 참여하며 다양한 활동을 진행하였으며, 여가를 이해하고 실생활에 적용하며 점검해 보는 시간을 가졌습니다. 이번에는 우리의 여가를 위해 지나온 발자취를 되돌아보고 재정리해 보는 시간을 가져 보고자 합니다.

활동 내용

① 준비된 여가 발자취 활동지를 참고하여 다양한 활동에 대한 인상 깊었던 점이나 지금 느껴지는 감정 등에 대해 기록을 남긴다.

② 그중에서도 가장 인상 깊었던 활동과 그 이유에 대해 간략하게 그룹별로 자유롭게 이야기를 나누도록 한다.

2. 전개 활동(40분)

▶ 내 안의 여가 활동지 8-2

나의 여가 발자취를 되돌아보며 지난 시간과 경험들이 생각나는 분들도 있고, 이전과 달라진 면도 있을 것입니다. 이번 활동에서는 내 안에서 일어난 변화와 그 변화를 모양, 색깔, 상징 등으로 표현해 보는 시간을 가지도록 하겠습니다.

활동 내용

① 스스로를 되돌아보고, 어떠한 변화가 생겼는지 생각해 본다.

② 활동지를 바탕으로 구체적으로 이전에는 어떠했고 지금은 어떠한지 기록한 후 그 변화를 모양, 색깔, 상징 등을 이용하여 표현해 본다.

▶ 삶과 여가 연결하기

'내 안의 여가' 활동을 진행하며, 이전과 달라진 자신의 새로운 면에 대해 재발견하는 시간을 가졌습니다. 그렇다면 만일 이러한 변화가 계속해서 지속된다면 어떻게 될까요? 짧게는 나 개인의 변화에서 나아가 삶 전체의 변화로도 이어질 수 있을 것입니다. 이번에는 자신의 변화를 바탕으로 달라진 또는 달라질 것이라 예상되는 자신의 삶을 생각해 보고 여가와 연결해 보도록 하겠습니다.

활동 내용

① 여가활동으로 인한 자신의 변화가 삶에 어떠한 변화를 불러올지 생각해 본다.

② 여가로 인해 달라진 삶, 변화될 미래 또는 기대되는 자신의 삶에 대해 그룹별로 자유롭게 이야기를 나누도록 한다.

3. 마무리 활동(20분)

▶ 소감 나누기

이것으로 여가 프로그램이 마무리되었습니다. 즐거웠던 시간도 있었을 것이며, 반대로 아쉬운 시간도 있었을 겁니다. 이번에는 조금 다른 방법으로 소감을 나누고자 합니다. 그동안은 프로그램에 참여한 '나'의 입장에서 이야기를 했다면 이제는 지금껏 함께 프로그램을 참여한 집단원들을 대상으로 소감을 나눠 주시기 바랍니다. 예를 들자면, ○○님의 어떠한 면이 프로그램 참여를 통해 변화되었는지, ○○님과 활동을 진행하며 느낀 감정이 어떠했는지, 활동을 진행하며 즐거웠던 기억, 아쉬웠던 기억 등 자유롭게 이야기하되, 그 주체는 함께 프로그램에 참여한 집단원이 대상이 되어야 할 것입니다. 소감을 나눠 보며 이 프로그램을 마무리하겠습니다. 고생하셨습니다.

활동지 8-1

나의 여가 발자취

1. 프로그램 활동 중 가장 기억에 남는 활동과 그 이유는 무엇인가요?

2. 프로그램에 참여하면서 경험한 내용과 소감을 자유롭게 적어 봅시다.
(프로그램을 통해 도움받은 점, 좋았던 점, 아쉬웠던 점, 하고 싶었던 점)

활동지 8-2

내 안의 여가

1. 자신의 여가생활 변화를 모양, 색깔, 상징을 이용하여 표현해 봅시다.

	이전의 나	지금의 나	이유
여가 가치			
가치명료화			
시간 관리			
의사결정			
여가생활			

2. 여가활동으로 달라진 자신의 모습을 상상해 보고 기대하는 삶은 무엇인지 적어 봅시다.

참고문헌

곽형식, 한상철(1993). 여가상담의 이론적 고찰과 프로그램 개발. 경산대학교 논문집 11.

박수진, 천성문(2018). 여가상담의 개관과 향후 과제. **재활심리연구**, 25(4), 789-808.

박혜주(1997). 대학생의 생활만족도 향상을 위한 집단 여가상담 프로그램 개발 및 효과연구. 계명대학교 석사학위논문.

이국희, 최인철(2018). 일하고 놀까? 놀고 일할까?: 행복, 관계 그리고 여가 우선 선택. **여가학연구**, 16(1), 29-53.

최지이, 천성문(2021). 성인용 여가기능 척도 개발 및 타당화. **상담학 연구**, 22(4), 327-348.

제7장

토닥토닥 자기돌봄 프로그램

-Love Yourself-

남보다 자신을 먼저 사랑하라.
-웨인 다이어-

1. 프로그램 필요성과 목표

우리는 다른 사람을 돌보는 것에는 익숙하지만 자신을 돌보는 것에는 익숙하지 않은 경우가 많다. 배우자, 부모님, 자녀, 친구, 연인을 돌보기 위해서 그들이 어떤 사람인지 살펴보고, 무엇을 좋아하고 필요로 하는지 고민하며 적절한 돌봄을 제공한다. 하지만 정작 자신에 대해서는 주의를 기울이지 못하는 경우가 많다. 이렇게 자신에 대한 관심이 떨어질수록 맹목적으로 다른 사람의 기준으로 삶을 살아가기 쉬우며, 결과적으로 아무리 열심히 살아도 행복을 느끼지 못하는 경우가 많다. 그럴 경우 다양한 스트레스에 취약해지고 가까운 사람들과의 진심어린 소통도 힘들어진다. 타인의 시선을 의식하여 그럴듯한 삶을 살기 위해 애쓰지만 정작 미래에 대한 걱정으로 불안해지기 쉽다. 몸과 마음의 에너지가 부족한 것 같을 때, 삶이 무겁다고 느껴질 때, 삶에서 무언가 빠진 것 같은 공허한 마음이 들 때 우리는 자신을 보살피고 돌봐야 한다. 자기돌봄이란 자신이 누구인지 이해하고, 자신의 마음을 돌봄으로써 나다운 삶을 살아가는 것을 의미한다.

자기돌봄 프로그램은 우리가 스스로 어떤 사람인지 이해하고, 자신의 마음을 돌보는 방법을 배우고 훈련하여 궁극적으로 일상생활에서 자신의 삶을 돌보는 법을 익히는 것을 목적으로 한다. 이러한 목적을 위한 세부 목표는 다음과 같다.

첫째, 자기돌봄의 중요성을 이해하고 스스로 돌볼 수 있는 능력을 함양한다.

둘째, 자신이 어떤 사람인지 통합적으로 이해하고 스스로를 수용할 수 있다.

셋째, 일상에서 자신이 스스로를 어떻게 대하는지 살펴보고 스스로 적절한 돌봄을 제공하는 것을 경험할 수 있다.

넷째, 자신의 몸과 마음을 돌보기 위한 생활 습관을 점검하고 긍정적인 습관을 만들 수 있다.

2. 프로그램 구성 내용

이 프로그램은 자기돌봄 능력을 함양하기 위해 자기이해, 마음 돌보기, 삶 돌보기의 3단계로 구성하였으며 구체적인 내용은 다음과 같다.

■ 제1단계: 자기이해(1~3회기)

집단원들이 자기돌봄 프로그램의 전체적인 구성과 진행 및 목표에 대해 이해할 수 있도록 한다. 이를 바탕으로 개인적인 집단 참여 목표를 세우고 집단에 참여할 수 있도록 집단 참여 동기를 촉진한다. 자기 자신에 대해서 얼마나 알고 있는지 알아보고, 자신을 통합적으로 이해하며 수용하는 것을 훈련한다. 이를 위해 자신이 좋아하고 싫어하는 자기 모습을 탐색한 뒤 이 중 자신이 싫어하는 모습을 수용하는 연습을 한다. 또한 일상생활에서 자신의 감정과 욕구를 알아차리고 이를 수용하는 연습 및 훈련을 한다.

■ 제2단계: 마음 돌보기(4~6회기)

자신 안에 있는 자비로운 마음을 찾는 경험을 통해 스스로를 돌볼 수 있는 힘이 있음을 지각할 수 있도록 한다. 일상생활에서 자신을 어떻게 대하는지 알아보고 자신을 돌보는 것을 훈련한다. 이를 위해 평소에 자기 스스로 얼마나 비난하는지 알아보고 비난 대신 지지하고 응원하는 훈련을 한다. 또한 스트레스 상황에서 어떻게 대처하는지를 살펴보고 무의식적이고 부정적인 대처방법 대신 적극적이고 긍정적인 대처방법을 훈련한다.

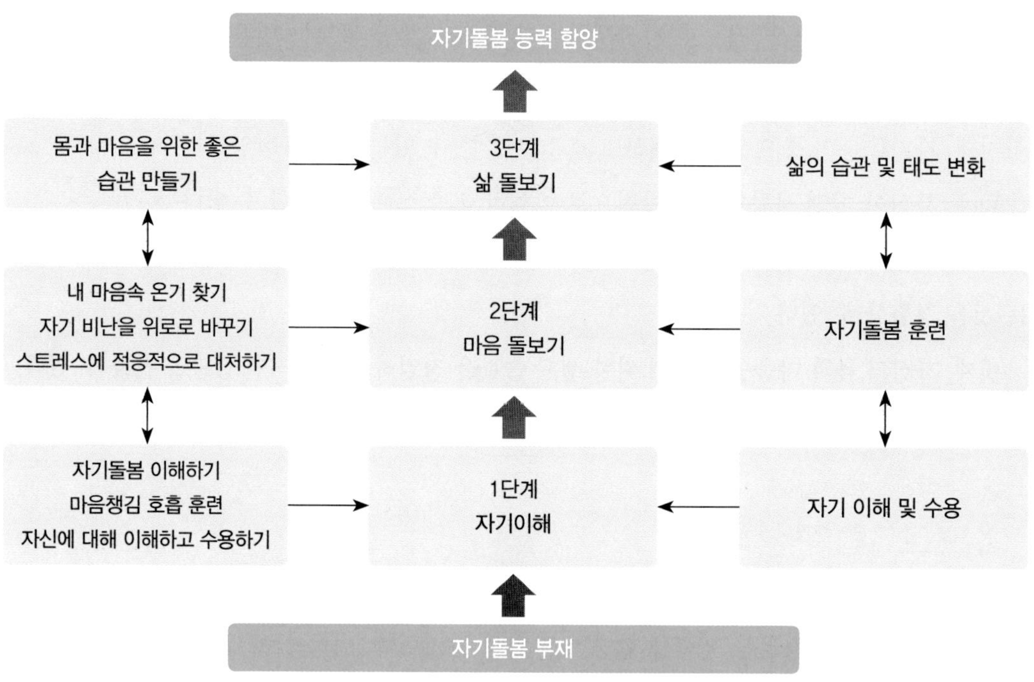

[그림 7-1] **자기돌봄 프로그램 모형**

■ 제3단계: 삶 돌보기(7~8회기)

삶을 돌보기 위해 자신의 식사, 수면, 운동, 대인관계, 언어, 생각 등과 같은 일상생활에서 어떤 습관이 있는지 알아보고 자신에게 독이 되는 습관 대신 도움이 되는 습관을 만들 수 있도록 한다. 또한 프로그램을 통해 알게된 자신의 모습, 변화된 자신의 모습, 프로그램이 종료된 후에도 여전히 변화가 필요한 자신의 모습에 대해 점검하고, 자기를 돌보는 삶을 살 수 있도록 스스로를 격려하고 참여자 간 격려와 지지를 할 수 있도록 한다.

3. 프로그램 운영지침

프로그램의 운영지침은 다음과 같다.

첫째, 이 프로그램은 전체 8회기 프로그램으로 회기당 90분간 진행되며 1주일에 1회기씩 진행한다.

둘째, 매 회기마다 마음챙김 명상을 통해 자신의 감정을 자각할 수 있는 알아차림 훈련을 함으로써 일상생활에서도 알아차림을 적용할 수 있도록 돕는다.

셋째, 집단의 크기는 구성원 간의 역동을 고려하여 8~10명 정도로 구성한다.

넷째, 프로그램을 통해 알게 된 내용이나 훈련한 내용을 한 주간 충분히 적용해 볼 수 있도록 독려한다.

다섯째, 전개 활동은 소그룹 활동, 전체 집단 활동으로 운영되며, 소그룹 활동을 하고 전체 집단에서 활동 소감 등을 공유하여 집단 전체 역동이 일어나도록 한다.

4. 프로그램 계획

프로그램의 회기별 목표와 구체적인 내용은 다음과 같다.

단계	회기	주제	목표	활동 내용
자기 이해	1	내 마음을 돌보며 살고 있나요?	• 프로그램의 목적을 이해하고 자기돌봄에 대한 기초지식을 습득한다. • 자신을 돌아보고 프로그램 참여목표를 세운다.	• **도입 활동** –프로그램 목표 및 활동 안내 –서약서 작성 • **전개 활동** –별칭 짓고 소개하기 –별칭 외우기 게임 –나는 이럴 때 행복해요 –감정 알아차리기 • **마무리 활동** –소감 나누기
	2	나를 만나는 즐거움	• 내가 받아들이는 자신의 모습과 받아들이지 못하는 자신의 모습을 알 수 있다. • 스스로를 수용하고 공감하는 경험을 한다.	• **도입 활동** –지난 회기 요약 및 이번 회기 안내 –호흡 훈련 • **전개 활동** –내 마음에 드는 나, 내 마음에 들지 않는 나 –나를 이해해 줘 • **마무리 활동** –소감 나누기
	3	내 마음이 진짜 원하는 것	• 내가 진짜 원하는 것이 무엇인지 알 수 있다. • 나의 감정과 욕구를 이해하고 수용할 수 있다.	• **도입 활동** –지난 회기 요약 및 이번 회기 안내 –호흡 훈련 • **전개 활동** –감정과 욕구 찾기(1) –감정과 욕구 찾기(2) • **마무리 활동** –소감 나누기
마음 돌보기	4	내 안에 있는 온기 찾기	• 삶에 감사하는 마음을 가질 수 있다. • 내 안에 있는 안전한 환경을 찾을 수 있다.	• **도입 활동** –지난 회기 요약 및 이번 회기 안내 –호흡 훈련 • **전개 활동** –감사 편지 쓰기 –마음이 쉬어 가는 곳 • **마무리 활동** –소감 나누기

단계	회기	주제	목표	활동 내용
	5	탓하지 말고 안아 주세요	• 나를 비난하는 내 모습을 알 수 있다. • 비난하는 말 대신 자신에게 도움이 되는 말을 찾아서 할 수 있다.	• **도입 활동** –지난 회기 요약 및 이번 회기 안내 –호흡 훈련 • **전개 활동** –나에게 화가 날 때 –탓하지 말고 안아 주세요 • **마무리 활동** –소감 나누기
	6	스트레스 안아 주기	• 내가 어떤 상황에서 스트레스 받는지 이해할 수 있다. • 스트레스 상황에서 건강하게 대처하는 방법을 알 수 있다.	• **도입 활동** –지난 회기 요약 및 이번 회기 안내 –호흡 훈련 • **전개 활동** –나의 스트레스 버튼 –나의 스트레스 대처방법 –스트레스! 피할 수 없다면 즐겨 보자 • **마무리 활동** –소감 나누기
삶 돌보기	7	나의 일상 돌보기	• 일상 속에서 자신을 돌보는 방법을 알 수 있다. • 나를 돌보는 건강한 습관을 만들 수 있다.	• **도입 활동** –지난 회기 요약 및 이번 회기 안내 –호흡 훈련 • **전개 활동** –건강한 몸, 건강한 마음 –좋은 습관 만들기 • **마무리 활동** –소감 나누기
	8	나를 돌보며 사는 삶	• 지금까지 활동을 돌아보고 내가 생각하는 자기돌봄에 대해 이해한다. • 나를 돌보며 사는 삶을 살기 위한 의지를 다진다.	• **도입 활동** –지난 회기 요약 및 이번 회기 안내 –호흡 훈련 • **전개 활동** –나에게 보내는 따뜻한 편지 –너의 삶을 응원해 • **마무리 활동** –소감 나누기

5. 프로그램 회기별 내용

1회기 내 마음을 돌보며 살고 있나요?

활동 목표

- 프로그램의 목적을 이해하고 자기돌봄에 대한 기초지식을 습득한다.
- 자신을 돌아보고 프로그램 참여목표를 세운다.

준비물

이름표, 필기구, 매직, 네임펜, [활동지 1-1], [활동지 1-2], [강의자료 1-1]

진행 절차

1. 도입 활동(20분)

▶ 이번 회기 목표 및 활동 안내

안녕하세요? 저는 자기돌봄 프로젝트를 진행하게 된 집단지도자 ○○○입니다. 이 프로그램은 자신의 마음을 스스로 돌보는 방법을 배우고 훈련하여 일상생활에서 자신의 삶을 돌보는 방법을 익히는 것을 목적으로 합니다. 총 8회기로 구성되어 있으며 매 회기 90분 정도 활동할 것입니다. 자신을 스스로 잘 돌볼 수 있는 방법을 찾기 위해 적극적으로 참여해 주시기 바랍니다.

▶ 서약서 작성하기 활동지 1-1

프로그램을 진행하기 앞서, 집단프로그램에서는 지켜야 하는 약속이 있습니다. 이 약속을 통해서 우리는 서로 안전하고 신뢰하는 관계를 맺을 수 있습니다. 서약서를 꼼꼼히 읽고 서명해 주세요.

활동 내용

① 함께 큰 소리로 읽는다.
② 개인적으로 추가하고 싶은 서약이 있으면 발표한다.
③ 서약서에 서명한다.

2. 전개 활동(60분)

▶ 별칭 짓고 소개하기

부모는 아이가 생기면 아이를 돌봅니다. 아이에게 필요한 것이 무엇인지 살피고 아이를 먹이고 재우고 아이와 놀이도 합니다. 아이가 실수할 때 아이를 응원하기도 하고, 아이가 해야 하는 일을 할 수 있도록 격려하기도 합니다. 마찬가지로 이제 어른이 된 우리에게도 돌봄이 필요합니다. 누군가 '나'를 돌봐 준다면 어떤 돌봄을 받기를 원하나요? 프로그램을 마칠 때 자신은 스스로 어떤 돌봄을 주는 사람이 되고 싶나요? 내가 받고 싶은 돌봄과 관련된 별칭을 지어 주세요. 별칭을 지은 뒤 자신의 별칭을 소개해 주세요. 집단원이 별칭을 소개할 때 궁금한 것이 있으면 물어보세요.

활동 내용

① 이름표에 자기가 받고 싶은 돌봄과 관련된 별칭을 작성한다.
② 집단원에게 자신이 받고 싶은 자기돌봄은 무엇인지, 별칭을 정한 이유는 무엇인지 소개한다.

▶ 별칭 외우기 게임

집단원들의 소개를 들어 보니 어떠셨나요? 아직 서로에 대해 잘 몰라 어색하시기도 하고 궁금하시기도 하지요? 지금부터 별칭 외우기 게임을 하며 앞으로 함께할 집단원들을 잘 기억해 보도록 하겠습니다. 별칭 외우기 게임은 방금 소개한 별칭을 기억하여 이어 나가는 게임입니다. 이름표를 뒤집어 놓고 시작하겠습니다.

활동 내용

① 이름표를 뒤집고 한쪽 방향으로 돌아가며 별칭 외우기 게임을 한다.
② 한쪽 방향이 끝나면 반대쪽 방향으로 진행한다.

Tip

• 집단원의 수와 시간에 따라 지금 기분이나 느낌 등을 추가하여 외우게 할 수 있다.

▶ 감정 알아차리기 활동지 1-2

자기돌봄의 첫 번째 단계는 자신에 대해서 잘 이해하는 것입니다. 엄마가 끊임없이 아이를 살피듯 자기 자신을 살피는 것이 중요합니다. 자기 자신을 살피는 가장 좋은 방법은 감정을 살피는 것입니다. 우리의 몸은 항상 자신의 상태를 감정으로 보여 줍니다. 따라서 감정을 잘 살피면 지금 자신이 어떤 상태인지 이해할 수 있습니다. 지금 자신의 감정이 어떤지 조용히 집중해 보세요. (3분 정도 지난 후) 지금 마음이 어떤지 아주 불편한 상태를 1, 아주 편안한 상태를 10으로 놓고 [활동지 1-2]의 1회기에 기분을 체크해 보세요. 그리고 지금 느끼는 감정을 모두 적어 주세요. 감정을 알기 힘들다면 활동지 아래에 있는 박스를 참고해서 감정을 적어 보세요. 활동지를 작성하고 옆에 있는 짝과 자신의 지금 감정을 나누어 봅시다.

활동 내용

① 짝을 정한 후 [활동지 1-2]를 작성한다.
② 짝과 함께 활동지에 적은 내용을 나누게 한다.

▶ 나는 이럴 때 행복해요

스스로를 돌보기 위해서는 필요할 때 자신을 행복하게 해 줄 수 있어야 합니다. 자신을 행복하게 하려면 언제 내가 행복한지 알고 있어야겠죠? 내가 언제 행복한지에 대해서 함께 이야기해 봅시다. (최근 행복했던 기억, 하루 중 내가 제일 행복할 때, 살면서 느꼈던 가장 행복한 순간 등) 행복했던 기억에 대해서 이야기해 주세요. (이야기를 나눈 후) 살면서 늘 행복할 수는 없지만, 매 순간 자기감정을 살피고 행복해지기 위해 노력하는 선택을 할 수는 있습니다. 이 과정이 자기돌봄입니다. 이 프로그램이 끝나면, 여러분은 자신을 어떻게 돌보는 사람이 되고 싶은가요? 자신을 돌보면서 살면 삶의 어떤 부분이 바뀔지 생각한 후 이야기해 주세요.

활동 내용

① 집단원이 최근 행복했던 기억에 대해서 이야기한다.
② 한 사람의 이야기가 끝나면 다른 사람이 앞사람의 이야기를 들으면서 느꼈던 점을 이야기한 후 자신이 행복했던 기억에 대해서 이야기한다.
③ 집단원 모두 자신이 행복했던 경험에 대해서 말할 수 있게 한다.

3. 마무리 활동(10분)

▶ 소감 나누기

오늘은 프로그램의 전체 진행 방향을 알아보고, 서로를 알아 가는 시간을 가졌습니다. 이번 시간에 참여하면서 새롭게 알게 된 점이나 느낀 점이 있다면 함께 나누어 보겠습니다. 누구든 먼저 시작해 주시고, 앞사람의 발표에 자신의 느낌을 나눌 수 있으면 더욱 좋겠습니다. (이야기를 나눈 후) 다음 시간에는 우리 각자의 마음에 더욱 가까이 다가가는 시간을 가져 보겠습니다. 다음 시간까지 자신의 감정을 잘 살펴보고 오세요.

4. 유의점

- 첫 회기는 신뢰감과 친밀감을 형성하는 매우 중요한 회기이므로 편안한 분위기에서 솔직하게 자신을 드러낼 수 있는, 허용적이고 신뢰할 수 있는 분위기를 조성한다.
- 집단이 활발하게 진행될 수 있도록 적극적으로 참여하는 내담자를 지지하고 모두가 집단에 활발히 참여할 수 있도록 분위기를 유도한다.
- 집단원이 집단에 참여하는 동기를 높일 수 있도록 현실적으로 달성할 수 있는 구체적인 개인 목표를 세울 수 있도록 돕는다.

활동지 1-1 서약서

서 약 서

나는 '토닥토닥 자기돌봄 프로그램'에

자발적으로 참여하고

행복하고 의미 있는 자기돌봄을 경험하기 위해서

- ■ 집단상담 약속 시간을 지키고 활동에 끝까지 참여하겠습니다.
- ■ 나의 생각과 느낌을 솔직하게 표현하겠습니다.
- ■ 집단원들의 생각과 감정, 의견, 행동을 존중하겠습니다.
- ■ 집단상담에서 나눈 이야기는 비밀로 하겠습니다.
- ■ ______________________________

나는 집단상담에 참여하면서 위 사항들을 지킬 것을 약속합니다.

년 월 일

서명 :

활동지 1-2

지금 내 마음 알아차리기

※ 다음 내용을 작성해 주세요(이 활동은 8회기 동안 계속됩니다).

	아주 불편하다								아주 편안하다	
1회기	1	2	3	4	5	6	7	8	9	10	감정:
2회기	1	2	3	4	5	6	7	8	9	10	감정:
3회기	1	2	3	4	5	6	7	8	9	10	감정:
4회기	1	2	3	4	5	6	7	8	9	10	감정:
5회기	1	2	3	4	5	6	7	8	9	10	감정:
6회기	1	2	3	4	5	6	7	8	9	10	감정:
7회기	1	2	3	4	5	6	7	8	9	10	감정:
8회기	1	2	3	4	5	6	7	8	9	10	감정:

감격스럽다	걱정스럽다	고맙다	괜찮다	괴롭다
궁금하다	귀엽다	그립다	기쁘다	나쁘다
놀라다	다행스럽다	달콤하다	답답하다	당황스럽다
두렵다	따분하다	무겁다	무섭다	미안하다
밉다	반갑다	벅차다	보고 싶다	부끄럽다
부담스럽다	불쌍하다	불안하다	불쾌하다	불편하다
불행하다	뿌듯하다	사랑하다	산뜻하다	상쾌하다
상큼하다	서럽다	설레다	속상하다	슬프다
신기하다	신나다	심술나다	쓸쓸하다	아프다
안쓰럽다	안타깝다	야속하다	어이없다	억울하다
얼떨떨하다	예쁘다	외롭다	용감하다	우습다
울적하다	원망하다	유쾌하다	자랑스럽다	정겹다
조마조마하다	좋다	즐겁다	짜증스럽다	찝찝하다
찡하다	창피하다	철렁하다	초조하다	통쾌하다
편안하다	평화롭다	행복하다	허무하다	허전하다
허탈하다	화나다	후련하다	훈훈하다	흐뭇하다

2회기 나를 만나는 즐거움

활동 목표

- 자기가 받아들이는 자신의 모습과 받아들이지 못하는 자신의 모습을 알 수 있다.
- 스스로를 수용하고 공감하는 경험을 한다.

준비물

말풍선 모양 포스트잇, [활동지 1-2], [활동지 2-1], [활동지 2-2]

진행 절차

1. 도입 활동(20분)

▶ 지난 회기 요약 및 이번 회기 안내

지난 시간에는 자기돌봄에 대해서 이야기해 봤습니다. 자기돌봄의 첫 번째는 항상 자신의 마음을 살피는 것에서 시작합니다. 우리는 생각보다 다양한 감정을 느끼고 경험한다는 것을 알 수 있었죠? 지난 회기 이후 느낀 것이 있거나, 지금 느끼는 감정이 있다면 편하게 이야기해 봅시다. 이번 시간에는 자신의 마음 중에서 자신이 좋아하는 마음과 싫어하는 마음에 대해서 알아보겠습니다. 그리고 자신이 싫어하는 마음을 이해하는 시간을 가져 보겠습니다.

▶ 호흡 훈련 활동지 1-2

이번 시간부터는 내 마음을 알아차리는 마음챙김 훈련으로 프로그램을 시작하겠습니다. 호흡 훈련은 마음이 힘들 때나 괴로울 때 침착함을 유지하고 자신을 돌아보는 데 큰 도움이 됩니다. 호흡 훈련을 통해 일상에서도 자신의 마음을 챙길 수 있길 바랍니다. (호흡 훈련 후) [활동지 1-2]의 2회기에 기분을 체크해 보세요. 그리고 지금 느끼는 감정을 모두 적어 주세요.

활동 내용

① 호흡 훈련 동영상을 틀어 집단원들이 편안한 분위기에서 호흡 훈련을 할 수 있게 한다.
② 호흡 훈련 후 [활동지 1-2]를 작성하게 한다.
③ 호흡 훈련을 한 경험에 대해 간단히 나눈다.

2. 전개 활동(60분)

▶ 내 마음에 드는 나, 내 마음에 들지 않는 나 활동지 2-1

오늘은 우리의 마음에 한 발짝 다가가 보겠습니다. 우리는 아주 다양한 모습을 갖고 있습니다. 어떤 모습은 마음에 쏙 들기도 하고 어떤 모습은 마음에 들지 않기도 합니다. 다양한 내 모습을 찬찬히 살펴보고 마음에 드는 자신의 모습과 마음에 들지 않는 자신의 모습을 [활동지 2-1]에 세 가지 이상 적어 주세요. '내 마음에 드는 나'와 '내 마음에 들지 않는 나'가 잘 생각나지 않는다면 최근 좋았던 경험이나 싫었던 경험을 떠올리는 게 도움이 될 수 있습니다.

활동 내용

① 각자 [활동지 2-1]을 작성한다.
② 3~4명씩 소그룹으로 모여 마음에 드는 점과 마음에 들지 않는 점에 대해 이유를 들어 가며 이야기한다.
③ 전체 집단에서 소집단의 경험을 나눈다.

Tip

- 소집단 활동 시 집단원끼리 서로를 경청하고 공감, 지지하는 분위기를 만든다.
- 서로를 판단하는 분위기가 되지 않도록 지도자가 소집단을 살핀다.
- 서로 발표하고 끝나는 분위기가 되지 않도록 지도자가 소집단에서 경청하고 공감적인 질문을 하는 모습을 보이며 롤모델 역할을 할 수 있다.
- 시간 안배에 유의한다.
- 지도자의 판단에 따라 소집단으로 나누지 않고 활동을 진행할 수 있다.

▶ 나를 이해해 줘 활동지 2-2

그룹 내에서 집단원들이 자신의 어떤 모습을 좋아하고, 어떤 모습은 좋아하지 않는지에 대해 이야기를 나눠 보셨지요? 서로에 대해서 조금은 이해할 수 있는 시간이었길 바랍니다. 이번에는 자기 마음에 들지 않는 자신의 모습에 좀 더 집중해 보겠습니다. 마음에 들지 않는 자신의 모습에 대해 집단원들에게 이야기하면서 스스로의 마음에 대해 보다 선명해졌을 텐데요. 그러면 이제 [활동지 2-2]를 보며 마음에 들지 않는 모습을 가장 친한 친구 혹은 부모님께 이야기하고, 위로해 달라고 한다면 어떤 말을 해 줄지 상상해서 적어 보세요. 활동지를 작성할 때는 고민의 해결책을 이야기하는 것이 아니라 마음을 이해하는 말을 쓸 수 있도록 하세요.

활동 내용

① [활동지 2-2]의 내용을 집단원들과 나눈다.

② 발표하는 집단원에게 더 해 주고 싶은 이해나 공감의 말이 있으면 할 수 있게 한다(말풍선 모양 포스트잇에 적어서 붙여 준다).

③ 전체 집단에서 소집단의 경험을 나눈다(스스로를 이해하는 작업이 어땠는지 물어보고 이 작업에 대해서 이야기할 수 있게 한다).

Tip

- 필요할 경우 위로해 주는 말을 스스로 이야기하지 않고 다른 집단원이 이야기해 줄 수 있도록 유도한다.
- 활동을 마무리할 때 내 감정을 알아주는 것만으로도 마음이 가벼워지는 경험에 대해 이야기를 나눌 수 있도록 돕는다.
- 시간 안배에 유의한다.
- 지도자의 판단에 따라 소집단으로 나누지 않고 활동을 진행할 수 있다.

3. 마무리 활동(10분)

▶ 소감 나누기

오늘은 나의 여러 모습에 대해서 이야기를 나눠 봤습니다. 마음에 드는 내 모습, 마음에 들지 않는 내 모습을 찾은 뒤 마음에 들지 않는 모습을 이해하는 시간을 가졌습니다. 오늘 활동 중 느낀 것이 있으면 이야기를 나누어 주세요. 다른 사람의 이야기를 들으면서 자신의 다른 면을 발견하기도 하고, 자신을 더욱 이해할 수 있기도 했을 겁니다. 이렇듯 자신을 발견하고 이해하는 것은 자신을 돌보는 아주 중요한 과정입니다. 자신에게 관심을 가질수록 많이 보이고, 많이 볼수록 많이 이해할 수 있겠지요? (이야기를 나눈 후) 다음 시간에는 우리 마음이 진짜 원하는 것에 대해 살펴보는 시간을 가지겠습니다. 다음 시간까지 자신의 마음을 잘 살펴보고 오세요.

4. 유의점

- 편안한 분위기에서 경청, 공감, 신뢰할 수 있는 분위기를 만든다.
- 필요에 따라 지도자의 진솔한 경험을 이야기하여 솔직하게 자신을 표현하는 분위기를 만들 수 있다.

활동지 2-1

내 마음에 드는 나, 내 마음에 들지 않는 나

※ 다음 내용을 작성해 주세요.

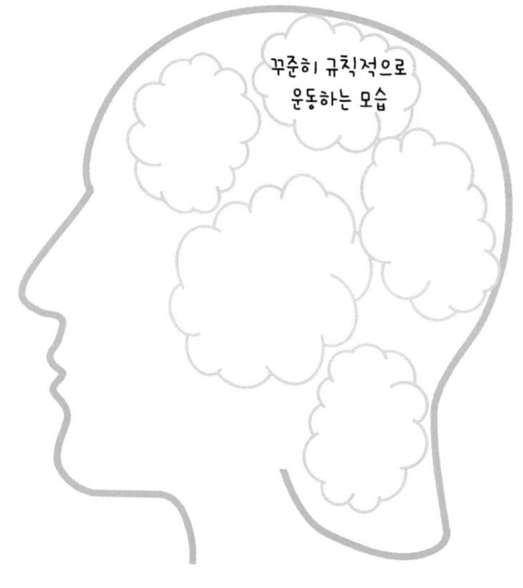

내 마음에 드는 나

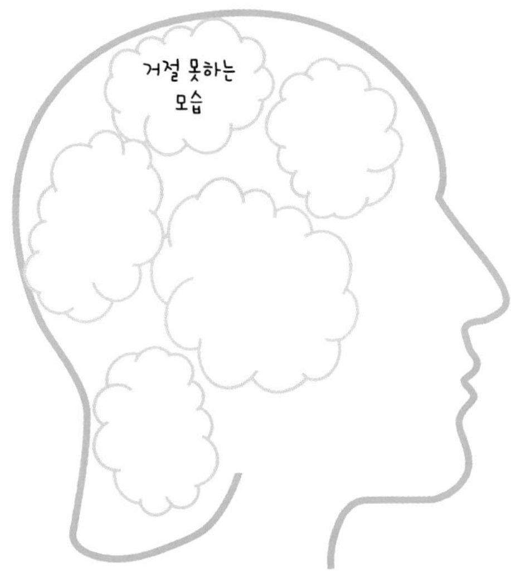

내 마음에 들지 않는 나

내 마음에 드는 나	내 마음에 들지 않는 나
왜냐하면 __________ __________	왜냐하면 __________ __________
왜냐하면 __________ __________	왜냐하면 __________ __________
왜냐하면 __________ __________	왜냐하면 __________ __________
예: 왜냐하면 꾸준히 운동하는 모습이 건강하고 성실하게 느껴지기 때문이다.	예) 왜냐하면 시간 관리가 힘들어지고, 이런 자신이 바보같이 느껴지기 때문이다.

활동지 2-2

나를 이해해 줘

※ 다음 내용을 작성해 주세요.

3회기 내 마음이 진짜 원하는 것

활동 목표

- 자신이 진짜 원하는 것이 무엇인지 알 수 있다.
- 자신의 감정과 욕구를 이해하고 수용할 수 있다.

준비물

[활동지 1-2], [활동지 3-1], [활동지 3-2]

진행 절차

1. 도입 활동(20분)

▶ 지난 회기 요약 및 이번 회기 안내

지난 시간에는 각자가 좋아하는 자신의 모습과 좋아하지 않는 자신의 모습을 돌아보고, 좋아하지 않는 모습을 이해하는 시간을 가졌습니다. 자기돌봄이란 자기 모습을 있는 그대로 이해하고 받아들이는 과정이라고 볼 수 있습니다. 지난 시간 이후 느낀 것이 있거나, 지금 느끼는 감정이 있다면 편하게 이야기해 봅시다. 이번 시간에는 스스로를 좀 더 이해하기 위해서 자신의 감정과 욕구에 대해 알아차리고 이해하는 시간을 가지겠습니다.

▶ 호흡 훈련 활동지 1-2

호흡 훈련으로 지금 우리 마음에 다가가 보겠습니다. (호흡 훈련 후) [활동지 1-2]의 3회기에 기분을 체크해 보세요. 그리고 지금 느끼는 감정을 모두 적어 주세요.

활동 내용

① 호흡 훈련 동영상을 틀어 집단원들이 편안한 분위기에서 호흡 훈련을 할 수 있게 한다.
② 호흡 훈련 후 [활동지 1-2]를 작성하게 한다.
③ 호흡 훈련을 한 경험에 대해 간단히 나눈다.

2. 전개 활동(50분)

▶ 감정과 욕구 찾기 1 활동지 3-1

우리는 하루에도 다양한 감정을 느낍니다. 어떤 감정은 좋은 감정으로 남아 있고, 어떤 감정은 나쁜 감정으로 남아 있습니다. 우리의 감정은 대부분 우리의 욕구가 충족되었는지, 충족되지 않았는지에 따라 좋은 감정과 나쁜 감정으로 나뉩니다. 잘 자고 나면 기분이 좋고, 며칠 밤을 새게 되면 아주 피곤하고 예민해지는 것처럼 말이죠. 그렇기 때문에 우리는 자신의 감정을 살펴보고, 부정적인 감정을 느끼고 있다면 스스로가 무엇을 원하고 있는지 살펴봐야 합니다. 이번 시간에는 다양한 상황에서 자신이 느끼는 감정과 그 감정에 숨어 있는 욕구를 찾아보겠습니다. [활동지 3-1]을 작성해 주세요. 주어진 상황에서 자신이 느끼는 감정을 찾아보고 그 감정을 느끼는 이유, 감정 속에 숨겨진 욕구를 찾아봅시다. 자신의 욕구를 있는 그대로 인정하고 그 감정을 느낀 이유가 타당한지 생각해 봅시다. 모두 작성하면 다른 사람과 생각을 나누어 봅시다. 활동지를 꼼꼼히 보고 작성해 주세요.

활동 내용

① 각자 [활동지 3-1]을 작성한다.
② 3~4명씩 소그룹으로 모여 마음에 드는 점과 마음에 들지 않는 점에 대해 이유를 들어가며 이야기한다.
③ 서로 경청하고 궁금한 것은 물어가며 대화한다.

Tip

- 소그룹 활동 시 집단원끼리 서로를 경청하고 공감, 지지하는 분위기를 만들도록 한다.
- 지도자는 소집단의 분위기를 계속해서 살핀다.
- 활동지를 작성하기 전에 예시를 충분히 설명하여 집단원이 활동지를 쉽게 작성할 수 있도록 돕는다.
- 활동지 작성 시 감정의 이유를 '상대방'이 아닌 '상황'에 초점을 두게 한다.
- 시간 안배에 유의한다.
- 지도자의 판단에 따라 소집단으로 나누지 않고 활동을 진행할 수 있다.

▶ 감정과 욕구 찾기 2 활동지 3-2

다양한 상황에서 느끼는 감정과 욕구에 대해서 살펴봤습니다. 비슷한 감정이나 욕구를 가진 사람도 있고, 다른 감정과 욕구를 가진 사람도 있습니다. 또 같은 감정을 가지더라도 욕구의 정도에 따라 감정의 크기가 차이 나기도 합니다. 이제 최근 자신의 일상에서 느꼈던 감정과 그 감정 뒤에 숨겨진 욕구를 알아보겠습니다. [활동지 3-2]를 작성해 주세요. 작성한 후 적은 내용을 자기 자신에게 읽어 주세요. 그 후 집단원들과 함께 이야기를 나눠 보겠습니다.

활동 내용

① [활동지 3-2]의 내용을 바탕으로 집단원들과 이야기를 나눈다.
② 발표를 마치면 다른 집단원들은 다 같이 "~ 감정을 느꼈구나. ~하고 싶었구나."라고 욕구와 감정을 읽어 준다.
③ 한 집단원의 이야기가 끝나면 다음 집단원은 앞 집단원의 이야기를 들었을 때 느낀 감정을 나누고 자신의 이야기를 한다.

3. 마무리 활동(10분)

▶ 소감 나누기

오늘은 우리의 감정과 욕구에 대해서 이야기를 나눠 봤습니다. 오늘 활동 중 느낀 것이 있으면 이야기해 주세요. (이야기를 나눈 후) 우리는 모두 욕구를 가지고 있고 이 욕구가 충족되거나 그렇지 않을 때 다양한 감정을 느낍니다. 이러한 감정을 그때그때 알아차리고 자신에게 좌절된 욕구가 무엇인지 알아주는 것만으로도 우리의 마음은 훨씬 편안해집니다. 그렇기 때문에 일상생활에서 변화하는 마음에 관심을 가지는 것이 스스로를 돌보는 중요한 과정이겠지요. 좋아하는 사람이 생기면 그 사람의 감정을 살펴보고 원하는 것이 무엇인지 고민하는 것처럼, 감정을 살피고 욕구가 무엇인지 살펴보는 한 주 되시길 바랍니다. 다음 시간에는 우리 안에 있는 따뜻한 마음을 찾아서 스스로를 돌볼 수 있는 방법에 대해 알아보겠습니다. 다음 시간에는 준비물이 있습니다. 자기가 가장 편안한 장소가 있다면 사진을 찍어 오세요. 만일 그곳이 멀거나 상상 속의 장소라면 인터넷에서 찾아서 인쇄를 해 오셔도 됩니다.

4. 유의점

- 편안하고 솔직하게 활동할 수 있도록 허용적이고 신뢰하는 분위기를 조성한다.
- 집단원이 자신의 욕구와 감정을 찾는 것이 어려울 수 있으므로 충분히 이해할 수 있도록 예시를 먼저 읽어 준다.
- 집단원이 발표할 때 경청하고 집중할 수 있도록 한다.

활동지 3-1

감정과 욕구 찾기

※ 다음 내용을 작성해 주세요.

★ 감정을 느끼는 이유를 쓸 때는 많이 고민하지 말고 생각나는 대로 적어 주세요. 생각나는 대로 적어야 자신의 마음을 솔직하게 알 수 있습니다.

★ 욕구에는 옳고 그름이 없으므로 있는 그대로 인정해 주세요.

★ 감정을 느낀 이유 중 상황 자체의 문제가 아닌, 상황을 해석하는 내 생각으로 부정적인 감정을 느꼈다면 이런 생각이 생활에 어떤 영향을 미치는지 함께 이야기해 보세요.

친구가 약속 시간 직전에 급한 일이 생겼다며
약속을 취소할 때(예시)

느끼는 감정: 서운함, 화남

감정을 느끼는 이유: 친구를 만나는 것을 기대하고 준비를 다 했는데 갑자기 약속을 깨는 것은 '나를 중요한 사람으로 여기지 않는 것' 같아서 서운함. 친구와의 약속 때문에 다른 약속도 잡지 못했는데, 갑자기 약속을 깨는 바람에 계획에 차질이 생겨서 화가 남.

나의 욕구: 친구에게 중요한 사람이 되고 싶다. 계획대로 일정을 소화하고 싶다.

• 나의 욕구 인정하기: 나는 친구에게 중요한 사람이 되고 싶구나. 나는 계획대로 일정을 소화하고 싶은 사람이구나.

• 생각해 볼 문제: 친구가 갑자기 약속을 깬 것은 정말 내가 중요한 사람이 아니어서일까?

야근을 하고 들어왔는데 가족(배우자, 자녀 등)이 집을 엉망으로 만들어 놓았을 때

느끼는 감정:

감정을 느끼는 이유:

나의 욕구:

- 나의 욕구 인정하기:
- 생각해 볼 문제:

중요한 업무(과제)를 제시간에 제출하지 못할 때

느끼는 감정:

감정을 느끼는 이유:

나의 욕구:

- 나의 욕구 인정하기:
- 생각해 볼 문제:

활동지 3-2

감정과 욕구 인정하기

※ 최근 있었던 일 중 마음이 힘들었던 상황을 떠올려 보고 내용을 적어 보세요.

상황:

감정:

감정을 느끼는 이유:

나의 욕구:

생각해 볼 문제:

• 자신의 감정과 욕구를 있는 그대로 수용하고 인정해 보세요.

나는 ~할 때 ________________________ 감정을 느꼈구나.
나는 ________________________ 하고 싶었구나.

예)
나는 업무 실수로 상사에게 야단맞을 때 수치심을 느꼈구나.
나는 업무를 잘해서 상사에게 인정받고 싶었구나.

4회기 내 안에 있는 온기 찾기

활동 목표

- 삶에 감사하는 마음을 가질 수 있다.
- 자기 안에 있는 안전한 환경을 찾을 수 있다.

준비물

편지지 또는 엽서, 도화지, 색연필, 사인펜, 파스텔, 잡지, 풀, 가위, 스티커, [활동지 1-2]

진행 절차

1. 도입 활동(20분)

▶ 지난 회기 요약 및 이번 회기 안내

지난 시간에는 자신의 감정과 욕구를 찾아보는 시간을 가졌습니다. 한 주 동안 감정에 주의를 기울이고 살펴보았나요? 지난 회기 이후 느낀 것이 있거나, 지금 떠오르는 감정이 있다면 편하게 이야기해 봅시다. (이야기를 나눈 후) 이번 시간에는 위로가 필요할 때 스스로를 위로할 수 있도록 자기 안에 있는 따뜻한 온기를 찾아보겠습니다.

▶ 호흡 훈련 활동지 1-2

호흡 훈련으로 지금 우리 마음에 다가가 보겠습니다. (호흡 훈련 후) [활동지 1-2]의 4회기에 기분을 체크해 보세요. 그리고 지금 느끼는 감정을 모두 적어 주세요.

활동 내용

① 호흡 훈련 동영상을 틀어 집단원들이 편안한 분위기에서 호흡 훈련을 할 수 있게 한다.
② 호흡 훈련 후 [활동지 1-2]를 작성하게 한다.
③ 호흡 훈련을 한 경험에 대해 간단히 나눈다.

2. 전개 활동(60분)

▶ 감사 편지 쓰기 활동지 4-1

어떤 날은 다른 날보다 마음이 힘든 날이 있습니다. 지치고, 외롭고, 화가 나고, 슬프기도 합니다. 이런 날은 스스로 기분을 바꾸는 게 참 어렵습니다. 하지만 이렇게 힘든 날에도 우리 안에는 항상 우리를 위로해 줄 수 있는 따뜻한 마음이 있습니다. 이 따뜻한 마음을 불러오는 좋은 방법 중 하나로 감사 편지 쓰기가 있습니다. 감사 편지를 쓰다 보면 지금 화가 나서, 슬퍼서, 외로워서 놓치고 있던 감사한 일들을 의식적으로 생각할 수 있습니다. 그리고 이런 감사한 일들은 마음을 따뜻하게 해 줍니다. 이 따뜻한 마음으로 우리는 다시 스스로를 돌볼 힘을 얻을 수 있습니다. 코로나 이전에는 일상생활에서 함께하는 것의 소중함을 몰랐습니다. 하지만 코로나로 인해 우리는 함께할 수 있는 것의 소중함을 알게 되었습니다. 이처럼 평소에는 너무나 당연하다고 생각했지만 감사한 일이 참 많습니다. 오늘은 감사 편지를 쓰면서 평소 놓치고 지냈던 소중한 일들에 감사하는 시간을 가져 보겠습니다. 감사편지를 쓴 후, 따뜻한 마음으로 현재 감사하고 있는 것들에 대해 집단원과 이야기를 나눠 보겠습니다.

활동 내용

① 각자 감사 편지를 쓴다.
② 자신이 쓴 감사 편지를 다른 집단원들에게 읽어 준다.
③ 서로 경청하고 궁금한 것은 물어가며 발표한다.

▶ 마음이 쉬어가는 곳 활동지 4-2

누구나 살아가면서 마음이 분주하고, 불안하고, 불편한 날이 있습니다. 그럴 때 훌쩍 떠나서 쉬어 갈 수 있는 곳이 있다면 얼마나 좋을까요? 우리 삶에서 마음이 쉴 수 있는 곳은 어떤 곳이 있을까요? 지금부터 일상생활에서 마음이 힘들 때 쉬어 갈 수 있는 자기만의 공간을 만들어 보겠습니다. 아주 지치는 날, 그냥 힘겨운 날, 잠시 휴식이 필요할 때, 언제든 내 마음이 쉬어 갈 수 있는 공간을 만들어 이 곳에서 쉬어 갈 수 있습니다. 먼저, 눈을 감고 조용히 이곳을 떠올려 봅시다. 이곳은 가상의 공간일 수도 있고 현실에 있는 공간일 수도 있습니다. 자기가 가장 편안함을 느끼는 공간을 떠올려 보세요. 이곳에서는 무슨 소리가 들리나요? 어떤 냄새가 나나요? 무엇이 보이나요? 우리는 이곳에 누워 있을 수도 있고, 앉아 있을 수도 있고, 서 있을 수도 있습니다. 산책하거나 달리거나 수영할 수도 있습니다. 이곳에서 무엇을 하고 있나요? 어떤 표정을 짓고 있나요? 어떤 마음을 느끼고 있나요? 이곳에 초대하고 싶은 사람이나 물건이 있다면 초대해도 좋습니다. 이제 우리는 마음이 쉴 곳이 필요할 때마다 이곳에 들러서 우리 자신을 쉬게 해 주려고 합니다. 이제 눈을 뜨고 앞에 놓인 종이에 내 마음이 쉬어 가는 곳을 표현해 보도록 하겠습니다. 오늘 준비한 사진을 활용해서 다양하게 표현해 보세요. 만일 사진이 마음에 들지 않는다면 그림을 그리거나 글로 표현해도 좋습니다.

활동 내용

① 호흡 훈련을 하며 마음이 쉬어 갈 수 있는 공간을 생생하게 떠올린다.
② 준비된 물건을 활용하여 마음이 쉬어 갈 수 있는 공간을 표현한다.
③ 마음이 쉬어 갈 수 있는 공간이 어떤 곳인지, 자신은 그곳에서 무엇을 하는지, 어떤 감정을 느끼는지, 집단원들 앞에서 발표한다.

3. 마무리 활동(20분)

▶ 소감 나누기

오늘은 우리 마음의 온기를 찾기 위해 감사편지를 쓰고, 마음이 쉬어 가는 곳을 표현해 보았습니다. 오늘 활동 중 느낀 것이 있으면 나누어 주세요. (이야기를 나눈 후) 우리는 참 다양한 계절이 있는 나라에 살고 있습니다. 봄, 여름, 가을, 겨울 사계절 동안 날씨에 알맞은 옷을 입고, 비가 오면 우산도 준비해야 합니다. 삶도 이와 같습니다. 우리 마음에 비가 내리는 날도 있고, 살얼음 얼 듯 추운 날도 있습니다. 우리는 이런 날을 대비해서 우산도, 따뜻한 담요도 준비해 두는 것이 필요합니다. 다른 사람들이 우산이 되어 주고, 담요가 되어 주기도 하지만 우리는 스스로에게 우산을 씌워 주고 담요를 덮어 줄 수 있어야 합니다. 우리 마음에 온기를 찾는 것은 스스로에게 우리 자신을 우산을 씌워 주고 담요를 덮어 주는 것과 같습니다. 마음이 정말 힘든 날에도 따뜻한 온기로 자신을 돌보는 것은 자기돌봄의 중요한 방법 중 하나입니다. 마음을 따뜻하게 위로할 수 있는 한 주 되시길 바랍니다. 다음 시간에는 스스로를 탓하는 우리 모습을 찾고, 우리 자신을 이해하는 시간을 가져 보겠습니다.

4. 유의점

- 마음이 쉬어 가는 곳을 상상할 때 생생하고 구체적으로 상상할 수 있도록 지도자는 다양한 심상을 활용한다.
- 마음이 쉬어 가는 곳을 모두 표현할 수 있게 하여 따뜻하고 생생한 경험이 될 수 있도록 돕는다.

활동지 4-1

감사 편지 쓰기

※ 감사는 우리 마음에 있는 따뜻한 힘을 불러오는 아주 좋은 방법입니다. 감사 편지를 적어 보세요.

지금 나는 ________________ 에 감사합니다.
왜냐하면 ________________________________ 때문입니다.

지금 나는 ________________ 에 감사합니다.
왜냐하면 ________________________________ 때문입니다.

지금 나는 ________________ 에 감사합니다.
왜냐하면 ________________________________ 때문입니다.

예)
지금 나는 건강한 내 몸에 감사합니다.
왜냐하면 내가 가고 싶은 곳에 가서 먹고 싶은 것을 실컷 먹을 수 있기 때문입니다.

지금 나는 내 남편에게 감사합니다
왜냐하면 남편이 도와주었기에 아이를 맡기고 나와서 공부할 수 있기 때문입니다.

활동지 4-2

마음이 쉬어 가는 곳

※ 내 마음이 쉬어 갈 수 있는 공간을 그려 보세요(준비한 사진을 활용해서 공간을 꾸며 보세요. 그림을 그리거나 글로 표현해도 좋습니다).

5회기 탓하지 말고 안아 주세요

활동 목표

- 스스로를 비난하는 자신의 모습을 알 수 있다.
- 비난하는 말 대신 자신에게 도움이 되는 말을 찾아서 할 수 있다.

준비물

말풍선 모양 포스트잇, [활동지 1-2], [활동지 5-1], [활동지 5-2]

진행 절차

1. 도입 활동(20분)

▶ 지난 회기 요약 및 이번 회기 안내

지난 한 주 어떻게 보내셨나요? 지난 시간에는 내 안에 있는 온기를 찾고, 마음이 쉬어 갈 수 있는 안전한 공간을 그려 보았습니다. 한 주 동안 내 마음이 쉬어 갈 일이 있었나요? 그때 마음이 쉬어 가는 곳을 활용해 보았나요? 지난 회기 이후 느낀 것이 있거나, 지금 느끼는 감정이 있다면 편하게 이야기해 봅시다. (이야기를 나눈 후) 이번 시간에는 스스로를 탓하는 우리 모습을 알아보고, 탓하지 않고 안아 주기를 연습해 보겠습니다.

▶ 호흡 훈련 활동지 1-2

호흡 훈련으로 지금 우리 마음에 다가가 보겠습니다. (호흡 훈련 후) [활동지 1-2]의 5회기에 기분을 체크해 보세요. 그리고 지금 느끼는 감정을 모두 적어 주세요.

활동 내용

① 호흡 훈련 동영상을 틀어 집단원들이 편안한 분위기에서 호흡 훈련을 할 수 있게 한다.
② 호흡 훈련 후 [활동지 1-2]를 작성하게 한다.
③ 호흡 훈련을 한 경험에 대해 간단히 나눈다.

2. 전개 활동(60분)

▶ 나에게 화가 날 때 활동지 5-1 활동지 5-2

살면서 가끔은 스스로에게 화가 나기도 합니다. 이렇게 화가 날 때는 우리도 모르게 자신에게 비난의 화살을 쏘기도 합니다. 우리는 어떨 때 우리에게 화가 날까요? 나도 모르게 스스로를 비난하고 있지는 않았나요? 자신을 비난하는 말이 있다면 어떤 것이 있는지 찾아보겠습니다. [활동지 5-1]과 [활동지 5-2]를 작성한 후 집단원들과 함께 이야기를 나눠 보겠습니다.

활동 내용
① [활동지 5-1], [활동지 5-2]를 작성한다.
② 자신이 쓴 내용을 집단과 나눈다.
③ 서로 경청하고 궁금한 것은 물어가며 발표한다.

▶ 탓하지 말고 안아 주세요

앞의 활동을 통해서 우리는 언제 스스로를 비난하는지, 어떤 말로 비난하는지 알아보았습니다. 그리고 비난이 우리에게 어떤 영향을 미치는지에 대해서도 생각해 보았습니다. 만일 다른 사람이 우리에게 이런 비난의 말들을 한다면 우리는 어떻게 했을까요? 반대로, 다른 사람이 자신을 비난하는 것을 보면 우리는 뭐라고 해 줄 수 있을까요? 비난의 말 대신 스스로에게 해 줄 수 있는 좋은 말을 찾아서 포스트잇에 적어 봅시다. 집단원들에게도 비난의 말 대신 해 줄 수 있는 말을 생각해서 선물해 봅시다.

활동 내용
① 스스로에게 썼던 비난의 말을 힘이 되는 말로 바꿔서 포스트잇에 쓴다.
② 4~5명의 소집단을 짜서 비난의 말 대신 할 수 있는 말을 서로에게 적어 준다.
③ 집단원은 선물한 말을 서로에게 들려준다.
④ 집단에서 소집단 활동했던 내용을 발표한다.

3. 마무리 활동(20분)

▶ 소감 나누기

오늘은 스스로를 어떻게 비난하는지 알아보고, 비난 대신 나 자신에게 해 줄 수 있는 말을 찾아보았습니다. 오늘 활동 중 느낀 것이 있으면 나누어 주세요. (이야기를 나눈 후) 자기를 비난하는 것은 습관이 될 수 있습니다. 어려움이 있을 때, 실수할 때, 스스로 부족해 보일 때마다 자신을 비난한다면 어려움을 극복할 힘을 잃기 쉽습니다. 자신을 돌본다는 것은, 스스로가 부족해 보일 때 스스로 위로하고 응원할 수 있는 것을 포함합니다. 이미 자기를 비난하는 습관이 있다면 비난할 때마다 알아차리고 스스로를 응원하는 연습을 꾸준히 하는 것이 필요합니다. 다음 시간까지 일상에서 자신을 비난하는 일이 있다면 알아차리고, 스스로를 응원하는 연습을 해 보세요. 다음 시간에는 우리가 언제 스트레스를 받는지, 이것을 어떻게 극복할지에 대해서 이야기해 보겠습니다.

4. 유의점

- 자신의 마음을 깊이 탐색할 수 있도록 구체적이고 현실적인 상황을 생각할 수 있도록 돕는다.
- 집단원이 서로를 공감하고 지지하고 응원할 수 있는 분위기를 만든다.

활동지 5-1

나에게 화가 날 때

※ 일상생활에서 마음이 불안하거나 힘들 때, 나도 모르게 자기 탓을 하고 있지는 않나요? 우리는 스스로에게 어떤 비난을 하고 있나요? 비난하는 말을 찾아 적어 보세요.

1. 최근에 부끄러웠거나 싫었던 상황이 있다면 적어 보세요.

2. 그 상황이 끝나고 나는 스스로를 어떻게 비난했나요?

3. 그 밖에 내가 나한테 하는 비난은 어떤 것이 있는지 적어 보세요.

활동지 5-2

탓하지 말고 안아 주세요

※ 스스로에게 자주 하는 비난의 말들을 말주머니에 적어 보세요.

6회기 스트레스 안아 주기

활동 목표

- 자신이 어떤 상황에서 스트레스를 받는지 이해할 수 있다.
- 스트레스 상황을 건강하게 대처하는 방법을 알 수 있다.

준비물

[활동지 1-2], [활동지 6-1], [활동지 6-2], [활동지 6-3]

진행 절차

1. 도입 활동(20분)

▶ 지난 회기 요약 및 이번 회기 안내

지난 시간에는 스스로에게 화가 날 때가 언제인지 알아보고, 화내는 대신 있는 그대로 수용하는 방법을 알아보았습니다. 지난 한 주 동안 스스로에게 화가 난 일이 있었나요? 그때 알아차리고 수용해 주었나요? 지난 시간 이후 느낀 것이 있거나, 지금 느끼는 감정이 있다면 편하게 이야기해 봅시다. (이야기를 나눈 후) 이번 시간에는 우리 각자가 가장 스트레스를 받는 상황에 대해서 생각해 보고, 스트레스에 적절하게 대처하는 방법을 생각해 보겠습니다.

▶ 호흡 훈련 활동지 1-2

호흡 훈련으로 지금 우리 마음에 다가가 보겠습니다. (호흡 훈련 후) [활동지 1-2]의 6회기에 기분을 체크해 보세요. 그리고 지금 느끼는 감정을 모두 적어 주세요.

활동 내용

① 호흡 훈련 동영상을 틀어 집단원들이 편안한 분위기에서 호흡 훈련을 할 수 있게 한다.
② 호흡 훈련 후 [활동지 1-2]를 작성하게 한다.
③ 호흡 훈련을 한 경험에 대해 간단히 나눈다.

2. 전개 활동(60분)

▶ 나의 스트레스 버튼 활동지 6-1

우리는 일상에서 다양한 스트레스를 받습니다. 스트레스받는다는 말을 입에 달고 살면서, 정작 내가 어떤 상황에 주로 스트레스를 받는지 곰곰이 생각해 본 적이 있나요? 언제 주로 스트레스를 받는지 알 수 있다면 우리는 스트레스 상황에 대처방법을 미리 준비할 수 있습니다. 이번 시간에는 일상생활의 스트레스로부터 나를 돌보는 방법을 찾아보겠습니다. 먼저, 우리는 언제 주로 스트레스를 받는지 알아볼까요? 우리가 그 상황에서 스트레스를 받는 이유는 무엇일까요? [활동지 6-1]을 작성한 후 집단원들과 함께 이야기를 나눠 보겠습니다.

활동 내용

① [활동지 6-1]을 작성한다.
② 자신이 쓴 내용을 집단원과 나눈다.
③ 서로 경청하고 궁금한 것은 물어가며 발표한다.

▶ 나의 스트레스 대처방법 활동지 6-2

앞의 활동을 통해서 일상생활에서 스트레스받는 상황에 대해서 생각해 봤습니다. 스트레스 상황을 자주 마주칠수록 우리는 더 힘들어질 수 있습니다. 또 어떤 스트레스는 한 번의 자극으로도 오랫동안 영향을 미치기도 합니다. 이런 스트레스에 여러분은 어떻게 반응하고 있나요? 우리의 반응은 우리에게 도움이 되는 적절한 반응일까요? 앞의 활동에서 살펴보았던 스트레스 상황 중 일상에서 자주 겪게 되거나 가장 영향을 많이 받는 상황을 [활동지 6-2]에 적어 봅시다. 이 상황에서 여러분은 어떻게 대처하는지, 그 대처방법은 자신에게 어떤 영향을 주는지도 적어 봅시다. 활동지를 작성한 후 집단원들과 함께 이야기를 나눠 보겠습니다.

활동 내용

① [활동지 6-2]를 작성한다.
② 자신이 쓴 내용을 집단원과 나눈다.
③ 서로 경청하고 궁금한 것은 물어가며 발표한다.

Tip

- 지도자는 비슷한 스트레스를 겪는 집단원을 연결하며 공감대를 형성할 수 있다. 또한 같은 일에 스트레스를 느끼지 않는 집단원의 생각이나 느낌을 적절히 물어가며 같은 상황을 다양한 시각으로 볼 수 있음을 짚어 줄 수 있다.

▶ 스트레스! 피할 수 없다면 즐겨 보자 활동지 6-3

우리는 스트레스를 받는 상황과 그 상황에 어떻게 대처하고 있는지 알아봤습니다. 이 대처는 스스로에게 적절한 방법이었나요? 다른 대처방법이 있는지 생각해 보고 더 좋은 대처방법이 있다면 일상생활에서 새롭게 적용해 보는 것은 어떨까요? 피할 수 없는 상황이라면 우리가 할 수 있는 가장 좋은 방법으로 그 상황에 대처해 봅시다. 우리는 스트레스에 휘둘리지 않고 스트레스 상황을 적절히 통제할 수 있습니다. [활동지 6-3]을 작성하면서 우리가 스트레스에 잘 대처하고 있는지, 스트레스에 대처하는 더 좋은 방법이 있다면 어떤 것이 있는지 생각해 봅시다. 자신만의 새로운 스트레스 대처방법을 세워 보고 다른 사람과 공유해 봅시다. 자신의 방법보다 더 좋은 방법이라고 생각된다면 선물로 나누면서 최고의 스트레스 대처 전략을 세워 보세요.

활동 내용
① [활동지 6-3]을 작성한다.
② 자신이 쓴 내용을 집단원과 나눈다.
③ 서로 경청하고 궁금한 것은 물어가며 발표한다.

3. 마무리 활동(20분)

▶ 소감 나누기

오늘은 내가 어떤 상황에서 주로 스트레스를 받는지 알아보고 적절한 스트레스 대처방법에 대해서 생각해 보았습니다. 오늘 활동 중 느낀 것이 있으면 나누어 주세요. (이야기를 나눈 후) 우리는 모두 크고 작은 스트레스를 받으며 살아갑니다. 이 스트레스를 적절히 관리하지 못하면 일상생활에 큰 지장을 주기도 합니다. 자신을 돌본다는 것은 스스로 스트레스받는 상황을 이해하고 지혜롭게 대처하는 것을 포함합니다. 스트레스 상황에서 오늘 세운 새로운 스트레스 대처 전략을 다음 시간까지 일상생활에서 적용해 봅시다. 다음 시간에는 우리의 일상생활을 돌아보고 일상생활에서 스스로를 돌보는 방법에 대해서 알아보겠습니다.

4. 유의점

- 자신의 마음을 깊이 탐색할 수 있도록 구체적이고 현실적인 상황을 생각할 수 있도록 돕는다.
- 스트레스 대처에 대한 구체적이고 현실적으로 가능한 계획을 세울 수 있도록 돕는다.
- 집단원이 서로를 공감하고 지지하고 응원할 수 있는 분위기를 만든다.

활동지 6-1

나의 스트레스 버튼

※ 누구나 생활하면서 스트레스를 느끼게 됩니다. 자신만의 스트레스 버튼으로는 어떤 것이 있을까요? 자신의 스트레스 버튼이 무엇이 있는지 적어 봅시다.

• 스트레스받는 상황을 돌이켜 보며, 자신이 스트레스받는 이유가 무엇인지 생각해 봅시다.

활동지 6-2

나의 스트레스 대처방법

※ 다음 내용을 작성해 주세요.

예)

처리해야 하는 중요한 업무가 생겼을 때

대처방법: 미룰 수 있을 때까지 미루면서 다른 것을 하다가 마지막에 촉박하게 업무를 처리한다.

미치는 영향: 다른 것을 하는 동안에도 스트레스를 받으며, 결국 업무의 질도 떨어지게된다.

대처방법:

미치는 영향:

대처방법:

미치는 영향:

대처방법:

미치는 영향:

활동지 6-3

스트레스! 피할 수 없다면 즐겨 보자

※ 다음 내용을 작성해 주세요.

예)

처리해야 하는 중요한 업무가 생겼을 때

나만의 새로운 대처방법: 일단 일을 시작하고 파악하여 계획적으로 업무를 진행한다. 미루지 않도록 현실적으로 가능한 계획을 세운다.

다른 집단원에게 선물받은 방법: 자신만의 마감 기한을 만든다. 일을 미루지 않도록 현실적으로 점검 가능한 장치를 만든다. 성공 경험을 쌓아 보고 자신에게 작은 선물을 해 본다.

나만의 새로운 대처방법:

다른 집단원에게 선물받은 방법:

나만의 새로운 대처방법:

다른 집단원에게 선물받은 방법:

나만의 새로운 대처방법:

다른 집단원에게 선물받은 방법:

7회기 나의 일상 돌보기

활동 목표

- 일상 속에서 자신을 돌보는 방법을 알 수 있다.
- 스스로를 돌보는 건강한 습관을 만들 수 있다.

준비물

[활동지 1-2], [활동지 7-1], [활동지 7-2]

진행 절차

1. 도입 활동(20분)

▶ 지난 회기 요약 및 이번 회기 안내

지난 시간에는 우리가 스트레스를 받는 상황과 스트레스에 대처하는 적절한 방법에 대해 생각해 보았습니다. 지난 한 주 동안 스트레스 상황에서 적절히 대처할 수 있었나요? 지난 시간의 활동을 바탕으로 새로운 대처방법을 적용해 보았나요? 지난 회기 이후 느낀 것이 있거나 지금 느끼는 감정이 있다면 편하게 이야기해 봅시다. (이야기를 나눈 후) 이번 시간에는 자신의 생활 습관을 알아보고 자신을 돌볼 수 있는 더 좋은 습관이 있는지 생각해 보겠습니다.

▶ 호흡 훈련 활동지 1-2

호흡 훈련으로 지금 우리 마음에 다가가 보겠습니다. (호흡 훈련 후) [활동지 1-2]의 7회기에 기분을 체크해 보세요. 그리고 지금 느끼는 감정을 모두 적어 주세요.

활동 내용

① 호흡 훈련 동영상을 틀어 집단원들이 편안한 분위기에서 호흡 훈련을 할 수 있게 한다.
② 호흡 훈련 후 [활동지 1-2]를 작성하게 한다.
③ 호흡 훈련을 한 경험에 대해 간단히 나눈다.

2. 전개 활동(60분)

▶ 건강한 몸, 건강한 마음 활동지 7-1

우리에게는 많은 습관이 있습니다. 이 습관은 의식적인 경우도 있지만, 주로 무의식적으로 몸에 배어 있으면서 몸과 마음의 건강에 영향을 미치는 경우가 많습니다. 우리는 어떤 습관이 있을까요? 수면, 식사, 운동, 대인관계 습관에 대해서 생각해 봅시다. 현대인은 바쁜 하루를 보내는 경우가 많습니다. 과중한 업무에 시달리면서 식사를 거르기도 하고 충분한 수면을 취하지 못하는 날도 많습니다. 운동할 시간이 부족해서 앉아만 있거나 가까운 사람과 대화할 시간 없이 일에만 몰입하기도 합니다. 하지만 규칙적이고 균형 잡힌 식사, 적당한 수면과 운동, 적절한 소통은 건강한 몸과 마음을 유지하기 위한 필수조건입니다. [활동지 7-1]을 작성하며 자신의 생활습관을 돌아보세요. 여러분에게는 어떤 습관이 있을까요? 이 습관들은 스스로에게 어떤 영향을 미치고 있을까요? 활동지를 작성한 후 집단원들과 함께 이야기를 나눠 보겠습니다. (활동지 작성 후) 식사, 수면, 운동, 관계 중 지금 여러분에게 가장 부족한 것은 무엇이라고 생각하나요? 가장 필요한 것을 집단원과 나누어 보고, 자신이 할 수 있는 일을 이야기하고 꾸준히 실천해 보세요. 다른 집단원의 이야기를 들으면서 좋은 아이디어가 있으면 선물로 나누면서 좋은 습관을 만들어 보세요.

활동 내용

① [활동지 7-1]을 작성한다.
② 자신이 쓴 내용을 집단원과 나눈다.
③ 서로 경청하고 궁금한 것은 물어가며 발표한다.

Tip

- 많은 내용 중에 집단원에게 특히 중요한 게 있다면 중요한 것 위주로 작성할 수 있게 한다. 여러 가지를 피상적으로 생각하기보다는 하나라도 구체적이고 현실적으로 작성하여 실현 가능한 계획을 세울 수 있도록 돕는다.

▶ 좋은 습관 만들기 활동지 7-2

앞의 활동을 통해서 식사, 수면, 운동, 대인관계에서 자신이 가진 습관과 습관이 미치는 영향을 알아보았습니다. 그렇다면 평소 우리가 하는 말, 생각에는 어떤 습관이 있을까요? 또 스트레스를 받을 때 스트레스를 풀기 위해 주로 하는 습관적인 행동은 어떤 것이 있을까요? [활동지 7-2]를 작성하며 일상에 영향을 주는 습관을 돌아보고, 자신에게 필요한 좋은 습관을 만들어 봅시다. 활동지를 작성한 후 집단원들과 함께 이야기해 보세요. 이야기를 하면서 다른 집단원이 가진 좋은 습관 중 자신에게 도움이 될 만한 좋은 습관이 있다면 선물로 나누면서 좋은 습관을 만들어 보세요.

활동 내용

① [활동지 7-2]를 작성한다.
② 자신이 쓴 내용을 집단원과 나눈다.
③ 서로 경청하고 궁금한 것은 물어가며 발표한다.

3. 마무리 활동(20분)

▶ 소감 나누기

오늘은 자신이 가진 습관에 어떤 것들이 있는지 알아보고 습관이 미치는 영향에 대해 생각해 보았습니다. 또 나에게 도움이 될 새로운 습관에 대해서도 고민해 보았습니다. 오늘 활동 중 느낀 것이 있으면 이야기를 나누어 주세요. 아침에 눈을 뜰 때부터 밤에 잠에 들 때까지 우리가 가진 많은 습관이 삶에 미치는 영향은 생각보다 크게 나타납니다. 이 습관은 스스로를 괴롭히기도 하고 성장시키기도 합니다. 자신을 돌본다는 것은 자신을 괴롭히는 나쁜 습관을 스스로에게 도움이 되는 좋은 습관으로 바꾸는 것을 포함합니다. 좋은 습관을 기르기 위해서는 꾸준한 노력이 필요합니다. 스스로를 돌보는 것에도 이런 꾸준함이 필요합니다. 다음 시간까지 일상에서 버리고 싶은 습관이 있거나 새로 만들고 싶은 습관이 있다면 한 주 동안 꾸준히 지켜 보면 어떨까요? 다음 시간에는 지금까지 우리의 활동을 돌아보고, 스스로를 돌보며 사는 삶에 대해서 생각해 보겠습니다.

4. 유의점

- 자신의 마음을 깊이 탐색할 수 있도록 구체적이고 현실적인 상황을 생각할 수 있도록 독려한다.
- 습관 바꾸기에 대해 실현 가능한 계획을 세울 수 있게 한다.
- 집단원이 서로를 공감하고 지지하고 응원할 수 있는 분위기를 만든다.

활동지 7-1

건강한 몸, 건강한 마음

※ 다음 내용을 작성해 주세요.

▶ 식사(한 주간 먹은 음식을 떠올려 보세요.)

1. 나는 규칙적인 시간에 식사를 하고 있나요?

2. 나는 건강한 에너지를 주는 음식을 먹고 있나요?

3. 건강한 음식을 규칙적으로 섭취한다면 내 삶에서 어떤 부분이 달라질 수 있을까요?

4. 건강한 음식을 규칙적으로 먹기 위해서 내가 할 수 있는 일은 무엇이 있을까요?

▶ 수면(한 주간 수면 패턴을 떠올려 보세요.)

1. 나는 일정한 시간에 자고, 일정한 시간에 일어나고 있나요?

2. 수면의 양과 질은 만족스러운가요?

3. 규칙적으로 충분히 잠잘 수 있다면 내 삶에서 어떤 부분이 달라질 수 있을까요?

4. 건강한 수면 패턴을 만들기 위해서 내가 할 수 있는 일은 무엇이 있을까요?

▶ 운동(한 주간 운동량을 떠올려 보세요.)

1. 나는 규칙적인 운동을 하고 있나요?

2. 운동의 양과 질은 만족스러운가요?

3. 적당한 운동을 규칙적으로 한다면 내 삶에서 어떤 부분이 달라질 수 있을까요?

4. 건강한 운동 패턴을 만들기 위해서 내가 할 수 있는 일은 무엇이 있을까요?

▶ 관계(한 주간 만난 사람을 떠올려 보세요.)

1. 나는 가족, 친구, 연인, 직장동료 등 주변 사람들과 어떻게 지내고 있나요?

2. 관계의 양과 질은 만족스럽나요?

3. 만족스러운 관계를 맺게 된다면 내 삶에서 어떤 부분이 달라질 수 있을까요?

4. 만족스러운 관계를 맺기 위해 내가 할 수 있는 일은 무엇이 있을까요?

활동지 7-2

좋은 습관 만들기

※ 자신에게 어떤 습관이 있는지 점검해 보세요.

▶ 습관 점검하기

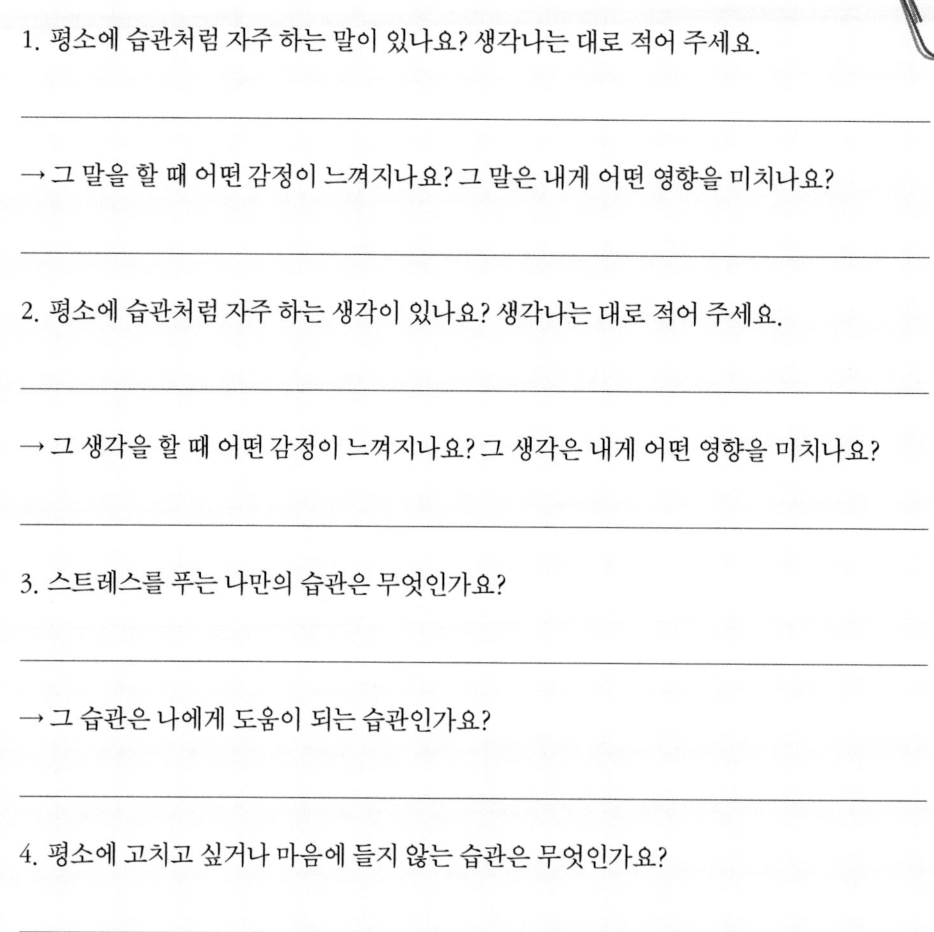

1. 평소에 습관처럼 자주 하는 말이 있나요? 생각나는 대로 적어 주세요.

____

→ 그 말을 할 때 어떤 감정이 느껴지나요? 그 말은 내게 어떤 영향을 미치나요?

____

2. 평소에 습관처럼 자주 하는 생각이 있나요? 생각나는 대로 적어 주세요.

____

→ 그 생각을 할 때 어떤 감정이 느껴지나요? 그 생각은 내게 어떤 영향을 미치나요?

____

3. 스트레스를 푸는 나만의 습관은 무엇인가요?

____

→ 그 습관은 나에게 도움이 되는 습관인가요?

____

4. 평소에 고치고 싶거나 마음에 들지 않는 습관은 무엇인가요?

____

▶ 좋은 습관 만들기

1. 내가 점검한 습관 중 나를 돌보는 데 도움이 되지 않는 습관은 어떤 것이 있나요?

2. 나에게 도움이 되지 않지만 계속하는 이유는 무엇인가요?

3. 내게 도움이 되지 않는 습관을 없애고 도움이 되는 습관으로 바꾼다면 내 삶에는 어떤 변화가 생길까요?

4. 좋은 습관을 만드는 것을 방해하는 장애물은 무엇인가요?

5. 그 장애물을 어떻게 극복할 수 있을까요?

6. 원하는 습관을 만들기 위해 당장 할 수 있는 일은 무엇이 있을까요?

8회기 나를 돌보며 사는 삶

활동 목표

- 지금까지 활동을 돌아보고 자신이 생각하는 자기돌봄에 대해 이해한다.
- 스스로돌보며 사는 삶을 살기 위한 의지를 다진다.

준비물

[활동지 1-2], [활동지 8-1], [활동지 8-2]

진행 절차

1. 도입 활동(20분)

▶ 지난 회기 요약 및 이번 회기 안내

지난 시간에는 우리가 가진 습관이 어떤 것이 있는지 돌아보고 버리고 싶은 습관과 새로 만들고 싶은 습관에 대해서 생각해 보았습니다. 지난 한 주 동안 습관을 바꾸기 위해 노력해 보셨나요? 습관을 바꾸는 것은 어떤 경험이었나요? 지난 회기 이후 느낀 것이 있거나, 지금 느끼는 감정이 있다면 편하게 이야기해 봅시다. (이야기를 나눈 후) 이번 시간에는 지금까지 우리가 했던 활동을 정리해 보고, 스스로를 돌보며 살기 위한 다짐을 나눠 보겠습니다.

▶ 호흡 훈련 활동지 1-2

호흡 훈련으로 지금 우리 마음에 다가가 보겠습니다. (호흡 훈련 후) [활동지 1-2]의 8회기에 기분을 체크해 보세요. 그리고 지금 느끼는 감정을 모두 적어 주세요. (호흡 훈련 경험을 나눈 후) 7회기 동안 우리 마음이 어떻게 변해 왔는지 [활동지 1-2]로 살펴보면서 어떤 기분으로 프로그램을 시작했는지 생각해 봅시다. 감정의 색깔과 진폭이 비슷할 수도 있고 다를 수도 있습니다. 7회기 동안 기록한 자신의 마음을 있는 그대로 수용해 보세요. 우리는 이제 필요할 때 우리 자신의 마음을 알아차리고 수용할 수 있습니다.

활동 내용

① 호흡 훈련 동영상을 틀어 집단원들이 편안한 분위기에서 호흡 훈련을 할 수 있게 한다.
② 호흡 훈련 후 [활동지 1-2]를 작성하게 한다.
③ 호흡 훈련을 한 경험에 대해 간단히 나눈다.
④ 지난 7회기 동안 호흡 훈련을 한 경험에 대해 나눈다.

2. 전개 활동(60분)

▶ 나에게 보내는 따뜻한 편지 활동지 8-1

우리는 지난 7회기 동안 스스로를 돌보기 위한 여정을 함께해 왔습니다. 자기돌봄 프로그램을 시작한 순간부터 지금까지 어떤 경험들을 했나요? 지난 7회기 동안 자신에 대해 알게 된 점, 스스로를 돌보기 위해 해 왔던 노력을 돌아봅시다. 1회기부터 7회기까지 천천히 돌아보세요. 어떤 마음으로 프로그램을 시작했는지, 지난 7회기 동안 무엇을 알게 되고 어떤 변화가 있었는지, 앞으로 우리 삶에서 자신을 돌보기 위해 무엇을 더 할 수 있을지 생각해 봅시다. 자신에게 어떤 돌봄이 필요했는지, 스스로에게 어떤 돌봄을 줄 수 있게 되었는지, 앞으로 자신에게 어떤 돌봄을 줄 것인지 생각해 봅시다.

활동 내용

① 집단을 통해 자신이 알게 된 내용과 소감을 집단원에게 발표한다.
② 서로 경청하고 궁금한 것은 물어가며 발표한다.

Tip

- 지도자는 집단원이 자신에 대해 보다 잘 이해하고 많은 것을 가져갈 수 있도록 1회기부터 7회기까지의 활동을 구체적으로 돌아볼 수 있게 질문해 준다. 마지막 시간이므로 서로 격려하고 지지할 수 있도록 독려한다.

우리는 이제 자신의 삶을 돌보는 전문가가 되었습니다. 전문가인 내가, 도움이 필요한 나에게 따뜻한 편지를 적어 보세요. 내가 힘들 때 나를 돌봐 줄 수 있는 가장 좋은 친구는 나 자신입니다. 지금껏 열심히 살아왔던 자기 자신을 이해하고 칭찬해 주세요. 또 앞으로 살아가는 동안 맞이할 수 있는 힘든 고비들에서 어떻게 내 편이 되어 줄 것인지 내 안에 있는 온기를 꺼내어 진심 어린 편지를 적어 봅시다. 앞에서 했던 활동들을 돌아보며 어떻게 나 자신을 돌볼지 구체적으로 적어 보세요.

활동 내용
① [활동지 8-1]을 작성한다.
② 자신이 쓴 내용을 집단원에게 발표한다.

▶ 너의 삶을 응원해 활동지 8-2

자기돌봄을 위한 긴 여정을 함께해 주셔서 감사합니다. 프로그램을 통해서 많은 것을 받아 가셨기를 바랍니다. 이 프로그램을 진행하는 동안 우리는 혼자가 아니었습니다. 나를 돌보는 모든 여정에는 집단원이 함께 있었습니다. 함께한 집단원들이 자기돌봄을 잘할 수 있도록 응원과 격려를 선물해 주는 것은 어떨까요? 이 집단을 통해서 알게 된 다른 집단원의 장점을 생각해 보고, 자기돌봄에 활용할 수 있도록 칭찬 선물과 함께 응원의 말을 써 주세요.

활동 내용
① [활동지 8-2]를 돌려 가며 작성한다.
① 한 사람도 빠지지 않고 참여할 수 있도록 한다.

3. 마무리 활동(20분)

▶ 소감 나누기

지금까지 자기돌봄을 위해 긴 시간을 달려왔습니다. 나를 돌보기 위해서, 우리는 자신이 어떤 사람인지, 무엇을 느끼는지, 무엇을 원하는지 이해하려고 노력했고, 스스로를 어떻게 대하는지 그리고 어떻게 대할 것인지에 대해서 고민하고 실천해 봤습니다. 이 프로그램을 하면서 느꼈던 마음과 앞으로의 다짐에 대해서 이야기를 나누어 주세요.

4. 유의점

• 마지막 회기이므로 프로그램을 잘 마무리할 수 있도록 한다.
• 프로그램을 통해서 얻은 점과 앞으로 남은 과제에 대해서 인지할 수 있게 한다.

활동지 8-1

나에게 보내는 따뜻한 편지

※ 자신에게 따뜻한 편지를 적어서 보내 보세요. 다음 내용이 포함되게 구체적으로 작성해 봅시다.

★ 열심히 살아온 나에 대한 칭찬
- –살면서 어려움을 겪었던 순간들을 버텨 낸 것에 대한 칭찬
- –내가 어려움을 느낄 수밖에 없었던 이유(자기 이해, 공감 및 수용)

★ 앞으로의 삶에서 어려움이 닥칠 때 나를 돌봐 줄 수 있는 구체적인 방법
- –자기이해를 바탕으로 내가 겪을 상황에서 스트레스를 받을 수 있는 상황 예상
- –스트레스 상황에서 내가 느낄 수 있는 감정 예측하기
- –스트레스 상황에서 나를 돌봐 줄 수 있는 구체적인 방법 제시하기

★ 나를 이해하고 내 편이 되어 주겠다는 다짐

사랑하는 ______에게

언제나 너를 네 편이 되어줄 ______가

활동지 8-2

너의 삶을 응원해!

※ 그동안 자기돌봄을 위해 함께한 집단원들이 힘들 때 꺼내 볼 수 있도록 프로그램을 하면서 발견한 집단원의 장점을 선물로 적어 주세요. 하고 싶은 말도 남겨 주세요.

- [ ] ______________________
- [ ] ______________________
- [ ] ______________________
- [ ] ______________________
- [ ] ______________________
- [ ] ______________________

참고문헌

김윤영(2020). 우울경향성 노인을 위한 수용전념치료 기반 집단미술 프로그램 개발 및 효과. 대구가톨릭 대학교 대학원 박사학위 논문.

김정호(2014). **스무 살의 명상책**. 서울: 불광출판사.

박세란(2015). 자기자비가 조절과정에 미치는 영향: 자기자비 증진 프로그램의 개발 및 효과검증. 서울 대학교 박사학위논문.

박종철(2020). 중학생의 자기자비 증진을 위한 심상활용 집단상담 프로그램 개발. 공주대학교 박사학위 논문.

박정현(2019). **자기돌봄 안내서**. 서울: 도서출판 아우룸.

Corey, G. (2020). **상담사 자기돌봄**(*Counselor Self-care*). (정여주, 선혜연, 신윤정, 장한소리 공역). 서울: 학지사(원전은 2018년에 출판).

Gilbert, P. (2020). **마음챙김과 자비: 자비로운 마음 훈련**(*Mindful compassion: How the science of compassion can help you understand your emotions, lives in the present, and connect deeply with others*). (조현주, 박성현, 김병전, 노승혜 공역). 서울: 학지사(원전은 2013년에 출판).

Tara, B. (2018). **자기 돌봄: 자책과 후회 없이 나를 사랑하는 법**(*Meditation & psychotherapy: A professional training course for integrating mindfulness into clinical practice*). (이재석 역). 서울: 생각정원(원전은 2011년에 출판).

자기성장 집단상담 프로그램

-따로 또 같이 가는 여정, 자기성장-

자아실현을 이룬 사람들은 다음과 같은 특별한 길을 걷는다.
그들은 내면의 목소리를 듣는다. 그들은 책임을 진다. 그들은 정직하다.
그들은 열심히 일한다. 그들은 자기 자신을 잘 안다.
인생 사명처럼 거창한 것뿐만 아니라
어떤 신발을 신을 때 기분이 좋은지, 가지가 먹고 싶은지 아닌지,
과음한 날 밤새도록 잠을 못 이루는 것처럼 세세한 것까지도 잘 알고 있다.
이 모든 것이 진정한 자아를 의미한다.
– 에이브러햄 매슬로

1. 프로그램 필요성과 목표

"나는 누구인가?" "내가 정말 원하는 것은 무엇일까?" 이 문장은 많은 사람이 복잡하고 고단한 현실을 겪는 중 한 번씩 마음에 생기는 질문이다. 세상에 태어나 부모를 만나고 학교에 들어가고 사회로 나가지만 어느 순간부터 타인의 기대와 사회적 요구에 부응하며 살아가는 것이 최선인 줄 알고 그저 열심히 달리게 된다. 그 와중에 자신의 몸과 마음이 어떠한지에 대하여 관심을 가져 보는 일은 배우지도 못하고 경험하지도 못한 일이 되었다. 누구나 맞이하는 사춘기, 성인기, 사십춘기, 오춘기 등 인생의 변곡점을 만났을 때 무언가 크게 터져 나오기도 하고 갑자기 이정표를 잃어버리기도 한다. 그럴 때 우리는 "제대로 살고 싶은데 어떻게 해야 하지?" "원하는 것을 이루려면 무엇이 필요할까?" 등의 질문에 대한 답을 찾아 나선다.

동서양을 막론하고 인간에 대한 탐구를 하는 대부분의 학자는 인간이 누구나 자기실현의 의지와 잠재력을 가지고 있다고 한다. 이러한 자기실현은 무엇일까? 그들은 한목소리로 진정한 자신을 만나는 것이 자기실현이며, 이를 위해 가는 길이 자기성장의 길이라고 한다. 또한, 자기성장을 위해서 있는 그대로의 자신을 이해하고 있는 그대로의 자신을 수용하며, 있는 그대로의 자신을 남에게 개방할 수 있는 태도와 능력을 터득해야 한다고 강조한다.

진정한 자신을 만난다는 것, 있는 그대로의 자신을 이해한다는 것은 무엇일까? 어떤 것도 개인을 충분히 설명하지 못하지만, 이 순간 개인이 느끼는 지각과 정서는 그 존재를 드러내고 있다. 따라서 지금–여기 자신 안에서 일어나는 지각과 정서의 경험에 주의를 기울일 때 '나'를 만난다고 할 수 있을 것이다. 이는 자신이 지금 어떠한 자세를 취하고 있고, 손발은 무엇을 하고 있으며, 무엇을 보고 있는지, 무엇을 느끼고 무엇을 생각하고 있는지에 대해 스스로 실감하는 것을 말한다. 우리는 이러한 경험들을 통해 자신의 소망을 발견하고 자기실현의 숨은 의지를 드러냄으로써 변화와 성장을 맞이하게 될 것이다.

자기성장 집단상담 프로그램은 성숙과 성장을 원하는 모든 성인이 자기이해, 자기수용, 자기개방을 순환적으로 경험하며, 저마다의 자기성장을 돕고자 마련되었다. 이를 통해 삶의 문제에 지혜롭게 대처하며 행복한 삶을 꾸려 나갈 수 있도록 하는 것을 목적으로 한다. 더불어 이러한 개인의 성장은 자신뿐만 아니라 사회구성원을 이해하고 수용하여 원만한 관계맺음을 유지할 수 있도록 도울 것이다.

세부 목표는 다음과 같다.

첫째, 자신에 대한 관심을 가지고 내가 어떤 사람인지에 대해 다양하게 탐색하며 지금-여기에서의 자각을 통해 구체적인 자기이해를 경험한다.

둘째, 자기이해 과정을 통해 있는 그대로의 자신을 비판단적으로 수용함을 경험한다.

셋째, 수용한 자신을 개방하는 경험을 통해 본래 자신의 모습 '나'로서 삶의 의미와 목적을 창조할 수 있는 성장의 길로 나아간다.

2. 프로그램 구성 내용

이형득(1998)은 자기성장을 위해서는 자기이해, 자기수용, 자기개방을 할 수 있는 태도와 능력을 터득해야 한다고 강조했다. 이를 적용하여 만나기, 마주하기, 안아 주기, 드러내기, 나아가기 단계로 구성하였다. 또한 많은 자기성장 집단프로그램의 활동들 중 가장 기본적이면서도 집단원의 역동을 일으킬 수 있는 활동 요소들로 구성하였다.

■ 제1단계: 만나기 단계(1회기)

만나기 단계는 도입단계로 집단원들과 함께 자기성장 집단상담 프로그램의 목적과 내용을 이해하고 자기목표를 세울 수 있는 단계이다. 우선적으로 집단원들이 프로그램과 집단원에 대해 공감대를 형성하고 친밀함을 느낄 수 있도록 초대와 소개, 게임활동을 구성하여 안전감과 친밀감이 형성되도록 구성하였다.

■ 제2단계: 마주하기 단계(2~3회기)

마주하기 단계는 있는 그대로의 자기를 정확하게 이해하는 자기이해 단계이다. 자신의 몸과 마음에 대한 것, 대인관계의 질과 양, 가치관 및 이와 관련된 자기의 행동 등에 관하여 현실적으로 이해하는 것이며, 자신의 긍정적인 측면과 부정적인 측면 모두를 포함하여 이해함으로써 주요 타인을 이해하도록 돕고 주변 여러 환경과의 상호작용과 적응까지 돕는 요소이다. 즉, '나'를 '너'와의 맥락에서 이해하도록 하여 관계를 맺는 초석을 마련할 수 있게 한다.

구체적으로 마주하기 단계에서는 자신에게 관심을 기울이고 '내가 생각하는 나' '남이 생각하는 나'를 탐색해 보면서 자기이해를 돕고, 지금 여기에서의 현실을 확인할 수 있도록 여러 가지 활동을 통해 자신을 자각하게 한다. 집단역동을 통하여 각자가 자기인식에 대해 적절한 방법을 터득하고 자신에 관하여 있는 그대로 정확하게 아는 데 초점을 두었다.

■ 제3단계: 안아주기 단계(4~5회기)

안아 주기 단계는 자신의 태도나 행동을 조건 없이 있는 그대로 받아들이는 자기수용 단계이다. 성숙한 인간은 자기이해를 통해 알게 된 긍정적인 면뿐만 아니라 부정적인 면, 살아오면서 주요 환경에 의해 감출 수밖에 없었던 감정, 가질 수밖에 없던 가치들도 모두 자신의 것임을 인정하는 동시에 받아들인다. 삶의 문제에 봉착했을 때 용기가 부족하여 현실을 왜곡하고 도피하고 싶을 때, 지금-여기에서의 자기에 대한 자각에서 출발하는 자기수용은 자신에 대한 성실성을 회복하고 긍정적인 측면의 발달을 선택하도록 도울 수 있게 한다.

구체적으로 안아 주기 단계에서는 마음속 감정들을 돌아보고 지금-여기로 데려와 수용할 수 있도록 하였으며, 가족을 포함한 주변 인물과 환경에 의해 가져온 주요 가치들을 돌아보고 현재 역기능적인 것은 떠나보내 현재 중요한 가치를 재인식할 수 있도록 하였다. 집단역동을 통하여 시공간을 넘어 자기 자신을 만날 수 있도록 촉진하여 있는 그대로 충분히 인정하고 수용하는 데 초점을 두었다.

■ 제4단계: 드러내기 단계(6~7회기)

드러내기 단계는 스스로를 타인에게 있는 그대로 솔직하게 나타내 보이는 자기개방 단계이다. 자신에 대해 이해하고 수용한 자신을 그대로 나타내 보이는 것이다. 자신의 일부를 수용하기 어려워 자기개방을 하지 않고 억제하게 되면 불안, 긴장, 고독 등의 비생산적인 삶을 살게 되어 귀중한 심리적 에너지를 낭비하게 된다. 반면에, 자신에 대해서 있는 그대로 솔직하게 개방할 수 있게 되면 진실하고 일치된 인간이 된다. 적절한 자기개방은 정말로 자신이 할 수 있고 하고 싶은 일에 자신의 에너지를 사용하게 되고 더 나아가 깊이 있는 인간관계를 촉진해서 자기성장을 도모할 수 있게 한다.

구체적으로 드러내기 단계에서는 드러내기 어려운 개인적인 사실을 노출하고 집단원들의 진정 어린 반영과 공감들을 통해 마음의 자유과 치유를 경험할 수 있게 하였다. 또한 집단원 간 서로에 대한 솔직한 피드백을 주고받는 활동을 통해 새롭고 긍정적인 자기개념을 확립하여 변화를 도모하였다. 집단역동을 통하여 집단원 간의 깊은 이해를 더하게 하며 상호 신뢰감을 높여서 인간관계를 촉진하고, 바람직한 대안행동을 학습하고 성장하는 데 초점을 두었다.

■ 제5단계: 나아가기 단계(8회기)

나아가기 단계는 이제 발견한 진정한 자신을 확인하고 새로운 삶의 의미를 세워 변화의 시작을 설계하는 단계이다.

구체적으로 나아가기 단계에서는 프로그램이 진행되는 동안 현실적인 진정한 자신을 발견하는 자기성장을 통해 변화된 삶의 의미를 확인하고 앞으로 나아가야 할 길을 그려 보는 활동과 그것을 향해 가기 위한 주요 요소를 확인할 수 있도록 하였다. 집단원들과 함께 자기성장의 의미를 새롭게 정의하고 자기실현의 시작을 여는 데 초점을 두었다.

자기성장 집단상담 프로그램은 자기이해, 자기수용, 자기개방 단계를 통해 자기성장의 길로 나아갈 수 있도록 구성되었으며 프로그램 모형은 [그림 8-1]과 같다.

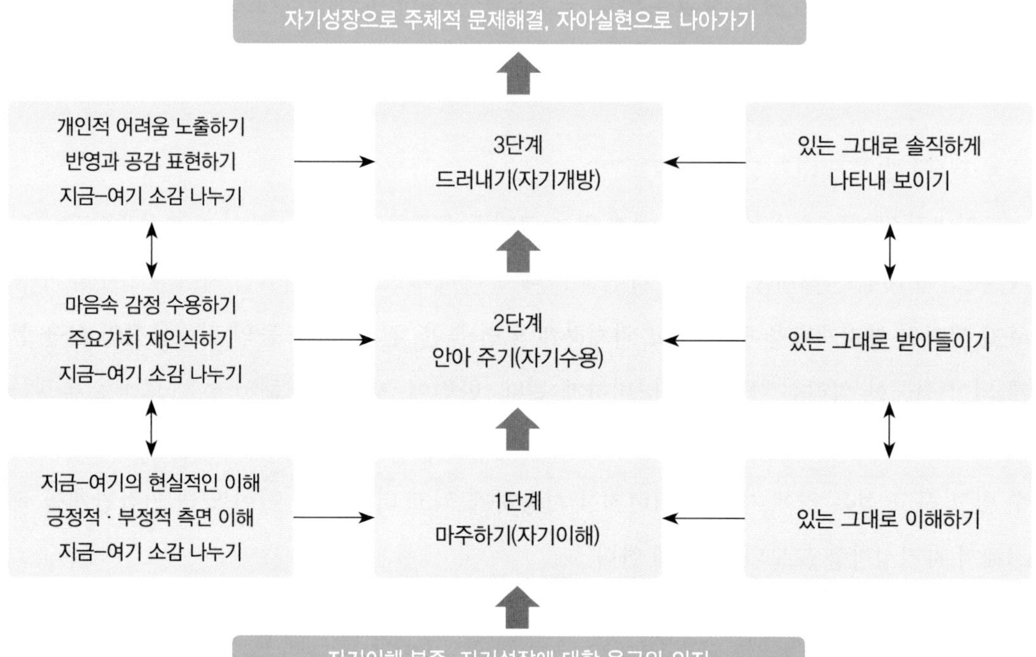

[그림 8-1] **자기성장 집단상담 프로그램 모형**

3. 프로그램 운영지침

프로그램의 운영지침은 다음과 같다.

첫째, 자기성장 집단상담 프로그램은 자기성장을 원하는 비교적 건강한 성인을 대상으로 하며 자기이해, 자기수용, 자기개방을 도와 본래의 자기를 회복하고 새로운 성장을 도모하도록 돕는다.

둘째, 매 회기마다 지금-여기에서 자각한 것을 바탕으로 이야기를 나누도록 한다.

셋째, 집단의 크기는 구성원 간의 역동성을 고려하여 10명 내외 정도가 적합할 것이다.

넷째, 전체 8회기 프로그램으로 회기당 100분, 일주일에 1회기씩 하도록 고안되었다. 그러나 집단의 특성에 따라 120분, 또는 주말 등을 활용한 2일 정도의 마라톤 집단으로 운영할 수 있다.

다섯째, 매 회기마다 회기 주제와 관련된 도입 활동, 회기 목표 달성을 위한 전개 활동, 회기 소감 나누기 등의 마무리 활동으로 구성하였다.

여섯째, 전개 활동은 진행에 따라 짝 활동, 소그룹 활동, 전체 활동으로 구성하여 집단의 역동이 잘 일어날 수 있도록 배치하고, 경험적 활동을 중심으로 운영한다.

일곱째, 지도자의 판단에 따라 전개 활동을 선택하여 진행할 수 있으며, 회기에 따라 활동을 통한 개인적인 접촉이 중요할 경우 활동 시간을 확보하고 활동 후 서로 간 나누기가 중요한 경우 나누기 시간을 확보하여 유연하게 운영한다.

여덟째, 집단원에 따라 감정의 접촉, 개방의 정도로 인해 저항을 느낀다면 집단원의 상태를 존중하여 진행하도록 한다.

4. 프로그램 계획

프로그램의 회기별 목표와 구체적인 내용은 다음과 같다.

단계	회기	주제	목표	활동
만나기	1	나, 너, 우리 만나기	• 자기성장 집단상담 프로그램의 목적을 이해하고 집단원 간 친밀한 관계를 형성한다. • 자신의 기대를 확인하고 프로그램을 통해 변화하고자 하는 목표를 세운다.	• **도입 활동** –프로그램 안내 –인사를 나눠요. • **전개 활동** –내 짝을 소개합니다. –별칭 빙고로 친해져요. • **마무리 활동** –소감 나누기
마주하기	2	지금–여기 '나' 마주하기	• 지금–여기에서의 자기자각이 자기이해에 필요한 것임을 경험한다. • 자신의 심신의 상태를 관찰하는 자각연습을 통해 자기에 대한 이해를 넓힌다.	• **도입 활동** –지난 회기 요약 및 이번 회기 안내 –몸으로 인사해요! • **전개 활동** –둘이서 만나요 –모둠으로 만나요 • **마무리 활동** –소감 나누기
	3	요래조래 '나' 마주하기	• 자기에 대해 관심을 가지고 탐색하는 활동을 통해 자기를 알고 이해한다. • 인생의 흐름 속에 존재하고 변화하는 자신을 마주하는 활동을 통해 자기를 더 깊이 이해한다.	• **도입 활동** –지난 회기 요약 및 이번 회기 안내 –공통점을 찾아라! • **전개 활동** –나는 어떤 사람인가요? –나는 어떻게 살고 있나요? • **마무리 활동** –소감 나누기
안아주기	4	몰랐던 마음 안아 주기	• 인생의 주요 사건을 돌아보고 그때의 감정에 관심을 가지고 탐색한다. • 그때의 마음을 표현하고 들어 주는 활동을 통해 진정으로 감정을 수용하는 체험을 한다.	• **도입 활동** –지난 회기 요약 및 이번 회기 안내 –감정단어를 맞혀라! • **전개 활동** –내 인생 3대 사건 속으로 –우리 지금 만나요 • **마무리 활동** –소감 나누기

단계	회기	주제	목표	활 동
	5	쓰담, 토닥 '나' 안아 주기	• 살아오는 동안 자신에게 주요했던 가치와 의미를 탐색한다. • 주요한 가치 속에 숨은 자기의 소망을 확인하고 명료화한다.	• **도입 활동** –지난 회기 요약 및 이번 회기 안내 –나, 이것도 했다! • **전개 활동** –쓰담쓰담! 토닥토닥! –나를 리빌딩하라! • **마무리 활동** –소감 나누기
드러내기	6	마음속 돌멩이 드러내기	• 드러내기 어려운 개인적인 사실 노출을 통해 마음의 자유를 경험한다. • 공감받았던 경험을 통해 상대의 마음을 알아주는 것의 치유적 효과를 체험한다.	• **도입 활동** –지난 회기 요약 및 이번 회기 안내 –무엇이든 물어보세요. • **전개 활동** –대숲으로 가자! • **마무리 활동** –소감 나누기
	7	지금–여기 '나' 드러내기	• 함께 성장한다는 마음으로 상대에게 진솔하게 표현하고 상대의 표현을 진심으로 받아들이는 경험을 한다. • 다른 사람에게 비춰진 몰랐던 자신의 모습을 바탕으로 스스로를 재인식한다.	• **도입 활동** –지난 회기 요약 및 이번 회기 안내 –너는 나의 원픽! • **전개 활동** –너에게 주는 선물 –내 마음의 보석상자 • **마무리 활동** –소감 나누기
나아가기	8	원하는 삶으로 나아가기	• 자신이 진정으로 바라는 삶을 선택하며 만들어 갈 수 있는 의지를 세운다. • 집단원들에 대한 감사와 격려로 서로의 성장을 기원한다.	• **도입 활동** –지난 회기 요약 및 이번 회기 안내 –변화를 찾아라! • **전개 활동** –내 삶을 여는 키워드 3! –나에게 전하는 말 • **마무리 활동** –변화와 성장으로 가는 나 –전체 소감과 인사 나누기

5. 프로그램 회기별 내용

1회기 나, 너, 우리 만나기

활동 목표

- 자기성장 집단상담 프로그램의 목적을 이해하고 집단원 간 친밀한 관계를 형성한다.
- 자신의 기대를 확인하고 프로그램을 통해 변화하고자 하는 목표를 세운다.

준비물

이름표, 네임펜, [활동지 1-1], [활동지 1-2], [강의자료 1-1], 사진 자료

진행 절차

1. 도입 활동(20분)

▶ 프로그램 안내 활동지 1-1

1회기에서는 프로그램의 목적과 필요성을 알아보고 서로 알아 가는 시간을 가지겠습니다. 이 프로그램은 자기성장을 원하는 성인을 대상으로 집단원 간 상호작용을 바탕으로 자신을 이해하고, 이해한 것을 수용하고 개방해 봄으로써 따로 또 같이 '성장'을 경험하는 프로그램입니다. 총 8회기로 구성되어 있으며 매 회기 100분 정도 활동할 것입니다. 앞으로 진행될 프로그램에 대한 흥미나 기대를 가지고 오셨지요? 우리 프로그램의 원활한 진행을 위해 서로 간 약속이 필요합니다. 마지막에 비어 있는 칸에는 자신이 꼭 지키고 싶은 것이 있으면 써 보십시오. 서약서를 작성하고 읽어 보겠습니다.

활동 내용

① 자기성장에 대한 목적과 세부 목표에 대해 안내한다.
② 서약서를 함께 큰 소리로 읽고 개인적으로 추가할 약속을 생각한다.
③ 개인적으로 추가한 약속을 발표하며 서명한다.

Tip
- 지도자가 자신의 방식에 맞는 집단운영을 위해 필요한 내용을 미리 구조화하여 안내하도록 한다.
- 서약서 내용은 수정해도 되며, 집단원에게 서약서 내용에 대한 질문이 있는지 확인하며 진행하는 것이 좋다.

▶ 인사를 나눠요!

이제 우리는 같은 길을 함께할 한 배를 탄 집단입니다. 다소 어색하지만 편안한 분위기에서 인사를 나눠 보도록 하겠습니다. 8회기 동안 함께할 집단원들과 잘 지내 보자는 의미에서 따스한 마음과 눈빛을 준비해 주세요.

활동 내용

① 지도자의 안내에 따라 조용히 원을 만들어 둘러앉는다.
② 양옆 사람에게 눈을 맞추면서 '안녕하세요!'라고 인사한다.
③ 지도자가 '오잘'이라고 하면 집단원들은 '오늘 잘해 봅시다' '오힘'이라고 하면 '오늘 힘냅시다' '오행'이라고 하면 오늘 행복합시다'라고 말한다.
④ '오른쪽 사람에게 오행' 등 다양한 지시어를 번갈아 넣어 가며 진행한다.

Tip
- 첫 회기의 어색한 분위기를 완화하기 위해 다양한 동작이나 지시어를 넣어 촉진하면 좋다.

2. 전개 활동(70분)

▶ 내 짝을 소개합니다 활동지 1-2

인사를 나누고 나니 한결 편해진 거 같은데 어떠신가요? 우리는 '성장'에 대한 각자의 소망을 가지고 만났습니다. 한 명 한 명 모두 이 자리에 오게 된 이야기가 있겠지요. 나에게 '성장'이란 어떤 의미였는지, 지금 어떤 상태이고 이 프로그램을 통해서 얻고 싶은 것은 무엇인지 탐색하는 시간을 가져 보겠습니다. 먼저, 앞에 놓인 사진 자료들을 천천히 살펴보고 현재 자신의 상태와 비슷하다고 느껴지는 사진을 골라 봅시다. 그리고 그 사진이 의미하는 것이 무엇인지, 자기성장 집단상담 프로그램을 경험한 뒤 어떤 모습이 자신의 모습이었으면 좋겠는지 생각해 보면서 여러분의 목표와 목표를 담은 별칭을 지어 보겠습니다. 짝과 이야기를 나눈 뒤 전체 집단원에게 자기 짝의 이야기를 소개하도록 하겠습니다.

활동 내용

① 전시된 사진 자료 중 자신을 나타내는 사진을 하나 정한다.
② [활동지 1-2]를 작성한다.
③ 옆 사람과 짝을 지어 서로의 이야기를 충분히 경청하며 나눈다.
④ 짝의 이야기를 집단원들에게 소개한다. 소개 중 질문이 있는지 확인하고 질문과 답변을 자연스럽게 이어 간다.

Tip

- 사진 자료는 시판되고 있는 자료나 인터넷 이미지 등을 준비하여 활용한다.
- 소개 후 미리 정한 환호, 박수나 환영의 손동작을 다 같이 해 주면 좋다.

▶ 별칭 빙고로 친해져요 활동지 1-2

소개 활동을 통해 서로의 별칭을 알게 되었습니다. 프로그램이 진행되는 동안 부를 집단원들의 별칭을 함께 익혀 보는 활동을 하도록 하겠습니다.

활동 내용

① 서로 돌아다니며 자연스럽게 만나는 이와 인사하며 별칭을 나누고 각자의 별칭을 서로의 빙고칸에 적어 준다.
② 돌아다니며 모든 집단원과 별칭으로 인사를 나누고 빙고칸을 채운다.
③ 지도자부터 무작위로 별칭을 부르면 각자의 빙고칸에 있는 별칭에 체크하고 별칭이 불린 집단원이 다음 별칭을 부른다.
④ 모두의 별칭이 불리기까지 진행하고 그 사이에 '빙고'를 울리면 축하해 준다.

Tip

- 빈칸이 있더라도 각자의 전략대로 작성하고 몇 줄 빙고를 할지 함께 정한다.
- 목표는 모두의 별칭을 익히는 것이므로 가장 빨리 빙고를 한 사람에게는 '전략을 잘 세운 사람'이라고, 가장 늦게 빙고한 사람에게는 '배려심이 큰 사람'이라고 축하한다.

3. 마무리 활동(10분)

▶ 소감 나누기

1회기는 프로그램의 목적과 서로의 소개, 구체적인 목표를 들어 보는 시간이었습니다. 첫 회기 동안 어떠셨나요? 이 프로그램을 진행하는 동안 지금-여기에서의 '나'의 느낌에 집중해 나누는 활동을 지속적으로 하고자 합니다. 집단 활동을 하면서, 집단원들의 말을 들으면서 자기 안에 일어나는 느낌과 마음에 집중하고 그것을 집단원에게 나누어 주시면 됩니다.

여러분은 처음 이 집단에 올 때 어떤 느낌을 가지고 왔으며, 지금 기분이나 느낌은 어떠한가요?

Tip

- [강의자료 1-1]을 활용하여 자신의 느낌을 찾을 수 있도록 안내한다.
- 집단원들의 반응을 중심으로 공감해 주며, 초기의 불안을 편안하게 내려놓을 수 있도록 분위기를 조성한다.
- 집단원들의 감정에 대해 타당화하며 안정감을 주도록 한다.

4. 유의점

- 편안한 분위기에서 첫 회기를 시작하고 집단원들과 프로그램에 대한 긍정적인 마음을 가질 수 있도록 돕는다.
- 집단원이 [강의자료 1-1]을 회기마다 활용할 수 있도록 인쇄해서 비치한다.

활동지 1-1

서약서

서 약 서

나는 자기성장 집단상담 프로그램에 자발적으로 참여하여
지금-여기에서의 '나'와의 만남을 통해 새로운 성장의 길로 나아가기 위해
다음 사항에 대해 최선을 다할 것을 약속합니다.

- 집단상담 약속 시간을 지키고 활동에 성실하게 참여하겠습니다.
- 모든 활동에 자발적으로 참여하겠습니다.
- 지금-여기에서의 나의 느낌에 초점을 두고 솔직하게 표현하겠습니다.
- 집단원들의 생각과 감정, 의견, 행동을 있는 그대로 수용하고 존중하겠습니다.
- 집단상담에서 나눈 이야기는 비밀로 하겠습니다.
- 내 마음속 이야기를 위주로 내어 놓겠습니다.
- ____________________

저는 집단상담에 참여하면서 위 사항들을 지킬 것을 약속합니다.

년 월 일

서명 :

활동지 1-2

내 짝을 소개합니다

※ 앞에 펼쳐진 사진을 살펴보고 요즘의 자신의 모습과 가장 비슷한 사진을 골라 봅시다.

1. 사진을 고른 이유는 무엇일까요? (프로그램에 참여하게 된 이유와 연관 지어 보세요.)

2. 프로그램을 통해 어떻게 변화하고 싶은가요? 목표를 정해 봅시다.

   1) 성장하거나 좌절했던 때가 있었다면 무엇 때문이었나요?

   ____

   2) 현재는 어떤 모습인가요? 점수로 표현한다면 몇 점인가요?(1~10점)

   ____

   3) 프로그램을 통해 어떤 모습으로 성장하고 싶나요? 점수로 표현한다면 몇 점인가요? (1~10점)

   ____

3. 성장과 프로그램에 대한 기대를 담아 자신을 표현하는 별칭을 정해 봅시다.

강의자료 1-1

지금-여기 '내 마음'을 찾아보세요

감사하다	망설이다	비참하다	심술 나다	재미나다	평화롭다
걱정하다	막막하다	뿌듯하다	심심하다	절망하다	푸근하다
겁난다	만족하다	사랑스럽다	쓸쓸하다	정겹다	피곤하다
곤란하다	무섭다	상쾌하다	아쉽다	조마조마하다	한 맺히다
괘씸하다	미안하다	샘나다	아프다	좌절스럽다	행복하다
귀찮다	민망하다	서운하다	안쓰럽다	죄스럽다	허무하다
그립다	밉다	설레다	안타깝다	즐겁다	허전하다
기대된다	반갑다	섬뜩하다	약 오르다	증오하다	혐오스럽다
기쁘다	배신감 든다	성가시다	얄밉다	지긋지긋하다	혼란스럽다
기운이 난다	벅차다	속상하다	어리둥절하다.	지루하다	홀가분하다
놀라다	부끄럽다	수치스럽다	어색하다	짜증나다	화가 나다
다정하다	부담스럽다	슬프다	어이없다	찝찝하다	활기차
답답하다	부럽다	시원하다	억울하다	찡하다	황당하다
당황스럽다	불만스럽다	신경 쓰인다	외롭다	참담하다	후회되다
두렵다	불쌍하다	신경질 나다	우울하다	창피하다	훈훈하다
따분하다	불안하다	신기하다	울고 싶다	초조하다	흐뭇하다
떨린다	불쾌하다	신나다	원망하다	통쾌하다	흥분된다
마음이 놓이다	불편하다	실망하다	자랑스럽다	편안하다	희망차다

• 빈칸은 집단원들이 표현하는 다양한 마음으로 채워 나갈 수 있습니다.

2회기 지금-여기 '나' 마주하기

활동 목표

• 지금-여기에서의 자기자각이 자기이해에 필요한 것임을 경험한다.

• 자신의 심신의 상태를 관찰하는 자각연습을 통해 자기에 대한 이해를 넓힌다.

준비물

이름표, 필기구, [활동지 2-1], [활동지 2-2], [강의자료 1-1]

진행 절차

1. 도입 활동(20분)

▶ 지난 회기 요약 및 이번 회기 안내

지난 회기에는 성장에 대한 각자의 이야기를 내어 놓고 프로그램에 대한 기대로 별칭을 지어 봤으며, 구체적인 목표를 정해 보았습니다. 혹시 일상에서 자기에 대한 이해를 새롭게 또는 자세하게 경험한 일이 있었다면 이야기를 나누어 줄 수 있을까요? (이야기를 나눈 후) 이번 회기에는 일상적으로 자기를 마주할 수 있는 활동을 경험하도록 하겠습니다. 많은 연구에서 자기이해를 돕는 중요한 활동 중 하나로 신체각성을 비롯한 자기각성을 안내하고 있습니다. 자신의 감각, 정서, 인지, 행동이 지금 어떤 상태에 있는가를 스스로 알아차리는 것입니다. 지금까지 우리는 우리 외부에 주의를 기울이며 살아왔지만 이번 시간에는 나에게 주의를 기울여 보고 구체적으로 지금 내가 무엇을 하고 있는지를 경험하고 표현해 볼 수 있기를 바랍니다. 이것이 있는 그대로의 나를 이해하는 것이며, 과거와 미래에 매이기보다는 매 순간을 충실히 사는 건강한 삶을 살도록 도울 것입니다.

▶ 몸으로 인사해요!

이번 회기의 여는 활동은 몸으로 인사하는 활동입니다. 신체활동으로 서로 더 친밀해지는 시간이기도 하지만 몸으로 인사를 나누는 동안 자신의 몸이 어떻게 반응하는지, 어떤 느낌이 드는지 집중하여 관찰하면서 활동해 주세요.

활동 내용

① 지도자의 지시를 잘 듣고 신체 부위를 숫자대로 모아 만난 집단원들과 인사한다.
② 천천히 걷다가 '손바닥 셋'이라고 하면 서로 만나서 인사한다. 못 만난 사람은 '심장이 떨려요'와 같이 큰 소리로 자신의 신체 느낌을 하나 말한다.
③ 다시 천천히 걷다가 '발바닥 넷'이라고 하면 서로 만나서 인사한다. 만난 사람은 '발바닥이 뜨끈해요'와 같이 큰 소리로 자신의 신체 느낌을 하나 말한다.
④ 지도자는 '이마 셋' '팔짱끼고 다섯' 등 다양한 지시를 한다.
⑤ 마지막으로, 지도자가 '손가락 끝 둘'이라고 하면 만난 사람과 짝이 되어 인사한다.
⑥ 경험할 때 느껴진 자신의 몸과 마음의 느낌에 대해 이야기를 나눈다.

Tip

- 만난 경우, 못 만난 경우 번갈아 가며 신체의 느낌을 말할 수 있도록 유도한다.
- 마지막에는 둘씩 만나도록 하여 바로 다음 활동의 짝이 되도록 유도하는 게 좋다.

2. 전개 활동(70분)

▶ 둘이서 만나요 활동지 2-1

'몸으로 인사해요!'에서 마지막에 만난 짝과 마주 섭니다. 짝과 손바닥으로 밀어내기 게임을 하겠습니다. 활동을 할 때 자기에게 주의를 기울여 현재 자신의 신체감각, 느낌, 생각 등이 어떠한지를 관찰해 주세요.

활동 내용

① [활동지 2-1]을 함께 읽으면서 질문을 미리 확인하고 짝과 게임을 한다.
② 세 번 실시하는 동안 자기에게 주의를 기울이는 것을 잊지 않도록 한다.
③ [활동지 2-1]을 참고하여 자신의 경험을 짝과 나눈다.

▶ 모둠으로 만나요 활동지 2-2

이번에는 2개의 모둠으로 나누어 '라이어 게임'을 하도록 하겠습니다. 게임하는 동안 자기에게 주의를 기울여 자신의 시선, 움직이는 신체부위, 내적 긴장감이나 느낌, 스치는 생각 등에 집중해 주시기를 부탁드립니다.

활동 내용

① 자유롭게 6명씩 모둠을 만들고 모둠끼리 둥글게 앉는다.
② [활동지 2-2]를 미리 읽어 보고 지도자의 안내에 따라 라이어 게임을 한다. 게임 진행 동안 자기에게 주의를 기울이는 것을 잊지 않도록 한다.

③ 모둠원 모두가 돌아가면서 사회자가 되어 게임을 이끈다.
④ [활동지 2-2]를 참고하여 모둠원과 각자의 경험을 나눈다.

Tip
- 자신의 몸과 마음에서 관찰한 것을 다양하게 나눌 수 있도록 안내한다.
- 라이어 게임이 잘 진행되도록 지도자가 먼저 숙지하여 집단원 전체와 함께 시범적으로 진행한다.

3. 마무리 활동(10분)

▶ 소감 나누기

이번 회기에서는 여러 게임을 하면서 자기에게 주의를 기울이고 심신의 모습 등을 자각해 보는 시간을 가졌습니다. 참여하면서 자신이나 다른 사람과 관련된 상황에서 자기 신체 부위의 움직임, 몸과 마음의 느낌, 들었던 생각 중 떠오르는 것이 있나요? 어떤 상황에서도 누구나 경험하는 신체감각과 감정이 있고, 이것은 누가 뭐라 할 수 없는 개인의 것입니다. 한 사람씩 한 발 앞으로 나와 다음과 같이 말하며 마무리해 보겠습니다.

활동 내용
① "나는 ○○○○(상황) 할 때 ~(신체감각, 느낌, 생각, 움직임)하는 사람입니다."라고 말한다.
② 나머지 집단원들은 "당신은 ~하는 사람이군요."라고 받아 준다.
③ "나는 다른 사람이 ○○○○(상황) 할 때 ~(신체감각, 느낌, 생각, 움직임)하는 사람입니다."라고 말한다.
④ 나머지 집단원들은 "당신은 ~하는 사람이군요."라고 받아 준다.

수고하셨습니다. 지금 이 느낌 그대로 잠시만 각자의 마음에 집중하고 마치겠습니다.

4. 유의점

- 일상에서 자신의 심신에 집중하기를 해 볼 수 있도록 안내한다.
- 활동에 들어가는 게임의 종류는 자유롭게 선택해도 된다.
- 활동지를 꼼꼼히 적기보다 질문 내용을 미리 파악하도록 안내하고 관찰한 내용을 다루는 데 초점을 맞추도록 한다.

활동지 2-1 둘이서 만나요

〈손바닥으로 밀어내기 게임〉

- 둘이서 마주 보고 서서 두 발을 고정한다.
- 발을 움직이지 않는 상태에서 양 손바닥으로 상대의 손바닥을 마주쳐서 밀어낸다.
- 먼저 중심을 잃는 사람이 진다.

1. 둘이서 자유롭게 짝을 지으라고 할 때 어떠했나요?

2. 짝을 지어 게임을 하려고 마주섰을 때 어떠했나요?

3. 게임을 하는 동안 어떠했나요?

4. 게임이 끝나서 이기거나 졌을 때 어떠했나요?

활동지 2-2

모둠으로 만나요

〈라이어 게임〉

- 자원하여 사회자를 정하고 사회자는 돌아가면서 할 수 있다.
- 사회자는 모둠원들을 고개를 바닥에 숙이고 눈을 감게 하고 지시어를 정한다(예: 치킨).
- 사회자는 모둠원에게 귓속말로 지시어를 알려주고, 한 명에게는 라이어라고 알려 준다.
- 사회자는 "이것은 음식입니다."라고 지시어의 영역(예: 음식 등)을 밝히고 "이것은 다양한 재료를 사용합니다." 등의 지시어를 알리는 설명을 한다.
- 모둠원들도 돌아가면서 각자의 방식대로 지시어를 설명한다.
- 이때 라이어는 자신이 라이어인 것을 눈치채지 못하게 지시어를 아는 척 설명해야 하고 다른 모둠원들은 라이어가 지시어를 알아채지 못하도록 지시어를 설명한다.
- 두 바퀴 돌고 나서 사회자가 "라이어는 누구일까요?"이라고 말하면, 모든 모둠원은 자기가 생각하는 라이어를 손가락으로 지목한다.
- 다른 모둠원들이 라이어를 맞추지 못하면 라이어의 승, 라이어를 맞추더라도 라이어가 지시어를 맞추면 라이어의 승이다.
- 모두가 돌아가면서 사회자를 한다.
- 지시어는 음식, 물건, 동물, 식물, 직업 등 일반적인 것으로 하나를 선택하면 되고 영역은 밝힌다(예: 음식 중 닭갈비, 직업 중 해녀, 동물 중 앵무새 등).

1. 6명씩 자유롭게 짝을 지으라고 할 때 어떠했나요?

2. 사회자를 지원하라고 할 때나 먼저 지원하는 사람을 볼 때 어떠했나요?

3. 라이어가 되었을 때는 어떠했나요?

4. 라이어를 예상하거나 지시어를 설명할 때는 어떠했나요?

3회기 요래조래 '나' 마주하기

활동 목표

- 자기에 대해 관심을 가지고 탐색하는 활동을 통해 자기를 알고 이해한다.
- 인생의 흐름 속에 존재하고 변화하는 자신을 마주하는 활동을 통해 자기를 더 깊이 이해한다.

준비물

이름표, 필기구, [활동지 3-1], [활동지 3-2], [강의자료 1-1], 색연필

진행 절차

1. 도입 활동(20분)

▶ 지난 회기 요약 및 이번 회기 안내

지난 회기에는 여러 게임을 하면서 자신에게 주의를 기울이고 몸과 마음의 느낌을 살펴보는 시간을 가졌습니다. 혹시 일상에서 자신에게 관심을 가지고 살펴보면서 새로 알게 되었던 경험이 있었다면 이야기를 나누어 볼 수 있을까요? (이야기를 나눈 후) 이번 회기에는 자신의 여러 모습을 들여다보고 과거, 현재, 미래의 자기를 상징적으로 표현해 보면서 자기를 가까이 마주하고 이해하는 시간을 가지려고 합니다. 활동을 진행할 때나 집단원들이 이야기를 들을 때 자기 안에서 어떤 일이 일어나는지 알아차린 것을 중심으로 이야기를 나누어 주셨으면 합니다.

▶ 공통점을 찾아라!

이번 회기 여는 활동으로 공통점을 찾는 활동을 하겠습니다. 어떤 것을 마주 보고 집중한다는 것은 곧 궁금함을 표현하는 관심과 그것을 들어 주는 배려의 신호이기도 합니다. 나 자신에게도, 서로에게도 관심과 배려를 보내는 활동을 해 보겠습니다.

활동 내용

① 다 같이 둥글게 서서 지도자의 지시에 따라 짝짓기 게임을 몇 번 한다.
② 시작을 알리고 "5명"이라고 외친다.
③ 짝지은 사람들끼리 공통점을 찾는다.
④ 공통점을 찾은 팀은 손을 들고 크게 외치고 자리에 앉는다.
⑤ 다 찾고 나면 다시 짝을 짓고 공통점 찾기를 반복한다.
⑥ 활동 후 느낌을 간단히 나눈다.

Tip

- 공통점 찾기가 익숙해지면 눈에 보이지 않는 공통점을 찾도록 촉진한다.

2. 전개 활동(70분)

▶ 나는 어떤 사람인가요? 활동지 3-1

'나는 어떤 사람인가?' 호기심을 가지고 궁금해해 본 적이 있나요? 자신에 대해 안다는 것은 무엇을 의미하는 것일까요? 자신을 정확하게 이해하여 받아들이고 드러낼 수 있게 하는 기초 같은 것이라고 생각합니다. 무엇을 이해해야 할까요? 자신이 좋아하는 것, 싫어하는 것부터 자신의 성격, 감정, 소망 등에 대한 것이겠지요. 어쩌면 정작 남보다 자기 자신을 모를지도 모릅니다. 그래서 자기가 아닌 다른 사람의 삶을 살고 있다는 마음이 들기도 합니다. 오롯이 자신이 어떤 사람인지 집중해 보고 들여다보는 시간을 가지도록 하겠습니다. 활동지를 작성하면서 자신이 어떤 사람인지 마주해 볼까요?

활동 내용

① 조용한 분위기에서 서로 떨어져 앉아 [활동지 3-1]을 작성한다.
② 3명 정도의 소그룹을 만들어 질문이나 피드백을 한다.
③ 전체 모임에서 활동 후 새롭게 알게 된 '나'의 모습과 느낀 점에 대해 이야기를 나눈다.
④ 앞사람의 소감을 이어 간단히 요약하여 반영한 후 자신의 소감을 말한다.

Tip

- 지도자는 소모임을 할 때 적당한 시간을 안배하고 사전에 알림을 주어 말하는 순서가 원활하게 돌아가도록 하는 것이 좋다.
- 질문 중에서 선택적으로 개방할 수 있음을 사전에 안내한다.
- 전체 모임에서 이야기를 나눌 때 시작은 자발적으로 하되, 앞사람의 소감을 요약, 반영하고 자신의 소감을 이어 말하도록 안내한다.

▶ 나는 어떻게 살고 있나요? 활동지 3-2

현재 여러분의 모습은 어떠한가요? 과거 여러분은 어떤 모습이었나요? 미래에 여러분은 어떤 모습이 되고 싶은가요? 또 살아오는 동안 주변의 사람들은 여러분을 어떻게 생각하고 있을까요? 우리는 주변 사람들과 어떻게 관계를 맺고 살아가는지, 그러한 관계 속에서 우리의 과거, 현재, 미래의 모습을 우리는 어떻게 느끼고 있는지 마주해 볼까요?

활동 내용

① 조용한 분위기에서 서로 떨어져 앉아 [활동지 3-2]를 작성한다.
② 3명 정도의 소그룹을 만들어 질문이나 피드백을 한다.
③ 전체 모임에서 활동 후 새롭게 알게 된 '나'의 모습과 느낀 점에 대해 이야기를 나눈다.
④ 앞사람의 소감을 이어 간단히 요약하여 반영한 후 자신의 소감을 말한다.

3. 마무리 활동(10분)

▶ 소감 나누기

이번 회기에서는 자기 자신에 대해 궁금해하며 자기가 본 자기와 다른 사람이 본 자기를 살펴보았습니다. 또 인생의 흐름을 그려 봄으로써 몰랐던 자신을 자세히 마주해 보았습니다. 이 시간에 참여하면서 어땠는지 내 몸과 마음에서 일어난 것을 중심으로 느낀 점이나 새롭게 알아차린 점에 대해 함께 나누어 보겠습니다. 지금 기분이나 느낌이 어떠한가요? 자신에 대해 새롭게 느끼거나 알게 된 것은 무엇인가요? 집단원들에 대해 느끼거나 알게 된 것은 무엇인가요?

4. 유의점

- 활동 후 이야기를 나눌 때 [강의자료 1-1]을 활용하여 자신의 느낌을 중심으로 이야기할 수 있도록 촉진한다.
- 활동 후 소그룹에서의 이야기 나누는 시간을 충분히 가질 수 있도록 전체 시간을 고려하여 유연하게 운영할 수 있다.

활동지 3-1

나는 어떤 사람인가요?

1. 자기 자신을 표현한다면 무엇일까요? 자신의 특징이 들어가는 형용사를 넣어 표현해 봅시다.
   - 색깔과 그 이유는 무엇인가요? (   )한   이유:
   - 동물과 그 이유는 무엇인가요? (   )한   이유:

2. 스스로에게 질문하고 답해 보세요. 마음이 가는 질문에 선택하여 답하고 이야기를 나눌 때는 중요한 것만 공개해도 됩니다.

나를 편안하게 하는 것과
나를 화나게 하는 것

나에게 아주 중요한 것과
중요하지 않은 것

내가 자랑하고 싶은 일과
숨기고 싶은 일

나를 기쁘게 하는 것과
슬프게 하는 것

내가 잘한 일과
잘못한 일

내가 행복한 때와
불행한 때

내가 바라던 것 중 이룬 것과
이루지 못한 것

내 성격의 좋은 점과
나쁜 점

내가 하고 싶은 것과
하기 싫은 것

활동지 3-2

나는 어떻게 살고 있나요?

1. 살아오는 동안 다른 사람들은 나를 어떻게 생각하고 있을까요? 가족과 친구가 무엇을 떠올리고 어떻게 말할까요?

2. 1에서 살펴본 자신의 모습을 바탕으로 '나의 과거, 현재, 미래'를 색깔이나 선으로 표현해 봅시다. 그렇게 표현한 이유는 무엇인지도 생각해 봅시다.

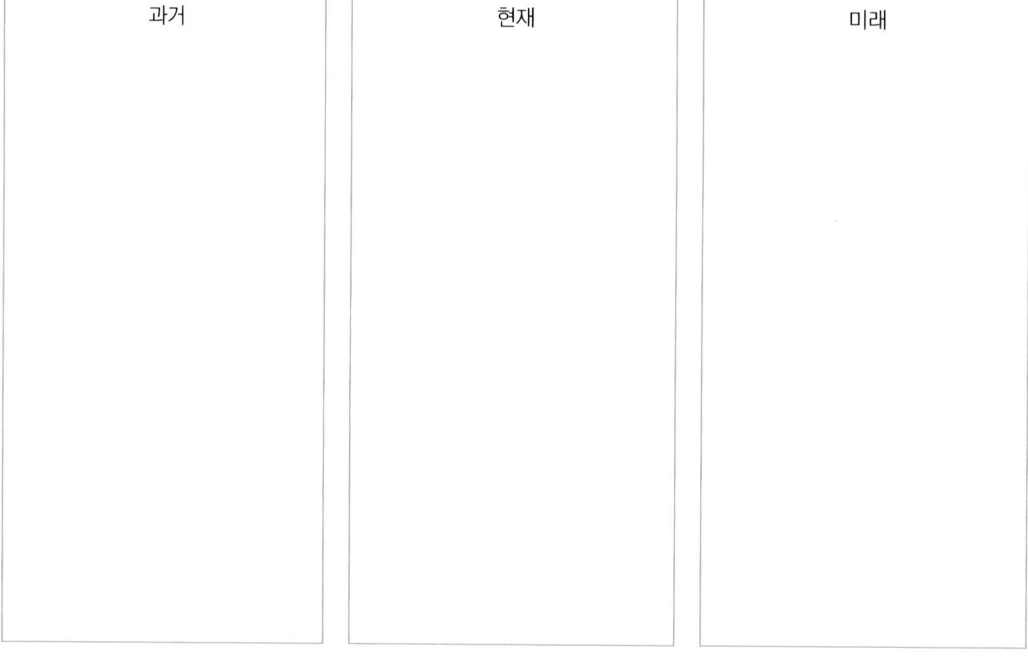

4회기 몰랐던 마음 안아 주기

활동 목표

- 인생의 주요 사건을 돌아보고 그때의 감정에 관심을 가지고 탐색한다
- 그때의 마음을 표현하고 들어 주는 활동을 통해 진정으로 감정을 수용하는 체험을 한다.

준비물

이름표, 필기구, [활동지 4-1], [활동지 4-2], [강의자료 1-1], 색깔카드(빨, 주, 노, 초, 파, 남, 보)

진행 절차

1. 도입 활동(20분)

▶ 지난 회기 요약 및 이번 회기 안내

지난 회기에는 우리 일상에서의 행동과 마음들, 관계에서의 모습을 자세히 들여다보고, 시간의 흐름을 통해 자기 자신을 마주하는 활동을 했습니다. 혹시 일상에서 자기에 대한 이해를 새롭게 또는 자세하게 했던 경험이 있었다면 이야기를 해 줄 수 있을까요? (이야기를 나눈 후) 이번 회기에는 자신의 마음속 감정을 찾아보고 이해하고 안아 주는 시간을 가지려고 합니다. 활동을 진행할 때나 집단원들의 이야기를 들을 때 자기 안에서 어떤 일들이 일어나는지 심신의 상태에 집중하여 알아차린 것을 중심으로 이야기를 나누어 주셨으면 합니다.

▶ 감정단어를 맞혀라!

이번 회기 여는 활동으로 감정단어와 친해지는 활동을 하겠습니다. 색깔에는 감정이 묻어나지요. 정서가 비슷한 짝과 만나 표정과 몸짓으로 감정을 표현해 보고, 다른 팀들의 몸짓과 표정을 보면서 어떤 감정인지 맞혀 보는 활동입니다. 말하지 않아도 알 수 있는 감정들을 같이 느끼고 만날 수 있게 될 것입니다.

활동 내용

① 색깔카드(빨,주,노,초,파,남,보)를 제시하고 같은 색깔을 고른 집단원끼리 한 팀이 된다.

② 팀별로 [강의자료 1-1]의 감정단어 중 하나를 고른다.

③ 팀별로 돌아가면서 선택한 감정단어를 몸짓과 표정으로 표현한다.
④ 나머지 팀들은 감정단어를 예상하고 맞힌다.
⑤ 모든 팀이 다 하면 새로운 감정단어를 골라 반복할 수 있다.

Tip

- [강의자료 1-1]을 참고하여 제시해도 되고, 팀에서 정한 감정단어도 가능하다.
- 색깔카드는 색종이 등 적당한 자료를 활용하면 된다.

2. 전개 활동(70분)

▶ 내 인생 3대 사건 속으로 활동지 4-1

감정단어 맞추기 게임을 통해 감정단어와 좀 친해지셨나요? 감정은 에너지라서, 해소되지 않은 것들은 몸이나 마음에 남아 있다고 합니다. 사건은 지나가고 기억은 퇴색되어도 그때의 감정은 우리 몸 어딘가에 흔적으로 남아 있다가 때때로 삐져나오기도 하고 터져 나오기도 하지만 너무 아래에 있어 모르기도 합니다. 그러나 비슷한 일에서 묻어 나와 나 자신과 다른 사람들을 당황스럽게 하기도 합니다. 그 상처를 피하면서 건강한 의지를 방해하기도 합니다. 이번 시간에는 그러한 감정들을 탐색해 보고 집단원들과 함께 만나 보는 활동을 하겠습니다.

활동 내용

① [활동지 4-1]의 1번을 작성한다. 감정을 찾을 때는 [강의자료 1-1]을 참고한다.
② 짝에게 자신의 이야기를 하고 짝은 잘 들어 준다. 들어 주는 사람은 무조건적인 수용의 마음으로 들어 주고 공감의 표현을 한다.
③ 활동 후 지도자의 안내에 따라 몸과 마음에 집중하여 잠시 머무르는 시간을 가진다.

Tip

- 여는 활동 시 팀원들을 2인 1조로 만들어 짝을 지정할 수 있고, 상황에 따라 이야기 나누고 싶거나 편한 집단원과 속내를 나눌 수 있도록 배려하여 짝을 정해도 좋다.
- 활동 시 서로 가까이 앉아 몸을 앞으로 약간 기울이고 눈맞춤을 하는 등 경청의 자세와 공감적 반응을 할 수 있도록 안내한다.
- 타이머를 활용한 시간 안내를 하여 두 사람 다 이야기를 충분히 할 수 있게 한다.

▶ 우리 지금 만나요 활동지 4-2

우리 마음에는 언제나 감정들이 들어왔다 나가기를 반복합니다. 그러면서도 주요 사건과 관련된 주요 감정들이 마음속에 정서로 흐르고 있습니다. 하지만 우리는 잘 몰라서 감정들을 만나지 못하기도 하고, 만나지만 아파서 피하기도 합니다. 오늘은 우리 마음속 감정들 중 하나를 만나 보는 경험을 함께 해 보려고 합니다. 우리 집단원 모두가 한마음으로 응원하고 격려하며 따스하게 안아 주리라 믿습니다.

활동 내용

① 지도자는 그때 거기를 지금-여기로 가져올 수 있도록 분위기를 조성하고 지도자 내레이션을 읽는다.
② [활동지 4-2]의 1번을 작성한다.
③ 짝과 두 손을 마주잡고 짝에게 어린 내가 하고 싶었던 말을 한다. 번갈아 한다.
④ [활동지 4-2]의 2번을 작성한다.
⑤ 짝과 두 손을 마주 잡고 짝이 어린 내가 하는 말을 읽어 주면 지금의 내가 들려주고 싶은 말을 한다. 번갈아 한다.
⑥ 활동 후 지도자의 안내에 따라 몸과 마음에 집중하여 잠시 머무르는 시간을 가진다.
⑦ 전체 이야기 나누기에서 몸과 마음에서 일어난 느낌과 경험을 간단히 나눈다.

Tip

- 지도자는 시간을 충분히 부여하고 자신의 감정을 지금-여기에서 만나도록 촉진한다. 이에 따른 시간 조정이 필요하다면 전체 이야기 나누기를 생략하고 이야기를 나누고 싶은 소수의 집단원의 소감으로 마무리해도 좋다.
- 집단원의 경험이 깊어지도록 집중을 위해 중간에 활동지를 작성하지 않고 지도자의 안내에 따라 이어서 활동하는 것도 좋다.

3. 마무리 활동(10분)

▶ 소감 나누기

이번 회기는 돌보지 못했던 과거 자신의 마음을 만나고 수용하는 시간이었습니다. 이 시간에는 마무리 활동을 조금 다르게 진행해 보겠습니다. 활동을 통해 만난 자기자신을 표현하고 다른 집단원들은 같은 마음으로 마음을 전달하도록 하겠습니다.

활동 내용

① 집단원 다 같이 원을 만들어 선다.
② 집단원 중 한 사람이 자유롭게 한 발 앞으로 나선다.
③ "오늘 만난 나의 마음은 (　　　)고 그 아이의 소망은 (　　　)이었음을 알고 깊이 수용합니다."라고 말한다.
④ 이야기한 집단원의 짝이 두 손을 잡아 주고 다른 집단원들은 가까이 다가가 어깨나 등에 손을 가볍게 얹는다.
⑤ "○○(별칭)님의 경험을 깊이 수용합니다."라고 말한다.
⑥ 모든 집단원이 모두 이야기할 때까지 진행한다.

수고하셨습니다. 지금 이 느낌 그대로 잠시 자신의 마음에 집중하고 마치겠습니다.

4. 유의점

- 짝과의 활동 시 경청과 공감적 반영이 중요한 만큼 이에 따른 비언어적 자세나 언어적 반응에 대해 간단히 소개 후 연습하고 시작하도록 한다.
- 자신의 내면과 깊이 만날 수 있는 분위기를 조성하고 상황이나 기억보다는 감정과 느낌에 집중하고 접촉할 수 있도록 촉진한다.
- 활동 후 이야기를 나눌 때 활동 중 자신의 심신의 상태를 알아차린 점을 중심으로 이야기를 나눌 수 있도록 촉진한다.

활동지 4-1

내 인생 3대 사건 속으로

1. 자신에게 긍정적, 부정적 영향을 미친 인생의 3대 사건을 뽑아 봅시다.

	기억 1	기억 2	기억 3
어떤 상황인가요? (시기, 주요내용)			
누구와 관련있나요?			
어떤 감정들이 느껴지나요?			
가장 크게 느껴지는 감정은 무엇인가요?			

2. 경청하고 공감하며 짝과 이야기를 나누어 봅시다. 짝에게 개방할 수 있는 사건에 대해 마음이 가능한 만큼만 이야기하면 됩니다.

3. 과거 사건과 그때의 감정을 지금 다시 만날 때 어떤 마음인지, 잠시 머물러 보세요.

활동지 4-2 우리 지금 만나요

〈지도자 내레이션〉
3대 사건 중 시간을 되돌려 그때 거기로 간다면 어떤 사건으로 가고 싶은가요?
돌보지 못했던 나, 외면했던 나, 비난했던 내가 있나요?
시간 여행을 한 지금 여기는 내가 가장 편안하고 안전한 곳이며 당신을 품어 줄 사람이 내 앞에 있습니다.

1. 시간을 되돌려 그때의 아이가 되어 말해 봅시다. 그 아이는 어땠을까요?

- 그 사건을 겪고 있는 아이가 되어 내 안에 일어나는 경험들을 충분히 지켜보고 그 아이의 말로 적어 봅시다.
- 짝과 손을 잡고 한 사람씩 그때의 내가 하고 싶었던 말들을 하고 짝은 그저 들어 줍니다.

2. 지금의 나로 다시 돌아와서 그 아이를 만나 봅시다.

- 그때의 내가 쓴 글을 읽어 보고 그 아이에게 들려주고 싶은 말을 적어 봅시다.
- 짝과 손을 잡고, 짝이 지난날 어린 내가 되어 내가 하고 싶은 말을 읽어 주면, 지금의 내가 듣고 나서 그 아이에게 들려주고 싶은 말을 합니다.

3. 그때의 어린 나와 지금의 내가 만날 때 어떤 마음인지, 내 마음에 잠시 머물러 보세요.

5회기 쓰담, 토닥 '나' 안아 주기

활동 목표

- 살아오는 동안 자신에게 주요했던 가치와 의미를 탐색한다.
- 주요한 가치 속에 숨은 자기의 소망을 확인하고 명료화한다.

준비물

이름표, 필기구, [활동지 5-1], [활동지 5-2], [강의자료 1-1], 시트지(A4 크기, 집단원 수×3), 네임펜

진행 절차

1. 도입 활동(20분)

▶ 지난 회기 요약 및 이번 회기 안내

지난 회기에는 우리 마음속 감정을 만나고 표현하는 활동을 했습니다. 혹시 일상에서 자기에 대한 이해를 새롭게 또는 자세하게 했던 경험이 있었다면 나누어 줄 수 있을까요? (이야기를 나눈 후) 이번 회기에는 살면서 자신에게 중요했던 것들이 무엇이었는지 그것을 위해 얼마나 열심히 살아왔는지를 살펴보고 추구했던 가치들을 재정비하는 시간을 가지려고 합니다. 활동을 진행할 때나 집단원들이 이야기를 들을 때 자기 안에서 어떤 일들이 일어나는지 심신의 상태에 집중하여 알아차린 것을 중심으로 이야기를 나눠 주셨으면 합니다.

▶ 나, 이것도 했다!

우리는 살아오면서 많은 성취경험을 해 왔습니다. 어쩌면 당연한 것이라 여기면서 스스로의 역량들을 적절하게 확인하지 못한 채 현재 상황에 빠져 있는지도 모릅니다. 당연하다 여긴 것들도 소중하고 지금의 우리를 있게 한 디딤돌이었다는 것을 확인해 보도록 하겠습니다. 마음껏 뽐내고 자랑하는 시간이 되어 봅시다.

활동 내용

① 오른손을 올려 손가락 5개를 모두 편다.

② 지도자가 먼저 자신의 성취경험(예: 나는 사랑을 찐하게 해 봤다.)을 말하면 같은 경험을 한 사람들은 모두 손가락 1개를 접는다.

③ 다음 사람이 "~한 사람 접어!"라고 하면 해당되는 사람만 손가락 1개를 접는다.

④ 손가락 5개를 다 접은 사람에게 격려와 축하의 박수를 쳐 준다.

Tip

- 남은 사람끼리 계속해서 다 접은 사람이 나올 때마다 모두 박수를 쳐 주며 마지막 사람까지 마무리해도 좋다.
- 먼저 끝낸 사람이 성취경험이 많거나 우수한 것이 아님을 알 수 있도록 안내한다.

2. 전개 활동(70분)

▶ 쓰담쓰담! 토닥토닥! 활동지 5-1

우리에게는 살아오면서 결과에 상관없이 최선을 다하고 애썼던 나 자신이 있습니다. 열심히 살아온 자신을 잘 살펴보고 성취경험은 쓰담쓰담해 주고 좌절경험은 토닥토닥해 주었으면 좋겠습니다. 각자 어떤 모습으로 어떻게 달려왔는지 돌아보고, 그 안에 자기가 되고자 했던 모습과 그것들을 가지게 된 계기를 탐색하는 활동을 하겠습니다. 그때의 우리에게는 그것이 필요했고 우리는 그때 그럴 수밖에 없었을 것입니다. 우리 모두는 그렇게 징검다리를 건너며 살아갑니다.

활동 내용

① [활동지 5-1]을 작성한다.

② 자신의 좌절경험을 집단원들에게 개방한다.

③ 집단원의 좌절경험을 잘 경청하고 공감과 격려를 나눈다.

④ 자신의 성취경험을 집단원들에게 개방한다.

⑤ 집단원의 성취경험을 잘 경청하고 공감과 격려를 나눈다.

Tip

- 5회기의 활동은 집단원 전체가 함께 활동하도록 한다.
- 지도자가 분위기를 촉진할 수 있는 집단원 1명을 먼저 초대하여 자신의 이야기를 개방하게 하고, 다른 집단원들이 공감하고 격려의 메시지를 전달하도록 한다.
- 한 집단원에 대한 피드백이 거의 마무리가 되면 지도자의 안내로 자기 이야기를 개방한 집단원의 별칭과 함께 "OO님 쓰담쓰담" 또는 "OO님 토닥토닥"이라는 구호로 마무리한다.

- 이야기를 한 집단원은 다른 집단원을 초대하여 같은 방식으로 진행한다.
- 시간 배분을 잘하여 모두가 이야기할 수 있도록 조절하는 게 좋다.
- 두 경험 중 하나를 선택하여 개방하게 할 수도 있다. 선택한 이유와 함께 말하도록 유도한다.

▶ 나를 리빌딩하라! 활동지 5-2

삶의 발달단계에 따라 자연스럽게 이루어지는 심신의 변화도 있지만 개인마다 심리적 환경이나 사회적 환경에 따라 변화를 요구받을 때도 있습니다. 지금까지는 중요했지만 이제는 더 이상 중요하지 않은 것들이 생겨나기도 합니다. 스스로를 리빌딩할 수 있다면 어떨까요? 다음 활동을 바탕으로 자신에게 지속적으로 중요한 것과 이제는 떠나보내도 되는 것으로 나누어 자신을 리빌딩하는 활동을 통해 스스로 선택하고 만들어 가는 삶의 기초를 마련해 보겠습니다.

활동 내용

① [활동지 5-2]를 작성한다.
② 그중 지속적으로 중요한 것은 시트지에 적어 자기 몸에 붙이고 이제 중요하지 않은 것은 시트지에 적은 후 바닥에 놓는다(세 가지 골라 적기).
③ 바닥에 놓인 시트지를 잘 살펴보고 자신을 리빌딩하기 위해 필요한 것을 찜해 놓는다.
④ 주어진 시간 동안 자유롭게 다니면서 자신에게 필요한 것을 가진 집단원에게 그것이 왜 필요한지 절실하게 설명하고, 그것의 장단점을 잘 듣는다. 나누어 주고 얻어 가거나 맞교환하여 각자에게 필요한 것을 얻는다.
⑤ 새롭게 얻은 시트지는 자신의 몸에 적당히 붙인다.
⑥ 돌아가면서 리빌딩된 자기를 소개하고 활동에서 경험한 느낌을 나눈다.

Tip

- 자기에게 소중했던 만큼 가치 있게 장점과 단점을 안내하고 원하는 사람의 절실함의 크기를 보고 나누어 주도록 한다.
- 남는 시트지는 그대로 놔두고 자신이 필요한 것을 이 안에서 얻지 못한 경우 새로운 시트지에 직접 적을 수 있도록 안내한다.

3. 마무리 활동(10분)

▶ 소감 나누기

이번 회기에서는 지난날 우리의 성취를 위해 노력했던 소중한 것들을 확인하고 미래를 위해 리모델링하는 시간을 가졌습니다. 이 시간에 참여하면서 어땠는지, 우리 몸과 마음에서 일어난 것을 중심으로 느낀 점이나 새롭게 알아차린 점 등에 대해 함께 나누어 보겠습니다. 지금 기분이나 느낌은 어떠한가요? 자신에 대해 새롭게 느끼거나 알게 된 것은 무엇인가요? 집단원들에 대해 느끼거나 알게된 것은 무엇인가요?

4. 유의점

- 자신이 애쓰고 소중히 여겼던 것들에 대한 예우를 다하여 충분한 가치를 매기고 절실하게 필요한 사람에게 흔쾌히 주며 잘 떠나보낼 수 있도록 촉진한다.
- 활동 시 버려져 있는 것은 버려진 대로, 가지고 싶은 것이 많이 겹치면 겹치는 대로 상황을 흘러가게 둔다. 집단원들이 그 상황에서 느껴지는 것을 다루거나 창조적 방안을 제시하면 수용한다.
- 자신에게 필요한 것을 스스로 찾고 선택하여 자기 것으로 만들어 갈 수 있도록 격려하는 것이 중요하다.

활동지 5-1 쓰담쓰담! 토닥토닥!

1. 그동안 열심히 일했던 자신을 떠올려 봅시다. 살아오면서 결과에 상관없이 최선을 다하고 애썼던 자신이 있습니다. 성취경험은 쓰담쓰담해 주고 좌절경험은 토닥토닥해 줍시다.

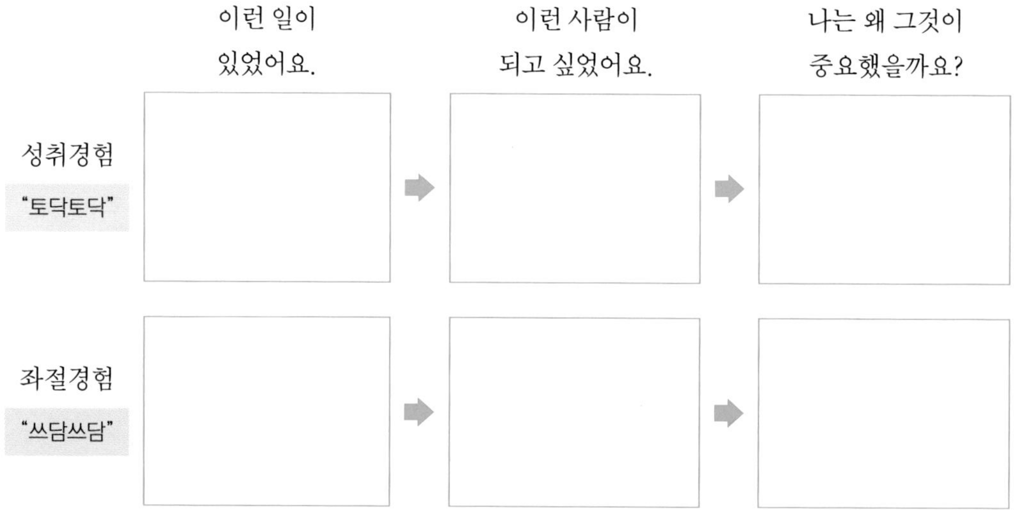

이런 사람이 되고 싶었어요(예시)

원대한 꿈	매력적인 용모	정직하고 성실한	검소하고 절약하는	책임감 있는
솔직한	용기있는	창의력 있는	사랑하고 사랑받는	나를 조절할 수 있는
능력과 쓸모가 있는	용서하는	스스로 하는	겸손하고 예의바른	열정적인
명랑하고 쾌활한	도와주는	지혜로운	정의로운	부지런한
원만한				

2. 그때 최선을 다한 서로에게 수고로움을 공감하고 격려해 봅시다.

활동지 5-2

나를 리빌딩하라!

※ 자신이 선택하는 신념과 가치로 스스로를 리빌딩하면서 스스로 선택하는 삶의 기초를 만들어 봅시다.

1. 지금까지 나는 어떤 사람이 되고 싶었을까요? [활동지 5-1]을 정리해서 중요했던 순서대로 적어 봅시다.

2. 앞으로도 계속 중요한 것과 이제는 중요하지 않은 것으로 나누어 봅시다. 계속 중요한 것은 적어서 자기 몸에 붙이고 더 이상 중요하지 않은 것은 적어 바닥에 둡니다. (3개 골라 적기)

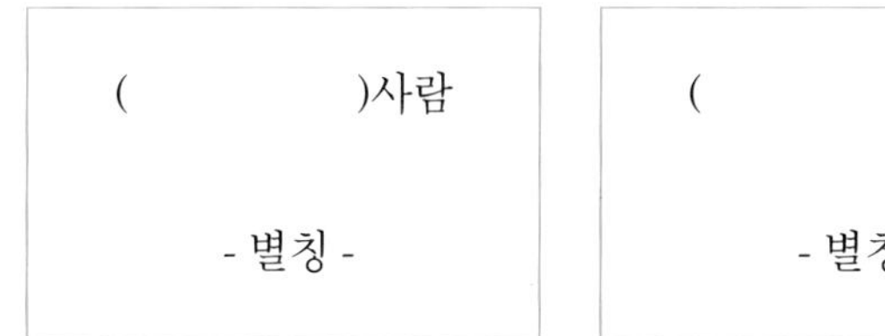

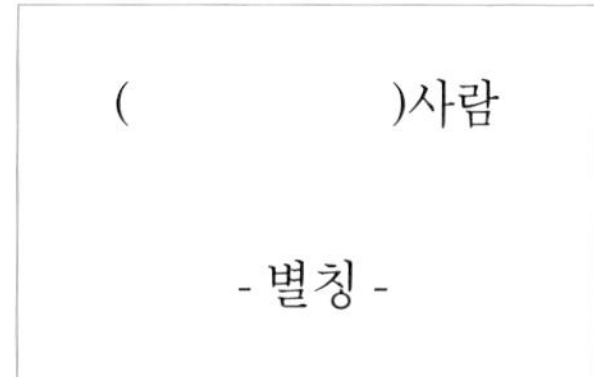

( )사람 - 별칭 -	( )사람 - 별칭 -	( )사람 - 별칭 -

3. 리빌딩을 해 봅시다!

 –바닥에 있는 모든 집단원의 시트지를 자세히 보고 지금의 자신에게 가장 맞는 것을 찾아 나서 보세요.
 –서로 만나 자기가 필요한 것을 얻어 내거나 맞교환을 시도하세요.
 –자기가 적은 것에 대해서는 책임지고 장점과 단점을 잘 설명하며 절실한 집단원에게 가치 있게 넘겨 주시기 바랍니다.
 –새로 가지고 싶은 것에 대해서는 잘 물어보고 절실함을 표현해서 얻어 내세요.
 –만약 바닥에 없다면 자신이 직접 적어서 붙여도 됩니다.
 –자기에게 중요한 것을 찾아 리빌딩을 해 봅시다!

6회기 마음속 돌멩이 드러내기

활동 목표

- 드러내기 어려운 개인적인 사실 노출을 통해 마음의 자유를 경험한다.
- 공감받았던 경험을 통해 상대의 마음을 알아주는 것의 치유적 효과를 체험한다.

준비물

이름표, 필기구, [활동지 6-1], [활동지 6-2], [강의자료 1-1], 질문지, 메모지, 상자

진행 절차

1. 도입 활동(20분)

▶ 지난 회기 요약 및 이번 회기 안내

지난 회기에는 우리가 지난날 열심히 살면서 노력해 왔던 소중한 것들에 대한 의미를 확인하고 현재 필요한 가치들로 리빌딩하는 활동을 했습니다. 혹시 일상에서 자기에 대한 이해를 새롭게 또는 자세하게 했던 경험이 있었다면 나누어 줄 수 있을까요? (이야기를 나눈 후) 이번 회기에는 누구나에게 있는 드러내기 어려운 점을 집단 안에서 안전하게 드러내 보는 경험을 통해 마음의 자유로움을 느끼고, 집단원들의 공감과 격려를 통해 자기노출이 치유의 계기가 될 수 있음을 확인하는 활동을 하겠습니다. 활동을 진행할 때나 집단원들의 이야기를 들을 때 자기 안에서 어떤 일들이 일어나는지 심신의 상태에 집중하여 알아차린 것을 중심으로 이야기를 나눠 주셨으면 합니다.

▶ 무엇이든 물어보세요 활동지 6-1

이번 회기의 여는 활동으로 서로에게 간단한 질문을 묻고 답하는 활동을 해 보겠습니다. 질문을 가지고 궁금한 집단원의 마음의 문을 두드려 보기도 하고, 누군가가 나에게 다가오면 살포시 마음을 열어 보일 수 있는 워밍업 활동입니다. 다양한 질문지가 준비되어 있습니다. 이 순간 느껴지는 약간의 긴장감, 설렘 같은 마음들을 즐기면서 시작해 보겠습니다.

활동 내용

① 지도자가 미리 준비한 질문지를 상자에 담아 둔다.
② 한 사람씩 돌아가면서 질문지를 뽑고 질문을 확인한다.
③ 이 질문을 묻고 싶은 집단원을 선택하고 묻는다.
④ 선택된 집단원은 질문에 답을 하고 다시 질문지를 뽑는다.
⑤ 같은 방법으로 진행하고 소감을 나눈다.

Tip

- 각자 가능한 만큼 개방할 수 있도록 안내하고 격려한다.
- 만약 대답하기 어려운 질문일 경우 "패스"라고 말할 수 있도록 한다.

2. 전개 활동(70분)

▶ 대숲으로 가자! 활동지 6-2

다른 사람에게 자신을 개방한다는 것은 자기에게 의미 있는 정보를 기꺼이 드러낸다는 것을 뜻합니다. 이러한 자기개방은 자기성장에 필수적인 요소이기도 합니다. 자신의 불안이나 긴장을 기꺼이 드러낼 때 관계에서 이해와 수용을 동반한 참 만남을 경험하게 됩니다.

세상 커뮤니티에는 '대숲'이라는 게 있다고 합니다. 우리가 다 아는 동화에서 따온 것으로 익명으로 자신의 어려움을 드러내고 도움을 구할 수 있는 곳입니다. 우리 집단원이 안전한 대숲이 되어 서로의 고민을 공유하고, 공감, 격려와 함께 해결방안을 같이 찾아보겠습니다. 현재 자신에게 있는 불편하거나 괴로운 고민거리를 떠올려 보세요.

활동 내용

① [활동지 6-2]를 참고하여 나누어 준 메모지에 작성한다.
② 메모지를 두 번 접어 상자에 넣는다.
③ 돌아가면서 쪽지를 꺼내어 자신의 고민처럼 읽는다.
④ 들으면서 내 문제라면 어떤 마음일지, 어떻게 느껴지는지, 어떻게 해결할지 솔직하게 나눈다.
⑤ 자신의 문제와 관련되어 나왔던 공감과 해결방안을 듣고 느낀 점을 나눈다.
⑥ 모든 활동 후, 자신의 고민이 읽힐 때, 집단원들의 고민을 들을 때, 공감과 조언이 이루어질 때, 활동을 하는 동안 느껴진 마음을 돌아가면서 이야기를 나눈다.

Tip

- 자신이 쓴 것임이 드러나지 않게 작성할 수 있도록 안내한다.
- 자기 메모지를 뽑았더라도 티 나지 않게 읽기, 자신의 고민이 읽혀질 때 다른 사람의 고민이라 생각하고 공감과 조언해 보기를 안내한다.
- 모두의 고민을 나눌 수 있도록 시간을 적절하게 조절한다.
- 지도자는 활동 후에 있을 수 있는 불편감이 표현될 수 있도록 분위기를 조성하고 이해와 공감을 바탕으로 수용적으로 다루도록 한다.

3. 마무리 활동(10분)

▶ 소감 나누기

이번 회기에서는 드러내기 어려운 고민을 집단 안에서 안전하게 드러내 보는 경험을 통해 마음의 자유로움을 느끼고 치유의 계기가 될 수 있음을 확인하는 시간이었습니다. 이 시간에 참여하면서 어땠는지, 자신의 몸과 마음에서 일어난 것을 중심으로 느낀 점이나 새롭게 알아차린 점 등에 대해 함께 나누어 보겠습니다. 지금 기분이나 느낌은 어떠한가요? 자신에 대해 새롭게 느끼거나 알게 된 것은 무엇인가요? 집단원들에 대해 느끼거나 알게 된 것은 무엇인가요?

4. 유의점

- 드러내기 어려운 사실을 노출한다는 것에 대한 저항을 낮추기 위해 충분히 익명성이 보장됨을 안내한다.
- 집단원이 같은 마음으로 공감하고 조언하는 것이 해결의 실마리가 될 수 있음을 안내한다.

활동지 6-1

무엇이든 물어보세요

가끔 얘기하기 두려워하는 것이 있다면 무엇일까요?	새로운 집단에 참여하는 중 자신의 마음을 편하게 해 주는 게 있었다면 무엇일까요?	낯선 환경에 들어갔을 때 처음에 어떤 느낌인가요?	우리가 당신에 대해 모르고 있는 게 있다면 무엇인가요?
지금 그려지는 10년 후 당신의 모습은 어떤가요?	집단에서 어떤 인상을 주려고 했으며, 숨기려한 게 있다면 무엇인가요?	가장 자신 있을 때와 가장 불안할 때는 언제인가요?	되돌아가고 싶은 나이와 그 이유는 무엇인가요?
용기를 필요로 하는 일이 있다면 무엇인가요?	우리가 지금 당신에 대해 어떠한 오해를 하고 있다고 생각되는 점이 있다면 무엇인가요?	당신을 즐겁게, 슬프게, 화나게, 두렵게 하는 것은 무엇인가요?(2개 정도만)	가장 재미있었던 일과 가장 힘들었던 일은 무엇인가요?
소원 세 가지가 있다면 무엇인가요?	사람들이 당신을 처음 만날 때 당신에 관해 어떻게 느낀다고 생각하나요?	만약 천 만원이 있다면 무엇을 사고 싶나요?	당신이 이루어 놓은 것 중에 가장 자랑하고 싶은 것은 무엇인가요?
집단에서 무엇을 필요로 하며 누가 그것을 제공해 주나요?	당신이 생각하는 이상적인 인물은 누구이며, 그 이유는 무엇인가요?	자신에 관해 당신 나이 또래의 사람들과 다르다고 느끼는 점은 무엇인가요?	가장 좋아하는 것과 가장 싫어하는 것은 무엇인가요?

질문지 예시입니다.

활동지 6-2

대숲으로 가자!

1. 나누어 준 메모지에 지금 떠오르는 자신의 불편감이나 고민거리를 적어 봅시다.
(메모지에 이름을 쓰지 말고 글씨체도 위장해 주세요. 나의 이야기를 쓰지만 나를 예측할 수 있는 관련된 내용이나 실명 등을 쓰지 않습니다.)

2. 우리가 대숲이 되어 서로의 고민을 들어 주고 나누어 봅시다.

- 한 장을 뽑아서 자신의 사연처럼 읽어 주세요.
- 우리가 대숲이 되어 함께 공감하고 격려해 주고, 다양한 해결방안 등을 나누어 봅시다.
- 자신의 사연을 읽게 되더라도 태연하게 읽고, 자신의 사연이 읽히면 다른 사람의 사연이라고 여기고 공감하고 격려해 주시기 바랍니다.

7회기 지금-여기 '나' 드러내기

활동 목표

- 함께 성장한다는 마음으로 상대에게 진솔하게 표현하고, 상대의 표현을 진심으로 받아들이는 경험을 한다.
- 다른 사람에게 비춰진, 몰랐던 자신의 모습을 바탕으로 스스로를 재인식한다.

준비물

이름표, 필기구, [활동지 7-1], [활동지 7-2], [강의자료 1-1], 포스트잇(선물작성용, 인원수×3)

진행 절차

1. 도입 활동(20분)

▶ 지난 회기 요약 및 이번 회기 안내

지난 회기에는 누구나에게 드러내기 어려운 점들이 있는데 그것을 집단안에서 안전하게 드러내 보는 활동을 했습니다. 혹시 일상에서 자기에 대한 이해를 새롭게 또는 자세하게 했던 경험이 있었다면 나누어 줄 수 있을까요? (이야기로 나눈 후) 이번 회기에는 집단원들 서로가 서로에게 느낀 점에 대해 진정성있고 솔직하게 전달하는 활동을 통해 자신에 대해 새롭게 생각해 보는 시간을 가지도록 하겠습니다. 활동을 진행할 때나 집단원들이 이야기를 들을 때 자기 안에서 어떤 일들이 일어나는지 심신의 상태에 집중하여 알아차리는 것을 중심으로 이야기를 나누어 주셨으면 합니다.

▶ 너는 나의 원픽!

이번 회기 여는 활동은 여러분의 마음을 집단원에게 공개적으로 드러내 보이는 활동입니다. 다른 사람을 보면서 어떤 느낌이 드는지, 다른 집단원에게는 어떤 느낌으로 다가갔는지를 가볍게 경험해 보시기 바랍니다. 얽힌 사랑의 작대기가 나올 수도 있고 쌍방이 통하는 사랑의 작대기를 만날 수도 있겠지요. 조심스럽기도 하겠지만, 약간의 용기를 내어서 자신의 마음을 드러낼 수 있는 간단한 활동을 시작하도록 하겠습니다.

활동 내용

① 자유롭게 돌아다니다가 지도자가 제시한 문제를 듣고 집단원 중 해당하는 자신의 원픽을 찾아 오른쪽 어깨에 자신의 손을 얹는다.
② 자신이 찜한 집단원과 자신을 찜한 집단원을 확인한다.
③ 손을 풀고 다시 자유롭게 돌아다니다가 지도자의 다음 문제를 듣고 같은 방법으로 한다.
④ 서로 느낀 점을 나눈다.

Tip

• 문제의 예시는 다음과 같다.
 –가장 편한 집단원은 누구인가요? / 가장 불편한 집단원은 누구인가요?
 –우리 엄마 같은 집단원은 누구인가요? / 우리 아빠 같은 집단원은 누구인가요?
 –가장 가까운 집단원은 누구인가요? / 가장 멀게 느껴지는 집단원은 누구인가요?
 –같이 밥 먹고 싶은 집단원은 누구인가요? / 같이 술 먹고 싶은 집단원은 누구인가요?
 –같이 울어 줄 것 같은 집단원은 누구인가요? / 같이 싸워 줄 것 같은 집단원은 누구인가요?
• 그 외 지도자가 자유롭게 제시할 수 있다.

2. 전개 활동(70분)

▶ 너에게 주는 선물 활동지 7-1

우리는 시시때때로 다른 사람들과 만나고 서로 영향을 주고 받으며 살아갑니다. 또한 우리 모두는 장점과 함께 단점도 가지고 있습니다. 그래서 장점을 자랑하고 싶기도 하고 단점을 숨기기 위해 애쓰기도 합니다. 우리는 프로그램에 같이 참여하면서 알게 모르게 서로의 많은 면을 볼 수 있었습니다. 오늘 우리는 보다 심도 있는 집단원들의 자기이해를 돕기 위해 서로에 대해 보고 느껴 왔던 것들을 진솔하게 전달하는 활동을 하고자 합니다. 서로의 성장을 위해 그간 보았던 집단원들의 잠재력을 찾아내는 안목을 발휘하여 좋은 선물들을 주고받으시길 바랍니다.

활동 내용

① 지도자의 안내에 따라 둥그렇게 앉는다.
② 집단원들에게 주고 싶은 선물을 포스트잇에 적어 [활동지 7-1]에 붙여 놓는다.
③ 먼저 선물을 전달하고 싶은 사람이 자발적으로 일어나 한 집단원에게 가서 공개적으로 선물 내용(피드백)을 설명하고 선물이 적힌 포스트잇을 전달한다. 받은 선물은 [활동지 7-2]에 붙인다.
④ 피드백을 받은 사람은 받은 선물에 대한 자신의 느낌을 표현하고, 다시 다른 사람에게 가서 자신의 선물을 공개적인 피드백과 함께 전달하다.
⑤ 이미 받은 사람에게는 갈 수 없다.
⑥ 활동 후 느낀 점이나 알게 된 점에 대해 나눈다.

Tip

- 집단원이 진지하게 임하고 진솔한 피드백이 이루어지도록 분위기를 조성한다.
- 칭찬이나 강점, 아쉬운 점이나 약점을 반영하는 선물이 골고루 섞일 수 있도록 안내한다.
- 지도자는 서로의 표현이 진심으로 전달되고 받아들여지도록 필요에 따라 집단원의 말을 명료화한다.

▶ 내 마음의 보석상자 활동지 7-2

집단원의 정성 어린 선물을 받고 받아들이는 활동을 했습니다. 이제 자유롭게 다니면서 서로 피드백을 주고받지 못한 집단원을 만나 둘씩 짝이 되어 서로 선물(피드백)을 주고받는 시간을 갖겠습니다.

활동 내용

① 둘씩 짝을 지어 전달하지 못한 선물을 피드백과 함께 전달한다.
② 선물을 받으면 자신의 느낌을 전달하고 받은 선물은 [활동지 7-2]에 붙인다.
③ 돌아가면서 집단원 모두에게 전달한다.
④ 받은 선물 목록에서 가장 마음에 드는 선물을 '보석상자'에 적는다.
⑤ 새롭게 느껴진 '나'에 대해 집단원과 이야기를 나눈다.

Tip

- 서로에게 느낀 감정들이 잘 전달되어 긍정적인 분위기가 형성되도록 분위기를 조성한다.
- 서로에 대한 피드백이 충분히 전달될 수 있도록 안내하고 시간을 조절한다.

3. 마무리 활동(10분)

▶ 소감 나누기

이번 회기에서는 집단원들 서로가 서로에게 느낀 점을 선물을 통해 진정성 있고 솔직하게 전달하는 활동을 하는 시간이었습니다. 이 시간에 참여하면서 어땠는지, 내 몸과 마음에서 일어난 것을 중심으로 느낀 점이나 새롭게 알아차린 점 등에 대해 함께 나누어 보겠습니다. 지금 기분이나 느낌은 어떠한가요? 자신에 대해 새롭게 느끼거나 알게 된 것은 무엇인가요? 집단원들에 대해 느끼거나 알게 된 것은 무엇인가요?

4. 유의점

- 자신의 시선과 타인의 시선을 조화롭게 받아들여 자신에 대해 새롭게 이해할 수 있도록

한다.

- 회기를 시작할 때 프로그램 진행되는 동안 지도자가 느껴 왔던 집단원들에 대한 진솔한 경험을 먼저 노출하여 서로에게 진솔한 선물을 할 수 있는 분위기를 조성하는 것이 중요하다.

활동지 7-1

너에게 주는 선물

※ 각 집단원들에게 세 가지씩 선물을 준다면 어떤 선물을 주고 싶은가요?

- 그동안 보아 왔던 집단원들의 모습을 떠올려 봅시다.
- 선물은 구체적인 물건이 될 수도 있고, 보이지 않는 잠재력, 마음 등이 될 수도 있습니다.
- 막연한 느낌보다는 구체적인 행동이나 특성을 떠올려 주세요.
- 솔직하게 좋은 점과 존경스럽고 칭찬할 만한 점을 반영하는 선물과 부족하고 아쉬운 점을 반영하는 선물을 섞어 주세요.

집단원1			
집단원2			
집단원3			
집단원4			
집단원5			
집단원6			
집단원7			
집단원8			
집단원9			
집단원10			

활동지 7-2

내 마음의 보석상자

1. 집단원들이 나누어 주는 선물을 붙여 봅시다.

2. 받은 선물 중 두고두고 보관하고 싶은 것들을 '보석상자'에 고이 넣어 봅시다.

3. 새롭게 알게 된 '나'는 어떠한가요?

8회기 원하는 삶으로 나아가기

활동 목표

- 진정으로 바라는 삶을 선택하며 만들어 갈 수 있는 의지를 세운다.
- 집단원들에 대한 감사와 격려로 서로의 성장을 기원한다.

준비물

이름표, 필기구, [활동지 8-1], [활동지 8-2], [강의자료 1-1], A4 용지(인원수×3), 색연필, 사인펜, 마이크, 전신거울

진행 절차

1. 도입 활동(10분)

▶ 지난 회기 요약 및 이번 회기 안내

지난 회기는 집단원들 서로가 서로에게 느낀 점에 대해 진정성 있고 솔직하게 전달하는 다양한 활동을 하고 자신에 대해 새롭게 생각해 보는 시간이었습니다. 혹시 일상에서 자기에 대한 이해를 새롭게 또는 자세하게 했던 경험이 있었다면 나누어 줄 수 있을까요? (이야기를 나눈 후) 이번 회기에는 앞으로 자신이 원하는 삶으로 나아가기 위해 삶의 의미를 확인하고 매 순간 선택하며 만들어 갈 수 있는 의지를 세워 보는 활동과 함께 자기성장 집단상담 프로그램을 통해 지금까지 변화하고 성장해 왔던 것을 정리하는 시간을 가지겠습니다. 활동을 진행할 때나 집단원들이 이야기를 들을 때 자기 안에서 어떤 일들이 일어나는지 심신의 상태에 집중하여 알아차린 것을 중심으로 이야기를 나누어 주셨으면 합니다.

▶ 변화를 찾아라!

마지막 회기의 여는 활동은 자신과 다른 집단원의 변화를 찾아보는 활동입니다. 자기성장 집단상담 프로그램을 같이하는 동안 우리 모두에게는 크고 작은 변화가 시작되었습니다. 자신에게 생긴 조그만 변화를 찾을 수 있는 사람은 큰 변화도 찾을 수 있다고 합니다. 각자가 느낀 자신의 변화를 집단원에게 보여 주세요. 어떻게 표현할지 잠시 생각해 보시고 준비가 되신 분부터 시작해 보겠습니다. 어떤 변화를 표현하는 것인지 다 같이 맞혀 봅시다.

활동 내용

① 프로그램을 통해 변화된 자신의 모습을 떠올린다.
② 한 사람씩 나와서 다른 집단원들이 엎드린 사이 프로그램을 통해 얻은 자신의 변화를 상징하는 무언가를 바꾼다(예: 표정, 옷이나 신발, 동작, 주변 물건 활용 등).
③ 다른 집단원들은 눈을 뜨고 바뀐 모습을 보고, 프로그램을 통해 무엇이 변화되었는지를 추측한다.
④ 다 같이 축하와 격려의 박수를 치며 마무리한다.

Tip

- 집단상담 프로그램을 통해 성장하고 변화한 것을 재밌게 표현하기 위한 활동이므로 가볍고 즐겁게 진행하도록 분위기를 유도한다.
- 모두가 차례대로 나와서 자신의 변화를 상징적으로 표현하게 한다.

2. 전개 활동(70분)

▶ 내 삶을 여는 키워드 3! 활동지 8-1

이제 우리는 이 집단을 나서면 각자의 삶에 대한 새로운 선택을 할 수 있습니다. 이제부터 당신은 어떤 삶을 살아가기를 원하십니까? 자기가 원하는 삶을 여는 키워드 3개를 적어 보고 그 의미와 함께 자신의 새출발을 널리 선포하는 말하기 활동을 하겠습니다.

활동 내용

① 자신이 원하는 삶을 살아가기 위한 키워드 3개를 정해서 A4 용지 한 장에 하나씩 적는다. 글씨나 상징적인 그림을 그려도 된다.
② 순서대로 자신의 키워드를 들고 의미와 함께 1분 말하기를 한다.

Tip

- 책상과 의자, 마이크를 설치하거나 장난감 소품을 활용해도 된다.
- 집단원이 원한다면 본인의 사진이나 동영상 촬영을 도와준다.

▶ 나에게 전하는 말

이제 우리의 '따로 또 같이 가는 여정' 자기성장 집단상담 프로그램을 마무리하면서 마지막으로 자기에게 꼭 전하고 싶은 이야기를 하는 시간을 가지겠습니다. 앞에 놓인 거울을 봐 주세요. 거울 속에 있는 여러분을 가장 사랑하는 사람을 마주보고 말을 전하세요.

활동 내용

① 지도자가 먼저 거울앞에 서서 나에게 전하는 말을 큰 소리로 외친다.
② 자발적으로 한 사람씩 거울 앞에 서서 나에게 전하는 말을 외친다.
③ 집단원들은 똑같이 따라 하여 힘을 돋운다.
④ 자신과 집단원들에게 느낀 점을 간단히 나눈다.

Tip
• 전신거울이 좋겠으나 상황에 따라 방신거울을 활용해도 된다.

3. 마무리 활동(20분)

▶ 변화와 성장으로 가는 나 활동지 8-2

지금까지 우리는 함께 성장이라는 주제 아래 여러 가지 활동을 해 왔습니다. 자기 자신을 있는 그대로 이해하고 받아들이며 또 자신을 온전히 개방함으로써 진정한 자신을 확인하는 시간이었습니다. 어떤 활동들을 해 왔는지, 어떤 것들을 느꼈는지 함께 되짚어 보겠습니다.

활동 내용

① 1회기부터 어떤 활동들을 했는지 질문하며 확인한다.
② [활동지 8-2]를 작성한다.
③ 각자의 변화와 성장을 구체적으로 표현하며 이야기를 나눈다.

Tip
• 지도자는 회기별 간단한 활동안내를 제시한다.

▶ 전체 소감과 인사나누기

모두의 성취와 성장을 듣고 나니 어떤 마음인가요? 모두가 확장되고 깊어졌음을 확인하는 순간이었습니다. 마지막으로 정리하며 인사를 나누도록 하겠습니다.

4. 유의점

• 처음에 기대했던 집단목표를 떠올리고 현재 변화의 정도를 구체적으로 표현하고 확인하도록 한다.
• 지금부터 시작되는 성장은 개인마다 의미와 속도가 다를 수 있음을 안내하고 열린 마음으로 환영하고 축하할 수 있도록 촉진한다.

활동지 8-1

내 삶을 여는 키워드 3

1. 내가 원하는 삶을 여는 키워드 3개를 표현해 봅시다.

2. 내 삶을 여는 키워드 3개와 그 의미를 엮어 성장을 위한 새출발을 선포하는 1분 스피치를 구상해 봅시다.

활동지 8-2

변화와 성장으로 가는 나!

※ 집단에 참여하면서 나타난 변화와 성장에 대해 적어 봅시다.

1. 집단상담 프로그램을 시작할 때 프로그램에 대해 기대했던 모습을 떠올려 봅시다.

2. 프로그램을 마치며, 목표는 어떻게 달성되었나요?

3. 프로그램을 통해 가장 변화되고 성장한 점은 무엇인가요?.

4. 활동 후 지속적 성장을 위해 반드시 하고 싶은 나와의 약속이 있다면 무엇인가요?

참고문헌

권경인(2008). 집단발달 및 이론별 촉인요인으로 구분한 집단상담 활동. 경기: 교육과학사.

이형득(1986). 인간성장을 위한 집단상담 프로그램. 학생지도연구, 19(1).

이형득(1998). 자기성장 집단상담의 단계별 발달과정. 집단상담연구, 1, 35-61.

천성문, 박은아(2021). 상담이론에 기초한 집단상담의 실제. 서울: 학지사.

천성문, 함경애, 차명정, 송부옥, 이형미, 노진숙, 김세일, 이봉은(2013). 행복한 학교를 위한 학교 집단상담의 실제. 서울: 학지사.

저자 소개

천성문(Cheon Seongmoon)

현 부경대학교 평생교육상담학과 교수(상담심리학 박사)

미국 스탠퍼드대학교 연구 및 방문 교수

(사)한국상담학회 학회장

서울대학교 객원교수

박은아(Park Euna)

현 미국 데이브레이크대학교 연구주임 교수(상담심리학 박사)

부경대학교 일반대학원 겸임교수

성균관대학교 외상심리건강연구소 연구원

한국부모교육코칭학회 학회장

조양순(Cho Yangsoon)

현 김해중앙여자중학교 전문상담교사(상담심리학 박사수료)

부경대학교 미래융합대학 심리상담센터 객원상담원

SM심리상담센터 객원상담원

김명희(Kim Myounghee)

현 부경대학교 미래융합대학 심리상담센터 전문상담원(상담심리학 박사수료)

동의대학교 학생상담센터 객원상담원

부경대학교 학생상담센터 레지던트상담원

손혜선(Son Hyeseon)

현 부경대학교 미래융합대학 심리상담센터 전문상담원(상담심리학 박사수료)

신라대학교 학생상담센터 전문상담원

경성대학교 학생상담센터 인턴상담원

김애리(Kim Aeree)

현 양운중학교 교장(상담심리학 박사수료)

SM심리상담센터 객원상담원

한국학교상담전문가협회 부회장

한국교육상담협회 학술이사

정희영(Jeong Heeyoung)

현 ㈜커리어다움 대표이사(상담심리학 박사수료)

부경대학교 미래융합대학 심리상담센터 객원상담원

SM심리상담센터 객원상담원

한국교육치료학회 대외협력위원장

김준성(Kim Junseong)

현 경성대학교 교수학습센터 전임연구원(상담심리학 박사수료)

부산남구청소년상담복지센터 상담원

부경대학교 학생상담센터 인턴상담원

양도연(Yang Doyeon)

현 한국교육상담협회 상담연구원(상담심리학 박사수료)

한국해양대학교 학생상담센터 전임상담원

대동대학교 학생상담센터 전임상담원

이은영(Lee Eunyoung)

현 양천초등학교 전문상담교사(상담심리학 박사수료)

부경대학교 미래융합대학 심리상담센터 객원상담원

SM심리상담센터 객원상담원

집단상담 프로그램의 실제

The Practice of Group Counseling Programs

2022년 4월 25일 1판 1쇄 발행
2023년 6월 20일 1판 2쇄 발행

지은이 • 천성문 · 박은아 · 김명희 · 김애리 · 김준성
손혜선 · 이은영 · 조양순 · 정희영 · 양도연

펴낸이 • 김 진 환

펴낸곳 • (주) 학지사
04031 서울특별시 마포구 양화로 15길 20 마인드윌드빌딩 5층

대표전화 • 02) 330-5114 팩스 • 02) 324-2345

등록번호 • 제313-2006-000265호

홈페이지 • http://www.hakjisa.co.kr
페이스북 • https://www.facebook.com/hakjisabook

ISBN 978-89-997-2674-3 93180

정가 24,000원

저자와의 협약으로 인지는 생략합니다.
파본은 구입처에서 교환하여 드립니다.